本书系中国法学会民事诉讼法学研究会2023年度研究课题"司法制约监督研究"阶段性研究成果

民事数字检察
基本原理与模型应用

滕艳军　张勇利　胡　薇　等编著

中国检察出版社

图书在版编目（CIP）数据

民事数字检察基本原理与模型应用／滕艳军等编著．
北京：中国检察出版社，2024.12. —— ISBN 978 - 7
- 5102 - 3203 - 9

Ⅰ. D925. 104 - 39

中国国家版本馆 CIP 数据核字第 2025FW1840 号

民事数字检察基本原理与模型应用

滕艳军　张勇利　胡　薇　等编著

责任编辑：王伟雪
技术编辑：王英英
封面设计：徐嘉武

出版发行：中国检察出版社
社　　址：北京市石景山区香山南路 109 号（100144）
网　　址：中国检察出版社（www. zgjccbs. com）
编辑电话：（010）86423797
发行电话：（010）86423726　86423727　86423728
　　　　　　（010）86423730　86423732
经　　销：新华书店
印　　刷：河北宝昌佳彩印刷有限公司
开　　本：710 mm×960 mm　16 开
印　　张：31. 5
字　　数：461 千字
版　　次：2024 年 12 月第一版　　2024 年 12 月第一次印刷
书　　号：ISBN 978 - 7 - 5102 - 3203 - 9
定　　价：98. 00 元

作者简介

滕艳军　最高人民检察院民事检察厅办公室主任，最高人民检察院民事
检察研究基地东南大学民事检察研究中心研究员

张勇利　最高人民检察院民事检察厅三级高级检察官助理

胡　薇　浙江省人民检察院第六检察部主任

曾于生　浙江省绍兴市人民检察院检察委员会专职委员

张剑锋　浙江省人民检察院第六检察部副主任

屈继伟　浙江省人民检察院第六检察部四级高级检察官

呼雪峰　河南省安阳市文峰区人民检察院检察长

邓添榕　广东省清远市人民检察院第四检察部检察官助理

前　言

　　近年来，大数据、云计算、区块链、人工智能等新技术高速发展，并融入经济社会发展的各个方面，推动着人类社会逐渐进入"万物皆数"的数字时代。党的十八大以来，党中央高度重视、全面擘画数字中国建设。党的二十大要求加快建设数字中国、加快发展数字经济。党的二十届三中全会提出加快构建促进数字经济发展体制机制，完善促进数字产业化和产业数字化政策体系。数字化建设日益成为推进国家治理体系和治理能力现代化的重要支撑。与此同时，数字化、大数据在法治建设中的作用日益凸显。《法治中国建设规划（2020—2025年）》强调"推进法治中国建设的数据化、网络化、智能化"；《中共中央关于加强新时代检察机关法律监督工作的意见》要求"运用大数据、区块链等技术推进公安机关、检察机关、审判机关、司法行政机关等跨部门大数据协同办案"。《2023—2027年检察改革工作规划》提出积极构建"业务主导、数据整合、技术支撑、重在应用"的数字检察工作模式，创新大数据条件下检察监督方式方法。

　　随着社会经济的快速发展和民事纠纷的日益复杂多样化，传统民事检察工作面临着诸多难题，而大数据为解决这些难题提供了新的思路与方法。大数据、人工智能、区块链等前沿技术能够助力民事检察实现从传统办案模式向智能化、精准化、高效化的转型升级，提升办案质量与效率，增强法律监督的实效性。

　　本书旨在探索数字技术与民事检察深度融合的理论根基与实践路径，为民事检察工作在数字时代的高质量发展提供智力支持。本书分为两大部分，基本原理部分深入剖析了民事数字检察的概念内涵、价值目标、基本流程等核心要素，明确了其在新时代民事检察工作中的定位与意义；通过对数字技术与民事检察融合的理论基础进行梳理，揭示了民事数字检察的内在逻辑与运行机制，为后续的模型构建与应用实践奠定坚实的理论基石。模型应用部分，结合各省研发的民事数字检察监督模型，详细介绍了大数据在助力案件线索挖掘与风险预警方面的具体应用，为民事检察人员提供了可操作、可复制的实践范例，以有助于推动民事检察工作在数字时代焕发出新的生机与活力。

期望本书的出版能够为从事民事检察工作的同仁提供一个交流与学习的平台，激发对于民事数字检察的思考与探索。同时，也希望能够引起社会各界对民事数字检察工作的关注与支持，共同推动民事检察的创新发展，为实现更高水平的司法公正与社会公平正义贡献力量。

目　录

上篇　民事数字检察基本原理

下篇　民事数字检察监督模型应用

上　篇
民事数字检察基本原理

第一章　数字检察大背景下的民事数字检察建设

　　近年来，大数据、云计算、区块链、人工智能等新技术高速发展，已融入经济社会发展的各个方面，推动着人类社会逐渐进入"万物皆数"的数字时代。党的十八大以来，党中央高度重视、全面擘画数字中国建设。党的二十大要求加快建设数字中国、加快发展数字经济。党的二十届三中全会提出加快构建促进数字经济发展体制机制，完善促进数字产业化和产业数字化政策体系。数字化建设日益成为推进国家治理体系和治理能力现代化的重要支撑。与此同时，数字化、大数据在法治建设中的作用日益凸显。《法治中国建设规划（2020—2025 年）》强调"充分运用大数据、云计算、人工智能等现代科技手段，全面建设'智慧法治'，推进法治中国建设的数据化、网络化、智能化"；《中共中央关于加强新时代检察机关法律监督工作的意见》要求"运用大数据、区块链等技术推进公安机关、检察机关、审判机关、司法行政机关等跨部门大数据协同办案""以检察大数据战略赋能新时代法律监督，助力提升法治体系建设效能"。《2023—2027 年检察改革工作规划》提出积极构建"业务主导、数据整合、技术支撑、重在应用"的数字检察工作模式，创新大数据条件下检察监督方式方法。在此背景下，思考民事检察工作如何融入数字检察发展总布局，加强民事数字检察建设，助力民事检察工作现代化，成为摆在民事检察人员面前的现实课题。

第一节 数字检察概述

一、数字检察的发展演进

数字检察与检察信息化密切相关。从发展历程来看，以信息化建设为起点的数字检察大体经历了五个阶段：一是"数字检务"：1991年，最高人民检察院成立自动化办公室，全国检察机关积极参与国家办公自动化计划，初步实现信息输入由纸质手写向数字化录入转变。二是"网络检务"：2000年1月，最高人民检察院作出《关于在大中城市加快科技强检步伐的决定》，以检察专线网、检察局域网建设为重点，初步实现全国检察机关网络的互通互联。三是"信息检务"：2009年8月，《2009—2013年全国检察信息化发展规划纲要》发布，提出科技强检工作"统一规划、统一标准、统一设计、统一实施"的原则，开始大规模开发应用。四是"智慧检务"：2015年7月，"互联网＋检察工作"座谈会首次提出"智慧检务"的理念。最高人民检察院先后制定《"十三五"时期科技强检规划纲要》《检察大数据行动指南》《最高人民检察院关于深化智慧检务建设的意见》。五是"数字检察"：2023年8月，最高人民检察院制发《2023—2027年检察改革工作规划》，提出积极构建"业务主导、数据整合、技术支撑、重在应用"的数字检察工作模式，并深入推进法治信息化工程建设。从上述历程来看，数字检察是检察信息化建设的全新阶段，是检察信息化向检察智能化发展迈进的关键一步。我们要从历史的角度、用发展的眼光来定位数字检察，推进检察科技与监督办案的深度融合发展。

二、数字检察的内涵和外延

2023年6月19日，最高人民检察院检察长应勇在有关座谈会上指出，数字检察是数字中国的重要组成部分，是数字中国在检察机关的具体体现，其根本是赋能检察机关法律监督，促进检察办案更加公正、检察管理更加科学、检察服务更加精准，推进检察工作现代化。

从其内涵来看，数字检察是依托信息化系统，充分、深度运用大数据，最大限度释放数据要素价值，切实发挥数字信息技术对业务的支撑和推动作用。具体而言，"解析个案、梳理要素、构建模型、类案治理、融合监督"相结合，即检察官从个案办理中发现异常现象、异常数据，梳理出一般特征、数据需求和碰撞方向等规律性认识，在此基础上，从线索发现、证据获取等方面，提出从个案办理到类案监督、系统治理的业务需求，经由技术部门生成算法、建立模型，为更好开展监督提供支撑。在此语境下，数字检察的主要内容包括监督内容、数据调取、技术运用、监督方式等，既将数字当作一种新型的、具有强大数字运算功能的工具服务于检察监督办案。

从其外延来看，数字检察不仅指检察监督办案，还包括检察管理、检察服务等，即数字检察并非单纯地运用数字技术辅助办案，更为重要的是在检察办案中运用数字思维，通过加快建设重点场景应用，推进民事诉讼类案监督的制度重塑、方法迭新、流程再造。① 相对于传统检察监督办案存在"浅层次、被动性、碎片化"等问题，数字检察通过数字赋能法律监督，以提升法律监督实质效能，体现穿透式、类案化、一体化的新型法律监督特质，以数字检察服务于检察监督，展现出重要的实践与理论创新价值。

数字技术在民事检察监督中同样大有作为。一方面，民事数字检察有其自身特有属性特点。民事检察监督的对象主要是法院的审判执行活动，而法院审判执行相关海量数据为民事数字检察提供了丰富的信息数据基础，数据采集是开展民事数字检察的前提。因此，民事数字检察工具性内涵属性体现得更为明显。另一方面，现阶段民事检察融入数字化建设的主要路径有：以数字化提升民事检察监督质效，运用大数据技术，拓宽监督

---

① 金庆微：《数字检察引领下民事诉讼类案监督的实践与发展》，载《中国检察官》2021 年第 11 期。

渠道，发现批量线索；以数字化推动司法执法制约监督，既做好法律监督，又加强内部自我监督，力争实现司法执法机关维护公平正义的共同目标；以数字化促进深层次治理，在民事检察履职中发现系统性问题、类案问题，充分发挥民事检察参与社会综合治理效能；以数字化助力精准管理，实现对流程监控、质量评查、数据核查、分析研判等工作的数字化精准管理。因此，民事数字检察的内涵和外延与数字检察完全融合一致。民事检察亦要抓住数字检察的发展契机，推动实现民事检察工作现代化，是当前民事检察工作高质量发展需要研究的重点课题。

第二节　民事数字检察的时代意义与价值

习近平总书记站在中国特色社会主义进入新时代新发展阶段的历史新高度上，以超越性思维和时不我待的紧迫感，擘画了将中国建设成为信息技术领先、网络人才辈出、网络主权完整、网络力量强大、数字经济强盛、网络经济繁荣和数字治理高效的世界一流网络强国。① 数字检察，既是数字技术赋能新时代法律监督而形成的检察工作新形态、新模式，也是新时代赋予法律监督更好维护公正、服务大局的新手段，提出的新要求。② 鉴于新时代新发展阶段的新要求、新战略和新实践，在数字检察战略的变革期和机遇期，加强民事数字检察建设有其必然性和必要性。③

一、民事检察的数字化理念是民事检察维护公平正义的内在要求

（一）数字检察是实现公平正义推进中国式现代化的重要"引擎"

党的二十大报告提出"坚持全面依法治国，推进法治中国建设"，充

① 郑必坚：《网络强国是新时代新发展阶段的大战略》，载《网信军民融合》2021年第5期。

② 王永金：《数字检察：法律监督的时代要求》，载《人民检察》2023年第3期。

③ 卞建林：《立足数字正义要求，深化数字司法建设》，载《北京航空航天大学学报（社会科学版）》2021年第2期。

分体现了以习近平同志为核心的党中央对全面依法治国的高度重视，彰显法治在推进和拓展中国式现代化中的重要作用。习近平总书记在对政法工作的重要指示中强调，"奋力推进政法工作现代化"。因此可以说，中国式现代化必然包含法治现代化的基本内涵，没有法治现代化的保障，中国式现代化不可能实现。人民检察院作为我国法律监督机关，承担着通过发挥法律监督职能，服务、保障中国式现代化的重要责任，是中国式现代化的重要推进力量。习近平总书记在学习贯彻党的二十大精神研讨班开班式上发表重要讲话强调，"推进中国式现代化是一项系统工程和探索性事业，既要创造比资本主义更高的效率，又要更有效地维护社会公平正义，更好实现效率与公平相兼顾、相促进、相统一"。① 因此，中国式法治现代化新道路是中国式现代化新道路在法治领域的具体体现②，全面依法治国是中国式现代化的内在要求和重要保障，而公平正义是全面依法治国的落脚点，是建设健全法治社会的理念基础，也是依法保障人民群众幸福美好生活的前提，与中国式现代化的重要特征、本质要求、根本立场和重大原则在内涵上完全一致。数字检察战略是数字中国的重要组成部分，是检察机关深入学习习近平总书记关于数字中国建设重要论述的重大决策部署，是新时代检察机关法律监督工作的重要手段和提升法律监督质效的重要依托。在数字检察理念的指导下，检察机关将信息化与检察业务深度融合，通过数字化、智能化手段建立起法律监督模型、筛查出类案监督线索来履行检察机关法律监督职能，监督促进实现全方位的社会公平正义，是数字化、人工智能在检察机关法律监督工作中的深入应用，是一种体现新质生产力的先进手段和工具，更是一种检察理念，是对传统检察业务的一种颠覆性突破，其力量源泉在于信息化对国家现代化的驱动和引领，数字检察即坚持数字理念，以信息化提升法律监督质效维护公平正义实现中国

---

① 新华社评论员：《推进中国式现代化是一个系统工程——四论深刻领会习近平总书记在学习贯彻党的二十大精神研讨班开班式重要讲话》，载中国新闻网，https：//www. chinanews. com/gn/2023/02 - 11/9951933. shtml，2023 年 9 月 25 日访问。

② 胡铭：《全域数字法治监督体系的构建》，载《国家检察官学院学报》2023 年第1 期。

式现代化的具体实践行动。

（二）民事检察监督是检察机关维护公平正义的发力点和履职点

习近平总书记在全面依法治国工作会议上指出，"公平正义是司法的灵魂和生命"。① 司法公正不仅是社会公平正义的重要组成部分，也是实现社会公平正义的无可替代的重要手段和保障。司法公正既是对司法本身的内在要求，同时也是着眼于整个社会对于公平正义的要求。践行以人民为中心的司法理念需要牢牢把握公平正义这一社会主义法治价值追求。民事案件的司法公正一直是人民群众关心的重点问题。生效裁判不公、审判程序和审判人员违法、执行难、民事虚假诉讼严重等民生领域的司法问题受到人民群众的持续强烈关注，成为影响人民群众对社会公平正义的期待和对法治信仰信心、决心的重要因素。民事检察监督坚持以维护社会公平正义为核心价值追求，在对法院审判执行公权力监督以及当事人合法权利救济等方面发挥了重要作用。

（三）数字检察是民事检察监督工作的新增量

互联网、物联网、大数据、人工智能、区块链等技术与司法的深度融合孕育了新兴的数字司法时代。② 数字司法新时代，把握好数字化发展规律，科学应用数字技术，就能为检察工作高质量创新发展提供强大动力。数字检察的主要范畴重点集中于个案办理、类案监督及社会治理等方面。③ 民事案件数量多，涉及领域广，事实及法律关系复杂多变，法律适用、争议矛盾解决难度大，但由此也带来了巨大的信息数据量，为民事数字检察有效分析、排查民事案件提供丰富数据基础。在大数据检察监督模型构建中，民事检察监督遵循"小切口"构建模型规律，既注重个案办

---

① 张天培：《公平正义是司法的灵魂和生命（金台锐评·全面依法治国系列谈④）》，载《人民日报》2020年12月24日，第18版。

② 施珠妹、覃俊清：《数字司法："技术+司法"的两类应用场域》，载《人民法院报》2022年12月9日，第7版。

③ 陈庆全：《以数字检察建设提升法律监督质效》，载《检察日报》2022年11月15日，第2版。

理，又针对特定民事案件类型，结合民事检察监督办案中的难点、堵点，归纳有效要素特征，精准筛选类案监督线索，有针对性地开展法律监督，再以类案监督促推社会治理，实现由个案监督向类案监督再到系统治理、社会治理的深化与拓展。

二、民事数字检察监督是民事检察参与社会治理的重要路径

2022 年 4 月 19 日，习近平总书记在中央全面深化改革委员会第二十五次会议上作重要讲话时突出强调，"要全面贯彻网络强国战略，把数字技术广泛应用于政府管理服务，推动政府数字化、智能化运行，为推进国家治理体系和治理能力现代化提供有力支撑"。[①] 全国检察机关积极落实数字检察战略，紧紧抓住数字革命这个"新引擎"，努力探索大数据法律监督，全面推进"数字赋能监督，监督促进治理"。

（一）民事检察参与社会治理有明确的政策依据和迫切的现实需求

《中共中央关于坚持和完善中国特色社会主义制度、推进国家治理体系和治理能力现代化若干重大问题的决定》明确指出，必须加强和创新社会治理，完善党委领导、政府负责、民主协商、社会协同、公众参与、法治保障、科技支撑的社会治理体系。社会治理体系是一个共同体。[②] 其中，法治保障是国家治理体系和治理能力现代化建设改革总目标的重要组成部分。社会治理进程中的法治保障存在一些困境，在司法公正领域集中体现为民众对社会公平正义的期盼日益强烈，但司法活动还难以完全做到让人民群众在每一个案件中感受到公平正义，不同环节、各种形式的司法错误和执法瑕疵严重影响着民众对司法公正的信仰。[③] 民事检察监督维护

---

① 戴佳、赵晓明：《回眸五年奋斗路——新时代新理念新作为 | 检察机关推进数字检察战略提升法律监督质效纪实》，载《检察日报》2023 年 2 月 13 日，第 1 版。

② 艾志强、韩宁：《坚持人民性建设社会治理共同体》，载中国共产党新闻网，http://theory.people.com.cn/n1/2020/0117/c40531 - 31552603. html，2023 年 9 月 25 日访问。

③ 韩秀桃：《社会治理过程中的法治保障》，载《中国青年报》2014 年 10 月 27 日，第 2 版。

社会公平正义是坚持和完善社会治理体系的必然要求和重要选择。同时，随着社会的多元化发展，面对的社会治理问题越来越复杂，社会治理的任务也越来越繁重，科技支撑就是要使用现代科技的最新成果，通过大数据、云计算、人工智能等数字技术的增量式赋权和重构式创新，对社会治理数据进行挖掘、收集、整理、转化，实现具体问题与治理主体、解决方案的智能匹配，有效提升社会治理科学性、预测性、精准性和高效性水平①，顺应社会文明发展进步的大趋势。从数字的本质上看，数字技术不仅是科学技术，也可被视为一种智慧的治理技术。② 在此宏观背景下，民事检察用好大数据监督的手段，把着眼点放在解决社会治理难点问题、构建社会治理有效机制上，符合社会宏观政策和司法实践的要求，也是适合中国现实需求的治理方式。当前，检察机关参与社会治理还存在参与度不够深、覆盖度不够广、治理效能不够高等现实问题，而数字检察所具有的高创新性、强渗透性、广覆盖性优势，已成为检察机关提升法律监督质效、深度融入社会治理体系的重要推手。

（二）民事检察在参与社会治理中发挥的作用日益重要

民事检察在监督办案的基础上，不断延伸监督触角，深入剖析民事案件反映出的倾向性、普遍性问题，及时发出堵塞漏洞的社会治理检察建议，促进标本兼治。③ 近年来，最高人民检察院以规范民事公告送达程序、防范和制裁虚假诉讼为主题先后向最高人民法院发出"二号检察建议"和"五号检察建议"。地方检察机关就促进加强农民工工资支付保障、促进加强虚假劳动仲裁监管、促进加强律师和基层法律服务工作者诉讼代理监管、促进加强小额贷款行业监管等专项向人力资源和社会保障部门、司法行政部门、金融监管部门等制发检察建议，民事检察参与社会治

---

① 郭慧丽：《运用案件大数据赋能社会治理》，载《法治日报》2022 年 7 月 25 日，第 4 版。

② 罗英：《数字技术风险程序规制的法理重述》，载《法学评论》2022 年第 5 期。

③ 滕艳军：《推进民事检察工作现代化的十个维度》，载《检察日报》2023 年 8 月 16 日，第 7 版。

理职能优势发挥愈加凸显。在 2024 年开展的"检护民生"专项行动中，确定了围绕就业、食药、社保、住房、养老、环保等民生热点以及劳动者、消费者、妇女、老年人、残疾人等重点人群，聚焦一个地区、一类人群、一个行业、一个领域等突出民生问题，因地制宜、有针对性地开展专项行动。数字赋能"检护民生"就是民事数字检察参与社会治理的重要职能体现。如检察机关利用大数据提升金融领域民事监督案件办理质效，协同防范和化解重点领域金融风险，依法保护金融市场主体的合法权益，以金融安全促民生保障。黑龙江省北安市检察院创建"P2P 网贷纠纷民事生效裁判结果监督模型"即属此例。又如福建省福州市鼓楼区检察院依托数字检察赋能，建立"支持起诉（仲裁）"检察监督大数据模型，通过分析比对追索劳动报酬纠纷类案件清单收集线索，成案 115 件，助力强化民事支持起诉工作。

（三）大数据的挖掘和运用为民事检察深度参与社会治理提供重要平台和支撑

习近平总书记强调，"当今世界，信息技术创新日新月异，数字化、网络化、智能化深入发展，在推动经济社会发展、促进国家治理体系和治理能力现代化、满足人民群众日益增长的美好生活需要方面发挥着越来越重要的作用"。[①] 数字检察的实际应用效果，是从个案突破到类案监督，进而把监督的理念、规则、模型复制推广到更宽领域适用，推动一域乃至全域系统治理、源头治理。围绕民事检察监督参与社会治理的具体路径，大数据成为民事检察融入社会治理的重要抓手。检察机关在履行民事检察监督职责的过程中，通过大数据法律监督模型收集、归纳、筛选有效数据，帮助检察机关发现潜藏在个案之中的社会问题，推动解决深层次问题，促进解决社会治理领域的顽瘴痼疾。同时，在社会治理上，民事案件暴露的深层次问题往往涉及刑事犯罪，需要通过追究刑事责任的方式深

---

① 习近平：《致首届数字中国建设峰会的贺信》，载《人民日报》2018 年 4 月 23 日，第 1 版。

化、固化治理成效。① 而大数据法律监督加强了民事检察与刑事检察的职能融合，直接影响了民事检察监督的力度。另外，在现有的大数据民事检察监督模型中，既有对民事审判执行活动的监督，包括虚假诉讼、金融贷款、民间借贷、劳动争议、建设工程施工、企业破产等诸多方面，也有围绕住房公积金、医保、社保、房地产调控政策等民生重点领域开展的数字化社会综合治理，体现了民事检察参与社会治理的广度和深度，以大数据推动民事检察监督更好地服务社会治理。由此可知，数字化建设是推进国家治理体系和治理能力现代化的重要支撑，深刻影响和改变着法治建设、检察履职的工作方式。民事数字检察融入社会治理格局，一是推动实现由一元治理向多元治理转变，以数据信息共享为纽带，将参与社会治理相关主体联系在一起，形成工作合力。二是找准"民事诉讼监督＋社会综合治理"民生问题切入点，利用大数据延展办案触角，精准发现、解决民生相关领域问题，有效发挥监督效能。如检察机关利用大数据拓展支持起诉线索来源，采取"支持起诉＋引导和解"办案模式，会同司法行政、人力资源和社会保障部门等，共同加强民事支持起诉协作，切实保护弱势群体权益，以数字赋能社会综合治理。

三、民事数字检察建设是加强执法司法制约监督的应有之义

习近平总书记指出，要聚焦人民群众反映强烈的突出问题，抓紧完善权力运行监督和制约机制，把严格规范公正文明执法司法落到实处，不断提高执法司法公信力。② 这为克服政法领域司法执法制约监督还不到位等短板进一步指明了方向，而数字赋能则成为改革和建设执法司法制约监督体系的应有之义和重要抓手。

---

① 王焰明：《基层检察机关提升民事检察监督质效的探索》，载《中国检察官》2023 年第 3 期。

② 刘峥：《以习近平法治思想为指引 全力推进司法体制改革系统集成协同高效》，载《人民法院报》2021 年 2 月 4 日。

（一）加强执法司法制约监督应当树立全局思维和系统思维

改革和建设执法司法制约监督体系，是党和国家监督体系的重要组成部分，事关社会公平正义，事关国家治理体系和治理能力现代化。[①] 应当以系统观念、从全局角度看待执法司法体系中各组成部分之间的关系。例如，在整个执法司法体系中，民事诉讼是极其重要的体系之一，在民事诉讼体系中，检察院与法院是监督与被监督的关系，而在更高层次的法治体系中，检察机关与法院共同承担着维护司法公正和司法权威的责任，而在社会治理体系中，检察机关与法院又共同扮演着解决矛盾纠纷、维护社会稳定的重要角色，是多元化纠纷解决机制中的重要力量。[②] 因此，构建完善的执法司法制约监督体系离不开执法司法部门之间的良性互动、协同共享，尤其是检察机关的法律监督，一方面聚焦内部监督，筑牢自身防范屏障；另一方面以数字化推动互相监督，强化与审判机关、行政机关的协调支持与横向制约监督，切实把党领导下政法部门分工负责、互相配合、互相制约的独特优势发挥出来，构建全方位的执法司法制约监督体系。

（二）大数据能够加强对执法司法的信息化全流程智能监督

在数字司法实践中，执法司法部门之间数据共享交换难、汇聚难、共用难，案件跨部门流转办理很大程度上依靠人工，既耗费人力、时间、财力成本，影响执法司法办案效率，也给"暗箱操作"留下一定空间。通过运用大数据，加快推进跨部门大数据办案平台建设，能够把智能化作为制约监督的有效载体，推动智慧法律监督、智慧工作管理、智享信息数据、智能动态监测机制并行，以大数据智能监督加快构建上下贯通、系统完备、规范高效的执法司法制约监督体系。民事数字检察即立足于加强对民事司法活动的监督，整合民事检察监督办案资源，以执法司法数据信息

[①] 中央政法委长安剑：《中央政法委：加快推进执法司法制约监督体系改革和建设》，载中国长安网，http：//www. chinapeace. gov. cn/chinapeace/c100007/2020－08/27/content_12388132. shtml，2023 年 9 月 25 日访问。

[②] 赵苑池：《坚持系统观念构建良性共赢的新型检法关系》，载《检察日报》2022年 8 月 31 日，第 7 版。

互联共享为前提，融合抗诉、再审检察建议等监督力量，综合智能科技手段，使民事检察适时介入民事立案、审判、执行等环节，实现对民事案件办理各环节的监督，坚持执法司法制约监督的系统集成与协同高效机制，呈现整体、规模效应，切实实现纵向的信息化全流程动态监督。

四、民事数字检察思维是民事检察与大数据融合的逻辑起点

（一）民事数字检察的核心和主线是民事检察履职与大数据融合形成信息化系统

实践中，数字检察重要的运用范式是数据驱动的智能决策，也有论者将其称为"数字增益"[1]，即在已有监督线索或者已查办相关案件的情况下，通过对海量的数据资源进行深入分析和挖掘，将线索由匮乏发展到丰富，将个案发展成类案，从而可以获得更加准确的类型案件趋势，其间数字起到增益放大的作用。大数据与民事检察融合模式是检察机关立足民事检察职能，以检察监督需求为导向，运用大数据思维理念和技术工具，破解民事检察案源发现难、办案难等业务痛点、难点的方式方法，是对民事检察数据汇聚、整合、应用等方面的一定调整、重塑与创新。[2] 具体路径是运用大数据进行筛查、比对、碰撞，对相互独立的信息点进行交集、串联，促使案件线索清晰展现，高效发现深层次的监督线索。[3] 归根结底，民事数字检察不仅仅是数字技术的简单堆砌，而是以民事检察业务流程的重构和优化为基础，通过数字信息技术与民事检察业务的有效融合，在民事检察业务系统内将监督对象、业务流程进行重构和固化，实现民事检察相关数据信息共享和民事检察业务的高效协同。

---

[1] 钱昌夫、赵少岸：《数字检察范式的实践应用》，载《中国检察官》2022 年第 3 期。

[2] 徐赟、严晓慧：《如何实现大数据和民事检察的深度融合》，载《检察日报》2023 年 1 月 11 日，第 7 版。

[3] 赵小雨：《以大数据赋能新时代法律监督》，载《检察日报》2022 年 12 月 24 日，第 3 版。

（二）运用数字思维准确构建应用监督模型是推进大数据与民事检察融合的重要突破口

大数据法律监督模型，是指从个案办理或数据异常中发现规律性、共性问题，总结归纳特征要素，并转化为机器可以识别的语言或算法，从多元的海量数据中挖掘类案监督检索的一种模式。[①] 在数字检察的当前工作阶段，大数据法律监督模型是数字检察在检察履职中的重要应用形式、实现形式之一，是实现法律监督模式重塑的重要工具和抓手[②]，也是当前数字检察建设的一个重点方面。实践证明，大数据法律监督的本质是要实现主动依法履行监督职能。一个好的大数据民事检察监督模型，一定是精准把握了民事检察监督履职点，清晰体现了民事检察业务规则，符合民事检察监督业务逻辑构造，对于更好履行民事检察监督职能具有重要价值。否则，法律监督模型越过了民事检察监督的功能定位和权力边界，模型的监督点不属于民事检察的正当履职范围，就会造成监督模型相关民事检察工作缺乏依据，进而受到多种因素的掣肘，反而不利于民事检察监督履职。

第三节　民事数字检察建设

民事检察是我国法律监督的重要组成部分，也是中国民事司法制度的重要特色。同时，在法律监督领域，民事检察也是较早运用大数据法律监督模型、探索数字检察建设的。[③] 在数字时代，以数字思维理念指导民事检察监督的实践创新，依托大数据民事检察监督模型的研发和应用，以

---

① 翁跃强、申云天：《数字检察工作中的十个关系》，载《人民检察》2023 年第 1 期。

② 贾茂林：《创建大数据法律监督模型需理念先行》，载《检察日报》2023 年 5 月 24 日，第 12 版。

③ 2018 年初，浙江省绍兴市检察院首先瞄准民事检察监督领域，探索运用大数据监督办案，解决一直以来存在的虚假诉讼案件线索发现难、查证难、追责难等突出问题。到了 2018 年中，民事裁判智慧监督系统在绍兴市检察院试运行，取得显著办案成效。2020 年 9 月，最高人民检察院在全国检察机关部署开展民事裁判智慧监督系统的试点应用工作，让这一系统在全国范围内发挥更大的作用。

"模型化"深入推进民事数字检察建设，创新数字检察战略赋能民事检察监督，将对实现检察工作现代化、法治现代化及至中国式现代化起到重要的作用。

一、民事数字检察建设的现状

习近平总书记强调，"推动大数据、人工智能等科技创新成果同司法工作深度融合"。[①] 在数字时代，司法体制在不断改革和完善自身的同时，也要注意吸纳科技发展的成果，运用先进的技术和手段以提升和改善司法效能，并促进数字司法建设取得进展和成效。[②] 检察机关运用大数据推动民事检察建设、提升检察监督质效的探索得到民事检察监督实践的检验和印证。

（一）民事检察监督模式实现重塑变革

1. 大数据助力民事检察监督实现智慧转型升级

检察大数据以场景化应用为依托，推动了法律监督模式的转变，即由传统的"数量驱动、个案为主、案卷审查"个案办理式监督转变为"质效导向、类案为主、数据赋能"的类案治理式监督，探索具有中国特色的大数据法律监督模式。[③] 目前大数据赋能检察监督的模式主要有两种：一种是"平台化＋智能化"，强调通过司法人工智能引擎将大数据平台与知识平台相连接，构造智能辅助决策应用系统、智能辅助支持系统、案件管理应用系统等，从而促进司法运行和管理体系的信息化、智能化和现代化；第二种模式是强调通过智能机器所具有的自动化决策能力来代替司法

---

① 习近平：《维护政治安全、社会安定、人民安宁》（2019 年 1 月 15 日），载习近平：《论坚持全面依法治国》，中央文献出版社 2020 年版，第 248 页。
② 卞建林：《立足数字正义要求，深化数字司法建设》，载《北京航空航天大学学报（社会科学版）》2021 年第 2 期。
③ 马建刚：《检察监督大数据应用探析》，载《人民检察》2023 年第 5 期。

者进行判断。① 从目前的数字检察实践看，所沿循的应是第一种模式，但同时也不可避免地承受着关于第二种模式的质疑。通过利用民事检察监督专业知识、使用与民事检察监督履职相关的数据创建出民事检察监督模型，释放法律监督新动能，推动智慧型民事检察监督转型升级。大数据运用的先进性体现在突破对传统事物关联关系认识上的价值以及大数据技术在海量数据统计、分析上具有明显优势。区别于传统的法律监督模式，数字民事检察体现了大数据法律监督思维和大数据技术开发路线的统一。图1是在两届模型竞赛作品中选取的大数据民事检察监督思维导图和监督模型技术开发基本路线。

　　图 1 展示的即大数据法律监督中"个案监督—类案监督—社会治理"的基本路径，现有的监督模型中多数是通过个案办理发现类案线索及办案规律，进而通过对大数据的挖掘和运用，创设模型应用场景，用于之后的民事检察类案监督实践，并在实践中发现涉社会治理问题，以大数据启动检察监督程序介入社会治理。比如，一地检察机关在办理一起民间借贷纠纷执行监督案②过程中，发现法院仅参考定向询价确定拍卖保留价，未考虑涉案房产抵押情况导致出现无益拍卖的情况并非个例。因此，可以"无益拍卖"作为构建模型的场景，通过筛查是否设定抵押权，申请执行人与抵押权人是否相同，得到申请执行人不是抵押权人的案件，将拍卖保留价与抵押债权额数据碰撞，最后筛查出拍卖保留价小于优先债权和执行费用总额，导致申请执行人无法在本次拍卖中受偿的问题线索。检察机关通过创建"网拍房无益拍卖等六种违法情形类案监督模型"，对网拍房成交后存在的各种风险问题，以民事执行监督为主体，辅之以公益诉讼、刑

---

　　① 郑智航：《"技术——组织"互动论视角下的中国智慧司法》，载《中国法学》2023 年第 3 期。

　　② 在叶某与李某某民间借贷纠纷案执行过程中，法院于 2022 年 8 月 1 日发布拍卖公告拟拍卖叶某名下一套房产，确定第一次拍卖起拍价为 270 万余元。经查拟拍卖房屋设定抵押权，抵押权人为某信用社，抵押债权额 500 万元，截至 2022 年 9 月 8 日，该房产尚欠信用社本息 470 万余元。因确认的拍卖保留价大幅低于优先债权额，很有可能出现申请执行人无法在本次拍卖所得价款中受偿即"无益拍卖"的情形。

事检察等职能，加强该类问题的检察监督，推动虚假诉讼惩治等社会问题的综合治理。

图1 民事数字检察监督思维导图①

图2、图3展示的是两个监督模型具体思维导图，虽然产生思维导图的类案案型存在差别，但体现的思维模式包括数据分析、类案要素归纳、逻辑规则等，以及按照思维导图拓展出来的监督方式、路径等，其实质上是相通的。

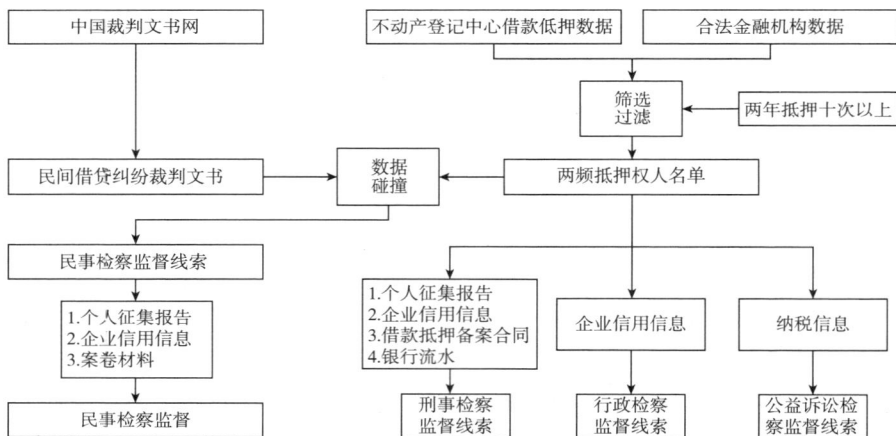

图2 大数据民事检察监督思维导图示例一②

---

① 陈章：《树立大数据思维，秉承双赢多赢共赢理念，以检察大数据战略赋能新时代法律监督》，载《检察日报》2022年5月20日，第3版。

② 此思维导图来源于广东省珠海市人民检察院研发的"职业放贷人"类案监督模型。

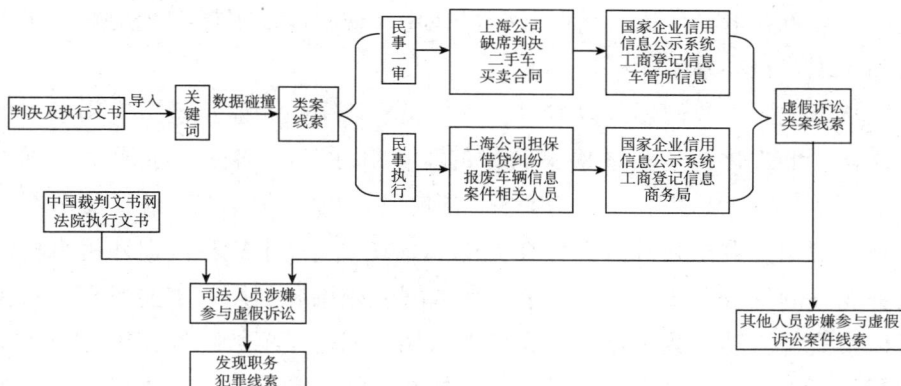

图 3　民事数字检察监督思维导图示例二①

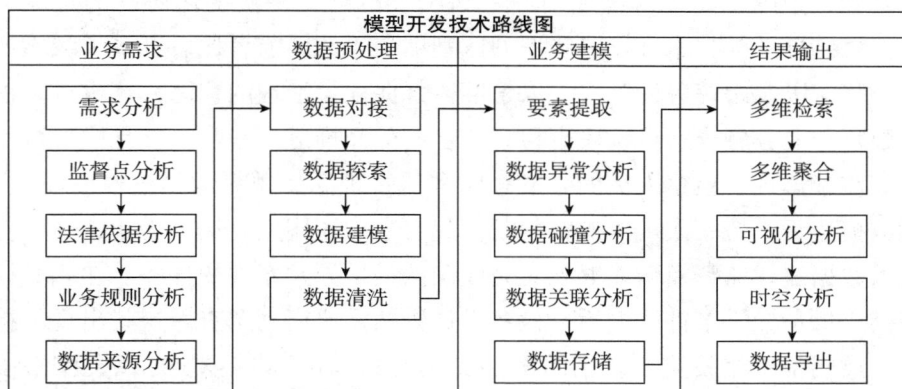

图 4　民事数字检察监督模型开发技术路线图②

图 4 是监督模型技术路线，其最大的特征是能够处理与特定事件关联的各种信息，既不再依赖随机采样，也不再采用随机分析之类的方法。③

①　此思维导图来源于山东省枣庄市人民检察院、薛城区人民检察院研发的"骗取车牌额度拍卖款虚假诉讼"类案监督模型。

②　此技术开发路线图主要来源于河南省安阳市文峰区人民检察院主导研发运用的确认劳动关系补缴社保虚假诉讼、虚假仲裁监督模型。

③　李鹏宇：《人工智能时代背景下的大数据法律监督》，载《上海法学研究》集刊 2022 年第 23 卷——社会治理法治化研究文集，第 102 页。

其中，最重要的是数据分析和数据可视化，现阶段监督模型利用的技术路线和实现路径亦基本相同。

从上述图中我们还可以看出，一是民事数字检察监督模型应用场景的具体化、形式化，是民事检察监督的工具和手段，它使数字运用实现从"工具化"到"要素化"的转变。① 二是民事数字检察的基础是民事案件监督办案相关数据和机器智力算法技术，节点是民事检察数据和民事检察监督业务的融合，主线是对民事检察数据的挖掘和利用，主要逻辑是将民事检察监督活动以数字化的方式呈现出来。三是民事数字检察构建了法律监督的新模式，监督模型中对大数据技术的掌握和运用已较为成熟。四是推进民事数字检察监督办案，要以对民事检察相关数据的业务规则的研究为基础，把民事检察监督规则嵌入到民事检察工作数字化协同的程序当中。思维导图与技术开发路线图的区别即在于此，前者比后者多了线索研判、移送以及跟踪督促落实、以精准监督促社会治理的程序，这也可以说是数字与业务融合将传统民事检察监督向前又推进了一步。五是民事数字检察监督体现了检察人员的办案思路和监督理念，遵循的是逻辑驱动型②大数据监督，检察人员的逻辑判断仍起着主导性作用。迄今为止，尚无任何大数据法律监督模型能够独立完成确认批量异常案件的任务。在相关模型推送批量异常案件线索后，检察人员仍然需要启动调查。这就出现了检察人员同基于相关监督模型的平台实现人机耦合③的必要。④ 以类型最多的虚假诉讼监督模型为例，多数模型获取的数据来源于中国裁判文书网。但现阶段文书网上公开的裁判文书存在司法数据不全面、不完善的问题。

---

① 练节晟、刘晨雨、杨玥：《数字检察之"数字"突围——从"数字"壁垒到"数字"边界》，载《山西省政法管理干部学院学报》2023年第1期。

② 有学者认为，建模是大数据法律监督的重中之重，可分为逻辑驱动型和数据驱动型。前者要求模仿检察官甄别异常个案的思维方式，即设计一台遵循同样逻辑的机器进行批量异常案件的判断；后者要求其按照"（海量）信息数据输入—程序处理输出"的路径进行判断。后者可以被理解为一种基于超大样本的统计学建模方法。

③ 所谓人机耦合，简单地讲，是"在AI擅长的领域，解决人类智能比较困难的问题；在人类智能比较擅长的领域，解决AI比较困难的问题"。

④ 刘品新：《论大数据法律监督》，载《国家检察官学院学报》2023年第1期。

裁判文书是法官个人价值判断的"产品"，对事实认定及法律适用的裁判结果具有较大的差异性，数字技术进一步处理的能力几乎没有。因此，检察人员在数字技术客观运用基础上的依法、主动审查就显得比较重要。

2. 民事数字检察工作机制体制逐步完善

2023 年 3 月，最高人民检察院检察长应勇在全国检察机关学习贯彻两会精神会议上强调，"深化实施数字检察战略，构建'业务主导、数据整合、技术支撑、重在应用'的数字检察工作机制，以数字革命赋能法律监督"。民事检察监督的数字化过程，也是大数据助力民事检察工作机制体制不断完善的过程。一方面，通过建立健全统一的数据管理、应用体系，民事数字检察有助于原有工作机制在技术保障、办案流程等方面的重构性完善。另一方面，民事检察在完善自身工作机制的同时，通过大数据监督践行融合监督、一体化办案理念。民事数字检察具有整体性的特征，常涉及刑事、公益诉讼、信息技术等部门的综合协调、融合履职，以此带来检察机关各部门各层级监督工作横向、纵向的协同推进。例如，在某检察机关创建的确认劳动关系补缴社保虚假诉讼、虚假仲裁监督模型中，民事检察部门运用监督模型办理了民事虚假诉讼、虚假仲裁案件，办案过程中发现中介机构属于组织者、策划者，并收取较高数额的费用，虚构劳动关系提起虚假诉讼涉嫌犯罪，线索移交刑事检察部门；刑事检察部门提前介入并引导侦查，固定虚假诉讼证据，刑民衔接加大了对虚假诉讼的惩治力度；公益诉讼检察部门制发检察建议，责令收回被骗取养老金，社会治理效果较好。

（二）民事检察监督办案凸显精准有效

1. 依法合规实现个案办理精准化

实践中，数字检察的发起点和突破点在检察官日常办理的个案中。[①]大数据可为具体民事案件的办理提供参考依据，通过对案件事实、法律适用、争议问题等不同要素的数据化处理，在链条式比对的基础上进行关联

---

① 　贾宇主编：《数字检察办案指引》，中国检察出版社 2023 年版，第 35 页。

性分析，从而为个案办理提供指导。[①] 例如，在涉及"职业放贷人"案件中，传统的认定方式过多依赖行为人涉诉次数，常导致证据不足、认定事实依据不强的问题，通过创设"职业放贷人"民事检察监督模型，检察机关通过提取不动产借款抵押登记数据，挖掘出"职业放贷人"的真实出借次数，对撞民间借贷诉讼数据，发现"职业放贷人"的民事监督线索，实现对"职业放贷人"民事案件的精准监督。但同时也要注意，运用大数据办理个案不同于个案办理中使用信息化手段，后者是办案中检察机关调查核实的手段措施，信息可以说是证据材料的一部分，而数据信息只有经过要素化处理并与监督点规则化相结合，才有可能成为创建监督模型的基础。

2. 积极探索推进类案监督实质化

民事检察类案监督是指检察机关对进入民事检察监督程序的同类案件中存在的同类问题、不同类案件中存在的同类问题以及同类案件中存在的不同类问题进行比对分析并提出监督意见的监督模式。[②] 民事检察类案监督的基础在于通过个案比对、类案分析的方法发现类案问题。其中，个案比对侧重于同一法院同类案件的共性问题，主要解决同案不同判问题，而类案分析则是对一个时期、一个区域内特定类型的已生效民事裁判案件进行比较分析。实践中，类案分析法常与大数据法律监督、智能办案等相结合，创建法律监督模型，利用链接技术从类案之间的关联性中发现类案监督线索，再通过检察机关补充调查核实与分析研判工作，推动对串案批案类案等案件的实质性监督。例如，通过司法大数据运算的方式，检察机关可以实现对法院民事执行活动的全过程监督，且这种监督兼具民事执行状态的静态分析和关联事项的动态跟踪，从而使得检察监督在批量化的基础上实现精准化、实质化的要求。[③]

---

① 王沩、张源：《以数字检察建设提升法律监督质效》，载《检察日报》2023年2月17日，第3版。

② 滕艳军、刘丽娜：《民法典实施与民事检察类案监督机制》，载《中国检察官》2023年第3期。

③ 方晗等：《数字赋能民事执行监督的检察实践》，载《人民检察》2023年第5期。

（三）民事检察监督能力得到跨越提升

1. 促进办案数量与办案质量的统一

数字技术被应用于法律监督最初的动力就是提升监督效率，亦即提高办案数量，对于法律监督阶段"案多人少"矛盾最为明显的民事检察尤其如此。在传统民事检察监督案件办理模式下，对相关领域或者纠纷案件的监督大部分难以实现规模效应，脱离了数字思维，也就遗漏了很多监督点，如网拍房无益拍卖、职业放贷人、规避房地产调控政策的异地房屋买卖、民事诉讼不当适用公告送达程序、虚假套取国家专项基金、民事终本执行、虚假司法确认等违法情形类案监督，当然也包括某一类案本身的监督点，如在保险虚假诉讼监督中，检察机关即通过分析保险诉讼的全流程，从流程中的各个环节入手，在中国裁判文书中寻找全流程的监督点，具体如图5所示。民事数字检察利用信息化智能科技，可以优化监督办案流程，提高办案效率，减少人力资源消耗，从而更快地解决案件问题。同时，民事数字检察还可以通过数据分析和模型优化，辅助检察人员进行案件筛选、风险预测和证据收集，增加取证的准确性和全面性，减少办案风险，提高办案质量和效果，实现质与量的统一。

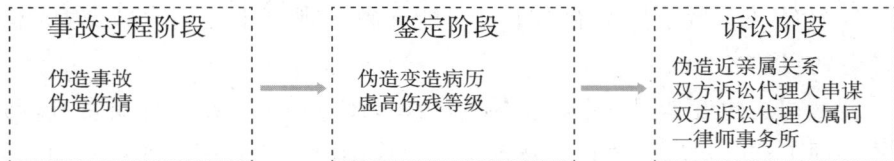

事故过程阶段	鉴定阶段	诉讼阶段
伪造事故 伪造伤情	伪造变造病历 虚高伤残等级	伪造近亲属关系 双方诉讼代理人串谋 双方诉讼代理人属同一律师事务所

图5　保险虚假诉讼全流程监督规则节点①

2. 强化监督力量与监督能力的整合

数字检察是法律监督手段的革命，亦是提高法律监督能力的重要依

---

① 此监督点图示主要来源于湖南省人民检察院主导研发运用的保险虚假诉讼全流程智慧监督项目监督模型。

托。① 数字检察激活了民事检察监督的思维，推动了监督办案视角的转变。通过培育既懂民事检察监督本职业务，又掌握数据分析运用技术的复合型人才，整合了监督资源力量。通过与高校、科研院所等建立多方协作联合机制，积极引入科研资源开展联合技术攻坚，实现科技办案能力的延伸拓展，提升了民事检察大数据监督办案能力。② 另一方面，可复制的模型才有"生命力"。应勇检察长指出，要建立可复制、可推广的模型，"让沉睡的数据开口说话"。本书选取的民事检察监督模型数据主要来源于中国裁判文书网、案例库、诸多企业信息查询平台等，简单易推行，使监督模型具有普遍性、广泛性和可行性。以此带动全国检察机关从简单的既有模型的复制应用到新模型的创新研发，促进监督办案能力的提升。

二、民事数字检察建设的困境与限度

数字技术在为制度和社会发展带来智慧动力的同时，也存在较大的风险隐患。③ 当前，民事数字检察监督体系机制建设尚处于探索实践阶段，仍不断面临新挑战，其发展存在一定限度和实际困境。

（一）民事检察数字化过程中可能存在的冲突因素

1. 检察机关数字技术能力不足可能导致忽视自主运用大数据赋能法律监督的目的

智慧司法建设是司法系统主导的法律系统与技术系统合作研发进行共建的一项工程。司法机关在与技术资本合作中应当具有相对独立性和主导性。④ 另外，我国人工智能技术与法学相结合的复合型人才数量远远不

---

① "数字检察"系列社评之五：《紧紧围绕"应用"提升检察工作质效》，载《检察日报》2023年7月10日，第1版。

② 项金桥：《数字检察的实践背景与深化路径》，载《中国检察官》2022年第9期。

③ 卞建林：《立足数字正义要求，深化数字司法建设》，载《北京航空航天大学学报（社会科学版）》2021年第2期。

④ 张凌寒：《智慧司法中技术依赖的隐忧与应对》，载《法制与社会发展》2022年第4期。

足，主要由单一学科背景的技术人员对系统进行研发，研发人员法学背景的缺乏使得智能系统较为僵化，无法与法学专业理论相匹配，进而阻碍智能系统效能的发挥。[①] 现阶段，作为法律监督格局中重要组成部分的民事检察部门，在人员配备、监督能力等方面确实存在不足，再加上所在机关技术部门能力不足也是客观事实，司法技术人员与民事检察人员联合组建大数据办案团队，不符合工作实际，也不能成为一种常态化机制。基于此，部分地方常选择"全盘外包"的策略，将大数据监督模型的研发创建、运行维护等工作"全盘外包"给技术公司，正如一种对算法决策现状的描述："随着代码编写的日趋商务化——即代码编写逐渐落入到少数几家大公司中。"[②] 在此情形下，检察机关业务办案和技术人员在整个数字检察建设过程中的方案制定、技术开发、试点运行甚至项目论证验收等事项中，参与度不高，参与主体地位被弱化，违背了将大数据技术更好嵌入法律监督的目的和初衷。

2. 民事数字检察监督可能导致检察人员对其过度依赖

一方面，数字技术具有强大的算力、海量资源的匹配汇聚力、高度精确性等优势，检察人员的参与价值被削减，检察人员与数字技术的主客体关系呈现倒置化趋势，可能导致压缩检察人员介入法律监督活动的空间，民事检察监督数字化面临正当性危机。另一方面，数字技术本身又存在一定的机械性和局限性缺陷，而民事案件的裁判与监督并不只是简单的数字推算，民事案件蕴含的基本原则、司法理念等与司法者的内心确信、自由裁量关联紧密，民事案件的公正审查离不开检察人员的法律业务知识储备，更离不开民事检察人员的司法经验和职业良知。盲目扩大大数据运用对民事诉讼监督案件的功效，可能会导致检察人员对其的过度依赖。此外，数字工具更多作用于前期发现案件线索，中期的调查核实与后期的成案监督。但经常会发生依托数字检察排查到线索，但具体核实后不能成案

---

① 彭海清、于坤：《人工智能辅助量刑建议的缺陷审思》，载《数据法学》2023 年第 1 期。

② ［美］劳伦斯·莱斯格：《代码 2.0：网络空间中法律》，李旭等译，清华大学出版社 2009 年版，第 79 页。

的情况，一定程度上可能打击办案人员的积极性。

3. 监督者与被监督者的身份定位可能导致数据信息壁垒、"数据孤岛"问题更加突出

检察数字化的关键在于数据的开放共享。以民事数字检察为例，主要的数据来源包括检察系统内部检察数据资源的交换与共享，与审判机关、公安机关、司法行政机关等政法单位跨部门共享的大数据信息及从政府部门、金融机构、法律服务、仲裁公证机构、行业管理协会等获取的数据信息。《中共中央关于加强新时代检察机关法律监督工作的意见》要求加强检察机关信息化、智能化建设，推进各部门大数据协同办案，但政法各部门之间的数据共享往往基于协同办案的实际需求，常态化共享机制的建立仍有许多机制性、技术性的难题，部门封闭导致的数据壁垒、"数据孤岛"问题仍难以从根本上破除。对于社会相关行业，所拥有的数据只要细致齐全，往往都能反映出一定的问题，法律监督能够做到监督有据，而信息不全，对于监督者而言是一种信息困境，对于被监督者而言则是一种数据优势。基于监督者与被监督者之间的关系，数据信息往往被被监督者或者有关数据源单位通过行业垄断设置成信息壁垒，造成监督治理不具有可持续性。

（二）数字"决策"对民事检察监督公正性和正当性的影响

一般而言，运用好数字技术可为司法决策提供更科学、客观的依据。但如前所述，自动化决策与司法者判断往往存在博弈的过程。我国司法实践中已经推行与运用的诸多智能辅助系统，是基于大数据得以构建，并通过算法得以运行的。然而，研究表明大数据算法的应用机理在于预测，凡预测必有预期。[①] 随着数字技术广泛运用于法律监督领域，算法的"先天缺陷"也逐渐暴露，并可能对检察实践产生相应的消极影响。一方面，受制于数据采集的数量与质量，以及算法设计者的能力与认知，算法容易

---

① 陈科宇：《数字检察背景下类案监督的适用困境与出路》，载《法制与社会发展》2023年第2期。

出现偏见等问题①，这主要是因为对于人工智能来说，真正困难的工作可能在于大量现实中的法律问题并不存在标准答案，对于法律问题的解答需要权衡利益、人情、机会等各方面②，另外，司法本就是一种理性的实践、一种经验的积累③，而人工智能欠缺了法律职业活动必不可少的要素：价值观、道德感、情感、审时度势的创造能力、联系实际的工作作风④。体现在司法应用上最明显的就是法律与技术推进逻辑的显著差异，在行业"极客"的视角下，科技是"不创新，毋宁死"，法律则是"为了正义，哪怕天崩地裂"。⑤ 另一方面，算法逻辑构造以及算法分析与决策过程的可知性较低，欠缺公开性与透明度。若过度依赖人工智能技术（数字技术）生成的类案推送等，相对应的可能会减少对当事人举证、质证环节的关注，可能影响当事人的抗辩权与知情权，而当事人即便意识到自己的权利被侵害，也无法因对算法技术存在质疑而获得有效救济。⑥ 有学者提出，对科技红利的追求不能忽视程序正义的初衷。⑦ 可见，运用大数据行使监督职能过程中加强对算法逻辑的监督与对民事案件本身的监督同等重要。

数字技术的不当运用可能影响民事数字检察监督的准确定位。司法实践中，有的地方偏离了大数据法律监督促进社会治理的价值目标，越俎代庖直接代行公安机关、审判机关或者行政部门的职责；或者将大数据法律

① 关于算法歧视的理论研究较多，虽然聚焦点不同，但司法活动中存在算法歧视或偏见是不争的事实，且受到的关注也较多。

② 沈寅飞：《人工智能＋法律＝?》，载《检察日报》2017年7月26日，第7版。

③ 单纯、叶茂：《智慧司法异化风险的反思与规制》，载《江西社会科学》2023年第3期。

④ 张新宝：《把握法律人工智能的机遇 迎接法律人工智能的挑战》，载《法制日报》2017年6月28日，第3版。

⑤ 单纯、叶茂：《智慧司法异化风险的反思与规制》，载《江西社会科学》2023年第3期。

⑥ 鲁慧雯：《人工智能技术的司法应用与规制研究》，载《北京政法职业学院学报》2023年第1期。

⑦ 肖建国、丁金钰：《在线诉讼民事检察监督的法律基础与发展进路》，载《司法智库》2022年第1期。

监督的重点放在执法司法过失和瑕疵问题上，而对监管漏洞、深层次违法犯罪、社会治理等深层次问题却少有作为。① 在民事诉讼活动监督过程中，检察机关的监督范围绝不是无限的，对于一些缺乏法律依据或者属于被监督对象自身工作管理权限内的事项，检察机关不宜进行监督，更不宜将其作为大数据法律监督的履职点创建模型。另外，在民事数字检察语境下，检察机关获取线索后启动依职权监督，更易引发监督模式的公权介入性质与民事诉讼的私权纠纷属性之间关系的冲突问题。对此，要深入学习贯彻习近平总书记在中共中央政治局就"切实实施民法典"举行的第二十次集体学习中关于"要加强民事检察工作，加强对司法活动的监督，畅通司法救济渠道，保护公民、法人和其他组织合法权益，坚决防止以刑事案件名义插手民事纠纷、经济纠纷"的重要讲话。讲话鲜明地指出民事检察公权监督与私权救济相结合的业务属性，为推进民事检察工作现代化指明了方向。遵照上述指示，民事数字检察既要通过数字化的运用加强对法院审判权和执行权的监督，切实保障民事法律统一正确实施，又要高质效办好每一个案件，通过加强私权救济，努力让人民群众在每一个司法案件中感受到公平正义。

（三）民事数字检察监督模型构建中存在的问题

一方面，缺乏构建民事数字检察监督模型的数字理念和能力。智慧司法的建设与发展过程是一种信息技术与司法组织进行复杂互动的过程，② 而作为司法组织行为主体的司法人员的参与必不可少。当前，多种因素导致大数据法律监督的应用操作尚不便捷，阻碍检察人员使用的意愿。理念是行动的先导，部分检察人员数字检察监督理念思维和应用能力尚不充足，仍困囿于传统的民事检察监督思维定式或者习惯了既定监督办案模式，对于大数据法律监督模型既不想用也不会用，无法使数字技术发挥最大辅助监督办案功能，一定程度上制约了大数据运用对民事检察监督质效

---

① 翁跃强、申云天：《数字检察工作中的十个关系》，载《人民检察》2023 年第 1 期。

② 郑智航：《"技术——组织"互动论视角下的中国智慧司法》，载《中国法学》2023 年第 3 期。

的提升作用。

另一方面，现阶段的大数据民事检察监督模型存在重复建设等问题。基于司法实践，监督模型存在的主要问题是应用场景的规范性与实效性还不够。具体体现在以下方面：一是从广度上看，一些监督模型应用场景体现不出创新性或者创新性还不够强，同质化、重复建设等问题也较为突出，特别是具有鲜明特色的民事检察监督模型还不够多。有的模型直接以"民间借贷纠纷类案监督模型""虚假诉讼监督模型""支持起诉数据模型""民事审判人员违法检察监督模型"等为题目，随着对民事虚假诉讼监督等相关工作认识的不断深入，与之相对应的模型也应在选择"切口"等方面进一步细化，对于其他地方已经研发运用较为成熟的模型不宜再研发创建，有的模型创建者没有意识到这些，以致开发的监督模型无法精准聚焦模型监督点，难以产生实际应用效果。二是从深度上看，现有民事检察监督模型应用场景的实效性还不够显著，一些应用场景脱离了民事检察监督业务需求，在正常的监督业务开展中刻意加强对大数据技术的运用，反而使得运用大数据服务法律监督的能力和水平达不到应有的高度。

另外，民事检察数字化还存在相当程度的地方性差异，主要表现在：有的地方能够将大数据技术娴熟地运用到民事检察业务办案中，结合监督履职研发多种模型，实际运用效果也较好，并在一定程度上推动了民事检察监督模型的现代化升级转型以及促进民事检察工作机制体制的逐步完善。与此同时，也有不少地方机械运用大数据监督，出现大数据技术与业务"两张皮"的问题，大数据平台建设或监督模型创建与具体业务流程相互游离，相应的技术系统平台形同虚设，业务和技术各行其是，与大数据"强赋能"民事检察监督的目标有一定差距。[①]

三、民事数字检察建设的突破与创新

在数字检察改革进路中，需要不断迭代深化对数字检察理念、思路、

---

① 王翔：《大数据赋能的地方性差异——基于地方司法治理实践的比较分析》，载《中国行政管理》2022 年第 3 期。

目标、任务的认识，积累适应数字革命的规律性经验，以此持续推进"数字赋能监督，监督促进治理"的法律监督模式重塑变革，探索实践"个案办理—类案监督—系统治理"的数字检察路径，以数字化改革创造检察机关法律监督工作前所未有、通向未来的新跨越。① 民事检察作为"四大检察"监督格局中的重要部分，更需在认识和把握民事数字检察建设的时代意义与价值、表现与成效、困境与限度的基础上，革新理念、建章立制、充分实践，实现数字民事检察建设的创新与突破。

（一）抓住数字检察战略实施，主动融入推进民事数字检察建设

1. 以数字化撬动法律监督

检察机关开展法律监督，通过人工从受理、审查案件卷宗寻找监督线索比较难，导致监督渠道不畅、手段不足、效率较低。运用大数据，以执法司法数据互联共享为前提，加强数据归集、碰撞、对比、分析，就能够有效拓宽监督渠道，发现批量线索。浙江检察机关通过建立多种形式的数据互联、共享平台，打造嵌入式法律监督格局，从海量的数据中智能分析发现监督线索，初步实现由过去的"人找案（线索）"到现在的"案（线索）找人"的转变，法律监督质效明显提升。例如，绍兴市检察院通过民事裁判文书智慧监督系统，运用大数据分析同一原告、密集起诉、公告送达同一地址、证据格式化、缺席判决等要素，发现以彭某某为原告的50余件民间借贷纠纷案件在多项指标上存在异常，实为"套路贷"团伙为获取非法利益打"假官司"。遂监督撤销原判并将涉黑线索移送公安机关，该团伙14人落入法网。再如，绍兴市检察院根据相关保险公司监督申请，通过智慧检察监督平台检索涉交通事故车损保险理赔诉讼的民事裁判文书，并运用数据比对分析发现，一些案件由同一原告密集起诉、车辆事故多发生在异地、诉讼代理人及鉴定人相对集中等异常情况。后查实通过民事虚假诉讼骗取保险理赔线索60余起，移送公安机关立案侦查系列保险诈骗案5件27人，涉案金额1500万余元。

---

① 童建明：《以大数据赋能新时代法律监督》，载《检察日报》2022年7月18日，第3版。

2. 以数字化推动制约监督

民事数字检察监督是推进执法司法制约监督体系改革的重要抓手。通过大数据赋能，法律监督不再局限于个案对错，而是更加注重实现执法司法机关以人民为中心、维护公平正义的共同目标，双赢多赢共赢的制约监督氛围更加凸显。2020 年 6 月，浙江在全省范围内全面推广数字卷宗单轨制协同办案模式，不再移送纸质卷宗。案件网上流转、办理全程在线，使可能存在的单人讯问、事后补签等问题无处遁形，倒逼执法司法行为更规范，执法司法机关相互配合、相互制约更到位。对检察机关而言，既能更主动接受其他执法司法机关履职制约，也可使法律监督深度介入执法司法各领域、全流程。例如，浙江省丽水市松阳县检察院通过对互联网平台司法拍卖数据分析研判，发现 3000 余件民事执行案件存在不符合规定情形。法院主动接受监督，有效规范了司法拍卖工作。

3. 以数字化促进深层治理

检察机关始终立足办案职能、延伸监督触角，深入剖析案件反映的倾向性、普遍性问题，及时发出堵漏建制的社会治理检察建议，努力做好标本兼治的工作。过去，由于检察建议多针对个案反映的问题，深度、广度和影响力往往有限。在民事数字检察监督模式下，监督的案源渠道被充分打开，发现的是系统性问题、类案问题。通过深挖批量案件背后的制度漏洞，检察建议更精准、更全面，更有利于助推执法司法机关、相关行业领域解决深层、普遍问题，极大地提升了类案监督、综合治理效能。例如，我国社会保险法规定社会保险包括国家建立基本养老保险、基本医疗保险、工伤保险、失业保险、生育保险等社会保险制度，以保障公民在年老、疾病、工伤、失业、生育等情况下依法从国家和社会获得物质帮助的权利。2016 年 11 月 28 日，国家人力资源和社会保障部通知要求办理一次性补缴养老金需有法院、审计部门、劳动保障监察或劳动争议仲裁委的法律文书，河南省安阳市文峰区检察院在履职中发现有无业人员利用虚构与企业的劳动关系，通过民事诉讼或者劳动仲裁骗取法院确认劳动关系的判决书或者劳动人事争议仲裁机构确认劳动关系的仲裁裁决书，从而一次性办理补缴养老金。检察机关通过创设监督模型，有效破解线索发现难题，充分灵活运用调查核实权，查明虚假诉讼事实，经依法监督，纠正错误民事判决，打击违法犯罪，推进社会治理。

4. 以数字化助力精准管理

把握好数字化变革趋势，充分发挥数字化技术的强大生产力，有效释放数据基础要素的潜在动能，有助于构建数字化认知、培养数字化思维，进而提升管理效能。通过数字化改革，检察管理有效融入执法司法制约监督体系，有力推进了内部监督体系和监督能力变革，监督管理更加精准、高效。浙江省检察机关统筹开发的"啄木鸟数据巡查系统"，通过内置数据校验规则，不仅自动向检察官推送待处理瑕疵数据，更注重发现流程监控、法律监督的线索。比如，浙江省检察院积极推进内部监督迭代升级，打造"数智案管"检察办案监督系统，实现流程监控、质量评查、数据核查、分析研判等工作数字化精准管理。

（二）把握数字时代要求，明确民事数字检察建设规划目标

1. 以民事数字检察的新理念新思维打开检察官思想认知和能力拓展的新空间

数字时代，大数据法律监督是大势所趋，运用大数据提升法律监督能力不仅是技术问题，更是理念和机制问题，尤其是社会和经济环境的变化更新对民事司法活动也产生重要的影响。相较于之前的经济环境，公众的生活水平和社会经济环境有了显著提高，信息数据成为民商事发展中的重要因素。信息数据本身以及其作为技术工具的功能属性都导致民商事权益保障方面面临一些新情况、新问题，这就要求检察机关从传统思维向大数据思维转变，树立数据引领法律监督的理念，以数字思维指导科学运用数据方法，一方面结合民事检察监督职能，另一方面超越就案办案的固定思维模式和传统监督路径，在法律框架内合理延伸职能，拓展民事检察监督参与社会治理的深度，以数字理念引领民事检察监督模式现代化。

2. 加强民事数字检察制度建设

从长远看，民事检察监督数字化改革能否落地，大数据技术能否在民事检察领域全面应用，关键在于能否实现制度重塑或者作出大幅度的适应

性调整。只有通过制度重塑，才能更好地固化改革成果、放大改革成效，制度重塑的关键，是要在组织架构、方式流程、工作方法上适应改革需求，激活内生动力，促进实战实效。[①] 围绕这一要求，要加强对民事数字检察监督的理论研究，设置、参与相关理论课题，建设实施大数据民事检察监督模型的研发创新基地，为民事数字检察向纵深发展奠定理论基础。要加强对民事数字检察环节的管理，全面规范数据信息及案件线索的汇集、发现、研判、办理等程序，稳步拓展数据源，同步加强民事数字检察监督应用监管，严格界定监督权限，将数字检察与民事检察监督结合构建相配套相适应的工作方式方法、具体流程、体制机制等，并在民事检察监督实践中不断检验成效、纠偏扶正、固化成果，促成建立数字民事检察制度理论、规范、规则和标准体系，以持续推动民事检察监督数字化理念及监督实践变革更加规范化、体系化、制度化，确保大数据技术与民事检察监督制度的协同发展，为实现更高水平、更高层次的大数据技术赋能提供有力支撑。

（三）规制数字技术应用，提升民事数字检察监督建设效能

数字技术带来高效、规范、便捷等优势的同时，也带来了风险和纠纷。为有效防范与应对数字技术的自身风险，必须以数字技术的发展与规制为主题，形成包含法律规则、政策规定和伦理规范等在内的社会综合治理体系[②]，并以法治化规范数字化，促进依法规制、合规应用与推动数字民事检察更好发展的相辅相成。

1. 构建数字化法治规范、制度规则体系

传统民事检察监督机制显然有其局限性，无法适应数字技术与诉讼制度深度融合的时代需求[③]，需要构建在法理和理论上符合民事检察数字化

[①] 兰建平：《以制度重塑促进数字文明》，载《浙江经济》2021 年第 10 期。

[②] 卞建林：《立足数字正义要求，深化数字司法建设》，载《北京航空航天大学学报（社会科学版）》2021 年第 2 期。

[③] 肖建国、丁金钰：《在线诉讼民事检察监督的法理基础与发展进路》，载《法律智库》2020 年第 1 期。

发展趋势且兼具现实可操作性的民事数字检察监督制度和法治规范体系。要着力参与构建以民法典、数据安全法、网络安全法、电子商务法、个人信息保护法、反垄断法等法律为基础，以制度规范、政府运行、社会秩序、司法机制和理论指引等方面①为主要内容的数字法治体系，明确数据收集、处理和使用应当遵循合法正当必要的基本原则。紧跟数字技术的发展态势，加强对涉数字民商事纠纷、数字权利义务和司法规制的理论研究，从数字权利保护、平台治理、算法治理、区块链治理、人工智能规制等诸多方面②入手探索推动建立、完善数字治理规则体系。加快探索构建民事数字检察规则体系，制定出台民事检察数据安全办案规范，推动民事数字检察监督从技术领先到规则引领的高质量转向。

2. 强化对民事检察数据的监督和管理

系统梳理数据源，并对民事检察监督相关数据予以进一步合理区分，采取不同的措施拓展监督数据源，争取更多共享信息数据，为下一步民事数字检察监督的深入开展提供基础支撑。对于政法政务数据如审判机关法律文书信息等，应致力于通过刚性制度促进各部门之间数据的畅通共享融合。重点以政法大数据平台为切入点，全面推进与政法各部门之间的数据和知识共享与业务协同，实现跨层级、跨地域、跨系统、跨部门、跨业务统一共享交换与应用。③对于社会数据、行业企业数据如银行、工程建设等领域，重点在于厘清公共数据与私人数据之间的边界，赋予法律监督使用数据的正当性和可行性。加强对民事检察数据的治理，以检察数据质量、数量、模型精度的"质量度"三维目标为导向，真正用好检察大数据，提升民事检察监督质效。④

---

① 马长山：《数字法治的体系性建构——基于 2021 年以来我国数字法治建设的观察分析》，载《浙江警察学院学报》2023 年第 1 期。

② 马长山：《数字法治的体系性建构——基于 2021 年以来我国数字法治建设的观察分析》，载《浙江警察学院学报》2023 年第 1 期。

③ 江苏省高级人民法院课题组：《数字经济背景下人工智能的司法应用》，载《法律适用》2023 年第 5 期。

④ 孙凤娟、常璐倩：《大数据赋能新时代法律监督丨赋能新时代：从检察监督走向社会治理》，载《检察日报》2022 年 6 月 29 日，第 1 版。

3. 推进智能科技与司法专业知识的深度融合

司法场域对大数据与智能科技在专业性和精准性方面的要求极高，大数据智能技术必须针对司法固有属性和检察监督业务需求进行迭代升级。除此之外，运用大数据进行监督办案还要求数据分析和监督规则提炼，这些都离不开法律、检察专业知识与实践技能。因此，司法大数据与人工智能专用技术的开发离不开司法知识，否则将成为流于一般化的通用技术而失去其核心竞争力。[①] 基于此，在推动民事检察监督数字化进程中，要将大数据技术嵌入民事检察现代化的时代需求中，实现技术原理与检察基础理论和民事检察监督实践紧密结合、有效融合，从而保障大数据法律监督技术路线与方案的专业性、科学性与实效性。同时，要加强对"数字技术＋民事检察监督"复合型、领军型人才队伍的培育，培育正确的智能科技应用观念，以数字检察推动新时代检察人员法律监督理念、本领的革新和跃迁，不断提高其对现代化、数字化的把握能力、引领能力、驾驭能力[②]，全面提升数字民事检察监督的专业素养。

4. 积极稳妥推进大数据民事检察监督模型的应用

在司法场景中，技术权力要谨慎进入技术尚不成熟的领域。[③] 数字技术自身的发展有从初级到高级的不同阶段性特征，数字技术与司法大数据本身又具有不确定性，民事数字检察要审慎探索大数据法律监督模型尤其是模型运用的数字技术。对模型运用的智能化功能进行区分，将相对成熟的大数据智能技术纳入法律监督模型中，对于那些尚未完全开发运行或者可能涉及需进行合法合规合乎伦理规范审查的技术功能，应等待该项技术功能本身取得突破时再考虑引入检察监督模型创建，亦即采取"成熟一

---

① 王禄生：《大数据与人工智能司法应用的话语冲突及其理论解读》，载《法学论坛》2018 年第 5 期。

② 贾宇：《论数字检察》，载《中国法学》2023 年第 1 期。

③ 王禄生：《大数据与人工智能司法应用的话语冲突及其理论解读》，载《法学论坛》2018 年第 5 期。

个、推广一个"的循序渐进的方式，有效规避技术风险。[①] 深入研究大数据民事检察监督模型应用中的新问题、新情况，及时总结，加大对监督模型的推广应用和指导力度，为监督模型发挥作用提供充足保障。

新时代，数字的深度应用将牵引和带动新时代民事检察监督理念、方式、机制体制和实践层面的重大创新，随之民事数字检察的探索也将围绕大数据对民事检察监督制度的制度性、重塑性变革展开，并将坚持以数字理念思维引导民事检察实践，以信息化系统集成筑牢数字民事检察根基，以大数据赋能激活民事检察监督内生动力，以数字革命驱动民事检察提质增效。民事数字检察建设是一项系统工程，应当自觉主动融入数字检察建设、数字司法建设、数字中国建设战略全局，遵循数字革命的基本规律和要求。同时，民事数字检察建设也是一个循序渐进的过程，时势发展要求不宜不探索或者停滞不前，但更不能冒进，应当在准确把握民事数字检察实质的基础上，充分考虑地方实际，找准民事检察业务与数据资源和信息化系统现状的结合点，以创建简单便捷、高效规范、经济实用的大数据民事检察监督模型为切入口和突破点，加快构建形成数字民事检察信息化系统，让数字技术更好地服务于民事法律监督，推动民事检察监督发挥更大整体效能。

---

① 金鸿浩：《以新动能推进检察事业新发展》，载《检察日报》2022 年 10 月 8 日，第 3 版。

第二章 民事数字检察的基本流程

民事检察应更深入挖掘大数据的优势，在拓宽监督面的同时提高监督的精准度，对系统性问题实施更深层次的法律监督。重视数字检察的引领作用，以检察机关的法律监督为切入点，将碎片化的个案监督延伸至全方位、全流程的类案监督，进一步提升民事检察监督水平。

第一节 数据的采集与处理

一、数据采集

大数据是以大规模、多样化、高价值的数据为基础，以数学算法为核心，以机器学习、深度学习为手段，挖掘数据价值，发现客观世界规律、问题的一种工作方法。[①] 这就需要我们在数据采集的过程中，革新民事检察监督理念，把握数据采集的基本思维与数据来源。

（一）数据采集思维

1. 数据采集应当坚持实用主义

一是以必要性为标准小范围采集数据。进行大数据法律监督工作，海量数据是不可或缺的基础，而打通并整合多方数据来源渠道，则是大数据应用得以实施的前提条件。但是，数据的获取和共享是一个逐步推进的过程，应摒弃"先抓数据共享再抓实战"的思维，根据具体检察监督场景

---

① 刘品新、翁跃强、李小东：《检察大数据赋能法律监督三人谈》，载《人民检察》2022 年第 5 期。

的需要获取相关数据，通过实践赢得各方认同，在监督办案中逐步攻克数据壁垒。[①] 二是遵循数据最小化原则。大部分数据持有部门必然考虑数据安全和隐私保护问题，因此数据的敏感度、多维度、完整度一般与获取数据的阻力成正比。强调数据的"必要性""最小化"，即可以降低数据泄露的风险，也可以减少对海量数据或无价值数据进行审查的精力消耗。

第一，坚持目标导向。数据采集应围绕具体的监督目标进行，确保采集的数据能够直接服务于监督模型的构建和应用。例如，在追索劳动报酬监督模型中，采集的数据主要是与工资支付相关的信息，针对性强。第二，做到精准采集。避免盲目追求数据的规模和全面性，而是根据实际需求，精准采集关键数据。例如，在追索劳动报酬类虚假诉讼监督模型中，在调查核实可能存在恶意规避执行的行为时，重点采集与被告相关的执行案件数据，而不是所有执行案件数据。第三，重视数据质量。对数据的质量进行把关，确保采集的数据准确、完整、可靠。例如，在机动车交通事故保险理赔监督模型中，通过多渠道验证社区理赔数额的信息，确保数据的准确性。第四，考虑成本效益。在数据采集过程中，要考虑成本效益，避免不必要的数据采集。例如，在大数据监督模型中，通过筛选和整合现有数据资源，而不是大规模地采集新数据。第五，适时进行动态调整。根据监督模型的应用效果，动态调整数据采集的范围和内容。例如，在民事执行活动监督模型中，根据监督结果反馈，调整数据采集策略，优化模型效果。通过以上方法，检察人员能够在大数据法律监督模型中实现数据采集的精准化和实用化，有效提升监督模型的效果和效率。

2. 数据采集应当坚持迂回思维

迂回思维在收集数据中的应用，主要体现在不直接获取目标数据，而是通过关联数据、替代数据或者数据痕迹来间接推断或获取所需信息。迂回思维的策略包括关联数据收集、数据痕迹分析、替代数据源利用、多角度数据整合、历史数据挖掘及技术手段辅助。

关联数据收集，是指当直接获取某类数据存在困难时，可以寻找与目

---

① 翁跃强等：《大数据赋能法律监督的价值与应用》，载《人民检察》2022 年第 11 期。

标数据相关的其他数据。例如，在民事检察支持起诉工作中，可以通过收集民政局、乡村振兴局、残联、妇联、退伍军人事务局等行政部门关于困难人员的数字资源，间接获取有关人员的支持起诉需求信息。数据痕迹分析，是指通过分析目标数据留下的痕迹来推断数据内容。例如，在司法网拍的司法人员渎职犯罪监督中，通过分析司法人员的通话记录，推断其活动轨迹，从而发现渎职线索。替代数据源利用，是指当官方数据难以获取时，可以利用公开的数据源作为替代。例如，利用中国裁判文书网、执法信息公示平台等获取公开信息。多角度数据整合，是指通过整合多个角度的数据，构建更全面的数据视图。例如，可以从卫生健康局、公安机关、全国检察业务应用系统等多个途径收集数据，全面掌握医疗保险监管的相关信息。历史数据挖掘，是指分析历史数据中的规律和趋势，预测未来的数据变化。例如，通过对历史案件数据的分析，预测可能的司法救助需求。数据共享与协作，是指与其他机构或部门建立数据共享机制，通过协作获取所需数据。例如，与公安部门对接，获取行政处罚数据。技术手段辅助，是指利用爬虫技术、数据挖掘工具等技术手段，自动化收集和分析网络上的公开数据。通过迂回思维收集数据，检察人员能够更全面、深入地了解案件情况，为大数据法律监督模型的构建和应用提供了丰富的数据支持。

3. 数据采集应当融合共享

单位内部不同业务条线采集的数据应当共享，避免出现民事条线采集数据后其他业务条线又重复采集同一份数据的情形。当前，检察机关一体化办案的优势日益凸显，通过横向协作与纵向协同办案的有益实践，积累了诸多值得借鉴的宝贵经验。民事数字检察工作可以借助一体化办案的优势，为审查、跟进等工作环节赋能，实现数字检察的提质增效。

第一，确保数据采集标准化。制定统一的数据采集标准和规范，确保各部门采集的数据格式一致、质量可靠。明确数据采集的字段和格式，便于数据的整合和分析。第二，建立动态数据更新机制，定期从各数据源获取最新数据，确保数据的时效性和准确性。第三，畅通内部数据共享。在数据采集和共享过程中，加强各部门之间的协同合作，确保数据采集的全面性和准确性。考虑在业务系统中向民事条线检察人员开放其他条线业务数据，畅通民事检察部门负责人在业务系统中查询如非法吸收公众存款、合同诈骗罪等经济犯罪刑事案件的权限。如浙江省慈溪市检察院在办理一涉黑恶案件过程中发现"套路贷"线索，运用数字化手段从刑事判决中筛查出可监督元素，精准锁定民事生效裁判 77 份，筛查线索 83 件，已被法院裁定再审 75 件，民事检察监督成案率达 90.4%。该院进一步将虚假诉讼罪，拒不执行判决、裁定罪，非法处置查封、扣押、冻结的财产罪，妨害作证罪四类案件交由民事检察部门办理，有力构建了刑民一体化办案机制。

（二）数据采集来源

2022 年 6 月，全国检察机关数字检察工作会议作出部署，要求把虽活跃但总体还沉睡着的各类数据唤醒，实现关联分析、深度挖掘，为强化法律监督提供更为翔实的线索、依据。[①] 然而，检察机关的业务数据虽然庞大，但仍有局限性和封闭性，需要外部数据的补充，更需要加强融合[②]。

所以，民事数字检察工作中，数据采集的来源主要分为内生数据、共享数据和公开数据。"内生数据"是检察机关通过挖掘自身业务沉淀下来的数据资源；"共享数据"是检察机关通过"刑行衔接"、数据资源"一网共享平台"等获得的数据资源；"公开数据"是检察机关通过接受控告举报或者网络公开信息获得的数据资源。"内生数据"是基础，"共享数据"是重点，"公开数据"是补充。目前，实践中存在的问题是对共享数据、公开数据不加区分地海量收集，极大增加了数据收集的难度。[③]

1. 唤醒和盘活内部数据资源

内部数据资源包括检察业务数据、政法系统数据、行政机关协同办公数据等。全国检察业务应用系统作为检察机关的核心办案系统，蕴含分析

---

① 邱春艳：《深入贯彻习近平法治思想以"数字革命"驱动新时代检察工作高质量发展》，载《检察日报》2022 年 6 月 30 日，第 1 版。

② 刘品新：《大数据法律监督的治理逻辑》，载《中国刑事法杂志》2023 年第 3 期。

③ 孙宋龙、彭曦、曹俊梅：《大数据法律监督模型的理论与实践》，载《检察风云》2024 年第 5 期。

应用海量案件数据的潜能。然而，当前系统功能仍主要集中于办案业务流转。为充分挖掘数据价值，需进行二次开发与利用，从中挖掘线索、分析案情、落地成案，以最大化实现数据的真正效用。

检察人员应对检察业务数据进行整合，包括刑事检察、民事检察、行政检察和公益诉讼检察等各部门的数据。通过建立统一的数据平台，实现数据的集中管理和共享。通过建立模型进行大数据分析后发现的法律监督线索，有时候既涉及违法犯罪又涉及诉讼监督，还有的涉及公益诉讼问题；部分案件线索既关联生效裁判结果监督，又牵涉审判和执行活动监督。这就需要打破法律监督履职中单一思维、线性思维的"藩篱"，转型为统筹、联动、多角度、多层次、多路径的系统履职；同时，还需推动"四大检察"深度融合，构建一个各环节相互衔接、相互支撑、融合共进的法律监督新生态。

2. 梳理和整合共享数据资源

《中共中央关于加强新时代检察机关法律监督工作的意见》明确要求推进公安机关、检察机关、审判机关、司法行政机关等跨部门之间的大数据协同办案机制。检察机关要积极主动加强与其他执法司法机关的协作配合，整合共享公安机关的立案、撤案、刑事拘留等基础数据，审判机关的裁判、调解、执行等结论数据，以及行政机关的许可、处罚等处理数据，以实现信息共享的目标。

推进检察机关与其他执法司法机关的协作，以打通"数据孤岛"为目标，总体思路可概括为：积极争取地方党委和各级政法委的支持，并努力获取其他执法司法机关的配合，共同搭建数据依法共享的"高速公路"。这一举措旨在有序实现法律监督大数据的自动对接、获取与智能挖掘分析。要尝试将零散的"数据调取"方式转变为整体的"数据流通"方式。以往，部分地方检察机关曾尝试过"连线查询""数据网闸""数据摆渡"等手段，但这些方式并无法从根本上满足检察机关在法律监督过程中对大数据的迫切需求。因此，我国检察机关当前应致力于构建数据"高速公路"，这既可以通过架桥开路的方式连接政法系统各条线的信息化办案平台，也可以在中央政法委的指导下，共同建成一个统一的政法办案大平台。[①]

大数据协同办案，其核心在于运用系统性的方法，旨在探索并确立一条高质效的路径。这一路径需能够实现纵向的贯通、横向的联动，强调实现纵向一体化、横向一体化以及业务一体化的融合。在顶层数据还没有贯通之前，民事检察监督主要以法院判决书为基础数据，结合个案办理中发掘的类案线索，归纳关键要素并建立监督模型，进而开展类案筛选与检索工作，有效发现批量线索。例如，近年来，部分商业主体利用版权登记和法院裁判规则漏洞，虚构权属证据在全国范围内进行大规模、持续性的虚假诉讼，大量 KTV 经营者被判决承担侵权责任后财产被执行，众多真实权利人的 MV 作品被下架失去传播渠道，严重影响 KTV 行业经营秩序。广东省清远市检察机关运用大数据排查后，发现存在利用伪造的著作权权属进行恶意诉讼的共性问题，构建 KTV 被诉侵犯著作权批量恶意诉讼法律监督模型。该模型以 KTV、著作权权属侵权纠纷为关键词，在小包公法律 AI 平台上筛选辖区内裁判文书，以原告为要素进行排列，筛选出批量起诉 KTV 场所侵犯著作权的原告公司。又通过工商登记和天眼查平台数据的比对，深入挖掘了多重人物关系，共排查出虚假诉讼公司 5 家，涉及全国各地案件 15062 件。清城区检察院依法对 A 公司 32 件案件开展民事生效裁判监督。清城区法院裁定再审后，A 公司提交撤诉申请。法院裁定同意撤诉。与此同时，A 公司也开始在全国范围内大量撤诉。对类案中反映的法院对诉讼主体资格审查不严、举证责任分配不合理等问题，检察机关发出检察建议，促使法院对涉 KTV 音乐著作权侵权案件审理完善裁判规则；同时，建议版权登记机构严格审查登记人的作品权利取得方式等相关证据，堵塞著作权登记备案制度漏洞。

在 2024 年最高法宣布启用人民法院案例库时，许多检察人员担心中国裁判文书网会停止更新。民事检察监督发展面临的一大瓶颈是信息数据的匮乏。最高检与最高法已深刻认识到这一问题的紧迫性，并就从顶层打

---

① 刘品新、翁跃强、李小东：《检察大数据赋能法律监督三人谈》，载《人民检察》2022 年第 5 期。

破检察机关与法院之间的信息壁垒，促进司法信息共享事宜进行了对接与沟通。检察机关应积极推动与审判机关的司法信息共享工作，搭建信息平台，实现电子诉讼卷宗、审判、执行等司法信息的共享。针对司法纠纷频发的环节，检察机关还应与相关单位加强信息共享。例如，针对破产案件增多的情况，可以与破产管理人协会建立协作机制，有效利用协会平台来发现破产领域的监督线索。同时，检察机关也应当加强与行政执法机关的信息共享，以进一步提升检察监督的效能。需要特别注意的是，在实现数据共享的过程中，要筑牢网络安全防线，加强日常运维管理，加大问题隐患排查力度，确保数据信息安全。①

最后利用行政协同数据。进入大数据时代，海量的裁判文书以及各行政机关所形成的执法数据，均可成为民事检察监督的重要线索来源。依托于大数据平台的开发与运用，监督效果有望实现能级跃迁，不仅监督将更加精准，而且其影响范围也将更为广泛。2016 年 9 月，国务院颁布的《政务信息资源共享管理暂行办法》为构建全国性、全面性、系统性、多层次的政务信息共享服务体系奠定了坚实的制度基础。以深圳市检察机关为例，其与深圳法治政府信息平台实现对接，并与相关行政机关建立了数据共享机制。这一举措不仅为行政违法行为的监督提供了有力支持，还通过共享平台上汇集的市场监管、税务、金融等部门的相关数据，与检察机关的统计数据、检察人员及其亲属信息进行比对分析，成功揭示了检察官离任后违规从事律师职业、违规参与经营活动、违规参股借贷等问题，从而推动了顽瘴痼疾的常态治理与长效管理。

除了直接对接政府信息平台外，还能通过协作联签机制打通数据壁垒，向行政单位发函调取数据。如江门市江海区检察院会同区法院、区公安局、区税务局、区市场监督管理局、区人社局等部门联合签订了《江门市江海区关于建立"空壳公司"治理协作配合工作机制的实施意见（试行）》，进一步强化职能部门的协作配合，明确各单位在日常履职过程中发现"空壳公司"涉嫌违法的，应及时将线索移送相关职能部门依法查处。

---

① 王毓莹：《新时代民事检察监督体系完善的路径》，载《人民检察》2023 年第 17 期。

各相关单位在办理相关"空壳公司"违法案件时，需调取相关证据、资料、数据或需要专业技术支持的，应当予以配合或协调其组成部门配合。[①]

3. 获取和利用公开数据资源

对于内生数据，需强化数据治理措施；对于共享数据，应持续拓展其范围与内容；对于公开数据，则需提升数据价值。

在公开数字资源中可以大体分为三个类型。首先是互联网数据库，包括付费的与免费的两种类型，免费数据库一般提供基础的检索、查看、下载等功能，如中国裁判文书网、国家信用信息公示系统、政府执法信息公示平台等公共数据平台，获取相关的裁判文书、行政处罚、企业信用等信息。付费的数据一般是第三方将政府公开公示数据进行清洗处理后提供数据抽取、股东关系穿透等功能，较为流畅且能批量下载数据用于分析。如北大法宝、小包公法律 AI、天眼查等平台。其次，可以采用第三方数据服务，通过与电信运营商、数据服务提供商等第三方机构的合作，获取诸如通话记录、位置信息等重要数据，全面获取执法司法信息，辅助案件的调查与核实工作，以满足法律监督的需求。如时间戳等区块链取证平台。最后，还可以积极收集社会团体、民间组织以及个人提供的数据。通过与妇联、残联等社会团体和民间组织的合作，以及关注个人在社交媒体上发布的关于侵权、欠薪等问题的信息，可以为我们提供互联网舆情、社会热点等数据，旨在更好地回应社会的关切。

二、数据处理

（一）数据处理原则

1. 坚持有限原则

有专家学者认为，检察机关的大数据法律监督是建立在"多案纠错

[①] 黄淑琼：《江门市江海区多部门联签协作机制加强"空壳公司"源头治理》，载微信公众号"江海检察"2024 年 5 月 9 日，https：//mp. weixin. qq. com/s/XxvU6IlSzrm2sl8WmUwW0g。

＋类案防错"的底层逻辑上的，而不是不受限制、不计成本的数字治理行动。因此，作为治理对象的"多案""类案"在性质上仍然是案件，检察机关对此采取纠错、防错措施不能脱离案件办理的语境。经验表明"离开办案讲监督，越讲越糊涂；围绕办案讲监督，越讲越清楚"，检察机关为支撑法律监督收集使用大数据，也只能是与案件直接或间接相关的大数据。明确数据处理的范围应当限定在与检察工作直接相关的范围，处理的数据应当限于与案件相关的信息。否则，检察机关的法律监督将走向没有边界的境地。① 我们应当明确一线检察机关获取数据资源的范围，仅限于与检察机关开展法律监督案件相关的数据。实践中，虽然经常讨论共享公安、法院及其他党政机关的数据，但同样应当仅限于与检察机关办理法律监督案件相关的数据。对于公安、法院及其他党政机关的部分数据，如果难以明确其与检察机关所办案件的关联性，检察机关在处理这些数据时应当持谨慎态度。

在检察监督办案中，部分地区偏离了大数据法律监督促进社会治理的核心价值目标，出现了越权行为，即利用所采集、获取的数据直接替代公安机关或行政部门的职责；或者将大数据法律监督的焦点过于集中在执法、司法过程中的过失和瑕疵问题上，对于监管漏洞、职务犯罪以及社会治理等深层问题却缺乏足够的关注和行动。这些做法都偏离了数字检察工作的本质定位，因此必须及时予以纠正。

2. 坚持节约原则

检察机关开展大数据法律监督工作的过程中，应该在确保数据质量和监督效果的前提下，尽可能减少数据处理和投入的成本。凡是可以通过盘活现有数据资源或公共数据资源的，应当尽量采取现有数据资源、公共数据资源，优先使用公开、易获取的数据，减少对稀缺或获取成本较高的数据的直接需求。

优化数据采集流程，确保数据采集流程的自动化，减少人工干预，这样有助于提高数据采集的速度和准确性。一是选择适合的数据处理工具和

---

① 刘品新：《大数据法律监督的治理逻辑》，载《中国刑事法杂志》2023 年第 3 期。

技术，如大数据处理平台、云计算服务等，这些工具可以快速处理大量数据。二是对数据进行预处理。在数据分析前进行数据清洗、去重和格式化等预处理工作，确保数据的质量和一致性。三是建立统一的数据库。利用数据库来整合不同来源的数据，便于快速检索和分析。四是运用数据挖掘和机器学习技术。利用数据挖掘和机器学习算法自动识别数据中的模式和趋势，提高数据分析的效率。五是并行处理和分布式计算，对于大规模数据处理任务，采用并行处理和分布式计算技术，有利于提高数据处理的速度。六是不断优化算法和模型。持续对数据分析的算法和模型进行优化，可以提高分析的准确性和效率。七是自动化报告生成，开发自动化的报告生成工具，减少人工制作报告的时间。如广东省清远市检察院积极应用文书自动生成系统，通过对案件信息进行综合分析，智能化提取证据要素和事实要素等，自动生成相应的法律文书。八是对办案人员进行培训和提供技术支持。通过对检察干警培训和技术支持，确保能够熟练使用数据处理工具和技术。监控和优化性能，定期监控数据处理系统的性能，识别瓶颈并进行优化。通过这些方法，可以提高数据处理的技术效率，提升民事数字检察工作的整体效率，从而降低时间成本。

数字检察的核心在于利用现代信息技术，尤其是大数据、云计算、人工智能等技术，以提升检察工作的效率和质量。为了实现这一目标，建立数字检察平台显得尤为重要。这一平台能够整合不同来源的数据，如全国检察业务系统、中国裁判文书网以及政府信息公开网的数据，从而实现对这些海量数据的统一管理和高效利用。借助平台，我们可以运用人工智能技术深度分析数据，为检察干警发现案件线索和法律监督提供智能化辅助，进而提高办案的准确性与效率。此外，该平台还能实现检察工作流程的全面数字化管理，涵盖从立案到结案、人员管理到案件评查等方面，大幅提升工作协同性。更重要的是，其有助于打破信息孤岛，推动不同地区、级别的检察机关之间的信息共享和业务协同，提高整体工作效率。同时，通过数据分析，平台为检察决策提供科学依据，使法律监督和管理更为精准有效。因此，建立数字检察平台无疑是推进检察工作现代化的关键一步，它将极大提升法律监督的能力和水平。当然，在建立平台的过程中，我们也必须全面考虑成本、技术、安全等关键因素，以确保平台的实用性、安全性和稳定性。

出于降本增效的考虑，在落实数字检察战略的起步阶段，不一定需要建立统一的平台、系统。结合各地的实际情况，可以寻求替代性方案。检察机关可以选择使用分散式系统，独立开发或采纳现有的数字化工具，如数据分析软件、人工智能模型等，这些工具能够独立运作，摆脱了集中式平台的束缚。同时，利用云服务平台，检察机关可以便捷地部署和运行数字化工具，进行数据分析和智能辅助，从而省去了自建物理平台的麻烦。此外，通过建立数据接口和 API，可实现不同系统间的数据交互与共享，进而支持检察工作的数字化，这种方式无须依赖集中的平台。移动应用的开发也使得检察官能够在移动设备上轻松访问和处理案件信息，实现检察工作的便捷化。另外，协作工具如在线文档编辑和视频会议等，有效促进了部门间和人员间的信息共享与协同工作，提高了工作效率。或者，检察机关也可以利用外部服务来获得所需的技术支持，暂缓自建平台，如专业数据分析服务、人工智能服务。这些替代方案各具特点，可根据实际情况和需求灵活选择。最重要的是，无论采用何种方式，都需要确保数据的安全性、隐私保护以及系统的稳定性，以实现检察工作的智能化、高效化，并最终提升法律监督的整体能力和水平。

3. 坚持安全原则

数据处理在当今的数字化时代显得尤为关键，它不仅关乎信息的有效利用，更涉及企业机密和个人隐私的保护。一些领域在试点过程中建立了数据池，但在试点结束后却被搁置，进而构成了潜在的安全隐患。或是因与相关信息科技公司共建大数据法律监督平台或购买其提供数字检察应用技术服务后，部分内部数据或接口交给公司或企业用于外网机器学习与测试，导致出现数据安全问题。因此，在进行数据处理时，我们必须始终坚持安全原则，确保数据的安全、可靠与可控。这就要求我们在处理过程中，采取严格的数据加密措施，防止未经授权的访问和泄露。数据加密不仅是保护数据安全的基石，更是确保信息保密性的有力手段。通过使用先进的加密算法和技术，我们可以对敏感数据进行加密处理，使其在传输和存储过程中即使被截获也难以被解密。这样一来，即使数据面临被非法获取的风险，也能有效地保护数据的机密性，避免数据泄露给未经授权的个人或组织。因此，数据加密措施的严格执行，对于维护数据的安全至关重要，它为检察数据提供了一道坚实的保护屏障。

同时，合理的数据存储策略也是必不可少的。它不仅能够避免数据荒废，还能有效预防由于各种突发情况导致的数据意外丢失。为了确保数据的持久保存和随时可用性，我们需要采取周全的措施。首先，实施定期的数据备份是核心步骤，这可以确保数据的最新版本始终得到保存。其次，备份数据应存储在安全可靠的环境中，以防原始数据受损或丢失。最后，制定详尽的数据恢复计划也是不可或缺的环节。在面临硬件故障、黑客攻击或自然灾害等紧急情况时，一个明确的恢复流程能指导我们迅速行动，减少数据损失和业务中断的时间。通过这样的综合策略，我们不仅能保护数据的完整性和安全性，还能在关键时刻快速恢复业务运营，为组织的稳健发展奠定坚实基础。

此外，对于敏感数据的处理应特别谨慎，必要时需进行脱敏处理，以保护个人隐私不受侵犯。脱敏处理在去除数据中的敏感信息，如姓名、公民身份号码等个人身份识别信息的同时，还能保持数据的整体结构和可用性，便于我们进行数据分析和案件调查。通过这种方式，我们既能有效履行检察职责，又能切实维护公民的隐私权，实现公正与效率的双重目标。

（二）数据处理方式及应用工具

数字检察的推进，不仅仅是手段和工具的革新与升级，更代表着法律监督模式的整体重塑与深刻变革，是我们检察履职实现提质增效的重要途径。因此，在履行民事检察法律监督职能的过程中，我们也应注重运用大数据进行处理及应用，以充分发挥数字化渠道的优势。

1. 数据抓取

通过数据接口或抓取工具，我们能够从各类公共数据库中系统地采集所需的数据资源。这些数据涵盖了广泛的信息领域，如详尽的人口统计数据、最新的法律法规及裁判文书等，为民事检察的精准监督提供了坚实的基础。如广东省清远市检察机关在构建司法网拍民事执行活动监督模型时，利用后羿采集器抓取司法网络拍卖平台的数据，从而进行监督。

2. 数据清洗

对采集到的各类数据进行清洗，去除重复、无效或错误的数据。整合不同来源的数据，形成统一、规范的数据集，利用大数据法律监督平台形成集成数据库。如江苏省常州市检察院建立"常检云"大数据平台，上海检察机关"企业信用查询服务申请平台"，通过对接统一业务系统、运用案例数据模型、充分挖掘检察数据库、行政执法机关案件数据库、社会信用查询平台、大数据中心等大数据情报库，借助信息技术发现案件线索，在大数据的基础上，进一步加强人工智能的运用，探索智能化线索挖掘。实践充分表明，数字化信息平台不仅能够打通不同执法机构之间的信息壁垒，而且能够依托信息的富集与整合，有效推动智能化办案的进程。如浙江省检察机关着力推进执法司法信息共享工作，致力于建设"浙检数据应用平台"，以实现多跨数据资源在检察履职中的有效配置与运用。此举旨在破解制约数字检察工作推进的最大难题，进一步畅通监督渠道。

3. 数据结构化

按照数据格式可将数据分为结构化数据与非结构化数据，常见的结构化数据一般是指存储在数据库中，用二维表结构来表现的数据，本身对现实中已发生事项的关键要素进行抽取有价值信息；而非结构化数据是指不方便用二维表结构来表现的数据，又被分为半结构化数据与无结构化数据，其中半结构化数据格式较为规范，经过采集处理后可将其中需要的内容转换为结构化信息的内容，一般是纯文本数据，而无结构化数据没有标准格式，无法直接解析出相应的值，常见的有富文本格式文档、图像、声音等。由于非结构化数据可以由个人根据自己的视角进行创作生产，因此数据量比结构化数据更为庞大[①]，如小包公法律 AI 平台的标签功能。

4. 数据研判

利用表格函数工具对数据进行对比分析。它可以在指定的数据区域中

---

① 陶皖主编：《大数据导论》，西安电子科技大学出版社 2020 年版，第 5—6 页。

查找特定值，并返回与该值相关联的其他数据。这种功能在处理大量数据时特别有用，因为其可以快速准确地从复杂的数据集中提取所需信息。

例如，利用话单账单分析工具厘清关系。首先，我们需要收集并整理目标人物的话单账单数据，确保其准确无误，并将其转化为适合分析工具处理的文件格式。接下来，通过话单账单分析工具进行基础分析，深入了解目标人物在特定时间内的通话特征，包括与哪些人通话、通话的频繁程度以及通话时长等信息。这有助于我们筛选出与目标人物频繁通话的联系人，为进一步的关系调查奠定基础。为了深入挖掘这些联系人之间的关系，我们可以利用分析工具中的关系图、号码碰撞等高级功能，揭示出目标人物与联系人之间复杂的关系网络，甚至发现他们之间可能存在的共同联系人和关系圈。此外，结合基站定位信息，我们能够分析目标人物与联系人的通话位置，从而进一步验证他们之间的关系。同时，通过对比历史通话轨迹，我们还可以判断出多个手机间是否存在相互碰面、共同外出等情况，这为厘清他们之间的关系提供了有力的证据。最后，我们需要综合以上所有分析结果，对目标人物与联系人之间的关系做出全面的判断。

又如，利用 OCR 软件进行文件转换。首先，选择适合的 OCR 工具，并准备好需要转换的纸质文档或已有的图像文件。其次，通过扫描或导入图像文件至 OCR 软件中，根据需求设定好 OCR 识别的相关选项，如识别语言和文字格式。启动 OCR 识别后，将得到可编辑的文本，此时需进行仔细校对和编辑以确保准确性。最后，根据需求选择合适的格式保存转换后的电子文档。这一流程实现了纸质或图像中的文字向可编辑电子文档的便捷转换。

第二节　数据分析、监督点确立与线索管理核实

在民事检察领域，通过运用大数据技术对海量生效裁判进行深度筛查与分析，系统总结并归纳出异常案件的核心特征，精准查找出"套路贷""虚假追索劳动报酬""公民违法代理案件"等复杂案件线索，落实高质效履职要求，提升监督刚性。

一、数据分析

(一) 风险指标模型

风险指标模型可以基于专门数据库中的办案数据，整理归纳办案活动中的隐秘信息，识别违法办案的隐蔽行为规律。在建模过程中，可以从个案出发，发现某些案件的异常特征，然后把这些特征归纳起来，形成若干个特定的指标，从其他案件中发掘是否满足上述指标，当满足指标的数量越多，就越可能是类案，由此推出是法律监督线索。如江苏省苏州市检察院的"破产领域虚假劳资债权监督模型"主要是对该地 66 万份民事裁判文书实现智能处理，筛选出风险企业涉劳动纠纷的 400 多条线索，对具体企业进行风险排序后，发现 A 公司涉劳动报酬纠纷的数量有 15 起。这 15 起案件的特点是"主张的劳动债权金额偏高""高于平均金额""数额均为整数""不太符合工资发放的常情""主张权利呈现集中性""双方没有实质性对抗"等。检察机关可以先对同一主体的 15 起案件进行监督，建议批量改正。

又如广东省清远市检察院在办理交通事故保险理赔虚假诉讼案中，发现有团伙利用农村户籍被害人和城镇户籍被害人理赔金额存在巨大差异，农村户籍被害人如在城镇居住或工作满 1 年以上可以按照城镇标准理赔的规则，向交通事故中的农村户籍被害人购买代理权一次性提前付款保险金，然后造假资料，如工作证明、居住证明等，向法院提起诉讼，要求按照城镇标准理赔，从而赚取不法差价。当然，其中还有司法工作人员参与其中。根据上述作案手段，可以在裁判文书中设定三个指标：一是被告（主要为保险公司）抗辩认为应该按照农村标准赔付；二是法官认为按照城镇标准赔付；三是提供的证据以容易造假的资料为主（工作证明、工资单、租房合同、居住证明等），找出同时符合上述三个指标的案件，再进行调卷核查。

(二) 关系挖掘模型

关系挖掘模型是基于大数据画像的系列算法，在处理具有复杂关系和连接的数据，如社交网络、知识图谱、推荐系统时，通过不同节点进行关联，经过多层关系挖掘，最终发现源头到终点的关联关系。如浙江省丽水市某被执行人在司法网拍中通过伪造合同，虚构"拍卖房产带长期租赁，且租金已付清"的事实，实现阻却他人参拍的目的，最终仅其近亲属一人参拍，以评估价56%的价格竞拍成交。浙江省丽水市检察机关调查发现，上述被执行人出于在强制执行中实现"挽损"的心理，虚构房屋长期租赁合同，利用"买卖不破租赁"原则，低价拍回拍卖财产，逃避执行。经进一步调查发现，该被执行人涉多个被强制执行的司法网拍案件，且都存在带长租拍卖情形。检察机关继续关联调查这些房产买受人，通过与户籍信息、社保信息关联碰撞，最终串联形成关系图谱。该图谱清晰显示被执行人及其关联企业的4处执行房产，均由被执行人的近亲属或其公司员工竞拍成交。检察机关经摸排，发现带长租拍卖并非个别现象，此外还存在拍卖依据、财产权利负担、占有使用情况等未依法公示的情形。[①]

（三）对比碰撞模型

对比碰撞模型是将不同数据进行对比，通过碰撞得出二者之间联系的建模类型。数字检察的本质是对海量数据进行关联分析，通过对比与碰撞的方式挖掘案件线索。同时，该类模型使用的工具较为入门和简单，可以利用电子表格的函数功能（VLOOKUP或者XLOOKUP函数）对比出两张表格中是否存在相同的字符。如广东省清远市检察机关在构建民事诉讼活动中违法公民代理监督模型中，以"委托诉讼代理人""律师"等关键字段为筛查条件进行逐层筛查案件，并针对案件代理人姓名、职业、与当事人关系等信息进行提取、过滤和分析。将提取出的结构化信息结合地区与法院离任人员信息清单碰撞，结合身份要素，得出离任法官违规代理民事诉讼案件线索；针对律师代理案件提取的结构化信息，与被注销、吊销律师执业证书的律师名单进行碰撞对比，结合时间要素，筛查出职业律师被注销、吊销律师执业证书后以律师名义代理诉讼案件线索；针对非律师代

---

① 阙福亮、杨莹、张军方：《网络司法拍卖大数据监督案》，载《中国检察官》2022年第18期。

理案件，根据高频出现的代理人具体身份，结合法院卷宗进行人工核查，筛查出未提供或未规范提供代理资质证明材料的案件线索。①

（四）关联分析模型

关联分析模型主要是通过多种来源的数据验证一个事实，或通过一类数据将多个当事人、案件关联到一起，从而揭示潜在规律、发现监督线索或评估案件风险。如果在某一领域，同条件同状态下出现的特点应该在一个正常幅度上下浮动，假如出现某一个体浮动特别大，那可能就事出必有因。只要我们掌握这个浮动范围，找出浮动大的个体，就可能是我们的法律监督线索。如在民事执行活动监督案件之带租拍卖案件，一方面，通过租赁信息、租金支付流水、水电支出、场所轨迹等多方面数据，验证租赁关系真伪；另一方面，通过企业股权信息、人事社保信息、购买资金流水、手机话单等信息，发现买受人与被执行人之间的关联异常统计。个案难以发现的异常，往往可以通过简单的数据统计显现出来。又如浙江省绍兴市上虞区检察院发现，短短一年内，同一法院以彭某为原告的民间借贷纠纷案件多达 72 件。通过系统进一步比对分析，涉嫌虚假诉讼的可能性极大，最终成功办理了彭某虚假诉讼案，并揭露出背后的涉黑犯罪。

二、监督点确立

（一）监督法律法规、政策等施行情况

如在北京市通州区检察院民法典衔接适用法律监督模型中，该院依托中国裁判文书网、北京法院审判信息网，通过技术手段对 2021 年 1 月 1 日以来通州区法院作出的上万余份一审民事生效裁判文书进行筛查分析，掌握 2021 年 1 月 1 日以来法院适用民法典及相关司法解释裁判案件的数量，以及裁判文书中适用新旧法律的整体情况。发现部分文书中存在法律条文适用错误或引用不规范等共性问题。选取不同案由的若干文书，针对

---

① 陈岑主编：《开启数字检察之门》，中国检察出版社 2023 年版，第 240 页。

新旧法律衔接适用情况进行对比分析，总结出"民法典施行前后，法律条文适用错误；引用已废止的司法解释或修改前的司法解释条文不规范；引用法律、司法解释、时间效力条文顺序不规范"三大类问题及监督点。该院就其中221起案件中存在的民法典及相关司法解释新旧衔接适用的共性问题发出类案检察建议后，检法两部门就如何准确把握民法典的时间效力规定，处理好新旧法律、司法解释的衔接适用，统一类案裁判尺度等问题深入沟通交流并形成共识，确保法律法规统一正确适用。

（二）监督法院的履职情况

如轮候查封，即对已经被其他法院查封的财产，执行法院按时间先后依次在登记机关进行登记，或者在先行查封的法院进行登记，排队等候，查封依法解除后，在先的轮候查封自动转化为正式查封的制度。在这种情况下，对于查封财物变价款，在清偿首封债权人之后，剩余部分不能径行返还被执行人，而应当将剩余部分移交轮候查封法院依法处理；轮候查封案件尚在诉讼程序中的，应由首封处置法院予以留存，待审判确定后依法处理。故意违反上述规定，径行将剩余变价款退还给被执行人的，则构成执行错误，这是一个发现执行法官渎职线索的重要角度。在违法处置轮候查封财产执行活动监督模型中，第一步，将不动产登记中心查封数据、司法网拍成交记录进行比对，筛选出存在轮候查封的案件及其资产的拍卖价格。第二步，将上一步筛查出的案件数据与对应裁判文书进行对比，找出首封执行标的小于资产拍卖价格，可供轮候执行的案件。第三步，将第二步筛查出的案件数据与拍卖资金分配等数据进行比对，发现轮候查封的其他法院未参与分配，执行款被首封法院擅自处置的案件。

（三）监督企业、社会团体、个人等主体参与法律事务的情况

如民事诉讼主体适格性法律监督模型，通过比对分析民事裁判文书、终结本次执行数据、人员死亡及企业注销数据，发现民事诉讼立案、审理、执行及破产程序中一方当事人死亡、市场主体注销等诉讼主体不适格，但未按法定程序中止或终结诉讼，影响当事人权利义务承担的问题。通过将从民政部门调取的火化人员名单与民商事案件中当事人清单、民事

终本执行案件被执行人清单、失信人员名单、限制高消费人员名单进行比对，得出上述人员已死亡但仍对其作出生效裁判、限制高消费令以及执行财产等情形的监督线索，从而推动完善当事人主体适格性认定制度，促进审判活动规范化。

三、线索管理核实

线索管理主要是对监督模型推送的线索进行筛选，做好线索审查评估和研判工作。为确保这一流程的高效运作与线索的有效处理，合理的人员安排显得尤为关键。一要配备具有丰富经验和敏锐洞察力的专业人员，他们不仅能够对线索进行快速而准确地筛选，还能深入评估线索价值，有效研判线索背后的潜在问题。二要建立科学的人员分工和协作机制，确保线索管理的各个环节紧密相连，无缝对接，从而提升整体工作效率和线索转化率。

基于当前检察机关的内设机构构成及检察办案流程，数字检察专业化办案的构建可采取两种方式：第一种是加强各业务部门之间的协作与连续监督，该方式倾向于让检察人员学技术。这种方式的优点在于不改变现有检察内设部门的职能划分，也无须额外组建专业团队，但其不足在于难以确保不同检察部门能持续合作，在承担原业务工作的基础上投身于数字检察。第二种是设立专门的数字检察办案团队，该方式倾向于让技术人员学业务。这种方式通常是"一把手工程"，由检察长等领导协调组建专业团队，要求数据、业务、技术与管理深度融合，并需设立独立部门负责统筹协调，主导数据收集、分析、挖掘、模型构建、线索发现、筛查、交办、督办及反馈等工作。其显著优势在于能集中资源对案件进行全面监督，且案件的承办人需对同类监督案件进行持续跟踪。

无论选择何种方式，关键在于实现检察业务和技术创新的深度融合。业务部门接触、了解、运用技术后再自主建模用模，而不是空想建模思路、坐等技术支撑。技术部门负责数据库、模型平台建设，统一数据接口，确保监督模型可复制性，能够上架进行推广应用。最高检通过成立数字检察工作领导小组及其办公室的方式对下进行指导，各省级检察院及具备条件的市级院亦应积极响应，相应设立数字检察工作领导小组及办公室，以形成上下联动的工作体系。为有效推进数字检察工作的深入开展，省市级检察院需配备一定数量的专职人员，专责数字检察的线索移送、归集、梳理、研判、交办等管理任务。

民事案件总体案件数量多、法律关系复杂，如何从庞杂的案件中有效发现监督线索、促进类案同判是检察监督的重点和难点。在初步发现案件线索后，一是需与相关部门协同合作，对检察办案线索进行深入的分析与评估工作。针对法律监督类案线索，要实施有效的分流、核实和督办机制，并定期通报案件的办理情况，确保工作的透明度和效率。二是对于适宜由数字检察办案团队指导承办的案件线索，可以由专职团队进行办理。对于跨区域、跨部门的大数据法律监督案件，可以工作联盟、专班带动等形式一体履职。三是对大数据法律监督类案线索的相关数据进行综合分析与研判。如广东省清远市检察院设立检察指挥指导办公室，在业务指导、案例培育、数字建模等方面加大对下指导力度，坚持从"大案件"中寻找"小切口"，推动统筹管理向实时动态信息化的整体把控和常态管理转变。在此基础上，各基层院相应建立数字检察审核员制度，由各院分管副检察长担任数字检察审核员，对办理的案件实行"三级审"制度，破除部门及业务壁垒，融合推动监督线索互移。[1] 如江苏省苏州市检察院构建数字办统一推送数字监督线索、业务部门实际开展个案监督或部署专项监督的良性互动机制。确定专人管理线索制度，形成数字办管理全市（全院）线索、业务部门管理本条线（本部门）线索、检察官跟进具体线索的联动范式，基层院定期上报数字监督线索的成案情况、延伸治理情况等。建设能够对线索移送、处理、反馈等线索流转全生命周期进行跟踪、预警、督办的流程管理功能，实现监督线索集中管理和跟踪。[2]

---

① 张嘉伟：《以需求为牵引强化数字检察融合交互》，载最高人民检察院网，2024年4月24日，https：//www.spp.gov.cn/llyj/202404/t20240424_652525.shtml。

② 卞旷、葛杭：《多维度勾画数字赋能新路径》，载最高人民检察院网，2024年4月24日，https：//www.spp.gov.cn/llyj/202404/t20240424_652524.shtml。

第三节　模型的构建与实施

大数据法律监督模型，是指运用数字技术来总结并归纳特征要素，从庞大且多元的大数据中挖掘出同类案件的监督线索。它是数字检察的重要突破口，是开展大数据法律监督工作的主要载体和手段，是破解民事检察案源发现难、办案难等业务痛点、难点的重要抓手。

一、构建模型

在数字化时代背景下，我们旨在通过大数据、人工智能等现代信息技术，提升法律监督的智能化、精准化水平。通过个案办理、类案监督、系统治理的路径构建大数据法律监督模型，正是数字检察战略下的重要实践，对于提升检察工作的质效，推动国家治理体系和治理能力现代化具有重要意义。

（一）个案办理：大数据法律监督的起点

个案办理是大数据法律监督的起点和基础。检察人员在办理具体案件时，需要充分运用大数据技术，对案件数据进行深入挖掘和分析，从而精准把握案件事实，准确适用法律。具体而言，个案办理中的大数据应用首先体现在数据收集与整合，可以通过拓展数据来源，集纳检察内生数据、共享数据和公开数据，构建全面、丰富、准确的数据库。其次是对个案的数据处理与分析。运用大数据技术，对案件数据进行清洗、整理、分析，提取有价值的信息，为案件办理提供有力支持。最后是利用个案提取的要素进行智能化辅助决策。借助个性化创建 AI 智能体、精准化推送类案等技术，针对具体事项和特定描述，深度挖掘监督点，拓展模型创建思路，提高检察人员的工作效率和质量。如在广东省深圳市检察机关涉刑民事案件立案审查监督模型中，个案线索来源办理的一宗民事生效裁判监督案。在奚某某等人买卖合同纠纷案中，检察人员查明已有生效刑事判决书确认黄某某在签订、履行合同的过程中，骗取多名被害人财物，数额特别巨大，其行为已构成合同诈骗罪。截至案发，共有 13 名被害人上当受骗，其中 4 名被害人分别提起民事诉讼，诉请黄某某以及担保人奚某某退还相应货款及支付逾期退款的利息。在这 4 起民事案件中，法院对其中 1 起案件进入实体审查并支持了原告的主张，其余 3 起案件法院以涉及刑事案件为由裁定驳回起诉。深圳市检察机关敏锐地发现，法院对刑民交叉案件可能存在一驳了之的情形，可以对裁定驳回适用标准不统一、同案不同判等情形开展大数据法律专项监督。

（二）类案监督：大数据法律监督的拓展

类案监督是在个案办理基础上，对同类案件进行系统性、整体性监督的过程。通过大数据分析，可以发现同类案件中存在的普遍性、倾向性问题，进而提出有针对性的监督意见和建议。要充分发挥类案监督在统一法律适用、增强精准监督质效方面的优势，总结类案经验，注重对损害社会公共利益、程序违法、裁判显失公平等突出问题的研究，增强类案监督在弥补法律漏洞中的作用，通过大数据法律监督模型促进立法、司法制度完善，推动形成全领域、深层次、全方位的民事检察类案监督格局。[①] 第一，重视类案识别与筛选。运用大数据技术，对海量案件数据进行聚类分析、关联分析等，识别出同类案件，并进行筛选和整理。通过法院或第三方社会机构提供的裁判文书电子数据库、法院、检察院或高等院校编辑出版的各类公告案例或案例汇编及当事人提供的类案裁判资料等渠道，对案件是否具备类型化进行判断。第二，对类案进行分析与总结。对同类案件进行深入分析，总结其普遍性、倾向性问题，梳理出法律适用、司法程序、执法行为等方面的问题。对需要开展类案检索的案件，尤其是新类型案件，需要将基本事实、争议焦点、法律关系及法律适用问题作为基本识别要素，运用演绎推理和类比推理的思维，以相似性为原则，将类案从案件基本事实、争议焦点、法律适用等多个维度先后进行识别和比对。[②] 如

---

① 王毓莹：《新时代民事检察监督体系完善的路径》，载《人民检察》2023 年第 17 期。

② 赵煜亮、刘雅倩、董明玉：《从五个环节入手推进民事检察类案监督》，载《检察日报》2021 年 12 月 15 日，第 8 版。

案件存在类型化特征的，需要对以往案件的处理方式进行排查摸底，并对纠纷成因进行分析，以此抓住民事监督的"牛鼻子"。第三，形成监督意见与建议。对类案分析中发现的问题，提出监督意见和建议，推动相关问题的解决和改进。如针对全国多地普遍存在涉安全互助服务道路交通事故损害赔偿"同案不同判"的现象，清远市检察院通过大数据开展类案检索，厘清安全互助服务和商业保险的边界，促使广东省保险业协会发布风险提示，明确安全互助业务并非保险业务，为推动统一正确适用法律、提示行业风险等提供了可借鉴的样本。

（三）系统治理：大数据法律监督的深化

系统治理是在类案监督基础上，通过大数据技术对法律监督体系进行全面优化和提升的过程。一方面，优化监督体系。运用大数据技术，对法律监督体系进行全面梳理和分析，发现其中存在的问题和不足，提出优化和改进的建议。另一方面，再造监督流程。通过大数据技术对监督流程进行再造和优化，实现监督流程的自动化、智能化和高效化；通过大数据法律监督的系统治理实现多领域融合监督甚至是"四大检察"的全面融合监督。一个类案监督模型由多个子模型组成，形成庞大、整体、系统的业态治理场景，产生的数据效应大大增加，实际办案成效、社会治理价值、技术可行性、模型可复用性等都达到了较高水平。[①] 如广东省清远市检察机关开展模型集约化工作中，要求构建更加系统、更加综合的大数据法律监督"子母模型"。一是继续以小切口构建"子模型"。在学习和借鉴复用其他地区优秀模型的基础上，探寻在该监督规则上挖掘更全面的监督点。二是以模型体系化形成规模效应。将每个"子模型"进行分类、规整、优化，最终形成完备的"母模型"。将精炼后的监督模型重新推广，提升模型的规模效应。三是以模型集约化提质增效。民事案件的涉及面较广，涵盖刑事、行政、公益诉讼等业务条线。通过分析民事案件中的法律关系，能够发现其他条线的监督线索，为案件办理提供证据支撑。如在民

---

① 翁跃强：《大数据分析在法律监督中的应用》，载《国家检察官学院学报》2024年第 1 期。

事案件中涉及土地使用审批、集体经济组织成员资格确认等行政行为的，可以将行政机关是否存在怠于履职的监督线索移送行政检察办案部门。

二、评估优化模型

在评估和优化大数据法律监督模型时，一要确保模型的有效性，即模型能否达到预期的法律监督目标；二要关注模型的准确性，通过提升数据质量和优化算法来确保模型的预测准确性；三要重视模型的特殊性，在借鉴其他地区模型时，要充分考虑本地实际情况，因地制宜地进行调整和优化，以保证模型适应本地法律环境和监管需求。

首先，在构建大数据法律监督模型时应当明确模型的设计目标和应用场景，确保模型在逻辑上是合理的、可行的。因此，需要明确法律监督的目的、范围和要求，以及在实际工作中可能遇到的各种情况和问题。以检察业务部门出题，数字检察部门答题的思路，通过深入的业务分析，为模型设定明确的目标和指标，确保模型能够针对关键问题提供有效的解决方案。要以实际业务效果为评价标准，关注模型在实际应用中的表现，如某一具体模型是否有助于优化办案指标，是否有助于提高监督刚性，是否有助于提高办案质效等。这包括模型是否能够准确识别潜在的法律风险、提供有价值的监督线索、支持检察机关作出更准确的决策等。通过与实际业务需求的对比，可以全面评估模型的准确性和实用性。

其次，在确保模型有效的基础上，进一步关注模型的准确性，通过优化算法、调整参数等方式来提高模型的预测或判断能力。根据大数据法律监督模型的评估结果和反馈意见，对某一具体模型存在的问题进行数据处理方法的改进、新数据源的增加及模型算法参数的调整等。通过持续优化和改进，可以不断提高模型的准确性和适应性，使其更好地满足检察工作的实际需求。如曾某某等73人与清远市某木业有限公司劳动争议纠纷执行监督检察和解案中，在通过网络财产查控措施发现该公司无可供执行财产后，检察机关通过调取该公司账户银行流水明细、开具发票等证据，比对发现该公司在被纳入失信被执行人名单后，发现仍存在多次以"环保服务费、检测服务费"等名目开具增值税专用发票，且该公司法定代表人以个人名义将该公司的设备、场地出租给案外人从而收取租金的情形，遂向法院发出类案检察建议。在检法联合调解下，当事人达成执行和解，该公司法定代表人主动签订承诺书，表示愿意在两个月内支付案涉经济补偿金合计 148 万余元并提供相应担保。又如，小包公大数据法律监督平台对复制模型的功能进行优化，新增查看替换维度。在替换完数据后，可以进一步点击界面上的"替换维度"按钮，查看详细的替换情况。点击此按钮后，系统会呈现一个详细的替换界面，用户能够清晰地了解数据替换的各个方面，并清楚地看到原始数据与新替换数据之间的对比，具体包括原始数据的维度、标签名称等信息，与新替换数据进行对比展示。这有助于检察人员快速识别哪些数据已经成功替换，以及哪些数据可能存在问题或异常。对于原始数据与替换数据名称不同的信息，可以支持手动添加比对。以民事执行活动监督为例，原始数据"法定代表人"与替换数据"法定代表人"自动匹配成功；替换数据未找到与原始数据"申请执行人"匹配的标签，若有需要匹配的数据标签，可手动添加。

最后，为进一步推进实施数字检察战略，树立可复制、可推广理念，最高检已部署大数据法律监督模型管理平台。该平台在实现检察人员自主构建大数据法律监督模型的同时，还上架各地精选的监督模型供复用推广。虽然大数据法律监督模型管理平台为我们提供了丰富的模型资源，但每个地区都有其独特的风俗习惯、文化背景和法律环境。因此，在运行新的法律监督模型时，要结合当地的实际情况，进行细致的要素筛查和变量调整，包括分析模型的适用条件、考察其在当地数据环境下的表现，以及根据当地群众法律需求、交易习惯等进行必要的修改和优化，从而不局限于应用其他地区的模型，还能因地制宜研发本地模型。总之，要立足法律监督职能，探索符合地域特性、业务特征、数据特点的数字化法律监督发展路径。

三、应用模型延伸治理

民事数字检察应注重将法律监督与社会治理相结合，不仅关注个案的公正处理，更着眼于整体社会治理水平的提升，充分发挥提升法律监督刚性、延伸法律监督触角的"放大镜""助推器"作用。

一是形成"数字赋能监督，监督促进治理"的监督路径放大效能。各地检察机关探索运用大数据推动类案监督线索的分析研判，逐步放大个案的办理效应，特别是着眼于司法执法权力运行及社会治理的难点堵点淤点，通过数据共享、场景多跨、工作协同，以高质效法律监督助力提升国家治理体系和治理能力现代化水平。如运用大数据技术对民事诉讼活动开展数据分析，能够通过数据统计，分析司法人员的行为模式，并且突破因果关系的思维模式限制，发掘出异常信息点与司法腐败行为之间的客观联系和客观规律。既能帮助检察人员洞悉批量异常案件背后的玩忽职守、滥用职权、徇私枉法等行为及易发、高发司法腐败行为的廉政风险点，也能为检察人员开展调查指明线索和突破口，摆脱监督难的困境，有力地推动检察机关对民事诉讼中的司法腐败监督由个别、偶发、被动监督转向全面、系统、主动监督，更有效地治理深层次的司法腐败。①

二是坚持"一地突破、全域共享"的监督方式整合资源。在构建大数据法律监督模型的过程中，上下级检察院之间形成了紧密的联动机制。上级检察院不仅通过搭建统一的数据平台，整合各级检察院的数据资源，还及时总结分析，通过专项监督活动，主动提供技术支持和专业指导，确保下级检察院能够充分利用数据资源，精准制定监督策略。如广东省检察院部署的对民事诉讼活动中诉讼费用应退未退案件开展类案监督工作，通过中国裁判文书网对 2018 年 1 月 1 日至 2021 年 12 月 31 日全省民事诉讼活动涉诉讼费用应退未退案件进行了初步检索，形成检索结果清单及各地粗略案件规模，结合部分地市前期的线索摸排情况，对未按法律规定减半收取诉讼费用等六类违法情形进行监督。广东省检察院将检索式例、各地粗略案件规模、法律依据及惩戒依据、检察建议格式一并下发各级院，有效扩大监督成果，提升监督效能。同时，下级检察院积极反馈在实际应用中遇到的问题和需求，上级检察院则及时回应并提供解决方案，形成了双

---

① 曾于生：《发挥大数据优势促进精准监督》，载最高人民检察院网，https：//www.spp. gov. cn//llyj/202310/t20231025_631818. shtml。

向互动、相互促进的良性循环。如在大数据法律监督模型管理平台上架模型的推广应用工作中，清远市检察院民事检察部门收集全市范围内预上架模型的案件线索后，分发到各基层院协助应用。这种上下联动的模式不仅推动了法律监督体系的智能化与现代化，也进一步推动了法律监督工作的创新和发展。

第三章　大数据在民事检察监督中的应用

2024月1月14日，应勇检察长在召开的全国检察长会议上强调，要着重优化完善检察机关法律监督职能体系，推动"四大检察"全面协调充分发展，特别强调民事检察要下大气力提升自身能力水平，解决不专、不会等问题，加大监督力度，实现有效监督。

根据2012年民事诉讼法的相关规定，当事人向检察机关申请监督之前须先向法院提出再审申请，基层检察院就生效裁判、调解书无直接提起抗诉的权力而仅能提请上级检察院提出抗诉。随着经济社会发展，民商事审判和执行案件呈现持续增长趋势，面对海量的案件，检察机关在人财物有限的情形下，仅依靠传统的人工审查来实现有效监督，存在极大困难。故而，司法实践中，民事检察监督线索匮乏，民事检察工作被动、成案困难、效果不佳，基层检察院的民事检察职能未得到充分重视和发挥。以2023年为例，全国检察机关共办理各类案件425.3万件，同比上升28.9%。[1] 而2023年最高人民法院收案21081件，结案17855件，同比分别增长54.6%、29.5%。全国各级法院收案4557.4万件，结案4526.8万件，同比分别增长15.6%、13.4%。[2]

大数据时代，如何在体量巨大的民商事案件中快速有效地发现民事检察监督线索，是做强民事检察工作的重要突破口。

---

[1] 《（两会受权发布）最高人民检察院工作报告》，载中华人民共和国中央人民政府网，https：//www.gov.cn/yaowen/liebiao/202403/content_6939586.htm，2024年3月15日发布，2024年7月11日访问。

[2] 《（两会受权发布）最高人民法院工作报告》，载人民网，http：//politics.people.com.cn/n1/2024/0315/c1001－40196636.html，2024年3月15日发布，2024年7月11日访问。

第一节　大数据对民事检察监督的促进

一、大数据促进民事检察监督的必要性

（一）大数据更有利于保障民事法律统一实施

相较于其他诉讼案件，民事诉讼案件体量巨大，相应的民事审判组织、人员数量也更为庞大，实践中法律适用标准不统一，"同类不同判"的问题更为突出。而从传统的受理个案申请、控告的途径难以发现这些问题，仅靠检察人员的人力也难以对大量的民事诉讼开展全面、系统的监督。运用大数据的全局数据分析方法，使检察机关得以从集聚、统一的民事案件数据中发掘出个案监督难以发现或纠正的"同类不同判"等具有普遍性、倾向性的司法偏差，使民事检察监督从传统的个案监督转向类案监督，从而实现从个案纠正转向更高维度的方向性纠偏，更有利于检察机关从司法理念、导向的高度统一民事司法的尺度和方向，保障法律的统一正确实施。

（二）大数据更有利于发现民事诉讼违法行为

当事人主义为主、职权主义为辅的民事诉讼司法模式使民事诉讼的实体正义的实现一定程度地受到当事人是否诚实信用参与诉讼活动的影响。而程序复杂却又相对封闭的民事诉讼程序也使检察人员对诉讼活动的了解有较大的局限性，靠传统的调阅个案卷宗等监督手段难以发现一些深层次的虚假诉讼违法行为以及审判、执行人员的违法行为。大数据的运用，可以将民事诉讼活动进行格式化、要素化的转化和计算，运用检察人员设置的规则，高效地对海量案件信息开展筛查、比对、碰撞、关联，使孤立看难以发现的指向民事诉讼违法行为的异常点直观地浮现出来，帮助检察人员穿透案件表面信息，深挖背后的当事人妨害司法秩序违法行为以及司法人员审判执行违法行为，使检察机关能更有力地打击民事诉讼违法行为，

维护司法秩序、司法权威和司法公信力。

（三）大数据更有利于促进民事检察精准监督

民事诉讼监督以精准化为导向，要求检察人员精准区分案件不同情形，坚持法定性与必要性相结合，实现"三个效果"的有机统一。一方面，基于大数据的分析能弥补小数据、抽样数据的信息差，使对监督对象的刻画更为全面准确；由计算机基于数据算法开展的计算，减少了人为思考的主观污染，能帮助检察人员更为全面、客观、精准地把握监督点，提升民事诉讼监督之"准"。另一方面，运用大数据开展全局分析，能助力检察人员把握当前民事诉讼中问题多发、人民群众急难愁盼的重点领域，精准把脉当前社会治理的症结所在，集中力量优先办理在司法理念和增强法治理念中有纠偏、创新、进步、引领价值的案件，做到民事诉讼监督之"精"和"深"。从而实现"监督一案、指导一类、治理一片"，引领司法进步、促进社会进步。

（四）大数据更有利于推进深层次的司法腐败监督

民事检察监督的核心是对审判权和执行权的监督，然而民事审判、执行的司法腐败行为隐蔽性强、专业壁垒高，存在取证难、突破难、查处难的特征。但由于司法人员长期从事司法实践活动，也必然存在与民事诉讼活动相关联的行为模式。运用大数据技术对民事诉讼活动开展数据分析，能够通过数据统计，分析司法人员的行为模式，并且突破因果关系的思维模式限制，发掘出异常信息点与司法腐败行为之间的客观联系和客观规律。既能帮助检察人员洞悉批量异常案件背后的玩忽职守、滥用职权、徇私枉法等行为及易发、高发司法腐败行为的廉政风险点，也能为检察人员开展调查指明线索和突破口，破解监督难的困境，有力地推动检察机关对民事诉讼中的司法腐败监督由个别、偶发、被动监督转向全面、系统、主动监督，更精准地发现和防控廉政风险点，更有效地治理深层次的司法腐败，更扎实地做好廉政风险预防，维护司法公正。

二、大数据促进民事检察监督的可行性

（一）大数据具备的特征提供了助力可能

全样本性是大数据最基本、最显著的特征。该特征意味着大数据能够广泛覆盖某一行业或者某一领域的巨量数据，能够有效增强大数据运用者对研究对象的整体把握，减少研究误差，提高研究针对性。对绍兴市两级检察机关而言，破解民事检察监督线索匮乏这一难题，前提是要获取某个时期内全市的法律大数据。

1. 及时性

大数据库中数据的产生、收集和分析具有实时性和快捷性[①]，也即可以实现数据分析结果的随需查询、随需分析、随需展现和随需发布。就民事检察工作而言，该特征能够有效克服传统人工审查滞后、效率低下的缺陷。同时，数据的收集和分析是建立在统计学、计算机科学等的基础之上，具有可靠性、客观性和科学性。[②]

2. 富有价值性

"大数据是行为而非行为客体"，大数据呈现的事实或规律并非自始以完整形态存在，而是随着数据挖掘、分析的不断深入而逐渐成型。[③] 这样形成的大数据对于民事检察工作才是富有价值的。就法律大数据而言，相较其他类别的大数据，其具有官方性和（半）结构化的特征。[④] 法律大数据仅能由官方的政法机关和司法行政机关等机构公开，公开的范围、内容、格式等也均由相关机构按照法律规定和司法规律决定，故而，法律大

---

① ［美］伊恩·艾瑞斯：《大数据思维与决策》，官相真译，人民邮电出版社 2014 年版，第 12 页。

② 刘佳奇：《论大数据时代法律实效研究范式之变革》，载《湖北社会科学》2015 年第 7 期。

③ 裴炜：《个人信息大数据与刑事正当程序的冲突及其调和》，载《法学研究》2018 年第 2 期。

④ 左卫民：《迈向大数据法律研究》，载《法学研究》2018 年第 4 期。

数据具有格式化、预设性与法律化特征，其中，裁判文书虽然在写作逻辑和格式上受到制度和实践层面的严格规范，但是其事实认定和法律适用的表述是由风格各异的个人或集体完成的，可称为半结构化数据。[1] 官方化决定了法律大数据的权威性，结构化和半结构化决定了检察机关能够通过大数据等技术将其中蕴含的信息进行要素化，并以此提炼法律监督点，获取法律监督线索。

3. 多样性

实践中，全面覆盖的完美大数据几乎不存在，特别是就法律数据而言，政治、法律规定等因素决定了公开是原则、不公开是例外，导致其无法完全反映法律适用和司法实践状况。以裁判文书为例，其公开需要进行隐名、删除相关信息等技术处理，且涉及国家秘密、未成年人犯罪、离婚诉讼或者未成年子女抚养、监护等五种情形的裁判文书不在互联网公开。[2] 就绍兴市而言，全市法院 2023 年审结一审民事案件 2.6 万件[3]，而截至 2024 年 7 月 11 日，中国裁判文书网收录的绍兴市中级人民法院民事一审案件对应裁判文书数量为 375684 篇。但是，巨量的法律数据在多样性上仍远超小数据，其蕴含的不同类型、不同情形的法律监督线索远非小数据能够比拟。

（二）法院司法公开的深化提供了数据基础

当今时代，信息化对各行各业的基础性和先导性作用越来越突出，以大数据、人工智能等为代表的信息科学技术正引发新一轮的社会变革，带来了人们思维方式、生产生活方式的巨大变化。近年来，司法机关为保障宪法赋予人民群众的知情权、监督权等基本权利，促进提升司法为民、公

---

① 左卫民：《迈向大数据法律研究》，载《法学研究》2018 年第 4 期。

② 《最高人民法院关在人民法院在互联网公布裁判文书的规定》第 4 条、第 9 条、第 10 条。

③ 《2023 年绍兴市中级人民法院年度工作报告》，载绍兴市中级人民法院网，http：//www. sxcourt. gov. cn/E_ReadNews. asp？NewsID = 14468，2024 年 1 月 30 日发布，2024 年 7 月 11 日访问。

正司法能力，深化全面依法治国实践，利用大数据等技术，将司法公开推进到了前所未有的广度和深度。

目前，法院的司法公开规范化、制度化、信息化水平显著提升，相关法律大数据库的建立为民事检察工作奠定了数据基础。具体而言，最高人民法院就审判流程、庭审活动、裁判文书、执行信息的公开分别建立了中国审判流程信息公开网、中国庭审公开网、中国裁判文书网、中国执行信息公开网四大平台，同时还就企业破产案件信息建立了全国企业破产重整案件信息网。以全世界最大的司法公开平台——中国裁判文书网为例，截至 2024 年 7 月 11 日，其收录了 1996 年至今（特别是 2014 年以来）的民事裁判文书 82630034 篇。经初步统计，四大平台可能涉及民事检察监督线索的信息分别有 10 项、1 项、6 项、25 项，总计 42 项。[①] 最高人民法院还于 2018 年提出，探索大数据、云计算、人工智能、区块链等现代信息技术在司法公开中的深度应用，推动实现司法信息自动生成、智能分析、全程留痕、永久可追溯等功能，进一步提高司法公开自动化信息化智能化水平，并深入开展司法大数据挖掘研究和拓展应用；加强中国司法大数据研究院建设，深化司法大数据研究成果转化。

第二节 大数据在民事检察监督中的应用原则

一、坚持数字科技与检察业务结合原则

检察机关信息科技与检察工作融合更多体现在智能辅助司法办案上[②]，即内部的智慧检务建设上。智慧检务的建设主要涉及"检察大数据

---

① 参见《最高人民法院关于推进司法公开三大平台建设的若干意见》《最高人民法院关于人民法院通过互联网公开审判流程信息的规定》《最高人民法院关于人民法院在互联网公布裁判文书的规定》《最高人民法院关于人民法院执行流程公开的若干意见》《最高人民法院关于进一步深化司法公开的意见》。

② 孙谦：《推进检察工作与新科技深度融合有效提升办案质量效率和司法公信力》，载《人民检察》2017 年第 19 期。

标准体系、应用体系、管理体系、科技支撑体系"①，其集中体现于全国检察业务应用系统。除此之外，长期以来，检察机关更多还是立足于刑事检察职能的需要，推动信息科技与检察办案的创新融合，提出了"智慧侦监""智慧公诉"等概念，并全面或部分建立了智能辅助定罪量刑系统、智能视频审查系统、证据标准与风险防控系统、出庭一体化平台等辅助系统。以"浙检云图"大数据可视化应用平台为例，总屏展示 6 大业务条线共 27 个核心指标项，各业务分屏展示 19 项侦监指标、22 项公诉指标、19 项未检指标、22 项执检指标和 14 项控申指标，但并不包含民事检察业务数据。

新形势下，检察机关需要进一步解放思想，树立信息科技与检察工作全方位融合的理念，以智慧检务助推"四大检察"全面协调充分发展。为此，最高人民检察院于 2017 年印发的《关于深化智慧检务建设的意见》指出，深化智慧检务的建设目标是加强智慧检务理论体系、规划体系、应用体系"三大体系"建设，形成"全业务智慧办案、全要素智慧管理、全方位智慧服务、全领域智慧支撑"的智慧检务总体架构。到 2020 年底，充分运用新一代信息技术，推进检察工作由信息化向智能化跃升，研发智慧检务的重点应用；到 2025 年底，全面实现智慧检务的发展目标，以机器换人力，以智能增效能，打造新型检察工作方式和管理方式。② 此外，2018 年 3 月，经最高人民检察院批复同意，智慧检务创新研究院检察大数据融合创新实验室在上海市人民检察院组建成立，同时，最高人民检察院还于 2018 年 7 月印发了《全国检察机关智慧检务行动指南（2018—2020 年)》和《智慧检务工程建设指导方案》。

二、坚持信息共建共通共享原则

就法律大数据而言，首要任务是要拓宽法律大数据的领域——只有将

---

① 曹建明：《最高人民检察院关于人民检察院全面深化司法改革情况的报告——2017 年 11 月 1 日在第十二届全国人民代表大会常务委员会第三十次会议上》，载《检察日报》2017 年 11 月 2 日，第 2 版。

② 《最高检印发意见深化智慧检务建设》，载新华网，http：//www. xinhuanet. com/legal/2018－01/03/c_129781752. htm，2018 年 1 月 3 日发布，2019 年 10 月 9 日访问。

法院、检察院、公安机关等司法行政机关所收集和制作的、符合条件的数据全面纳入共建共通共享范围，才可能"推动形成有利于平台互联互通、信息共享共用、业务衔接联动的体制机制"①，进而实现公、检、法、司的相关数据接驳、联通共享，提高法律大数据的集成化水平。并以此打通相应的信息壁垒，让数据说话，发挥大数据的优势，挖掘其应有的价值，实现数字化向智慧化跃升。② 以浙江省为例，浙江省委出台的《进一步加强检察机关法律监督工作的若干意见》，明确指出加强智慧检务和检察一体化建设，积极参与政法数据化协同工程、政法机关信息共享平台建设，并强调人民法院要自觉接受并积极配合检察机关的法律监督工作，建立司法办案信息共享机制和共享平台，及时向检察机关提供法律监督工作需要的业务信息数据、具体案件的立案、审判、执行等司法信息和相关案卷材料。

同时，在大数据平台共建共通、大数据共享理念的实践过程中，检察机关与其他政法机关和行政机关的协作机制的建设亦会得到进一步的加强和完善。

三、坚持民事和刑事检察融合发展原则

近年来，虚假诉讼案件频发，其因损害国家司法权威、浪费国家司法资源，侵害国家、社会或他人合法权益，受到社会广泛关注。2014 年 10 月，党的十八届四中全会通过《关于全面推进依法治国若干重大问题的决定》，明确提出要加大对虚假诉讼的惩治力度。2015 年 8 月，全国人大常委会通过《刑法修正案（九）》，增设虚假诉讼罪，加强对虚假诉讼的刑事打击。2018 年 9 月 26 日，最高人民法院、最高人民检察院下发《关于办理虚假诉讼刑事案件适用法律若干问题的解释》，为打击虚假诉讼提供更加明确的指引。各级检察机关大力开展惩治虚假诉讼活动。以浙江省

---

①　孟建柱：《主动拥抱新一轮科技革命，全面深化司法体制改革，努力创造更高水平的社会主义司法文明》，载《贵州日报》2017 年 7 月 12 日，第 1 版。

②　张俊杰等：《大数据＋检察监督管理运行创新机制探讨》，载《检察调研与指导》2018 年第 6 期。

绍兴市检察机关为例，绍兴市两级检察机关在办理涉及虚假诉讼的民事检察监督案件时，查明其中很多案件背后都存在扰乱金融市场秩序、影响社会和谐稳定的"套路贷"等行为，有涉黑涉恶嫌疑，仅就相关错误民事裁判进行监督不能有效打击和遏制虚假诉讼及其背后可能存在的深层次违法行为。对此，绍兴市两级检察机关主动进行监督模式的探索创新，充分发挥检察职能，结合扫黑除恶专项斗争，对内与刑事检察部门、对外与公安机关密协调配合，深挖虚假诉讼背后的黑恶势力犯罪线索，联动民事和刑事手段打击虚假诉讼，实现了虚假诉讼民事检察监督的"一案双办"。

四、坚持一体化和集约化原则

目前，智慧民事检察的建设仍处于起步阶段，最高人民检察院尚未就其出台相应文件和统一实施相关措施，但地方各级检察机关就此进行了大量有益的探索。2019 年，中央政法委机关报《法治日报》主办了 2019 全国政法智能化建设创新案例评选活动，该活动共征集到政法单位创新案例222 个，评选出了"智慧检务十大创新案例"，其中涉及具体检察业务的创新案例有 7 个，绍兴市检察院入选的民事裁判智慧监督系统系唯一一个涉及民事检察业务的应用系统。

尽管当前智慧民事检察建设尚不具备诸如电子检务工程"六大平台"建设一般在全国统一研发和应用的条件，但出于集约化和一体化的考虑，至少可以在省级层面进行统筹指导，即在需求导向下，由省级检察院统一规划、统一标准、统一设计、统一实施，打破某个地区民事检察"信息孤岛"瓶颈，以免出现低水平重复建设、数据整合利用率低等情形。同时，相对统一的智慧民事检察平台的研发与应用，能够反向助推厘清各级检察机关的职能定位，明晰不同层级检察院的民事检察监督侧重点，最终形成成熟的上下联动机制。

第三节　民事数字检察监督的运行方式

民事检察监督职能包括对民事诉讼活动和执行活动的监督，前者又具体指对生效裁判和审判程序违法、审执人员违法的监督。加强对生效裁判文书的监督就检察机关而言已具备一定的基础——传统上，民事、行政检察部门所负责的主要工作即是对生效裁判文书进行监督。客观上，裁判文书是汇聚民事诉讼信息的载体，也是监督的依据。就可行性上而言，民事裁判文书体量巨大，富含监督线索的同时，还相对较易获取。如就浙江省而言，除中国裁判文书网，其本身已建立浙江法院裁判文书系统等共享平台，在大数据技术的加持下，裁判文书的获取不存在太大的困难。选择以民事裁判文书结果监督为破题关键，有助于民事检察监督在运用大数据方面工作较快取得成效、积累实践经验。

一、民事数字检察监督的分析方法

2018 年，绍兴市检察院探索研发了民事裁判智慧监督系统（以下简称智慧系统），并成功进行了运用。该系统首先由检察官归纳裁判文书的结构要素，再由智慧系统按照模板对海量民事裁判文书进行要素化处理，使之可以检索及大数据分析，而后又由检察官分类提炼检察监督点，再由智慧系统根据监督点对裁判文书进行电脑筛选，将文书数量降到人工可以处理的量级，最后由检察官进一步深入进行人工审查研判。经过"人脑—电脑—人脑—电脑"反复交互的过程，实现办案人员的需求、经验与智慧系统深度融合，最终形成"人机合力"监督模式。①

（一）裁判文书信息要素化

要使裁判文书可以被分析和检索，首先要对裁判文书中的信息进行要素化。经过办案人员分析，确定要素化信息主要有以下几类：一是裁判文书类型方面，包括判决书、裁定书、调解书；二是当事人（代理人）基本信息方面，包括姓名、性别、出生年月、住址、公民身份号码等；三是时间信息方面，包括起诉日期、立案日期、裁判日期、执行日期等；四是

---

① 曾于生：《借力人工智能打造民事裁判监督新模式》，载《检察日报》2019 年 8 月 4 日，第 3 版。

审判信息方面，包括案由、审理方式（独任审判或组成合议庭）、是否系公告送达或缺席判决等。对裁判文书中的信息进行要素化整理，有两个主要作用：一是使这些裁判文书成为可以被检索的基础数据，从而实现对其进行大数据分析处理的核心目的。二是可以依据这些要素化的信息对裁判文书进行分类展示，便于使用者在此基础上进行自由检索。例如，以裁判文书类型为分类标准，可将裁判文书分为判决书、裁定书及调解书；以案由为分类标准，可有多层分类，常见具体分类如民间借贷纠纷、婚约财产纠纷、劳动合同纠纷等。

（二）提炼检察监督点

智慧系统根据检察监督点对海量数据进行筛选，如何设置检察监督点是核心环节，系统需要以提炼检察监督点为前提。如绍兴市检察院到基层院和相关部门进行走访调研，了解实践中需要检察监督的重点诉讼领域，而后以案由为分类标准，组织检察官总结梳理历年办案经验，提炼各类民事检察监督案件的特点，在对各种信息进行汇总的基础上编制业务需求。在确定检察监督点时主要考虑两个前提：一是该类型案件数量在所有案件中所占比例较高；二是该类型案件在审理过程中出现问题的概率较高。最终确定借贷纠纷、劳资纠纷、婚姻财产纠纷和交通事故责任赔偿纠纷等四类案件为重点审查案件，并分类归纳出 80 多个具体的检察监督点，通过不断试错，找出最为精准有效的监督点。以民间借贷纠纷案件为例，所提炼检察监督点包括同一原告密集起诉、证据单一（仅有借条且格式统一）、缺席判决多等。

（三）智能分析和处理

智慧系统根据检察监督点，采取数据碰撞、分层检索、挖掘统计等方法对海量裁判文书信息分析，并将结果推送展示。在操作层面，智慧系统设置了四种运行方式，分别是基本检索、组合检索、自定义检索和工具筛选。该系统主要有三种功能：一是风险案件推送功能，如智慧系统根据不同案由案件的检察监督点进行智能筛查，对检索出的案件按风险等级由高到低进行排序推送，检察人员可以对案件具体信息及异常监督点进行查看，便于下一步研判分析；二是案件信息查询功能，智慧系统对已收集的裁判文书进行了初步分类，检察人员可以在初步分类的基础上进行案件查询，也可以依据已经掌握的信息直接对目标案件进行搜索；三是可疑案件探索功能，如通过统计律师异常胜诉率发现律师和法官的异常行为，进而发现可能存在问题的裁判文书。

（四）人工审查和研判

智慧系统所推送的风险案件，属于"异常判决"，但并不表示该案件就一定为错误裁判，需对异常判决进行审查和研判。审查方法主要包括以下方面：一是汇总分析，汇总同一原告、同一被告所有相关民事案件，分析有无规律性的异常；二是关联查询，查询公安报案记录、刑事前科记录，确定当事人是否有劣迹或与有劣迹人员关系密切；三是信息验证，包括对当事人的户籍、社保、医保进行查询核对，确定是否系真实当事人，诉讼双方是否系亲戚朋友；四是延伸调查，采取调阅卷宗材料、询问有关当事人和证人等方式进行调查取证；五是综合整体情况对筛查结果是否构成线索作出合理判断。

以绍兴市检察院所办理柳某某系列民间借贷纠纷案为例，检察人员通过智慧系统排查发现，2016—2017 年，柳某某作为原告借贷纠纷多达 136 件，其中缺席判决 77 件，撤回起诉 25 件，异常风险系数 5 颗星。民事检察部门组织检察官对系列判决列表比较分析，发现 100 多份判决均具有以下共同特点：借贷金额小，一般为几万元；债务人年纪轻，多数为"85"后；借款支付多为"银行转账 + 现金交付"；证据均采用格式化的借条；还款方式存在本人借出，向他人偿还情况等。后进行刑事关联审查，发现近期柳某某有涉嫌敲诈勒索警情举报，而且越来越多，初步怀疑存在小额套路贷嫌疑，遂决定移送公安机关侦查。经公安机关立案侦查查明，柳某某、王某某等 5 人涉嫌虚假诉讼罪、诈骗罪、敲诈勒索罪，向检察机关移送起诉。其团伙涉及民事借贷案件 237 件，检察机关已查明民事案件事实向法院发出再审检察建议或提出抗诉 53 件，均获得法院再审改判，取得了良好社会效果。

二、民事数字检察监督的多元合力机制

（一）加强检察机关内设职能衔接，形成"内部合力"

大数据检察监督需要加强刑事、民事、行政、公益诉讼检察等多个检察内部职能的协调合作。例如，绍兴市检察机关坚持刑事追诉与民事诉讼监督并行，追究虚假诉讼行为人刑事责任的同时，及时向法院发出再审检察建议或提出抗诉，保障受侵害民事主体的合法权益。坚持既强化民事检察部门的主导作用，又强化与刑事检察等其他部门的协调配合，努力实现虚假诉讼线索、结果内部双移送，形成办案合力。2018年绍兴市检察院开展"从刑事案件中发现民事检察监督案件线索"专项活动，民事检察部门对刑事检察部门近年办理的扫黑除恶类案件、"套路贷"案件、非法集资、诈骗、侵犯知识产权类案件及其他侵财型案件进行排查，重点发现虚假诉讼等民事检察监督案件线索。同时，刑事检察部门审查各类刑事案件过程中，发现涉及民事诉讼案件的，书面告知民事检察部门，由民事检察部门依职权排查是否有民事监督线索，并及时跟进监督。民事检察部门对各种途径主动发现的虚假诉讼案件线索，在依法移送公安机关的同时，亦移送相关刑事检察部门备案。相关刑事检察部门对涉嫌虚假诉讼犯罪案件公安机关应当立案而不立案的，要求公安机关书面说明不立案理由，并依法履行侦查监督职能，督促公安机关依法及时侦查。对重大复杂疑难案件，民事检察部门与刑事检察部门共同派员适时介入侦查活动，依法引导和督促侦查活动顺利进行。又如，绍兴市柯桥区检察院刑事检察部门在审查批捕中发现潘某系列套路贷纠纷，大幅虚高债务向法院起诉，告知民事检察部门及时介入，民事检察部门在查明民事案件事实后及时向法院提出抗诉，法院再审予以纠正，同时潘某等人也被以虚假诉讼罪追究刑事责任。

（二）加强检察机关与外部部门协作，形成"内外合力"

1. 加强检察机关与法院的沟通协调

通过联发文件明确规定，法院应当向检察院、公安机关全面通报移送

裁判文书、审理过程主要节点信息，实现诉讼信息共享。法院发现当事人及相关人员实施虚假诉讼行为涉嫌犯罪的，应及时将案件线索及相关证据材料移送公安机关，同时抄送检察机关。对于尚不构成犯罪的诉讼参与人，法院应当依照民事诉讼法有关规定，给予训诫、罚款、拘留等处罚。法院对于检察机关提出抗诉或再审检察建议的虚假诉讼案件，应当尽快进行再审审理，依法及时纠正错误裁判。

2. 加强检察机关与公安机关的衔接配合

检察机关民事检察部门通过智慧系统发现的线索，移送公安机关侦查信息库进行人员身份信息、主要联系人、犯罪前科等核查，获取当事人是否有涉刑案件，刑事案件基本事实等情况。公安机关办理刑民交叉案件尤其"套路贷"等案件时，涉及民事诉讼案件的，移送检察机关民事检察部门，由检察官在智慧系统中对相关民事判决进行筛查，进一步深挖刑事犯罪背后的错误裁判情况，有效形成检察机关与公安机关之间的线索双移送、结果双反馈机制。检察机关民事检察部门借助公安机关在侦查取证方面的优势，在固定刑事证据的同时，强化对民事证据的收集，补齐民事检察调查核实权乏力的短板，增强检察监督刚性，同时也为公安机关开展侦查活动提供有效协助，形成犯罪打击合力，共同维护社会和谐稳定。

如彭某某等 72 件民间借贷纠纷案件中，绍兴市检察机关经向公安机关查询发现，彭某某曾犯非法拘禁罪，并涉嫌抢劫罪，而且犯罪目的均为非法讨债。经过深入调查，发现该案可能涉嫌敲诈勒索等黑恶势力犯罪。该批案件立即被移送公安机关。公安机关立案后，检察机关刑事和民事检察部门共同派员提前介入，引导和督促侦查。公安机关将彭某某等 15 人以涉嫌组织、领导、参加黑社会性质组织等犯罪案移送审查起诉。检察机关民事检察部门在查明事实的基础上，对彭某某涉及的 50 余件民事判决提出抗诉或发出再审检察建议，法院再审后依法纠正。该系列案中，检察机关发挥职能主动履职，发现了黑恶犯罪线索，与公安机关合作有力打击了"套路贷"等黑恶势力犯罪，且通过抗诉及再审检察建议的方式，纠正法院错误民事生效裁判，使不法放贷人获取非法利益的目的落空，丧失重新犯罪的经济资本，从而一举铲除黑恶经济的滋生土壤，实现了扫黑除恶的"治根"目的。

3. 加强与行政执法信息对接共享

如绍兴市检察院将智慧系统与行政执法信息库进行对接,使智慧系统发现的信息与行政执法信息进行碰撞,获取关联人物、事项信息,实现案件外围排查。智慧系统与行政基础信息库的对接,既能核实案件基本信息,丰富线索来源,固化外部证据,锁定相关目标,也为民事检察查明案件事实提供了方便,有利于推进民事检察办案。

(三) 加强省市区(县)三级检察机关联动,形成"上下合力"

以浙江省三级检察机关开发智慧民事检察系统软件为例。坚持省检察院(以下简称省院)规划立项,市院试点研发,开发成功后在全省推广使用,既避免了重复开发,又遵循实践探索逐步推进的原则,有效发挥省市县三级院的作用。依托智慧系统,绍兴市检察院发现了一大批可疑案件线索,在这些案件的办理过程中,逐步形成省院、市院、基层院分工负责、各有侧重、三级联动相互配合的工作格局。省院对下级院的工作把握监督方向并开展业务指导,市院搭建民事检察监督工作信息平台并成为桥梁枢纽,基层院凭借属地优势具体办理监督案件,三级院上下合力,共同推动发挥民事检察职能惩防虚假诉讼。

1. 省院发挥统筹和指导作用

浙江省检察院整合三级院办案资源,创新"一体化办案指导机制",成立了虚假诉讼案件业务指导组,对全省虚假案件办理和法律适用的疑难问题会诊研究,及时有效指导。如绍兴市柯桥区人民检察院在办理原告系同一人的系列民间借贷纠纷案件过程中,发现原告所持欠条存在虚增借款金额的情形,就该类案件如何定性和适用法律,以及如何启动监督程序都存在较大争议,绍兴两级院向省院专题请示。省院指导组专门听取汇报后研究后认为,该类行为为获取不当利益虚假陈述欺骗法院,扰乱审判秩序,损害国家利益,属于依职权监督范围。基于这一指导意见,绍兴市检察院拓展监督思路,将这些案件纳入依职权监督的范畴,监督案件的数量大幅提升,有效维护了司法秩序和权威。

2. 市院发挥平台枢纽作用

其一，移送案件线索，对智慧系统检索出的案件进行细致分析研判，将有价值的案件线索交由基层院办理。其二，指导案件办理，在将案件线索移送基层院后，市院实时关注案件进展情况，帮助解决案件处理过程中遇到的问题；成立民事检察办案业务对接指导小组，对基层院进行分片指导；建立全市民事检察精品案例一月一评制度，以精品案例形式加强业务指导。其三，协调各方工作，随着监督案件数的大幅上升，市院应注重加强与法院的沟通联系，就批量监督案件提前与法院对接，采取抗诉与再审检察建议相结合的形式，不唯数量，只唯实效，推动检法两家协作配合。

3. 基层院发挥实地办案作用

基层民事检察工作是民事检察的根基，在民事检察工作中起着重要的基础性作用，民事诉讼法修改以后，基层院如何履行民事检察职能在一定程度上陷入了困境。例如，绍兴市检察院运用大数据将挖掘到的批量案件线索移交基层院办理，使基层院摆脱了无案可办的困境。同时，绍兴市检察院根据属地原则移送案件线索，基层院办理本地区监督案件，在调阅案件材料、询问当事人和证人、与相关部门沟通方面也更为便利。基层院在办理这些批量案件过程中，丰富了办案经验，拓展了部门交流，强化了监督职能，提升了基层院民事检察部门的影响力。对符合抗诉条件的系列案件，经与法院沟通，多数案件由基层院发出再审检察建议由人民法院启动再审，2023 年基层院再审检察建议案件数为上年度的 3 倍多，同级民事检察监督大大加强，既缩短了办案周期，又维护了法院权威，实现了办案质效的有机统一。

三、大数据赋能民事检察监督的实践效果

（一）民事生效裁判监督案件数量大幅增加

以绍兴市检察机关为例，自 2018 年 5 月以来，借助大数据有效发现监督线索，实行精准监督，两级院民事检察部门生效裁判监督数量大幅增加，其中 91% 为虚假诉讼监督案件，取得了良好的法律效果和社会效果。

借力大数据分析系统以来，绍兴两级民事检察部门共移送"套路贷"虚假诉讼犯罪线索 80 多人（件），公安机关据此查办了多批虚假诉讼、寻衅滋事、敲诈勒索、诈骗犯罪案件，其中涉黑恶势力犯罪 8 件 69 人。

（二）基层民事检察职能获得明显加强

依托民事裁判智慧监督系统，市院建设数据平台，发现和挖掘线索，基层院调查和审查，两级院民事检察部门坚持综合运用监督手段，努力构建多元化监督格局，着重突出基层院同级监督作用。对符合抗诉条件的案件，多数案件由基层院发出检察建议由人民法院启动再审，既缩短了办案周期，又维护了法院权威，实现了办案数量、效率和效果的有机统一。新模式运行以来基层检察院发出再审检察建议 600 多件，抗诉和再审检察建议比例为 10∶1 左右，已获法院再审改判 500 余件，有效改变了基层民行监督弱化的局面。

（三）民事检察多元化监督格局初步形成

借力民事裁判智慧监督系统，通过人机合力，绍兴市检察院民事检察初步实现了依申请监督向依申请与依职权监督并重的转变；个案监督向个案与类案监督并重的转变；个别监督向个别与系统监督并重的转变，初步形成了多层多元诉讼监督格局。第一，初步实现了依申请监督与依职权监督并重。以往的民事检察监督，以当事人向检察机关申请监督为案件来源，其中不乏无理缠讼案件，检察人员将大量时间花在与当事人的沟通解释上，但往往收效甚微，有时甚至会陷入被动应对的困境，监督案件及有效监督案件数量都较少。借助大数据，检察人员在对历年来法院裁判案件进行梳理分析后，找出可能存在问题的领域，可以主动进行智能检索，有针对性地查找可能存在监督点的案件。第二，初步实现了个案监督与类案监督并重。围绕类案开展重点监督，对近年裁判文书进行系统梳理归类，围绕一个或几个监督重点开展工作，查找并分析问题，区分不同情况采取相应的监督手段，敦促人民法院关注并解决。第三，初步实现了个别监督与系统监督并重。围绕审判工作中出现的热点难点问题，实时跟进监督；通过对历年、当前案件进行整体系统梳理，总结归纳司法实践中存在的普遍性问题，从而更好地发挥监督作用。

第四节　民事数字检察监督的实践问题

一、信息数据跨部门共享存在壁垒

大数据检察监督需要检察机关参与政法机关信息共享平台建设，尤其需要公安、法院配合提供法律监督需要的案件数据，形成司法办案信息共享机制，包括各类案件的立案、审判、执行等环节司法信息和相关案卷材料等。2015 年以来，最高法基于司法公开开始大力推进裁判文书上网工作，使得依托大数据技术建立法律文书信息判断和趋势预测成为可能。截至 2023 年 2 月底，已上网公开 8550 余万份民事裁判文书，依托于浙江省政法一体化办案平台建设的浙江裁判文书检索系统，也收录了包括刑事、民事、行政等各类法律文书 7358276 份。2012 年淘宝司法网拍上线试点，大量执行标的物数据信息也开始公开。但是随着 2018 年以后全国检察机关提出数字化撬动法律监督工作规划，大量裁判文书数据信息被包括检察机关、软件开发公司、法信等机构用爬虫软件收集，人民法院对于公开数据信息的反收集工作措施和手段变得越来越严格。如对公开的裁判文书开始严格隐去具体名字（称）、详细住址，在裁判文书检索用户必须实名注册，法律文书上传时效、文书检索数量、下载数量、下载频次等方面设置多重条件，及时进行系统升级改造等。对于执行文书的获取，更加受到公开比例低、公开时间滞后等因素的制约。浙江裁判文书检索系统则直接在 2020 年 10 月 5 日以后停止更新上传文书信息。缺乏数据来源，数字检察监督就容易变成无源之水、无本之木。

二、检察监督履职与个人信息保护的边界不清晰

检察机关履行法律监督职责需要采集中国裁判文书网、执行信息公开网、行政执法系统、公民个人基本信息、企业工商登记、股权分布等信息数据，一方面这些数据的权利主体，究竟是平台还是信息持有者本人，存在较大争议。另一方面，检察机关采集、保管和使用这些数据应当遵守什么规范，是否存在侵权的风险，如何预防泄密风险？检察机关采集数据的

方式比如使用网络爬虫是否合法？检察监督可否采集使用宗教信仰、基因、既往病史、存款、商业保险、不动产及纳税额等涉及个人隐私甚至敏感信息？这些问题目前缺乏明确具体的法律法规规定，导致检察监督对信息数据的采集和使用可能存在合法性或正当性问题。

三、检察业务和计算技术衔接不畅通

检察业务是大数据分析的目标和服务对象，以大数据为手段的计算技术是检察业务的智能辅助工具，双方之间是目的和手段、内容和方法、主导和辅助的关系。大数据和人工智能必须建立在各领域专业知识、逻辑和经验的基础上，检察业务和计算技术的衔接不畅将会严重制约数字检察监督的发展，如实践中一些司法机关的数字工程或软件系统的使用率低，预设的目标和效果不能实现，功能作用没有发挥出来，很大一部分原因就在于检察业务和计算技术的脱离和不衔接、不融合。

四、检察官运用大数据办案的意识还不够强

民事检察的数字化法律监督工作不仅需要很强的民事法律素养、专业知识和实践能力，更要求检察人员具备一定的计算机技术和坚实的大数据办案理念，但现有民事检察队伍的知识结构不合理，专业化建设与数字检察监督的需求相比差距很大，特别是民事检察监督工作社会认知度不高，办案人员应用数字化监督的素质能力尚不能适应履职要求，不善监督、监督不到位的现象仍然在一定程度上存在。

五、外部工作对接机制不够完善

鉴于被监督者对于接受监督的天然排斥，检察机关与法院、公安等部门的衔接协作不够通畅，公安机关在办案过程中将虚假诉讼案视为轻刑案件，对于检察机关利用大数据发现移送的线索受案不立、立而不侦、久侦不结等现象依然存在。因此，在信息化数据平台共建共通共享理念的实践过程中，检察机关与其他政法机关和行政机关的协作、对接机制的建设迫切需要以立法形式加强和完善。

下　篇
民事数字检察监督模型应用

第四章 劳动领域民事数字检察监督模型

1. 确认劳动关系补缴社保虚假诉讼、虚假仲裁监督模型

【建模单位】

河南省安阳市文峰区人民检察院

【监督要旨】

针对当事人虚构劳动关系提起虚假诉讼或虚假仲裁,骗取生效判决书和仲裁裁决书,利用社保补缴程序漏洞违规领取养老金问题,提取判决书和仲裁裁决书中无异议、同一被告、密集起诉等数据要素特征,依托公开的生效民事裁判文书、劳动仲裁文书、社保数据和工商数据,发现涉确认劳动关系虚假诉讼、虚假仲裁案件线索。经行使调查核实权,通过向法院提出抗诉和再审检察建议、向相关行政机关制发社会治理检察建议、向公安机关移交犯罪线索等多元方式,监督法院撤销个案、完善虚假诉讼预警和发现机制;督促仲裁委撤销仲裁裁决、健全内部结构;推动社保局建立内审自查机制、规范补缴社保流程,堵塞养老金监管漏洞,保障社保基金安全,维护正常的退休秩序。

【模型概要】

2018 年,某中介机构与某磨料公司恶意串通,虚构郑某某等 66 人劳

动关系，向法院提起确认劳动关系诉讼，中介机构以代理人的身份参与诉讼，某磨料公司承认原告全部请求，法院判决双方存在劳动关系，郑某某等人向社保局补缴社保，领取养老金。2020 年，该中介机构又代理周某某等 10 人提起确认劳动关系诉讼，法院判决驳回该批案件诉讼请求。时隔两年、两起类案，同案不同判。

安阳市文峰区人民检察院（以下简称文峰区检察院）根据上述异常案件线索，总结个案特性，提炼关键要素，利用大数据自主研发"民事检察助手"。通过导入文峰区法院公开裁判文书，以劳动争议为案由，以原告仅要求确认劳动关系，无工资给付、补缴社保、劳动补偿等争议性诉求，被告密集被诉、无异议、承认原告的诉讼请求等数据要素特征，对其中的类案判决进行分析处理，发现涉 2 名当事人 93 起虚假诉讼案件线索，经查实后，向法院抗诉、发出再审检察建议 73 件，法院均裁定再审并判决驳回原告诉讼请求。

此后，文峰区检察院将监督视角从诉讼领域延伸至非诉讼的仲裁领域，调取因仲裁文书补缴社保的数据，通过该模型筛选，发现安阳市某废旧橡胶收购部、安阳市文峰区某木器经营部 2 名当事人 52 起仲裁线索，向仲裁委制发社会治理检察建议，仲裁委撤销原裁决并重新仲裁。

【模型设计】

数据来源：民事裁判文书（源于中国裁判文书网、威科先行法律信息库）；依判决、劳动仲裁文书补缴社保人员名单（源于人社部门）；企业工商信息（源于企查查、天眼查企业信息查询平台）。

类案特征要素：原告不要求工资、劳动补偿等金钱给付，只要求确认劳动关系；被告规模小，不属于劳动密集型产业，短期内却密集被诉；被告当庭承认原告诉讼请求，对存在劳动关系无争议；依据判决、劳动仲裁文书向社保局补缴社保，造成社保基金流失。

数据分析关键词：确认劳动关系、无工资给付、补缴社保、劳动补偿、被告密集被诉、无异议、承认原告的诉讼请求。

逻辑规则：该模型通过对法院公开裁判文书进行归纳整理分析，以劳动争议案由提取类案，形成线索数据，经过智能排序分析，与企查查、天眼查工商数据比对碰撞，准确筛选出虚假确认劳动关系案件线索。

数据分析步骤：

第一步：数据汇集。（1）收集安阳市文峰区法院近年来公开的民事裁判文书；（2）以民事案由——劳动争议、文书类型——判决书为检索条件进行筛选。

第二步：筛查异常信息，形成存疑线索数据。（1）对第一步筛选出的判决书继续检索，以"存在劳动关系"或"确认劳动关系"为关键词，筛选出原告诉求中要求确认劳动关系的案件；（2）以"全部支持"或"部分支持"为关键词，进一步筛选上述一审判决案件；（3）以"无异议"或"承认原告的诉讼请求"（对长字段需模糊检索）为关键词，筛选出一审被告无异议且判决全部支持的劳动争议案件。

第三步：比对工商信息。（1）整理第二步的筛选结果，归纳密集被起诉企业；（2）查询上述企业在企查查、天眼查中的工商数据，排除劳动密集型企业、大型企业、事业单位，余下为可疑被告企业。

第四步：调查研判核实。（1）调取可疑被告企业劳动争议案件法院卷宗、仲裁卷宗，运用人工审查，缩小虚假诉讼嫌疑案件范围；（2）通过将可疑被告企业与依判决、劳动仲裁文书补缴社保人员名单中企业名称进行比对，向相关人员调查取证等方式深入调查，确定虚假诉讼案件。

思维导图：

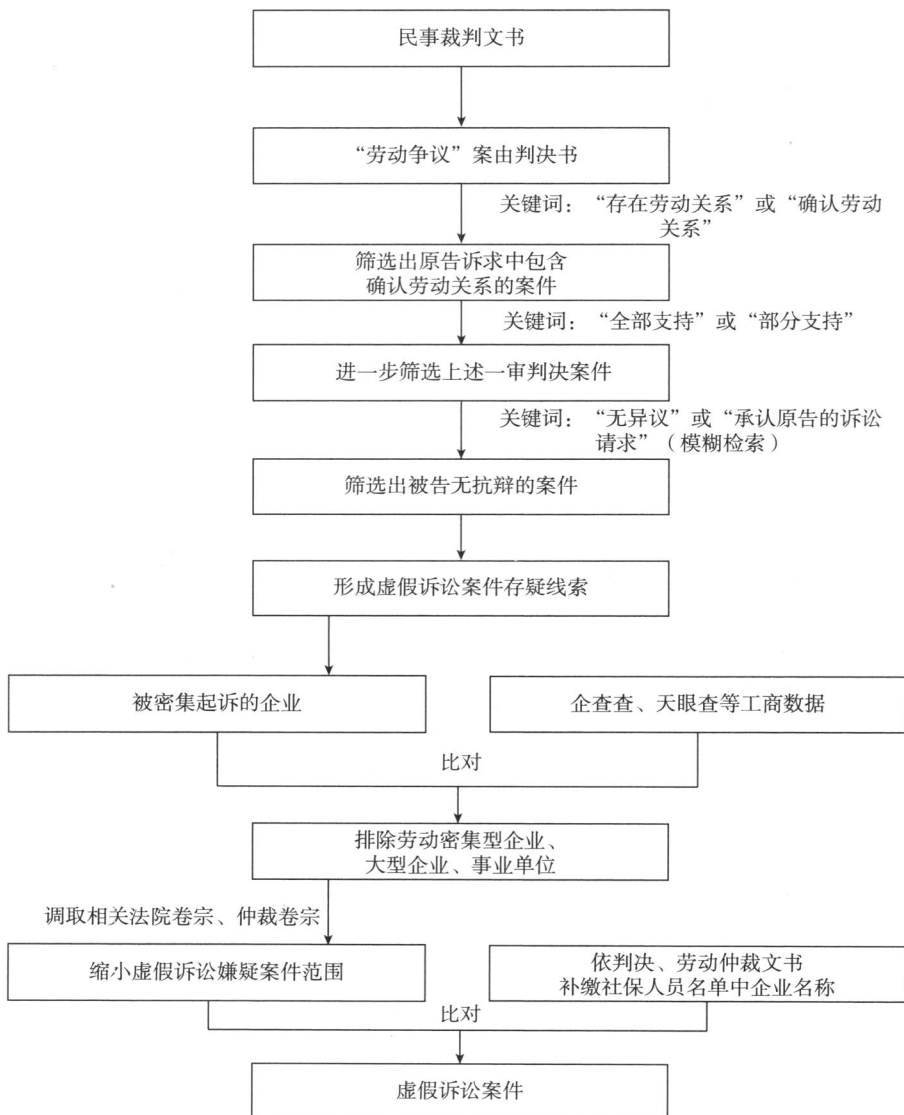

【监督方式】

文峰区检察院形成智能筛查、人工审查、深入调查、介入侦查的"四查"融合监督机制。民事检察监督从个别、偶发、被动的监督转为全面、系统、主动的监督，实现了由传统民事监督向"智慧民事监督"的转型升级。

民事检察部门通过对"民事检察助手"智能检索到的劳动争议异常案件线索进行梳理研判；办案检察官分析汇总存疑线索，调取、审查法院卷宗；采取向社保部门查询信息、向相关人员调查取证等方式深入调查，将犯罪线索及时移交。

刑事检察部门提前介入，引导侦查方向，提出取证建议，受理审查起诉后，启动自行补充侦查，对证据体系进行进一步完善，对该系列案中的组织者、策划者以涉嫌虚假诉讼罪提起公诉。

公益诉讼检察部门向区社保局发出检察建议，责令追回骗取的养老金100万余元。全院各部门相互协作，融合履职，以一体化履职方式提升监督质效。

通过抗诉、发出再审检察建议73件，法院均裁定再审并判决驳回原告诉讼请求；向公安机关移交虚假诉讼犯罪线索，严厉打击此类犯罪；向仲裁委、社保局制发社会治理检察建议，规范仲裁活动，督促社保局规范补缴社保行为，避免社保基金流失4000万余元。截至目前，文峰区检察院共排查异常信息5200余条，已陆续向全国移交线索500余条。

【社会治理】

建章立制： 文峰区检察院以"个案办理—类案监督—系统治理"为路径，一方面分类整治，在监督虚假诉讼虚假仲裁的同时，向仲裁委、社保局制发社会治理检察建议，规范仲裁活动，督促社保局规范补缴社保行为，避免社保基金流失。另一方面推动源头治理，联合法院、仲裁委、社保局等部门堵塞社保基金监管漏洞，推动法院完善防范和制裁虚假诉讼预警机制，会签《关于加强防范和惩治虚假诉讼的若干意见》；助推仲裁委建立防范虚假仲裁、规范仲裁行为机制，会签《关于加强防范和制裁虚假仲裁的实施意见》；推动社保局出台《关于豫人社规〔2020〕4 号文件实施经办流程》《文峰区社会保险事业管局关于开展一次性补缴养老保险内审自查的工作方案》，规范补缴社保流程，助力形成打击虚假诉讼联防共治的新格局，助推社会诚信体系建设，切实维护公平正义。

复制推广：一是省内推广。安阳市滑县、林州市、殷都区检察院依据该模型发出检察建议 100 余件，实现了"一区突破，全市共享"。在河南省发现监督线索 851 件，相关线索已书面移交，全省推广。郸城县进展较快，已初步成案，正在推进法律程序。许昌、南阳、洛阳等 10 余院来文峰区检察院学习交流，共享数字检察成果。二是全国推广。该模型具有普遍性、广泛性、可行性。依托该模型对全国数据检索，目前已排查涉嫌虚假诉讼线索 5200 余条，其中四川某县就高达 2400 余件，文峰区检察院与其沟通后，其中部分案件已确认为虚假诉讼并已办结。上述线索已陆续向海南、广东、广西、四川、重庆、吉林、山东等地移交。文峰区检察院抽调精干力量赴当地协助调查，进展明显，避免巨额社保基金损失。其中海南省文昌市检察院已基本成案，在虚假诉讼案件办理过程中发现，该地区补缴社保目的为获得购房资格，冲击了当地的限购政策。

【法律法规依据】

1.《中华人民共和国社会保险法》第八十八条 以欺诈、伪造证明材料或者其他手段骗取社会保险待遇的，由社会保险行政部门责令退回骗取的社会保险金，处骗取金额二倍以上五倍以下的罚款。

2.《社会保险基金行政监督办法》第三十二条 用人单位、个人有下列行为之一，以欺诈、伪造证明材料或者其他手段骗取社会保险待遇的，按照《中华人民共和国社会保险法》第八十八条的规定处理：

（一）通过虚构个人信息、劳动关系，使用伪造、变造或者盗用他人可用于证明身份的证件，提供虚假证明材料等手段虚构社会保险参保条件、违规补缴，骗取社会保险待遇的；

（二）通过虚假待遇资格认证等方式，骗取社会保险待遇的；

（三）通过伪造或者变造个人档案、劳动能力鉴定结论等手段违规办理退休，违规增加视同缴费年限，骗取基本养老保险待遇的；

（四）通过谎报工伤事故、伪造或者变造证明材料等进行工伤认定或者劳动能力鉴定，或者提供虚假工伤认定结论、劳动能力鉴定结论，骗取工伤保险待遇的；

（五）通过伪造或者变造就医资料、票据等，或者冒用工伤人员身份就医、配置辅助器具，骗取工伤保险待遇的；

（六）其他以欺诈、伪造证明材料等手段骗取社会保险待遇的。

3.《最高人民法院关于防范和制裁虚假诉讼的指导意见》

4.《人力资源社会保障部关于城镇企业职工基本养老保险关系转移接续若干问题的通知》

【经验传真】

（一）数字检察属"一把手"工程，应充分发挥头雁效应

文峰区检察院坚持把数字检察作为"一把手"工程谋划推进。一是多次召开党组会，成立由检察长为组长的数字检察工作专班，定期召开数字检察周例会，由各部门汇报案件审查及模型进展情况，同时提出存在的问题及发现的线索，专班成员同步听取意见、思考对策、汇报进展、解决问题，推动检察融合发力。二是协调法院配合调卷和再审工作。检察机关调卷一般是单个案件，批量调取法院会有顾虑；再审检察建议要上报法院审判委员会，"一把手"在审判委员会上的观点、证据的展示关系到法院审判委员会对裁定再审的认定，系列案的再审也会影响到法院的考核，均需"一把手"与法院沟通协调。三是督促社保局落实检察建议。向社保局发出责令收回养老金的公益诉讼检察建议，针对涉案人数众多，是否有信访隐患等，"一把手"加强沟通协调，促进检察建议的社会治理落实。四是督促公安机关立案。虚假诉讼犯罪线索虽移交公安机关，但虚假诉讼罪尚属新罪名，公安机关案多人少矛盾突出，且涉及民事法律关系，公安

机关了解较少，"一把手"加强研判督促，促使公安机关立案，有利于打击虚假诉讼骗取养老金的产业链。

（二）坚持融合监督，检察机关各部门要一体化办案

民事检察部门办理虚假诉讼、虚假仲裁案件，在监督过程中发现中介机构属于组织者、策划者，并收取较高数额的费用，虚构劳动关系提起虚假诉讼涉嫌犯罪的，移交线索至刑事检察部门。刑事检察部门提前介入并引导侦查，固定虚假诉讼证据，最终刑民互相配合达到打击虚假诉讼的良好社会治理效果。数字检察涉及民事、刑事、公益诉讼、技术等部门，各部门调动精干力量，综合协调、共同履职。虚假诉讼及虚假仲裁系列案件的办理推进了检察办案的深度融合，一体化履职取得了良好效果。

（三）做好社会治理"后半篇文章"

文峰区检察院以点带面，实现"办理一案、监督一批、治理一片"的社会治理效能。检察建议不是一发了之，而是将案件办理融入党和政府社会治理的大局，做好"后半篇文章"。经过系列案件的办理，文峰区检察院和法院建立了关于防范和制裁虚假诉讼的预警机制，联合会签了《关于加强防范和惩治虚假诉讼的若干意见》，要求法官在审查案件时对可能涉嫌虚假诉讼的类案做到"穿透式"审判。针对虚假仲裁案件无需法院强制执行，而检察机关的监督属诉讼监督，故检察监督在当地尚属空白。经过多方取证，多次与仲裁机构沟通、研判，仲裁机构才撤销虚假仲裁，规范了仲裁行为。为了从源头上遏制套取国家社保基金情况发生，规范社保补缴，堵塞社保监管漏洞，文峰区检察院多次和社保局召开座谈会，推动社保局制定社保补缴先后出台《关于豫人社规〔2020〕4号文件实施经办流程》《文峰区社会保险事业管理局关于开展一次性补缴养老保险内审自查的工作方案》，以"我管"促"都管"，打击虚假诉讼、虚假仲裁，堵塞制度漏洞，形成一道"防火墙"，共同维护社保基金安全。

（四）强化同级监督，增强检察建议刚性

多数虚假诉讼案件来源于基层法院，单行受理的个案很难发现虚假诉

讼线索，数字检察模型以中国裁判文书网为依托，将批量类案进行智能搜索比对，发现大批虚假诉讼案件，能够较好解决此类问题。虽然被监督者对监督者有着天然的排斥，但检察机关从维护国家利益和社会公共利益着手，通过类案监督，开展深层次监督，向法院发出再审检察建议，如某磨料66案同案不同判，平原职业培训学校27件虚假诉讼系列案，法院收到再审检察建议后，不仅顺利采纳，并尽快予以改判，极大地增强了检察建议的刚性。

（五）推进系统性社会治理

根据《全面推进依法行政实施纲要》规定，行政机关应当守土有责、守土尽责。社保局对确认劳动关系补缴社保行为具有严格审查的法定职责，不能仅依据法律文书机械执法，因当事人持有法院出具的法律文书而减轻自身的审查义务。在检察机关制发社会治理检察建议并经多次沟通、研讨后，建议社保局不仅要审查程序，更要对行为人的申请事项进行实体审查，确保做到依法行政。"府检联动"工作机制对于检察机关依法监督、加强行政执法与刑事司法相衔接具有十分重要的意义。文峰区检察院在现有"府检联动"机制的基础上，秉持"向前一步解决问题"工作理念，积极协调多方支持，努力构建"一轴多元"新格局。

（呼雪峰，河南省安阳市文峰区人民检察院检察长）

2. 虚构劳动关系骗取职工养老保险补缴资格虚假诉讼、仲裁监督模型

【建模单位】

四川省沐川县人民检察院

【监督要旨】

本模型针对部分临近退休年龄人员虚构劳动关系，采用虚假诉讼、仲裁等方式，骗取企业职工基本养老保险补缴资格，从而享受更高的养老保险待遇等违法情形，获取人民法院裁判文书、仲裁机构仲裁文书、市场监督管理部门企业工商登记数据、公安机关公章管理数据，提取裁判书和仲裁裁决书中原告年龄、劳动关系确立日期、起诉或提起仲裁日期等特征要素进行筛选，再与企业登记日期、公章登记日期进行碰撞、比对，发现虚构劳动关系的虚假诉讼与仲裁线索，通过调查核实，综合运用民事检察、刑事检察等职能监督纠正人民法院、仲裁机构错误裁判、仲裁，移送刑事犯罪立案监督线索，打击骗领养老保险行为，促成多部门建立协作机制，维护社保资金安全，规范基本养老保险秩序。

【模型概要】

沐川县检察院在办理一批确认劳动关系生效调解书检察监督案件中调查发现，宋某某、赵某某二人分别向法院起诉，要求确认劳动关系补缴社会保险并提交了 1997—2008 年、1996—2000 年签订的劳动合同。受案法院当日出具民事调解书，双方当事人达成协议，一是确认二人与某煤矿企业存在劳动关系；二是确定劳动关系后，对于补办该期间社会保险产生的一切费用由原告二人承担。经调查核实，二人从未在该煤矿工作，其出具

的劳动合同上所盖的企业公章、法定代表人章启用时间均在劳动合同签订之后，该案系虚假诉讼且不是个案。

经调取三年内法院与仲裁机构确认劳动关系的裁判案卷 15 卷梳理发现，另有 8 起案件被告均系同一煤矿，该煤矿已于 2020 年 11 月关停，8 名原告均在申请县人力资源和社会保障局劳动争议仲裁未果后请求法院判令确认与煤矿存在劳动关系，法院经调解确认存在劳动关系。上述案件存在原告已到或临近退休年龄、原告起诉时间较为集中、调解书载明补缴企业职工基本养老保险费用由原告负担、劳动合同上的企业公章和法定代表人章有时间"倒盖"等异常情形。沐川县检察院运用大数据法律监督思维，梳理上述类案特征要素构建虚构劳动关系骗取职工养老保险补缴资格虚假诉讼、仲裁类案监督模型，经四川省人民检察院民事检察部、数字检察办公室协调，开展异地验证，调取了近三年来，仲裁机构、法院民事裁判文书 2000 余份，行政审批、公安机关的企业登记信息与公章登记信息 30 万余条，通过对数据进行规整、穿透、比对，发现疑似虚假仲裁、诉讼线索 445 条，并逐一反馈各地检察机关。现已核查疑似线索 66 条，均确认为虚构劳动关系，准确率 100%。已逐步向法院发出民事再审检察建议 14 份，均被采纳；向公安机关移送虚假诉讼立案监督线索，刑事立案 10 件 10 人；为推动系统治理，发出检察建议，建立线索信息互通机制，督促行政主管部门开展针对通过虚假裁判骗取补缴资格不法行为的清查、清退活动。

【模型设计】

数据来源：（1）确认劳动关系判决书、调解书（源于人民法院）；（2）确认劳动关系裁决书（源于人力资源和社会保障局劳动争议仲裁委员会）；（3）企业信息登记数据（源于行政审批局或者企查查、天眼查等 App）；（4）公章登记数据（源于公安机关）。

类案特征要素：（1）系确认劳动关系诉讼或者仲裁；（2）劳动关系确立日期早于 2011 年 7 月；（3）诉讼或仲裁争议中存在是否缴纳社保内容；（4）诉讼或仲裁过程中双方没有对抗，并且通过调解就能够快速结案；（5）诉讼或仲裁程序结束后，双方要依赖相关文书到社保部门申请一次性补缴企业职工基本养老保险；（6）诉讼一方存在同一委托代理人；（7）被告企业存在暂时或者长期的管理混乱情形。

数据分析关键词：姓名、公民身份号码、企业统一信用代码、劳动关系确立日期、起诉或仲裁日期、裁判结果、仲裁结果、企业登记日期、公司信用代码、公司名称、公章登记日期。

逻辑规则：（1）如果相同案件有裁判，但是无仲裁程序，则判定法院存在程序违法；（2）以确认劳动关系为诉讼请求；（3）多人起诉一家企业；（4）调解结果；（5）原告临近退休年龄；（6）劳动关系确立时间与提起诉讼时间跨度长于 10 年；（7）如果劳动合同签订日期在企业工商登记日期以前，则判定为虚构劳动关系行为；（8）如果劳动合同签订日期在企业公章登记日期以前，则判定为虚构劳动关系行为。

数据分析步骤：

第一步：提取关键信息、生成标准数据集。运用文本解析提取工具，处理法院、仲裁委、行政审批、公安机关数据，按照原告姓名，被告姓名，公民身份号码，劳动关系确立日期，仲裁结果公司名称、信用代码、成立日期、公章登记日期等关键字段，生成数据集。

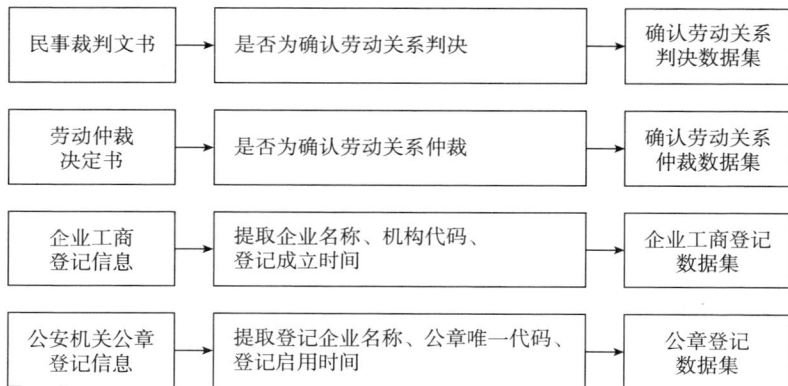

民事裁判文书	→	是否为确认劳动关系判决	→	确认劳动关系判决数据集
劳动仲裁决定书	→	是否为确认劳动关系仲裁	→	确认劳动关系仲裁数据集
企业工商登记信息	→	提取企业名称、机构代码、登记成立时间	→	企业工商登记数据集
公安机关公章登记信息	→	提取登记企业名称、公章唯一代码、登记启用时间	→	公章登记数据集

第二步：碰撞是否存在程序违法。调取仲裁委信息数据集与生效法院裁判数据集进行碰撞，判断是否存在受理程序违法。

```
┌─────────────────┐              ┌─────────────────┐
│ 确认劳动关系判决  │              │ 确认劳动关系判决  │
│    数据集        │              │    数据集        │
└────────┬────────┘              └────────┬────────┘
         │        ┌─────────────────────┐  │
         └───────▶│ 碰撞：判断相同案件是否 │◀─┘
                  │ 符合仲裁前置法定程序   │
                  └──┬────────┬───────┬──┘
         ┌───────────┘        │       └──────────┐
    ┌────▼─────┐        ┌─────▼────┐        ┌────▼─────┐
    │有判决无仲裁│        │无判决有仲裁│        │有判决有仲裁│
    └────┬─────┘        └─────┬────┘        └────┬─────┘
    ┌────▼─────┐        ┌─────▼────┐        ┌────▼─────┐
    │ 程序违法  │        │ 进入初筛  │        │ 进入初筛  │
    └──────────┘        └──────────┘        └──────────┘
```

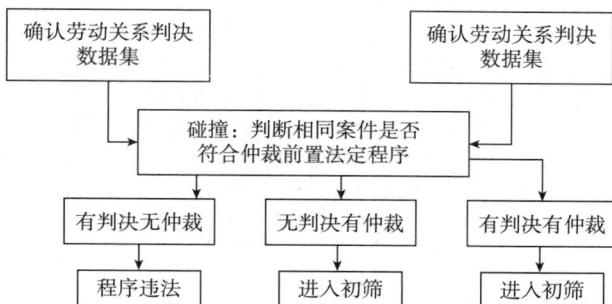

第三步：筛选疑似线索。利用类案特点与逻辑规则分别对仲裁委信息数据集与法院裁判数据集进行筛选。

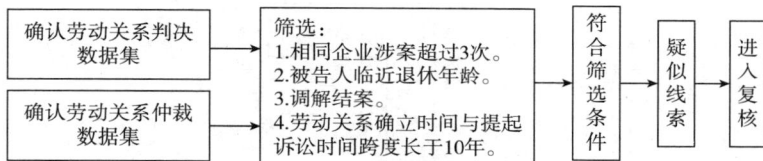

```
┌─────────────┐   ┌──────────────────┐  ┌────┐  ┌───┐  ┌───┐
│确认劳动关系判决│  │筛选：             │  │符合│  │疑 │  │进 │
│   数据集     │─▶│1.相同企业涉案超过3次。│─▶│筛选│─▶│似 │─▶│入 │
└─────────────┘   │2.被告人临近退休年龄。│  │条 │  │线 │  │复 │
┌─────────────┐   │3.调解结案。        │  │件 │  │索 │  │核 │
│确认劳动关系仲裁│  │4.劳动关系确立时间与提起│ └────┘  └───┘  └───┘
│   数据集     │─▶│诉讼时间跨度长于10年。 │
└─────────────┘   └──────────────────┘
```

第四步：复核疑似线索。调取工商登记信息数据集、公章信息数据集与初筛线索集进行复核，并反馈输出最终结果。

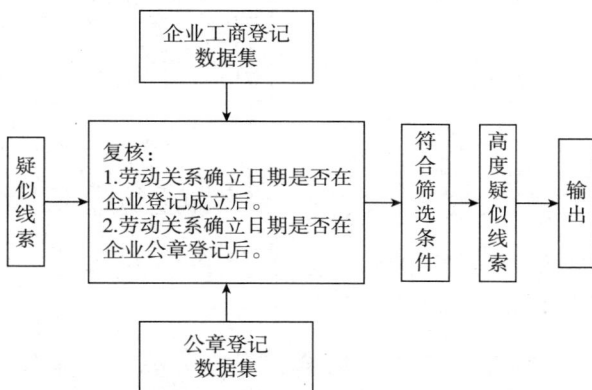

```
              ┌─────────────┐
              │企业工商登记  │
              │   数据集     │
              └──────┬──────┘
                     │
┌────┐  ┌────────────▼─────────┐  ┌────┐ ┌────┐ ┌───┐
│疑 │  │复核：                 │  │符合│ │高 │ │输 │
│似 │─▶│1.劳动关系确立日期是否在  │─▶│筛选│▶│度 │▶│出 │
│线 │  │企业登记成立后。        │  │条 │ │疑 │ └───┘
│索 │  │2.劳动关系确立日期是否在  │  │件 │ │似 │
└────┘  │企业公章登记后。        │  └────┘ │线 │
        └────────────▲─────────┘         │索 │
                     │                   └───┘
              ┌──────┴──────┐
              │公章登记      │
              │   数据集     │
              └─────────────┘
```

思维导图：

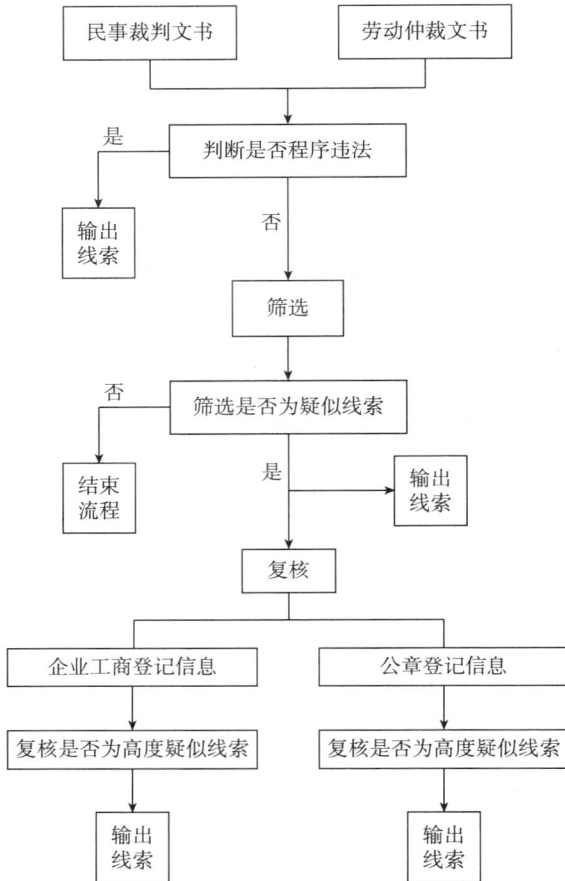

【监督方式】

审查、调查、侦查"三查"融合： 虚构劳动关系骗取职工养老保险资格监督模型，在乐山市 11 个区县院进行推广验证，比对各类数据 8 万余条，排查出 31 条相关线索。随后，在全市范围开展虚构劳动关系骗取职工养老保险资格专项问题"三查"融合整治。一是通过线索定位，精准审查仲裁机构、法院的程序性文书，核实是否存在未进行劳动争议仲裁前置的程序性违法。二是通过调查核实已经生效的确认劳动关系裁判，当事人是否存在伪造证据的情况。三是摸排是否存在司法工作人员为谋取私利，为不法人员进行枉法裁判的行为。

民事检察监督： 民事检察部门对已经生效的确认劳动关系裁判入手，精准定位错误的生效裁判，对作出错误裁判的人民法院依法发出民事再审检察建议。一是同一公司的高频确认劳动关系诉讼，发现可能存在较高的虚假可能。二是确认劳动关系民事纠纷审理过程中，双方争议不大，并且其中包含由公司代缴职工养老保险内容，并且双方积极接受调解的，高概率是虚假诉讼。三是确认劳动关系存在的双方，劳动关系成立时间较早，距离诉讼时间往往间隔多年，相关证据缺失严重，认定关键事实的证据较为单一。

刑事检察监督： 民事检察部门将可能涉嫌刑事犯罪的线索，通过内部线索移送机制，移交刑事检察部门。刑事检察部门移交公安机关办理，提前介入引导侦查。一是将民事检察部门已经通过调查核实的物证、书证交由公安机关，精准定位调查对象，减轻侦查机关负担。二是引导侦查机关从动机、事实角度取证，实现虚假诉讼罪名办理上的突破。三是通过以监督刑事司法程序启动的方式，在强力推进案件办理的同时，实现刑事法律的公共指引作用，震慑和避免其他不法分子，利用管理漏洞，损害国家公共利益。

【社会治理】

随着我国社保体系的不断完善，人们越来越重视社保缴纳，特别是在企业职工基本养老保险方面。由于历史原因，部分老年职工达到法定退休年龄，社保却未缴满 15 年，无法按时领取养老金。为此，2011 年国家专门出台一次性补缴企业职工基本养老保险的相关政策。虽然该项政策设置较高门槛，但针对主张 1996—2011 年之间存在劳动关系申请补缴的，补缴门槛相对较低。仍有部分人员利用司法机关与行政机关之间信息不互通的漏洞采取虚假诉讼进而实现骗取企业职工基本养老保险待遇的目的。沐川县检察院以模型应用、案件办理为基础，联合法院、公安及人社部门开展专项清理活动，打击相关虚假诉讼案件 8 件，纠正错误裁判 3 件，对三年来一次性补缴企业职工养老保险的行为进行彻底清查，进一步规范补缴行政审批行为。此外，联合法院、人社、公安等部门召开联席会议、协调会议 5 次，推动相关机关共建《虚构劳动关系虚假诉讼、仲裁线索信息互通机制》，实现司法、行政数据共享互通，建立健全反虚假诉讼、仲裁预防体系，完善企业职工基本养老保险一次性补缴行政审核机制，有效防范此类案件今后再次发生，维护了社保基金安全。

【法律法规依据】

1.《中华人民共和国刑法》第三百零七条之一 以捏造的事实提起民事诉讼，妨害司法秩序或者严重侵害他人合法权益的，处三年以下有期徒刑、拘役或者管制，并处或者单处罚金；情节严重的，处三年以上七年以下有期徒刑，并处罚金。

单位犯前款罪的，对单位判处罚金，并对其直接负责的主管人员和其他直接责任人员，依照前款的规定处罚。

有第一款行为，非法占有他人财产或者逃避合法债务，又构成其他犯罪的，依照处罚较重的规定定罪从重处罚。

司法工作人员利用职权，与他人共同实施前三款行为的，从重处罚；同时构成其他犯罪的，依照处罚较重的规定定罪从重处罚。

2.《中华人民共和国劳动法》第七十九条 劳动争议发生后，当事人可以向本单位劳动争议调解委员会申请调解；调解不成，当事人一方要求仲裁的，可以向劳动争议仲裁委员会申请仲裁。当事人一方也可以直接向劳动争议仲裁委员会申请仲裁。对仲裁裁决不服的，可以向人民法院提起诉讼。

3.《中华人民共和国劳动争议调解仲裁法》第二条 中华人民共和国境内的用人单位与劳动者发生的下列劳动争议，适用本法：

（一）因确认劳动关系发生的争议；

（二）因订立、履行、变更、解除和终止劳动合同发生的争议；

（三）因除名、辞退和辞职、离职发生的争议；

（四）因工作时间、休息休假、社会保险、福利、培训以及劳动保护发生的争议；

（五）因劳动报酬、工伤医疗费、经济补偿或者赔偿金等发生的争议；

（六）法律、法规规定的其他劳动争议。

4.《中华人民共和国社会保险法》第十条第一款 职工应当参加基本养老保险，由用人单位和职工共同缴纳基本养老保险费。

第八十八条 以欺诈、伪造证明材料或者其他手段骗取社会保险待遇的，由社会保险行政部门责令退回骗取的社会保险金，处骗取金额二倍以上五倍以下的罚款。

5.《社会保险基金行政监督办法》第三十二条 用人单位、个人有下列行为之一，以欺诈、伪造证明材料或者其他手段骗取社会保险待遇的，按照《中华人民共和国社会保险法》第八十八条的规定处理：

（一）通过虚构个人信息、劳动关系，使用伪造、变造或者盗用他人可用于证明身份的证件，提供虚假证明材料等手段虚构社会保险参保条件、违规补缴，骗取社会保险待遇的；

（二）通过虚假待遇资格认证等方式，骗取社会保险待遇的；

（三）通过伪造或者变造个人档案、劳动能力鉴定结论等手段违规办理退休，违规增加视同缴费年限，骗取基本养老保险待遇的；

（四）通过谎报工伤事故、伪造或者变造证明材料等进行工伤认定或者劳动能力鉴定，或者提供虚假工伤认定结论、劳动能力鉴定结论，骗取工伤保险待遇的；

（五）通过伪造或者变造就医资料、票据等，或者冒用工伤人员身份就医、配置辅助器具，骗取工伤保险待遇的；

（六）其他以欺诈、伪造证明材料等手段骗取社会保险待遇的。

6.《中华人民共和国民事诉讼法》第二百一十一条 当事人的申请符合下列情形之一的，人民法院应当再审：

（一）有新的证据，足以推翻原判决、裁定的；

（二）原判决、裁定认定的基本事实缺乏证据证明的；

（三）原判决、裁定认定事实的主要证据是伪造的；

（四）原判决、裁定认定事实的主要证据未经质证的；

（五）对审理案件需要的主要证据，当事人因客观原因不能自行收集，书面申请人民法院调查收集，人民法院未调查收集的；

（六）原判决、裁定适用法律确有错误的；

（七）审判组织的组成不合法或者依法应当回避的审判人员没有回避的；

（八）无诉讼行为能力人未经法定代理人代为诉讼或者应当参加诉讼的当事人，因不能归责于本人或者其诉讼代理人的事由，未参加诉讼的；

（九）违反法律规定，剥夺当事人辩论权利的；

（十）未经传票传唤，缺席判决的；

（十一）原判决、裁定遗漏或者超出诉讼请求的；

（十二）据以作出原判决、裁定的法律文书被撤销或者变更的；

（十三）审判人员审理该案件时有贪污受贿，徇私舞弊，枉法裁判行为的。

第二百一十九条第二款　地方各级人民检察院对同级人民法院已经发生法律效力的判决、裁定，发现有本法第二百一十一条规定情形之一的，或者发现调解书损害国家利益、社会公共利益的，可以向同级人民法院提出检察建议，并报上级检察院备案；也可以提请上级人民检察院向同级人民法院提出抗诉。

7.《人民检察院民事诉讼监督规则》第八十五条　地方各级人民检察院发现民事调解书损害国家利益、社会公共利益的，可以向同级人民法院提出再审检察建议，也可以提请上一级人民检察院抗诉。

【经验传真】

（一）加强组织保障，将数字检察作为"一把手"工程高位推动

信息化时代，数字检察、大数据法律监督是检察工作迈向现代化的"船"与"桥"，事关党的检察事业长远发展。加快数字检察建设，以

"数字革命"驱动新时代法律监督提质增效，贡献数字检察力量是每一名基层院检察长的首要任务。沐川县检察院严格落实"将数字检察工作作为前瞻性、基础性工作来抓"的总要求，检察长作为第一责任人，积极争取县委、县政府支持，将数字检察建设纳入地方数字化、法治信息化建设总体规划。参照省、市院模式成立了数字检察工作领导小组，组建数字检察办公室，配齐配强专职人员，有力地推动沐川数字检察工作顺利开展。采取赴浙江先进地区观摩学习、组织听取专题培训、全院干警交流座谈、检察官教检察官等多种方式提高全院检察干警对数字检察战略的认知，牢固树立"数字赋能监督，监督促进治理"新理念，遵循"个案办理—类案监督—系统治理"新路径。形成全院干警自觉运用大数据思维开展法律监督，积极在办案中分析问题，提炼要素特征，归纳筛选条件和关键词，构建监督模型，开展类案监督，推进系统治理。

（二）数字检察为虚假诉讼监督案件线索发掘提供了新途径

案件线索是检察机关查办虚假诉讼案件的必要前提和重要依据。在当事人举报，审查起诉案件中发现，公安、信访、人大、政协等部门移送，律师反映等虚假诉讼传统线索来源匮乏的情况下，数字检察赋予了检察机关发现案件线索的新路径，运用数字检察思维，以大数据为基础，法律监督模型为平台，通过对关联数据的碰撞、比对、分析，能更好地发掘出本地虚假诉讼案件线索。一方面，学习运用省内外优秀、成熟的模型，开展数据收集、汇聚工作，在积极收集社会公共数据的基础上，协调政法机关、行政部门提供政法协同数据、行政协同数据。再对数据结构化、标签化治理，导入法律监督模型，进而实现线索获取数字化、智能化。另一方面，结合案件的办理，办案检察官发挥数字检察思维，复盘提炼每案要素特征，开展类案逻辑分析，归纳筛选相似情形，构建可复制、可推广的法律监督模型，进而通过推广运用来检验、完善、提升模型实效。

（三）通过大数据比对分析，自动输出异常点位，厘清案件查办思路

虚假诉讼系通过伪造证据、虚假陈述等手段，捏造民事法律关系，虚

构民事纠纷，向人民法院提起民事诉讼的行为。为实现骗取人民法院生效法律文书的目的，当事人或单方或双方或与他人恶意串通，捏造虚假的身份、合同、借条等书面证据，促成非法目的实现。客观上讲，虚假诉讼具有较强的隐蔽性，查证难度较大。但通过大数据比对分析，可以精准地发现当事人构建虚假关系的点位，进而精确引导侦查，提升查证的成功概率。沐川县检察院办理的该起案件中，同期同一案由数量大且被告一致；原告之间、原告与被告代理人之间居住地为同一村组；原告主张确认劳动关系的年限与其需要补缴养老保险的年限高度一致；签订劳动合同时加盖的企业公章及法人私章尚未制作；劳动合同中引用了尚未出台的法律条文。运用大数据监督模型思维，这些异常点位为查证工作提供了明确的指引，办案检察官只需要按图索骥，逐一查证即可形成证据链条，锁定当事人虚假诉讼的相关事实。

（李芳玉，四川省沐川县人民检察院检察长）

3. 追索劳动报酬虚假诉讼类案监督模型

【建模单位】

浙江省宁波市海曙区人民检察院

【监督要旨】

针对当事人虚构劳动关系提起追索劳动报酬虚假诉讼，骗取生效裁判文书，提炼生效裁判文书中"同一被告""同一代理人""在较短时间内快速调解结案""起诉书格式化""金额特定"等要素特征，依托中国裁判文书网调取的民事生效裁判文书，以及公安信息资源服务平台、人社、教育等部门获取的信息，进行数据筛查和碰撞，发现涉追索劳动报酬虚假诉讼案件线索。通过严肃查办此类案件、向法院提出抗诉和再审检察建议、向公安机关移交犯罪线索、联合相关部门推进欠薪治理等多元监督方式，进一步打击企业逃废债，监督法院公正司法，促进诚信社会建设。

【模型概要】

2021 年，宁波市海曙区检察院调查发现，一追索劳动报酬案件的原告系一直生活在浙江省衢州市柯城区的家庭妇女，但 2013—2015 年却以农民工的身份向宁波市某建设集团公司起诉讨薪，后经实地调查，发现系包工头借用其身份证件讨薪以要回拖欠的工程款。经深入分析研判，海曙区检察院认为 2013—2015 年正处于国家房地产严调控周期，基于农民工工资优先支付的规定，借用他人身份证件以讨薪名义实现工程款偿付目的的情形并非个案，有必要通过大数据分析开展专项监督和治理。

海曙区检察院经总结个案特性，提炼关键要素，利用大数据自主研发追索劳动报酬虚假诉讼类案监督模型。该模型通过从中国裁判文书网调取同类案件生效裁判文书，提取裁判文书中当事人姓名、公民身份号码、涉案企业信息、诉讼标的额等内容，与从公安、银行、基层行政服务中心、企查查 App、学信网等调取收集的公民住址、工作单位、社保、工伤保险缴纳信息、银行流水、企业注册、学籍等信息进行比对碰撞，标记出原告工作单位或社保、工伤保险缴纳单位与涉案企业不匹配、工作时间与就读时间冲突、劳动报酬金额均为整数、实际获取劳动报酬金额与裁判文书载明金额不同、原告之间户籍地高度雷同等异常信息。经分析处理，共发现涉 20 余名当事人 200 余起追索劳动报酬虚假诉讼案件线索，经查实后向法院抗诉、发出再审检察建议 74 件，法院均裁定再审并判决驳回原告诉讼请求。

【模型设计】

数据来源： 民事裁判文书（源于中国裁判文书网、浙江法院裁判文书网，浙江省检察院数据库同步提供数据支持）；劳动报酬执行信息（源于法院执行局）；银行、微信、支付宝等转账信息（源于腾讯、银行等企业、机构）；企业工商信息（源于企查查、天眼查等 App）；公民个人信息（源于公安机关）；基本养老保险缴纳以及工伤保险缴纳信息（源于社保部门）；档案信息（源于基层行政服务中心）；学籍信息（源于教育局、学校、学信网）。

类案特征要素： 原告工作单位与社保、工伤保险缴纳单位不一致，起诉金额为整数与生活常识不符，获取工资款后由他人代领，获偿后执行工资款转入同一账户，原告起诉年龄较小，部分人员户籍地系同村同组甚至同户，诉讼无对抗，被告当庭承认原告诉讼请求，对存在劳动关系无争议。

数据分析关键词： 立案与调解结案时间在 7 日以内，欠条或工资条格式化，起诉时原告年龄较小，多人户籍地同村同组甚至同户，起诉金额为整数，被告密集被诉、无异议、承认原告的诉讼请求。

逻辑规则： 该模型通过要素特征对民事裁判文书进行归纳整理分析，并通过比对碰撞企业信息、公民个人信息、社保信息、学籍信息、户籍信息、银行转账信息等，快速筛选出追索劳动报酬虚假诉讼案件线索。

数据分析步骤：

第一步：以"同一原告""同一被告""追索劳动报酬""属地法院"等为关键词，通过中国裁判文书网或直接向法院调取涉案的民事生效裁判文书。

第二步：提取民事裁判文书原被告姓名、公民身份号码或者企业情况，以及诉讼标的额等信息。

第三步：结合提取的原告身份信息，向公安机关、行政服务中心、社保部门、银行等调取公民电话、住址、工作单位、入学时间、养老、工伤保险缴纳等信息。

第四步：进行数据碰撞。针对缴纳养老、工伤保险的原告，得出在相同时期内，工作单位或养老、工伤保险缴纳单位与被告所在单位不匹配的原告信息，通过企查查、天眼查 App，查询企业工商信息，随后向企业调取原告在相同时期内的合同信息及工资报酬信息。

第五步：针对无固定工作单位或所在单位未给其缴纳养老、工伤保险或个人参保的原告，一方面，排查年龄较小的原告，得出工作时间与就读时间冲突的原告信息，通过教育局、学校、学信网调取原告学籍信息；另一方面，结合户籍信息，查找户籍地为同村同组甚至为同户的人员信息并予以标记。

第六步：结合从公安机关调取的信息，对第四步、第五步所涉数据进行进一步分析，查找出企业负责人、工头、户主等交集人员。如张三、李四均与王五有亲戚关系，则王五为交集人员。

第七步：针对诉讼标的为整数的案件，进入第四步、第五步排查流程。

第八步：分析资金流向。由于虚假追讨劳动报酬案件最终是为了实现讨回工程款或其他非法目的，因此，原告在法院执行款项执行到位后，在一定时期内会将该执行款转账至相关人员账户。通过调取银行流水或微信、支付宝转账信息，得出转账的原告信息以及转账后资金的归集人员信息。

第九步：结合调取的客观证据，将涉嫌虚假诉讼犯罪的主要人员线索

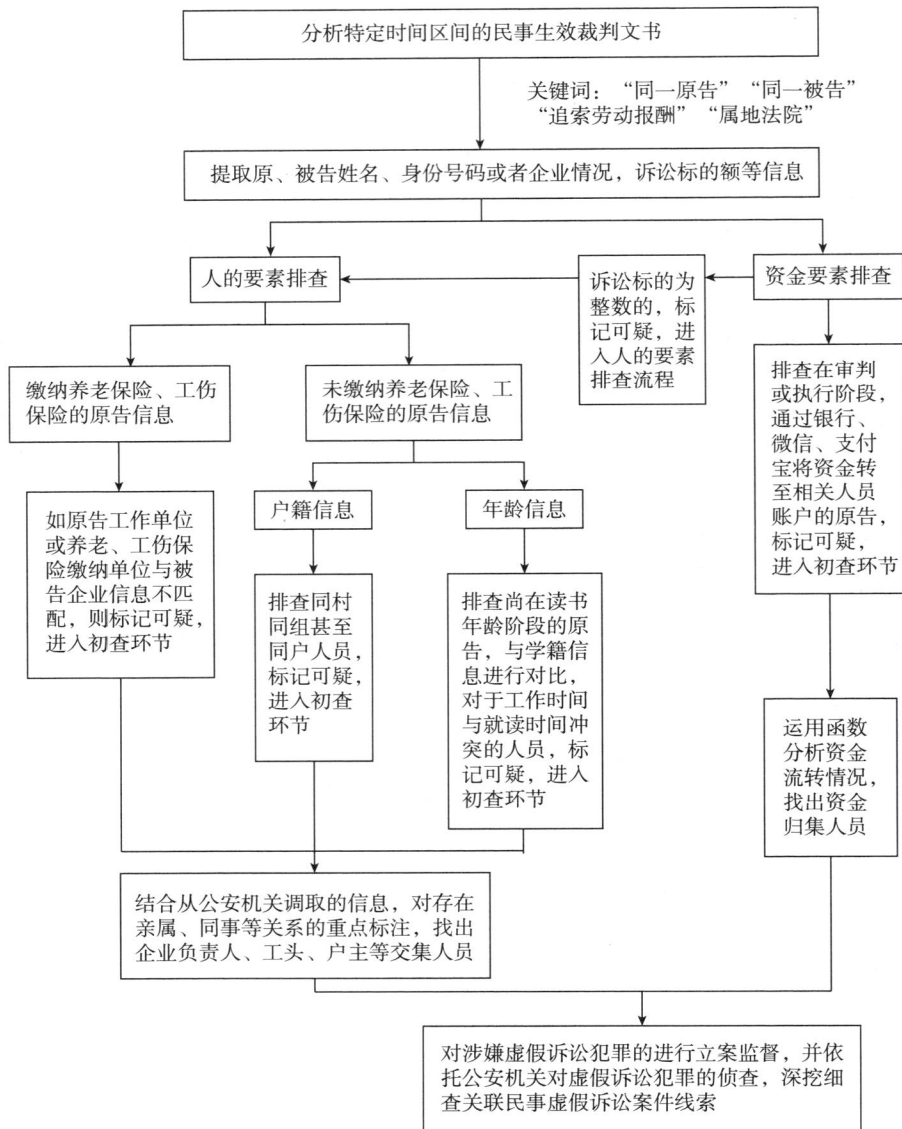

移送或监督公安立案侦查。借力公安机关侦查，补齐补强证据、深挖细查其他民事虚假诉讼违法人员线索。

思维导图：

```
┌─────────────────────────────────────────┐
│        分析特定时间区间的民事生效裁判文书        │
└─────────────────────────────────────────┘
                            关键词："同一原告""同一被告"
                            "追索劳动报酬""属地法院"
┌─────────────────────────────────────────┐
│   提取原、被告姓名、身份号码或者企业情况，诉讼标的额等信息   │
└─────────────────────────────────────────┘

        人的要素排查          诉讼标的为        资金要素排查
                            整数的，标
                            记可疑，进
                            入人的要素
                            排查流程

缴纳养老保险、工伤    未缴纳养老保险、工                    排查在审判
保险的原告信息       伤保险的原告信息                     或执行阶段，
                                                通过银行、
如原告工作单位                                    微信、支付
或养老、工伤保     户籍信息    年龄信息             宝将资金转
险缴纳单位与被                                    至相关人员
告企业信息不匹     排查同村    排查尚在读书          账户的原告，
配，则标记可疑，    同组甚至    年龄阶段的原          标记可疑，
进入初查环节      同户人员，   告，与学籍信          进入初查环节
                标记可疑，   息进行对比，
                进入初查     对于工作时间
                环节        与就读时间冲
                           突的人员，标           运用函数
                           记可疑，进入           分析资金
                           初查环节              流转情况，
                                               找出资金
                                               归集人员

        结合从公安机关调取的信息，对存在
        亲属、同事等关系的重点标注，找出
        企业负责人、工头、户主等交集人员

                对涉嫌虚假诉讼犯罪的进行立案监督，并依
                托公安机关对虚假诉讼犯罪的侦查，深挖细
                查关联民事虚假诉讼案件线索
```

【监督方式】

海曙区检察院充分发挥数字检察的"船"和"桥"作用，建立涵盖法院、企业、公民、工伤和养老保险缴纳、银行流水等信息的"数据舱"，通过碰撞比对，从海量的数据中锁定涉虚假诉讼违法线索，开展精准、批量、高质量监督，实现了由传统民事监督向"智慧民事监督"的转型升级。

民事检察部门对运用要素特征智能检索到的追索劳动报酬异常案件线索进行梳理研判；办案检察官分析汇总存疑线索，调取、审查法院卷宗；采取向社保部门查询信息，向企业、相关人员调查取证等方式深入调查，将犯罪线索及时移交。

刑事检察部门提前介入，引导侦查方向，提出取证建议，受理审查起诉后，启动自行补充侦查，对证据体系予以进一步完善，对该系列案中的组织者、策划者以涉嫌虚假诉讼罪进行立案监督及做好审查起诉工作。

【社会治理】

开展专项：海曙区检察院在监督虚假诉讼的同时，联合法院、住建、劳动等部门开展建筑工程领域虚假诉讼案件集中清查专项行动，梳理清查近年来所有虚假诉讼案件，由相关部门直接对案件进行清理。并深入建筑企业、工地宣讲虚假诉讼的危害，告知相关建筑施工人员在权益受到侵害时应依法理性维权，有效助力建设工程领域"无欠薪"建设，形成打击虚假诉讼联防共治的新格局，维护健康有序的市场经营环境，促进诚信社会建设。

复制推广：运用该类模型，能深入排查追索劳动报酬、企业破产、劳动争议、劳动仲裁、劳务合同纠纷、虚假支付令等领域的虚假诉讼案件线索。相关数字办案模型经宁波市检察系统推广后，多个兄弟院办理了批量案件，有力提升了办案质效。

【法律法规依据】

1.《中华人民共和国民事诉讼法》第二百一十九条第二款 地方各级人民检察院对同级人民法院已经发生法律效力的判决、裁定，发现有本法第二百一十一条规定情形之一的，或者发现调解书损害国家利益、社会公共利益的，可以向同级人民法院提出检察建议，并报上级人民检察院备案；也可以提请上级人民检察院向同级人民法院提出抗诉。

2.《人民检察院民事诉讼监督规则》第七十五条 人民检察院发现民事调解书损害国家利益、社会公共利益的，依法向人民法院提出再审检察建议或者抗诉。

人民检察院对当事人通过虚假诉讼获得的民事调解书应当依照前款规定监督。

3.《最高人民法院关于防范和制裁虚假诉讼的指导意见》 1.虚假诉讼一般包含以下要素：（1）以规避法律、法规或国家政策谋取非法利益为目的；（2）双方当事人存在恶意串通；（3）虚构事实；（4）借用合法的民事程序；（5）侵害国家利益、社会公共利益或者案外人的合法权益。

【经验传真】

（一）推进职能整合，加强"三查"融合

考虑到该批案件人员众多，且系农民工讨薪案件，为提升调查质效，海曙区检察院在对该批案件开展调查时，牢固树立全院上下"一盘棋"理念，刑事检察部门提前介入，通过侦查思维，从调查方向、收集和固定证据等方面给予必要的指导，通过把握"人与资金"两个核心要素，帮助民事检察部门明确了从企业归集、人员归集、资金归集三个层面开展调查工作。在初步调查核实后，海曙区检察院考虑到部分涉案人员已涉嫌虚假诉讼犯罪，于是将相关涉嫌犯罪线索移送该区公安机关，通过借助公安机关侦查，在口供获取、笔录制作、证据收集等方面实现突破。在查办民事虚假诉讼案件的同时，持续深挖关联案件背后的刑事犯罪，实现了刑民融合监督。

（二）强化数字思维，提升监督质效

一方面，海曙区检察院通过运用大数据，核查线索、调取证据、查明案件事实，从海量的信息数据中，有效碰撞、精准抓取监督信息，让民事检察监督不再依赖于"等靠要"，而是掌握了办案的主动权，实现案件的"从无到有""自主可控"，让"精准监督""高质量监督"成为现实，提升数据可视可控化监督能力和检察权威。另一方面，以办理追索劳动报酬虚假诉讼类案监督为契机，海曙区检察院构建数据信息一体化流转机制。建立与公安、社保、行政服务中心等部门的线索移送和信息共享机制，进一步拓宽了民事检察监督的渠道和领域，强化了数据信息"变现"监督能力。

（三）全面切实履职，体现监督为民

通过批量制造虚假诉讼的方式骗取人民法院民事调解书，行为性质较一般的虚假诉讼更加恶劣，债权人通过虚假讨薪的方式来优先实现债权不仅严重侵害案外人合法权益，破坏社会诚信，也扰乱了正常的诉讼秩序，损害司法权威和司法公信力。海曙区检察院及时纠正该行为，用"合法"纠正"不法"，充分发挥法的指引评价教育作用，最大限度提升执法办案效果。海曙区检察院通过积极履职，严厉打击虚假诉讼违法行为，进一步净化建设工程领域生产经营秩序，全力确保企业经营稳定和健康发展，既维护了正常的司法秩序、保障了司法权威，又有力保障了农民工群体保护政策和法律规定落到实处，促进社会诚信体系建设，全面充分体现了监督为民的司法理念。

（四）促进社会治理，做好"后半篇文章"

海曙区检察院在办好案件的同时，加强法治宣传。深入建筑企业、工地宣讲虚假诉讼的危害，由被依法从轻处理的犯罪嫌疑人现身说法，教育引导建筑施工人员依法理性维权，增强群众的法治观念，提升其守法用法的能力与水平。同时，加强对指导案例和数字办案指引案例的学习，通过案件汇报、案例交流等方式进行经验分享，在大量收集成功案例的基础上，对所运用数字方法的共性内容进行提炼，取长补短、为我所用。通过上述方式，将数字化手段的实用技巧传递给各条线办案人员，进一步强化"三查"融合思维，提升"三查"融合能力，进而形成人人敢办、人人能办、人人善办的一体数字化办案氛围，夯实数字检察基础。

（练节晁，浙江省宁波市海曙区人民检察院检察长）

4. 破产领域虚假劳动仲裁监督模型

【建模单位】

浙江省平阳县人民检察院

【监督要旨】

为从破产分配执行款中优先受偿，当事人虚增劳动报酬或将普通债权虚构为劳动债权申请劳动仲裁，获取仲裁调解书，据此向人民法院申请强制执行，构成虚假诉讼。鉴于虚假劳动仲裁严重扰乱司法秩序，侵害债权人权益，平阳县检察院注重数字检察辅助监督办案，构建数字监督模型，提取申请仲裁、申请执行、财产拍卖、执行分配等时间要素，依托浙江检察数据应用平台数据，运用数字筛查、过滤算法等技术手段智能挖掘涉嫌虚假劳动仲裁案件线索。经行使调查核实权，通过向法院提出民事执行监督检察建议、向劳动争议仲裁委员会制发社会治理检察建议、向公安机关移送犯罪线索等多元方式，促使仲裁委撤销仲裁调解书、督促其加强和改进劳动争议仲裁案件证据审查工作；监督法院对案涉分配款执行回转，深挖彻查虚假诉讼刑事犯罪；推动源头治理，联合多部门出台协作综合治理机制，推动数据共享共用，有效遏制和打击企业破产领域虚假劳动仲裁，切实保护企业资产、保障各债权人合法权益，维护司法权威。

【模型概要】

平阳县检察院通过分析虚假劳动仲裁案件特点，发现虚构劳动关系或虚增劳动报酬的动机往往是为了在有产可破的案件中优先受偿。平阳县检察院通过向仲裁委调取劳动争议仲裁案件数据，向法院调取破产案件数据、劳动争议仲裁案件申请执行数据，在浙江检察数据应用平台建模比对，以法院执结且有执行款到位为要素，筛查出执行到位的劳动争议仲裁案件，进一步提取劳动者申请仲裁、申请执行、参与执行分配时间要素，与破产案件拍卖款到位时间进行比对，筛选出为参与分配拍卖款而进行劳动仲裁案件线索，并调取相关当事人银行账户信息，进行同一认定，锁定破产企业工资发放银行账户，计算出破产企业实际欠薪金额。

【模型设计】

数据来源：劳动争议仲裁案件、劳动仲裁申请执行案件、破产企业案件（源于人力资源和社会保障局劳动仲裁科、法院执行局）；劳动争议仲裁案件卷宗材料（源于人力社保局劳动仲裁科）；涉案人员的银行流水（源于省院涉案账户数字化查询系统）；涉案人员人口信息、企业信息（源于企查查、公安人口信息查询系统）；社保缴纳、纳税信息（源于人力社保局、税务部门）。

类案特征要素：劳动仲裁执行案件系执行完毕案件；涉案企业进入破产程序，且有厂房拍卖款到位；劳动仲裁争议案件均以调解结案；涉案劳动争议仲裁案均存在仲裁申请书格式统一、同一律师代理、仲裁后快速进入执行等特点，且在案证据仅附工资欠据，缺乏劳动合同、工资表等劳动关系证明材料。

数据分析关键词：涉劳动争议仲裁执行案件、破产案件、执结且有执行款到位、拍卖款到位时间、申请仲裁时间、申请执行时间、参与执行分配时间。

逻辑规则：该模型通过对破产案件数据、劳动争议仲裁案件申请执行数据进行比对碰撞，以法院执结且有执行款到位为要素，筛查出执行到位的劳动争议仲裁案件，再进一步提取劳动者申请仲裁、申请执行、参与执行分配时间要素，与破产案件拍卖款到位时间进行比对，筛查虚假劳动仲裁案件线索。

数据分析步骤：

第一步：向法院调取申请强制执行劳动争议仲裁案件、破产案件，通过浙江检察大数据应用平台建模、过滤、去重，筛选出涉破产的劳动争议仲裁案件。

第二步：以法院执结且有执行款到位为要素，进一步通过"过滤"算子，筛选出执行到位的劳动争议仲裁案件。

第三步：提取破产案件拍卖款到位时间节点与劳动者申请仲裁、申请执行、参与执行分配时间节点进行比对，通过时间差算法，筛选出为参与分配拍卖款而进行劳动仲裁案件名单，筛查涉嫌劳动争议仲裁案件线索。

第四步：调取相关劳动者银行账户信息，进行同一认定，锁定破产企业工资发放银行账户，计算出破产企业实际欠薪金额。

思维导图：

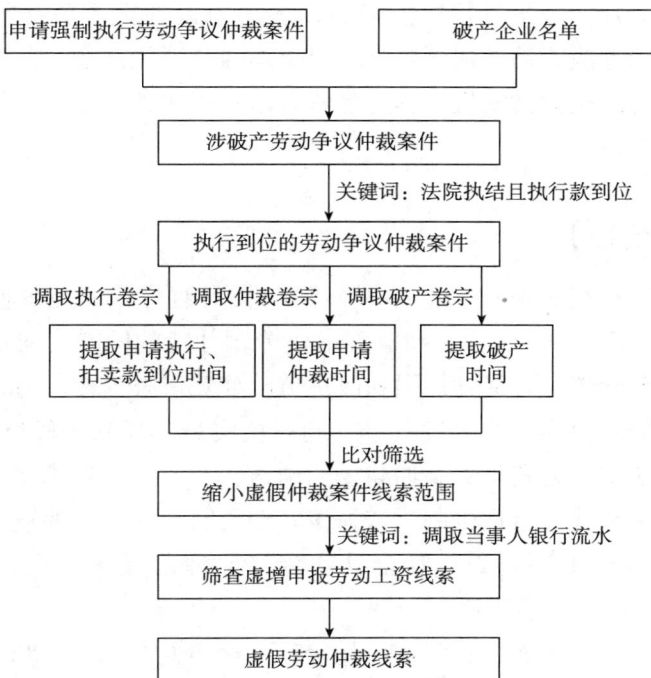

【监督方式】

平阳县检察院有效运用"三查"融合办案模式，构建民事、刑事一体联动格局，聚焦"高质效办好每一个案件"监督理念，突出类案监督应用实效。民事检察部门充分发挥调查核实权，调阅法院卷宗材料、调取涉案企业及职工资金流水、五险一金、工商登记、纳税信息等证据材料，走访仲裁委等有关部门，询问证人，排查虚假诉讼犯罪线索，及时移送公安机关立案侦查，并依托"三查"融合机制移送本院刑事检察部门，同步提前介入引导侦查，完善证据体系，对破产企业的负责人以涉嫌虚假诉讼罪提起公诉，对另两名员工作出相对不起诉决定。

2022 年 6 月，平阳县检察院向县法院提出民事执行监督检察建议 2 件；平阳县法院责令申请人返还财产，并对返还的 8.2 万元财产予以重新分配。同年 7 月，平阳县检察院向劳动人事争议仲裁委员会制发检察建议，督促撤销虚假劳动仲裁调解书，提出加强劳动仲裁案件证据审查的意见；平阳县检察院向公安机关移送虚假诉讼犯罪线索，建议加强对此类案件的打击和防范。

【社会治理】

建章立制：在实现"个案办理"到"类案监督"跨越的同时，积极推动"系统治理"。一方面，在监督虚假劳动仲裁的同时，向仲裁委发出社会治理检察建议，督促其加强和改进劳动仲裁审查工作。另一方面，针对虚假仲裁隐蔽性强、线索发现难、调查核实难、规制手段有限的困局，注重加强与法院、公安机关及仲裁委的沟通，在全市率先建立多部门协作配合的虚假仲裁综合治理机制，依托该联动机制，深入开展破产领域涉劳动报酬虚假诉讼专项监督，联合县法院将治理范围拓展至涉劳动报酬"司法确认"和"民事调解"领域。

复制推广：一方面，实现"一域突破，全市共享"。自 2022 年 6 月虚假劳动仲裁数字监督模型在全市推广后，洞头、瓯海等地有序开展。另一方面，推动模型重塑，整体提升。鉴于劳动报酬类纠纷也存在于司法确认、民事调解等诉讼途径，监督路径趋同，遂将模型适用范围拓展至破产企业涉劳动报酬虚假司法确认、虚假民事调解等虚假诉讼领域，乐清、鹿城、龙湾等地依托该模型均相继成案。因该模型具有易操作、可复制、可推广等特性，平阳县检察院承办浙江省检察院以虚假劳动仲裁打击和预防为主题的"检察官办法"沙龙，数字专班成员受邀在民事检察事务素能提升班分享经验。温州市检察院、平阳县检察院及温州大学合作开展的调研课题"破产领域涉劳动报酬虚假诉讼检察监督机制研究"被立项为2023 年最高检理论研究课题。

【法律法规依据】

1.《中华人民共和国仲裁法》第五十八条 当事人提出证据证明裁决有下列情形之一的，可以向仲裁委员会所在地的中级人民法院申请撤销裁决：

（一）没有仲裁协议的；

（二）裁决的事项不属于仲裁协议的范围或者仲裁委员会无权仲裁的；

（三）仲裁庭的组成或者仲裁的程序违反法定程序的；

（四）裁决所根据的证据是伪造的；

（五）对方当事人隐瞒了足以影响公正裁决的证据的；

（六）仲裁员在仲裁该案时有索贿受贿，徇私舞弊，枉法裁决行为的。

人民法院经组成合议庭审查核实裁决有前款规定情形之一的，应当裁定撤销。

人民法院认定该裁决违背社会公共利益的，应当裁定撤销。

第五十九条 当事人申请撤销裁决的，应当自收到裁决书之日起六个月内提出。

2.《中华人民共和国劳动争议调解仲裁法》第四十九条 用人单位有证据证明本法第四十七条规定的仲裁裁决有下列情形之一，可以自收到仲裁裁决书之日起三十日内向劳动争议仲裁委员会所在地的中级人民法院申请撤销裁决：

（一）适用法律、法规确有错误的；

（二）劳动争议仲裁委员会无管辖权的；

（三）违反法定程序的；

（四）裁决所根据的证据是伪造的；

（五）对方当事人隐瞒了足以影响公正裁决的证据的；

（六）仲裁员在仲裁该案时有索贿受贿、徇私舞弊、枉法裁决行为的。

人民法院经组成合议庭审查核实裁决有前款规定情形之一的，应当裁定撤销。

仲裁裁决被人民法院裁定撤销的，当事人可以自收到裁定书之日起十五日内就该劳动争议事项向人民法院提起诉讼。

3.《中华人民共和国民事诉讼法》第二百四十六条 人民检察院有权对民事执行活动实行法律监督。

4.《最高人民法院、最高人民检察院关于民事执行活动法律监督若干问题的规定》第一条 人民检察院依法对民事执行活动实行法律监督。人民法院依法接受人民检察院的法律监督。

5.《最高人民法院、最高人民检察院关于办理虚假诉讼刑事案件适用法律若干问题的解释》第一条第一款第六项 采取伪造证据、虚假陈述等手段，实施下列行为之一，捏造民事法律关系，虚构民事纠纷，向人民法院提起民事诉讼的，应当认定为刑法第三百零七条之一第一款规定的"以捏造的事实提起民事诉讼"：

（六）与被执行人恶意串通，捏造债权或者对查封、扣押、冻结财产的优先权、担保物权的。

第二条第三项 以捏造的事实提起民事诉讼，有下列情形之一的，应当认定为刑法第三百零七条之一第一款规定的"妨害司法秩序或者严重侵害他人合法权益"：

（三）致使人民法院基于捏造的事实作出裁判文书、制作财产分配方案，或者立案执行基于捏造的事实作出的仲裁裁决、公证债权文书的。

6.《最高人民法院关于防范和制裁虚假诉讼的指导意见》 8. 在执行公证债权文书和仲裁裁决书、调解书等法律文书过程中，对可能存在双方恶意串通、虚构事实的，要加大实质审查力度，注重审查相关法律文书是否损害国家利益、社会公共利益或者案外人的合法权益。如果存在上述情形，应当裁定不予执行。必要时，可向仲裁机构或者公证机关发出司法建议。

7.《人民检察院检察建议工作规定》第三条　人民检察院可以直接向本院所办理案件的涉案单位、本级有关主管机关以及其他有关单位提出检察建议。

需要向涉案单位以外的上级有关主管机关提出检察建议的，应当层报被建议单位的同级人民检察院决定并提出检察建议，或者由办理案件的人民检察院制作检察建议书后，报被建议单位的同级人民检察院审核并转送被建议单位。

需要向下级有关单位提出检察建议的，应当指令对应的下级人民检察院提出检察建议。

需要向异地有关单位提出检察建议的，应当征求被建议单位所在地同级人民检察院意见。被建议单位所在地同级人民检察院提出不同意见，办理案件的人民检察院坚持认为应当提出检察建议的，层报共同的上级人民检察院决定。

【经验传真】

（一）科学搭建数字办案"四梁八柱"

应用是数字检察建设的根本目的，更是审查、调查、侦查"三查"融合运用的生动实践。平阳县检察院坚持整体设计、科学谋划、一体推进，成立由检察长为组长的数字检察领导小组和工作专班，出台《数字检察工作运行办法》，建立数字检察"一本账"管理机制，采取"业务部门＋工作专班＋办案单元"运行模式，聚焦以检察工作现代化服务中国式现代化这个中心任务，瞄准多发易发的涉劳动报酬虚假仲裁领域，科学搭建数字监督模型。坚持融合监督，由分管检察长组建办案单元，整合民事、刑事、技术部门精干力量组成办案单元，依托侦查监督与协作配合办公室，充分发挥刑事检察提前介入引导侦查职能，畅通刑民交叉案件内外衔接办理，在信息共享、线索移送、案件协查等方面紧密协作，共同打击和防范虚假仲裁，高效促成公安机关三日内立案侦查、七日内采取刑事强制措施，法院、仲裁委及时采纳检察建议，有效破除数据归集难、司法衔接难等问题，实现"数字赋能监督、监督促进治理"的监督质效跃升和检察价值追求。

（二）扎实做好社会治理"后半篇文章"

平阳县检察院坚守"高质效办好每一个案件"的基本价值追求，紧紧围绕"党委政府认可度、人民群众满意度、法治同行认同度、工作业绩显现度"四个维度改进工作，与社会各界开展协同治理，共同达到"办理一案、监督一批、治理一片"的社会治理效能。承办浙江省检察院以虚假劳动仲裁打击和预防为主题的"检察官辨法"沙龙，凝聚法院、仲裁委、破产管理人协会等法治同行共识，进一步厘清涉破产企业虚假劳动仲裁定义、明确涉破产企业虚假劳动仲裁重点关注情形、细化劳动仲裁审查要点、积极探索虚假劳动仲裁信用惩戒机制，并在全市率先建立多部门协作配合的虚假仲裁综合治理机制，畅通信息共享渠道、建立联络员制度及联席会议机制，形成虚假劳动仲裁联防共治格局。

（三）助力保障经济社会高质量发展

债务的正常清偿是经济流转和市场信用的保障。在清算、破产和执行程序中，立法和司法对职工工资债权给予了优先保护，以虚假劳动仲裁申请执行是民事虚假诉讼的一种情形，发生在破产程序中的虚假劳动仲裁严重破坏破产法律制度的建设。加大对涉破产虚假劳动仲裁的防范和打击力度是维护社会公平正义的需要，也是维护司法权威的需要。民事检察监督是民事诉讼法规定的最后一道司法救济程序，是保障民事案件公平正义的"最后一道防线"，检察机关应当加强监督。平阳县检察院牢牢把握以检察工作高质量发展服务经济社会高质量发展这个主题，切实履职促进优化法治化营商环境，推进社会信用体系建设，助力保障经济社会高质量发展。

（邱志丰，浙江省温州市人民检察院副检察长）

5. 劳动争议案件未休年休假工资仲裁时效确定同案不同判类案监督模型

【建模单位】

吉林省长春市人民检察院

【监督要旨】

在劳动争议案件中，劳动者诉请解除劳动合同时一般会请求法院支持其主张的"未休年休假工资"，而人民法院在确定"未休年休假工资"时对如何适用仲裁时效起算时间，存在同案不同判现象，本模型依据《吉林省高级人民法院关于审理劳动争议案件法律适用问题的解答（一）》（2017年12月21日）第20条规定，对吉林省长春市辖区内劳动争议案件进行大数据排查，发现劳动争议案件未休年休假工资仲裁时效确定同案不同判类案线索，经过调查核实依法提出检察建议，以促进法律正确统一实施。

【模型概要】

长春市检察院对辖区内民事劳动争议类裁判文书进行常态化监督过程中，发现辖区内基层法院对于"未休年休假工资"认定存在同案不同判现象。以长春市绿园区人民法院为例，2021年该院受理了涉及长春市绿园区环境卫生运输管理中心劳动争议系列案件，该单位于2020年7月同一批劳动者解除了劳动合同，该批劳动者向绿园区人民法院提起诉讼。法院受理后，将该批案件分配给不同法官审理，通过查阅案卷发现人民法院存在同类问题适用法律不一致的现象：一是有的法官在裁判时未考虑仲裁时效问题，支持了劳动者请求的所有未休年休假工资；二是有的法官仅支持了一年的未休年休假工资；三是有的法官计算合同解除当年的未休年休假工资不符合法律规定。

根据我国《职工带薪年休假条例》第 5 条规定，单位因生产、工作特点确有必要跨年度安排职工年休假的，可以跨 1 个年度安排。单位确因工作需要不能安排职工年休假的，经职工本人同意，可以不安排职工休年休假。对职工应休未休假天数，单位应当按照该职工日工资收入的 300% 支付年休假工资报酬。《企业职工带薪年休假实施办法》第 5 条、第 10 条、第 11 条、第 12 条规定了年休假天数、年休假工资的具体计算方法。年休假工资应当适用一年的仲裁时效，但仲裁时效如何计算，法律并未作出明确规定，司法实践中也存在裁判尺度不统一的现象。对此，各省高级人民法院纷纷出台指导意见。《吉林省高级人民法院关于审理劳动争议案件法律适用问题的解答（一）》（2017 年 12 月 21 日）第 20 条也给出了相应的指导意见，即年休假工资的仲裁时效最迟应从劳动者享受年休假的第三个年度的 1 月 1 日起算。而在长春市辖区内司法实践中裁判尺度不统一情况仍然存在。

针对该情况，2022 年 5 月长春市人民检察院着手开发"劳动争议案件未休年休假工资仲裁时效确定同案不同判类案监督模型"，排查辖区内劳动争议判决千余件，形成有效线索 282 条，已部分向相关人民法院发出检察建议，均被人民法院采纳，其余案件正在核查中。

【模型设计】

数据来源：劳动争议案件判决文书、相关案件仲裁裁定（源于中国裁判文书公开网）。

数据分析关键词：劳动争议、解除劳动合同、未休年休假、仲裁时效。

逻辑规则：筛选 2018 年以后劳动争议类民事判决，在裁判文书本院认为部分以"未休年休假""仲裁时效"为关键词确定筛查文书范围。对比劳动争议发生时间，确定法院对仲裁时效的起算时间。

数据分析步骤：

第一步：收集劳动争议类民事判决书。在中国裁判文书网上以目标地人民法院为关键字、案由为劳动争议类案由收集相关判决。

第二步：提取类案要素。在劳动争议类民事判决书本院认为部分以"未休年休假""仲裁时效""未休年休假工资"为关键词筛选出当事人诉请确认"未休年休假工资"的案件。

第三步：数据碰撞。对比仲裁裁决中劳动争议发生时间，确定法院对仲裁时效的起算时间。

第四步：数据汇总梳理。以基层法院为单位，汇总各基层法院命中文书，通过人工审理分析是否存在同案不同判现象。

思维导图：

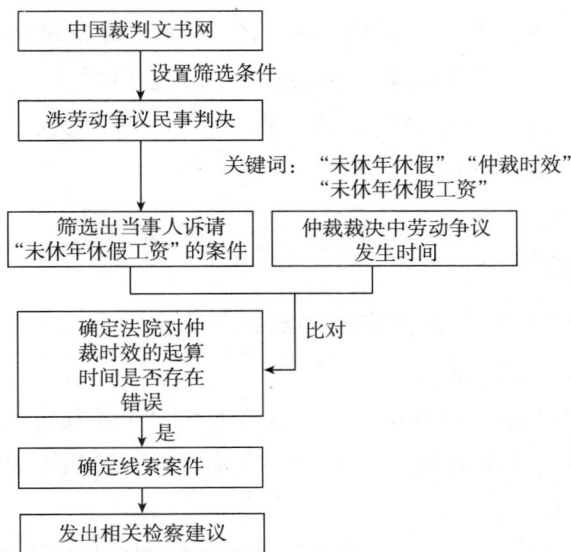

【监督方式】

《人民检察院民事诉讼监督规则》第 117 条第 1 款规定，人民检察院发现人民法院在多起同一类型民事案件中有下列情形之一的，可以提出检察建议：（1）同类问题适用法律不一致的；（2）适用法律存在同类错误的；（3）其他同类违法行为。本模型即针对本辖区人民法院在劳动争议案件裁判中存在第 1 项、第 2 项错误的问题案件进行排查。

实践中如何发现和监督"同案不同判"是民事检察监督的难题。长春市检察院通过构建"劳动争议案件未休年休假工资仲裁时效确定同案不同判类案监督模型",旨在探索"同案不同判"监督新方式。通过进一步梳理监督案件中反映的共性问题,针对人民法院涉"未休年休假工资"确认中相关劳动仲裁与诉讼衔接出现问题的根本原因进行融合监督。

【社会治理】

劳动争议类案件中"未休年休假工资"确认问题关乎劳动者的根本利益,是切实影响人民群众获得感的民生案件。通过建立"劳动争议案件未休年休假工资仲裁时效确定同案不同判类案监督模型",开展类案监督能够促进法院减少类案裁判差异,维护劳动者合法权益,统一裁判尺度,增强司法权威性和司法公信力。

【法律法规依据】

1.《企业职工带薪年休假实施办法》第三条 职工连续工作满 12 个月以上的,享受带薪年休假。

第五条 职工新进用人单位且符合本办法第三条规定的,当年度年休假天数,按照在本单位剩余日历天数折算确定,折算后不足 1 整天的部分不享受年休假。

前款规定的折算方法为:(当年度在本单位剩余日历天数÷365 天)×职工本人全年应当享受的年休假天数。

第十条 用人单位经职工同意不安排年休假或者安排职工年休假天数少于应休年休假天数,应当在本年度内对职工应休未休年休假天数,按照其日工资收入的 300% 支付未休年休假工资报酬,其中包含用人单位支付职工正常工作期间的工资收入。

用人单位安排职工休年休假,但是职工因本人原因且书面提出不休年休假的,用人单位可以只支付其正常工作期间的工资收入。

第十二条 用人单位与职工解除或者终止劳动合同时,当年度未安排职工休满应休年休假的，应当按照职工当年已工作时间折算应休未休年休假天数并支付未休年休假工资报酬，但折算后不足1整天的部分不支付未休年休假工资报酬。

前款规定的折算方法为：（当年度在本单位已过日历天数÷365天）×职工本人全年应当享受的年休假天数－当年度已安排年休假天数。

用人单位当年已安排职工年休假的，多于折算应休年休假的天数不再扣回。

2.《职工带薪年休假条例》第五条　单位根据生产、工作的具体情况，并考虑职工本人意愿，统筹安排职工年休假。

年休假在1个年度内可以集中安排，也可以分段安排，一般不跨年度安排。单位因生产、工作特点确有必要跨年度安排职工年休假的，可以跨1个年度安排。

单位确因工作需要不能安排职工休年休假的，经职工本人同意，可以不安排职工休年休假。对职工应休未休的年休假天数，单位应当按照该职工日工资收入的300%支付年休假工资报酬。

3.《吉林省高级人民法院关于审理劳动争议案件法律适用问题的解答（一）》第二十条　年休假工资的仲裁时效最迟应从劳动者享受年休假的第三个年度的1月1日起算。

【经验传真】

（一）坚持抓业务需求引领

最高检提出构建"业务主导、数据整合、技术支撑、重在应用"的数字检察工作模式，其出发点和落脚点都是检察业务工作必须坚持"从业务中来，到业务中去"的基调，突出"业务主导"地位，实现横向一体化。业务部门是需求启动的意愿者，需要通过精准研判法律监督态势，提出合理需求；也是监督模型的重要设计者，必须充分结合办案实际，总结提炼行为规律特征，提供给数字检察办公室，共同构建起好用管用的监督模型；更是监督模型的最终应用者，必须坚持高质效履职，将监督模型用出成效、用出亮点。

（二）坚持抓数据集纳管理

数据集纳管理主要就是对数据源的获取和管理，这是数字检察工作的前提、监督模型建设的基础。与数字检察工作密切相关的主要有内部数据、协同数据、公共数据三类，通过分类施策，激发其对法律监督工作的放大、叠加、倍增作用。对于内部数据，即检察业务数据、办公数据等，通过充分开发、整合、运用，唤醒激活沉睡的数据。对于协同数据，如公安机关、审判机关、行政机关等的基础数据，立足府院联动、法检常态化联席会议等机制，争取数据交换合作。对于公共数据，如互联网上的开放数据，探索研发管用的抓取工具，挖掘潜力、提升价值、为我所用。

（三）坚持抓上下一体联动

区县级检察院是数字检察工作的主力军，在推进工作过程中，充分发挥检察一体化优势，各负其责、各有侧重，打造"上下联动"工作格局。长春市检察院通过加强对下指导，整合各业务条线资源，促进内外数据融合，开展模型异地验证试用，建立上下一体的模型研发应用机制。各基层检察院在办案过程中紧扣服务大局的热点焦点、执法司法的突出问题、社会治理的薄弱地带和公共利益的弱项短板，研发构建了一批具有本地特色的大数据法律监督模型，依托监督模型办理了一批具有典型示范作用的案件。强调实事求是，明确模型建设最终要为检察业务工作服务，为发现法律监督线索、完善治理体系服务，杜绝为了建构模型而建构模型。

（四）坚持抓成果应用转化

开展数字检察工作，构建大数据法律监督模型，根本目标是提升法律监督质效，以"数字革命"助推检察工作现代化，工作成果能否转化为监督实效至关重要。长春市检察院在各业务条线检察人员的司法办案中确立了自觉践行"数字赋能监督，监督促进治理"的理念，提高运用大数据开展法律监督的自觉性、积极性，在模型应用成案上下功夫，在监督治理效果上见真章，助推提升监督质效。长春数字检察工作已经形成了多点开花的工作格局。

（五）坚持抓领导带头推进

　　数字检察是一项复杂的工程，工作的系统性、整体性、协同性决定了其应当且必须是"一把手"工程，各业务条线的整合、数据的获取、对外的协调都离不开"一把手"的统筹把握。"一把手"能否带头落实、靠前指挥，也直接影响着其他院领导的态度，影响着各业务部门监督模式的转变，最终影响着数字检察工作的成效。因此，长春市检察院在原大数据赋能法律监督工作领导小组基础上，成立了数字检察工作领导小组，数字检察办公室负责具体工作的统筹实施，每月调度工作进展并向领导小组汇报。同时各基层检察院也参照市院组织模式，由"一把手"担任数字检察领导小组组长，由一名副检察长专门负责数字检察工作，并根据实际情况成立专门机构或指定专门人员，保证了数字检察这一事关全局的重要工作顺利地部署推进。

（李军，吉林省长春市人民检察院检察长）

第五章　不动产领域民事数字检察监督模型

1. 虚假诉讼套取住房公积金监督模型

【建模单位】

北京市人民检察院、北京市房山区人民检察院

【监督要旨】

针对虚构借贷纠纷违规套取住房公积金问题，从公积金管理部门共享以法院执行方式扣划的公积金数据，结构化分析以调解方式结案的民间借贷、借款合同纠纷案件数据，通过碰撞比对，发现诉讼标的额较大且与公积金账户余额高度匹配、"一原告对多被告"等情形，以此锁定虚假诉讼监督线索，依托"六步工作法"调查核实，向法院提出检察建议和抗诉；向公安机关移送犯罪线索，追缴住房公积金及违法所得；通过类案监督推动完善协同惩治虚假诉讼工作机制，斩断违规提取住房公积金黑灰产业链；抓前端、治未病，挖掘相关环节不规范问题，推动法院、司法局、公积金中心完善司法确认、人民调解、公积金管理等机制，切实维护住房公积金管理秩序。

【模型概要】

北京市检察机关民事检察部门收到法院执行局提供魏某征等人可能存

在通过虚假诉讼手段套取公积金的涉案线索后，充分运用调查核实权，发现涉案公积金所有人在无法正常提取本人公积金的情况下，找到魏某征、郑某轩、隗某、宋某宏、秦某利五人，借贷双方通过串通、伪造借条等方式，虚构民间借贷纠纷，利用人民调解委员会调解程序快速达成调解，经人民法院司法确认特别程序获取生效裁定书后，通过人民法院强制执行扣划住房公积金账户资金。魏某征等五人收取一定比例的手续费后，剩余公积金转回被执行人手中。检察机关在对上述案件的审查中，发现了诸多疑点，经请示检察长，开展了以大数据检察为模式的案件查办工作。

为进一步打击非法套取住房公积金的行为，斩断伸向住房公积金的黑手，北京市检察院民事检察部门依托个案经验，积极推动涉公积金虚假诉讼大数据建模、应用，通过数据初筛、多源数据碰撞，精准定位、打击虚假诉讼套取住房公积金犯罪，维护民事诉讼活动的正常秩序，维护住房公积金管理秩序，保护国家利益和社会公共利益。

【模型设计】

数据来源：

通过司法程序扣划的住房公积金记录表、相关执行依据文书扫描件（源于北京住房公积金管理中心）；涉案当事人审判、执行卷宗、人民调解协议卷宗（源于人民法院）；涉案当事人、住房公积金所有人及其关联人员的相关银行账户及转账记录（源于银行）；涉案当事人的社保信息记录表（源于人力社保局）。

类案特征要素：

1. 出借人（申请执行人）集中，借款人（被执行人）人数众多且分散。一是借贷金额一般在 5 万—20 万元，借贷方式全部为现金借贷，借款人无任何还款记录，该事实表明，系列案件不符合借贷合同交易习惯。二是双方当事人之间主要为借贷关系，没有约定利息或者对利息约定不明，在诉讼过程中明确放弃利息，该事实表明，系列案件不符合借贷合同的有偿性特点。三是双方当事人在诉讼过程中没有对抗性，全部达成调解协议，大部分通过法院确认调解协议效力，其余由法院直接出具调解书，甚至部分案件同一天之内完成了调解、司法确认、执行申请，不符合民事诉讼的对抗性规律。

2. 借款金额与公积金账户内余额高度相似，一般为略低于公积金余额。

3. 涉案被执行的公积金形成了资金闭环。

数据分析关键词：虚构借贷关系、套取公积金、调解、司法确认。

逻辑规则：

一是对北京住房公积金管理中心提供的数据进行筛查，获取初步线索。

规则 1. 申请执行人在一定时间内涉案多起民间借贷纠纷案件；数据要素：申请执行人姓名、公民身份号码，被执行人姓名、公民身份号码，申请扣划时间等。

规则 2. 双方争议的标的金额与被执行人住房公积金账户内余额高度匹配，法院在扣划住房公积金后均执行完毕案件；数据要素：扣划提取住房公积金金额、执行依据案件标的额、扣划后公积金账户余额等。

二是根据初步线索，进一步获取关联数据，查明事实。

规则 1. 确定双方当事人不存在真实的借贷关系；数据要素：借贷方式、利息约定情况、司法调解周期、双方是否具有对抗性、执行扣划财产目标指向等。

规则 2. 出借人在收到执行款项后，将案款返还给借款人，即资金闭环的相关证据；数据要素：银行流水信息等。

数据分析步骤：

第一步：重点案件线索筛选。

1. 从公积金管理中心获取以强制执行方式划转的公积金数据，筛选出金额较大且与公积金账户余额高度匹配的数据。

2. 将民间借贷、借款合同纠纷中通过人民调解委员会调解并申请司法确认裁定的，或者以民事调解书结案的案件数据进行结构化分析，特别关注"一原告对多被告"的案件，从中获取执行案号。

3. 将上述两步获取的数据进行碰撞，筛选出重点案件线索。

第二步：资金闭环确认。资金闭环是调查的重难点，分别自出借人、借款人两个方面进行核查。

1. 调取出借人向法院提供收取执行案款银行账户的交易数据，出借人在收到执行案款后几日内，通过三种方式将扣划的公积金交还至借款人的手中，完成资金的交易闭环。一是出借人将执行款转账给其余同伙，由同伙账户转给借款人；二是出借人将执行款直接提取现金，存入其他人的账户，再转账给借款人；三是个别案件出借人直接将执行款转账给借款人。

2. 通过人民法院执行卷宗中借款人银行账户的网络查询结果，确定借款人的主要银行账户，特别是工资账户。

3. 调取借款人上述银行账户在一定时间段内的交易数据，判断其主要收入来源及资金流转相关信息，从中发现异常的资金转入信息，如转入时间、金额、对方账户等信息。

4. 调取异常资金来源账户的开户信息，判断与涉案人员是否关联。

5. 依据出借人、借款人两方银行转账记录的数据碰撞，最终确认资金闭环。

第三步：调查询问。

1. 人员选取。询问公积金所有人时，选取具有以下特征人群：

一是出借人主张通过现金方式借贷，借款人无银行账户贷入或还款记录；二是双方银行交易记录形成资金闭环，即出借人在收到执行款项后，直接或间接将案款返还给借款人；三是公积金所有人所在单位有多人通过人民调解或诉讼方式套取住房公积金情况；四是单位规模较大，对员工管理相对正式。

2. 传唤方式。以直接传唤为主，公积金所有人所在单位有多人套取的，联系单位纪检部门予以配合。

3. 询问要点。根据询问对象是否如实陈述，采用不同询问方式。

若虚假陈述，则重点询问细节以戳破谎言：一是出借人体貌特征、联系方式，双方认识过程；二是借款的具体细节，时间、地点、天气环境特征、出行方式、借条内容、取款方式、钱款包装、对话内容等；三是人民调解员调解过程；四是公积金所有人参与人民法院执行阶段情形。

若如实陈述，则围绕虚假借贷过程、执行案款交付借款人的相关事实、证据为主：一是通过虚假诉讼套取公积金的获取途径、联系方式；二是双方协商虚构借贷纠纷、伪造借条、提取住房公积金数额、扣划手续费的过程；三是双方协商司法调解、申请司法确认获取生效裁定书的过程；四是公积金所有人是否存在未实际参与人民调解情形；五是公积金所有人接收套取公积金的时间、方式、金额；六是检察机关询问前双方是否存在串通；七是证据固定：微信聊天记录、微信或支付宝转账记录、主要银行卡账户信息、通话时间、邮寄涉案物品的物流信息等。

思维导图：

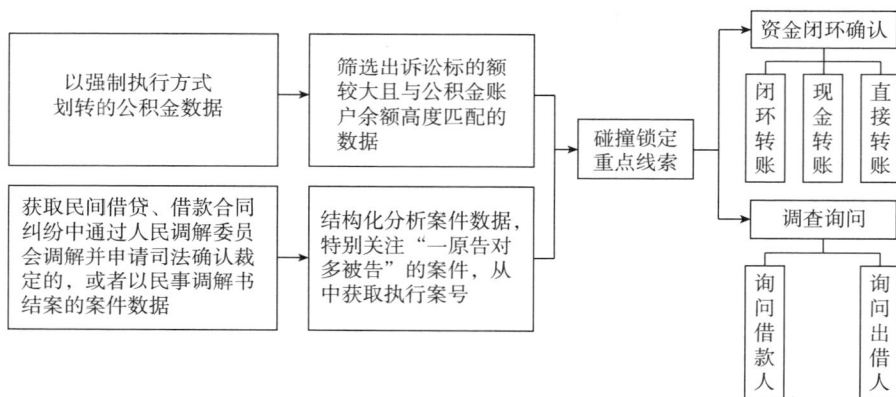

【监督方式】

民事检察监督：民事检察部门在个案审查办理中，敏锐发现案件存在异常情形，创新运用六步工作法即"智能排查—初步审查—深入调查—引导侦查—民事诉讼监督—参与社会治理"的数字检察办案模式开展调查核实，成功办理住房公积金领域虚假诉讼案件，并认真总结类案规律，建用法律监督数据模型发现虚假诉讼案件线索。主动将犯罪线索移送公安机关，利用刑事检察部门提前介入的契机，在公安机关和刑检部门配合下对犯罪嫌疑人进行讯问以固定证据。在查明案件事实基础上，民事检察部门以检察建议为主、抗诉为辅，对通过伪造证据进行虚假诉讼的民事裁定书进行精准监督。

刑事检察监督：刑事检察部门提前介入引导侦查，着力推进捕诉工作。审查逮捕阶段，对公安机关移送的犯罪嫌疑人，刑事检察部门通过查看卷宗、讯问犯罪嫌疑人等工作，固定相关证据，明确案件办理的重点方向，贯彻宽严相济刑事政策，对符合逮捕条件的批准逮捕，其他人员取保候审。细查违规套取住房公积金核心成员案卷笔录，深入挖掘虚假诉讼犯罪"灰黑链条"根源，努力发掘拓展相关联的新线索，找准检察监督推进社会治理的切入点。

行政检察监督：针对办案中发现人民调解工作中可能存在违法或不规范的情形，行政检察部门与民事检察部门加强协作、依职权开展监督，联合司法行政部门查找虚假调解现象滋生的漏洞，推动司法行政部门完善人民调解工作内部监督、补贴发放、调解员管理等工作机制，更好发挥人民调解在预防化解矛盾纠纷、维护社会和谐稳定中的作用。

开展共同治理：检察机关与法院、公安等单位协调配合，在线索移送、引导侦查、协助调查、证据转化等方面进行有效合作，与公安机关会签《关于协同开展民事虚假诉讼监督和调查工作办法》，推动完善公检法司协同惩治虚假诉讼工作机制，斩断虚假诉讼黑灰产业链，形成联防共治良好格局。

【社会治理】

完善协同惩治虚假诉讼工作机制，维护司法公正和司法权威：通过建用模型融合监督，向人民法院提出检察建议和抗诉 206 件，法院均已采纳或改判；向公安机关移送犯罪线索 206 件，公安机关立案侦查 178 人；积极追缴住房公积金和违法所得 1300 万余元；完善公检法司协同惩治虚假诉讼工作机制，与北京市公安局会签《关于协同开展民事虚假诉讼监督和调查工作办法》，共同防范和惩治虚假诉讼违法行为。

以"我管"促"都管"，凝聚治理合力，推动形成联防共治新格局：检察机关运用模型主动发现涉虚假诉讼套取公积金案件，在监督纠正个案、依法追究刑事责任、追缴违法所得的同时查找漏洞，推动人民法院、司法行政部门、公积金管理中心完善司法确认、人民调解、公积金管理工作机制，实现以检察机关依法监督的"我管"促相关职能部门依法履职的"都管"，有效运用法治力量从源头斩断违规套取住房公积金利益链条，实现个案办理到类案监督再到优化社会治理的数字检察办案立体式效果。

推动模型广泛应用，持续释放数字赋能检察效能：在办理涉虚假诉讼套取住房公积金案件过程中，发现河北省、辽宁省等外地法院请求北京地区住房公积金管理部门协助划扣被执行人公积金的情况，主动将上述案件线索移送河北、辽宁检察机关，推动"京津冀"协同联动。辽宁省检察机关经核实案件线索发现了有关"套路贷"案件，予以立案审查；河北检察机关对移送的案件线索评估后分流到市级院开展进一步核查工作。为天津、河北、山西、内蒙古、上海、江苏、湖北、四川等各地检察机关介绍该模型方法，积极推动模型在全国范围内应用。

【法律法规依据】

1.《中华人民共和国刑法》第三百零七条之一第一款 以捏造的事实提起民事诉讼，妨害司法秩序或者严重侵害他人合法权益的，处三年以下有期徒刑、拘役或者管制，并处或者单处罚金；情节严重的，处三年以上七年以下有期徒刑，并处罚金。

2.《中华人民共和国民事诉讼法》第一百一十五条 当事人之间恶意串通，企图通过诉讼、调解等方式侵害他人合法权益的，人民法院应当驳回其请求，并根据情节轻重予以罚款、拘留；构成犯罪的，依法追究刑事责任。

第一百一十六条 被执行人与他人恶意串通，通过诉讼、仲裁、调解等方式逃避履行法律文书确定的义务的，人民法院应当根据情节轻重予以罚款、拘留；构成犯罪的，依法追究刑事责任。

3.《人民检察院民事诉讼监督规则》第三十七条第一项、第三项 人民检察院在履行职责中发现民事案件有下列情形之一的，应当依职权启动监督程序：

（一）损害国家利益或者社会公共利益的；

（三）当事人存在虚假诉讼等妨害司法秩序行为的。

第七十五条　人民检察院发现民事调解书损害国家利益、社会公共利益的，依法向人民法院提出再审检察建议或者抗诉。

人民检察院对当事人通过虚假诉讼获得的民事调解书应当依照前款规定监督。

4.《最高人民法院、最高人民检察院、公安部、司法部关于进一步加强虚假诉讼犯罪惩治工作的意见》第二条　虚假诉讼犯罪，指行为人单独或者与他人恶意串通，采取伪造证据、虚假陈述等手段，捏造民事案件基本事实，虚构民事纠纷，向人民法院提起民事诉讼，妨害司法秩序或者严重侵害他人合法权益，依照法律应当受刑罚处罚的行为。

【经验传真】

（一）加强内部融合履职，促进数字赋能检察高质量发展

融合履职是检察工作现代化的必然要求，是高质效办理每一个案件的重要途径和手段，检察机关依托模型不断强化检察监督质效，积极促进数字赋能检察高质量发展。民事检察部门在个案审查办理中，敏锐发现案件存在异常情形，创新运用六步工作法即"智能排查—初步审查—深入调查—引导侦查—民事诉讼监督—参与社会治理"的数字检察办案模式开展调查核实，成功办理住房公积金领域虚假诉讼案件，并认真总结类案规律，建用法律监督数据模型发现虚假诉讼案件线索并主动将犯罪线索移送公安机关。刑事检察部门提前介入引导侦查，细查违规套取住房公积金核心成员案卷笔录，深入挖掘虚假诉讼犯罪"灰黑链条"根源，努力发掘拓展相关联的新线索，找准检察监督推进社会治理的切入点。针对办案中发现人民调解工作中可能存在违法或不规范的情形，行政检察部门与民事检察部门加强协作、依职权开展监督，联合司法行政部门查找虚假调解现象滋生的漏洞，推动司法行政部门完善人民调解工作内部监督、补贴发

放、调解员管理等工作机制，更好发挥人民调解在预防化解矛盾纠纷、维护社会和谐稳定中的作用。

（二）完善协同惩治虚假诉讼工作机制，维护司法公正和司法权威

北京检察机关在建用模型有效开展监督办案的同时，切实落实《中共北京市委贯彻〈中共中央关于加强新时代检察机关法律监督工作的意见〉的实施意见》在"精准开展民事诉讼监督"中关于"健全对虚假诉讼的防范、发现和追究机制，建立公安机关、检察机关联合调查机制"的工作要求，强化对民事虚假诉讼的惩治力度，北京市检察院与市公安局会签了《关于协同开展民事虚假诉讼监督和调查工作的办法》，推动公安机关、检察机关在线索排查、证据收集等多方面相互提供支持和帮助，检察机关、公安机关发挥自身职能，在虚假诉讼案件查办中形成合力，确保虚假诉讼案件查办提质增效；以民事诉讼法修改虚假诉讼相关规定、加大虚假诉讼惩治力度为契机，进一步落实"两高两部"《关于进一步加强虚假诉讼犯罪惩治工作的意见》关于检法"共同防范惩治虚假诉讼犯罪"的部署要求，北京市检察院与市高法联合部署开展虚假诉讼专项监督活动，共同制定出台专项监督方案，设定专项监督重点领域，在线索移送、法律文书及案件信息共享、卷宗调阅、调查核实、加强对虚假诉讼行为惩戒等方面形成合力。

（三）推动模型建用"由案到治"，构建虚假诉讼联防共治新格局

从个案办理到类案监督再到源头治理，着力做好模型建用"由案到治"的"后半篇文章"是新时代检察机关融合履职的重要落脚点。检察机关立足法律监督职能，深化落实"在办案中监督，在监督中办案"的理念，为破解社会治理难题贡献"高含金量"的检察方案，积极协同有关部门完善机制、堵塞漏洞、解决问题，充分运用检察建议主动融入"大治理"格局，将法律监督效果与制度效能有机融合。北京检察机关运用模型在发现批量问题线索、开展类案监督的同时，进一步发现相关人员违规套取住房公积金的监管漏洞，以此推动法院、司法局、公积金中心完善司法确认、人民调解、公积金管理等机制，从源头斩断违规套取公积金

利益链条，优化提升社会治理成效。检察机关建议公积金管理部门加强住房公积金提取政策及虚假诉讼犯罪等法律知识的宣传科普，避免相关人员因政策及法律知识欠缺走上违法犯罪的错路；建议司法行政部门加强提升人民调解人员识别虚假诉讼能力、证据意识及法律素养；建议法院增强法官对案件事实真实性审查的意识，对较易被当事人利用形成虚假诉讼的案件宜谨慎处理，进一步规范司法确认案件的办理；推动北京市检、法、公积金管理部门成立联合课题组，就司法实践问题，提出完善公积金提取标准和程序的改革建议，让公积金更为有效地惠及人民群众。

（李欣宇，北京市密云区人民检察院检察长）

2. 房屋买卖合同纠纷虚假诉讼类案监督模型

【建模单位】

江西省上饶市鄱阳县人民检察院

【监督要旨】

检察机关针对房屋买卖合同纠纷虚假诉讼的问题，解析个案，从中国裁判文书网公开的民事执行裁定书提炼出异地管辖、调解结案等数据要素特征，发现了系列通过虚假诉讼取得民事调解书、执行裁定书，达到规避房地产限售限购政策，转移房屋产权目的的案件线索。通过上下一体办案、民事刑事检察融合履职，监督纠正错误民事裁判，深挖虚假诉讼犯罪和职务犯罪线索，向相关司法行政部门制发社会治理检察建议，助力房地产市场调控政策落地见效，有力维护司法秩序和司法权威。

【模型概要】

2014年以来，南京市人民政府制定了相关的房地产调控政策，房屋买卖过户受到不同程度的政策限制。

2020年9—10月，姜某某与黄某某通过南京市某房地产中介公司签订了房屋买卖合同，双方约定将黄某某位于南京市浦口区高新技术产业开发区一套房屋以230万元的价格转让给姜某某。但因黄某某房产不符合南京市人民政府的房地产调控政策，无法办理过户手续。为规避政策，牟取各自的非法利益，南京市某房地产中介公司梅某与江西某律师事务所律师邹某策划在鄱阳县通过虚假诉讼方式，骗取生效法律文书来完成房屋买卖过户手续。在邹某的授意下，姜某某、黄某某在另外一份空白的房屋买卖合同、授权委托书等材料上签了名。

2020年10月30日，邹某作为原告姜某某特别授权诉讼代理人向鄱阳县法院提起诉讼。鄱阳县某镇法律服务所法律工作者杨某根据邹某的安排作为被告黄某某特别授权诉讼代理人参加诉讼。

2020年11月6日，鄱阳县法院召集此案原、被告诉讼代理人进行诉前调解，原、被告诉讼代理人达成合意。2020年11月9日，鄱阳县法院对该案立案审理。同日，鄱阳县法院作出了民事调解书，双方当事人自愿达成如下协议：（1）被告鄱阳县某房地产信息咨询有限公司、黄某某自愿于2020年11月11日前协助原告将南京市浦口区高新技术产业开发区侨康路×号×幢×单元×室不动产产权转移登记至原告姜某某名下。不动产转移登记所发生的税费按法律规定各自承担。（2）本案涉案房屋办理不动产产权转移登记之日原告按购房协议约定向被告付清余下房款（已付定金予以扣减）。

2020年11月，原告诉讼代理人邹某向鄱阳县人民法院申请强制执行。2020年11月23日，鄱阳县法院作出协助执行通知书。同日，鄱阳县法院向南京市江北新区不动产登记交易中心送达上述协助执行通知书。案涉房屋于2020年12月通过强制过户的方式过户到姜某某名下。

鄱阳县检察院以在个案中发现的管辖疑问为切入口，调取了房屋买卖合同纠纷案由的相关执行文书，经分析研判排查出异常线索后，向鄱阳县法院调取了民事案件卷宗及执行案件卷宗，提取文书中的诉讼主体、诉讼请求等信息进行汇总比对，发现类案虚假诉讼模式化特征明显。江西省检察院民事检察部门、上饶市检察院民事检察部门、鄱阳县检察院组织人员共同会商，决定联合开发房屋买卖合同纠纷虚假诉讼监督模型。通过模型分析发现2020年10月至2021年2月，鄱阳县法院受理此类房屋买卖合同纠纷案共87件，均具有以下特征：（1）涉案房屋位于南京市，房屋买卖双方非鄱阳县人；（2）原告特别授权律师邹某代理，被告特别授权法律工作者杨某代理；（3）以诉前调解结案，生效后申请强制执行；（4）案件从受理到执行完毕不到一个月。

江西省检察院民事检察部门在日常工作中发现鄱阳县法院多份调解文书管辖存在异常，原告、被告的家庭住址、诉讼标的均不在鄱阳县，在外省某市，鄱阳某县中介公司作为第二被告，与房屋诉讼标的无关联，但该案件却由鄱阳县法院管辖，对此认为存在虚假诉讼的可能。因此，江西省检察院民事检察部门通过上饶市检察院将该线索交鄱阳县检察院进一步处理。因虚假诉讼手段隐蔽，线索发现难，鄱阳县检察院通过第三方技术公司批量获取县法院的民事执行文书，对执行裁定书中的申请执行人、被执行人、执行标的等信息进行碰撞分析，发现虚假诉讼模式化特征明显，遂决定构建大数据监督模型。

【模型设计】

数据来源：民事执行裁定数据（源于中国裁判文书网）。

数据分析关键词：针对民事执行案件信息，以房屋买卖、调解、转移登记、申请执行人与被执行人姓名、住址及房屋产权证书号、执行裁定书裁定日期为关键词进行搜索。

数据分析步骤：

第一步：类案筛查。通过对个案的分析，提取"房屋买卖、调解、转移登记"等关键词，以此形成基础规则，从获取的执行文书中筛选出由调解结案并强制执行的房屋买卖合同纠纷案件。

第二步：异常筛查。从民事执行裁定书中提取申请执行人与被执行人住址及房屋产权证书号等信息，筛选出以上两要素均不在鄱阳县的案件。

第三步：精准筛查。经进一步比对执行裁定书裁定日期，发现法院在同一时间段连续作出执行裁定案件。

思维导图：

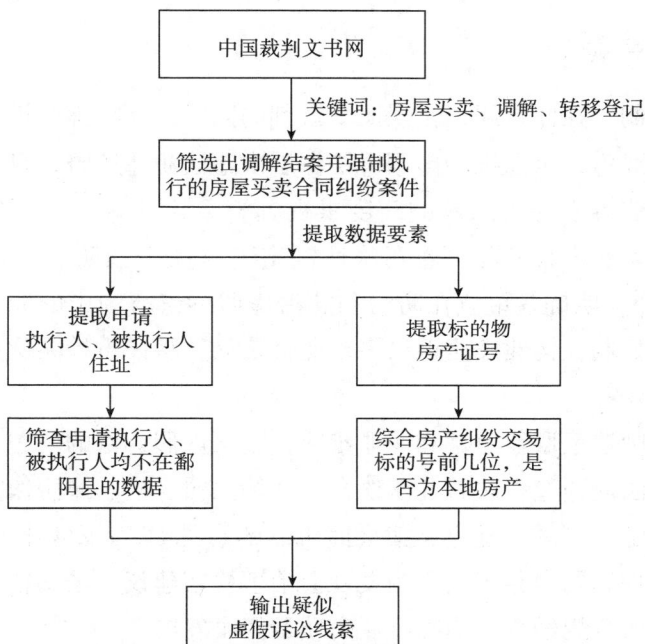

【监督方式】

民事检察监督： 根据模型梳理出的线索，上饶市检察机关成立市、县两级一体化办案组开展调查取证，通过与当事人谈话、调取房屋过户档案、民事诉讼案卷材料等，还原虚假诉讼全过程。经提出抗诉、发出再审检察建议，成功办理民事生效裁判监督案件 157 件，涉案金额高达 1.6 亿元。

刑事检察监督： 通过刑民融合办案，向公安机关移送虚假诉讼犯罪线索。刑事检察部门及时指派检察官提前介入侦查活动，引导侦查取证，并同步调取民事检察监督需要的相关证据，对涉嫌虚假诉讼罪的被告人提起公诉并经审判机关依法判决。为依法严厉打击利用职权参与虚假诉讼的公职人员，检察机关深挖职务犯罪线索，对涉嫌民事枉法裁判罪的公职人员提起公诉。

【社会治理】

建章立制：在监督纠正错误民事裁判的同时，深挖虚假诉讼刑事犯罪和职务犯罪线索，全面推动虚假诉讼深层次违法犯罪监督，且引起上级司法机关对虚假诉讼惩治问题的高度重视。2022 年 9 月，江西省检察院联合省高级法院、省公安厅、省司法厅制定了《关于预防和惩治虚假诉讼的若干意见》，明确各单位在防治和惩治虚假诉讼行为中的职能作用，强化协作配合机制，构建虚假诉讼多维监督格局，将民事检察优势切实转化为社会治理效能。

针对律师违反职业道德和职业纪律，参与虚假诉讼的问题，鄱阳县检察院与县司法局通过多次召开座谈会，在加强司、检、律协作方面达成共识，联合制定了《关于建立检律会商机制的意见》。鄱阳县检察院就律师行业监督管理问题向县司法局制发社会治理检察建议，推动辖区内律师执业规范、律所合规经营、律师行业高质量健康发展。

复制推广：该大数据法律监督模型对虚假诉讼监督案件线索的大批量发现，系充分运用公开的法律文书数据，打破传统法律监督工作的路径依赖的成功实践。检察大数据监督基础在数据，难点也在数据。按照传统方式直接从被监督对象处获取相关数据，往往会因监督利害关系，出现各种工作困难。在获取数据源上，本监督模型仅需要中国裁判文书网上公开的执行文书，且设计原理和技术路径简便易操作，可在全国复制推广。

【法律法规依据】

1.《中华人民共和国民事诉讼法》第二十四条 因合同纠纷提起的诉讼，由被告住所地或者合同履行地人民法院管辖。

第三十四条第一项 下列案件，由本条规定的人民法院专属管辖：

（一）因不动产纠纷提起的诉讼，由不动产所在地人民法院管辖。

第三十五条 合同或者其他财产权益纠纷的当事人可以书面协议选择

被告住所地、合同履行地、合同签订地、原告住所地、标的物所在地等与争议有实际联系的地点的人民法院管辖，但不得违反本法对级别管辖和专属管辖的规定。

2.《最高人民法院、最高人民检察院关于办理虚假诉讼刑事案件适用法律若干问题的解释》第一条第一款第二项 采取伪造证据、虚假陈述等手段，实施下列行为之一，捏造民事法律关系，虚构民事纠纷，向人民法院提起民事诉讼的，应当认定为刑法第三百零七条之一第一款规定的"以捏造的事实提起民事诉讼"：

（二）与他人恶意串通，捏造债权债务关系和以物抵债协议的。

3.《最高人民法院关于适用〈中华人民共和国民事诉讼法〉的解释》第二十八条第二款 农村土地承包经营合同纠纷、房屋租赁合同纠纷、建设工程施工合同纠纷、政策性房屋买卖合同纠纷，按照不动产纠纷确定管辖。

4.《最高人民法院关于防范和制裁虚假诉讼的指导意见》 1. 虚假诉讼一般包含以下因素：（1）以规避法律、法规或者国家政策谋取非法利益为目的；（2）双方当事人存在恶意串通；（3）虚构事实；（4）借用合法的民事程序；（5）侵害国家利益、社会公共利益或者案外人的合法权益。

5.《南京市人民政府办公厅关于进一步加强房地产调控的通知》第六条 购房人（含居民家庭、企事业单位、社会组织）新购住房在取得不动产产权后，3 年内不得转让。

【经验传真】

（一）推进数字应用能力，提升虚假诉讼监督质效

虚假诉讼具有明显的隐蔽性特征，如果仅从个案入手，也许始终难以让虚假诉讼现身。该系列案的发现看似偶然，实则系三级检察机关高度重视智慧检察监督平台、中国裁判文书网等互联网数据平台运用的结果。检察机关应充分运用公开裁判文书作为基础数据，分类提炼出检察监督点，

从海量民事裁判文书中筛选出异常裁判，提升虚假诉讼线索发现能力。

（二）充分运用一体化办案机制，形成虚假诉讼监督合力

民事虚假诉讼时常与刑事犯罪相交织，查办难度较大，检察机关应充分发挥上下级领导与被领导的体制优势，有效运用上下纵向的一体化办案机制，通过成立办案组，有效缓解某一检察院办案压力。此外，检察机关还应积极与当地公安机关、人民法院、司法行政部门等建立虚假诉讼预防和惩治的横向一体化办案机制，对民事虚假诉讼及相关刑事犯罪线索开展双向移送、互参案件材料、通报案件情况，确保虚假诉讼整体惩治效果。

（三）坚持"对事监督"与"对人监督"并重，提升监督刚性

在虚假诉讼监督工作中，除了关注生效裁判是否符合民事虚假诉讼要件外，还应关注虚假诉讼背后存在的深层次违法问题，积极运用民事检察调查核实权，收集诉讼参与人涉嫌虚假诉讼相关刑事犯罪方面的证据，并加大犯罪线索的移送力度，彻底揭开虚假诉讼的"面纱"，提升虚假诉讼监督刚性，维护司法权威。

（顾志波，江西省上饶市鄱阳县人民检察院检察长）

3. 涉住房公积金执行类案监督模型

【建模单位】

浙江省海盐县人民检察院

【监督要旨】

针对法院在执行中怠于履职，未对被执行人住房公积金采取执行措施即以终结本次执行处理等问题，检察机关建立涉住房公积金执行类案监督模型，将被执行人信息与住房公积金管理中心数据碰撞得出被执行人住房公积金账户名单，从而开展精准监督。通过向法院提出检察建议等方式，监督加强涉住房公积金案件执行，填补执行漏洞，维护多方合法权益。

【模型概要】

2021 年 8 月，海盐县检察院民事检察部门在办理民事执行案件中发现，个别失信被执行人名下有住房公积金账户且积存有不菲的公积金余额，但法院在既未查询被执行人住房公积金账户，也未对该账户采取任何强制措施的情况下，即以失信被执行人暂无可执行的财产，对执行案件作终结本次执行处理。经进一步调查分析，海盐县检察院发现法院在执行中对住房公积金财产调查不彻底、查控执行不积极的情形并非个案，且不限于民事执行领域。通过个案要素归纳，海盐县检察院调取梳理了大量失信人员、刑事财产刑执行、未成年人抚养费执行案件数据，再以类案数据建模，与住房公积金数据进行全方位数据碰撞比对，民事检察、刑事执行检察、未成年人检察三部门均在各自领域内发现了一批监督线索。通过开展跨部门融合式类案监督制发检察建议，对法院在涉住房公积金执行上的盲区和堵点进行了精准"填补"和"疏通"，维护了相关案件当事人、未成年人的合法权益及国家利益，促进了相关社会治理和协作机制的完善。

【模型设计】

数据来源：失信被执行人名单（源于海盐县法院、浙江检察数据应用平台）；财产刑执行案件数据（源于海盐县法院、全国检察业务应用系统）；抚养费终本执行案件（源于海盐县法院）；住房公积金账户数据（源于县住房公积金管理中心）。

数据分析关键词：以失信被执行人、生效刑事判决中刑事涉财产性判项、未成年人抚养费终本执行等为要素进行分析研判。

数据分析步骤：

第一步：从法院和浙江检察数据应用平台调取失信人员数据、执行案件信息数据，交集去重获取①被执行人姓名、公民身份号码、案号等数据。

第二步：从全国检察业务应用系统调取法院财产刑生效判决数据与从法院调取的财产刑已执行数据，差集后获取②财产刑实际未执行名单、公民身份号码、案号等数据。

第三步：从法院调取抚养费终本执行案件信息，获取③抚养费终本执行案件被告姓名、公民身份号码、案号等数据。

第四步：将①②③中的公民信息与住房公积金管理中心住房公积金账户数据分别进行碰撞对比，分别得出④失信被执行人有余额的公积金账户数据、⑤财产刑未执行人有余额的公积金账户数据、⑥抚养费未执行人有余额的公积金账户数据。

第五步：根据④⑤⑥数据，调取涉案执行卷宗信息，人工比对核查，审查确定需要提出检察监督的案件，向法院提出有针对性的监督意见，督促法院予以落实。

思维导图：

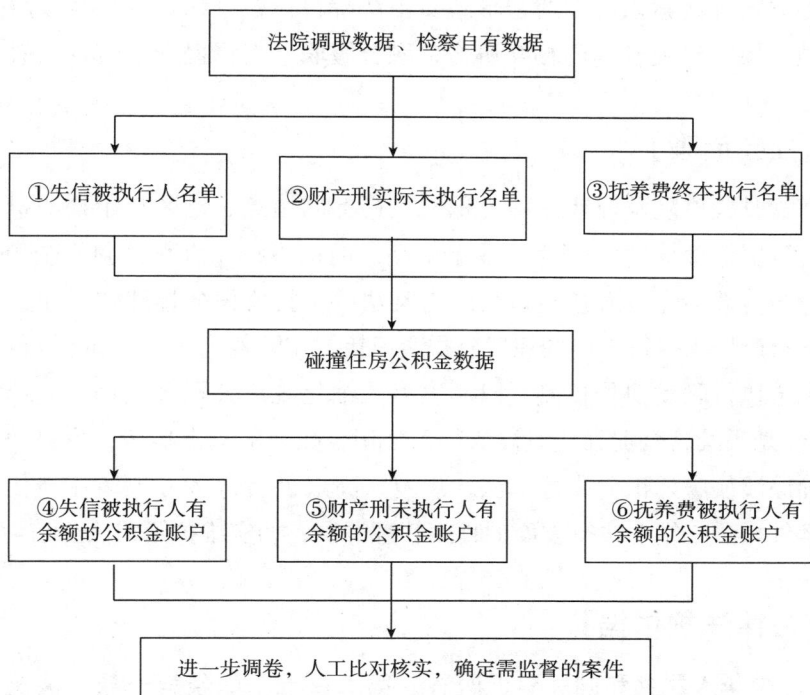

【监督方式】

海盐县检察院成立涉住房公积金类案监督数字办案组，由检察长担任组长，抽调民事、刑事执行、未成年人检察等部门办案骨干作为办案组成员，多部门协同对涉住房公积金执行案件开展监督。通过外调、内挖和整合近些年相关民事、刑事案件和当事人数据，梳理出失信被执行人数据、生效刑事判决中刑事涉财产性判项的当事人及案件信息数据、涉未成年人抚养费终本执行数据，再将该数据与嘉兴住房公积金管理中心的账户数据进行比对碰撞。根据数据比对结果，发现监督线索，海盐县检察院对相关案件线索进行了调查核实，根据调查情况，海盐县检察院发挥"四大检察"协同履职作用，对此开展跨部门融合式监督，先后向海盐县法院制发个案民事检察建议、类案检察建议，除对少数个案提出个案纠正意见外，多数案件线索以类案监督形式交由法院自行核查纠正，智慧破解执行难问题。检察机关各部门相互协作，融合履职，大幅提升了监督质效。

【社会治理】

海盐县检察院发现涉住房公积金执行上的堵点、盲区在于司法机关与住房公积金管理部门之间存在数据壁垒、衔接不畅、协作机制不全等。为打通社会治理堵点，海盐县检察院与县法院、县公积金管理中心建立《关于加强财产刑未执行人员的住房公积金衔接工作的若干意见（试行）》等住房公积金执行联动协作机制。以制度形式细化规范公积金查询、冻结（解冻）、扣划手续，督促强化对被执行人公积金账户的动态监管，推进数据共享，确保涉住房公积金执行依法、规范、高效处置，多方位堵住涉住房公积金案件司法冻结、执行方面的程序管理漏洞，切实维护了司法公信力。

【法律法规依据】

1.《中华人民共和国民事诉讼法》第二百五十四条第一款　被执行人未按执行通知履行法律文书确定的义务，人民法院有权扣留、提取被执行人应当履行义务部分的收入。但应当保留被执行人及其所扶养家属的生活必要费用。

2.《住房公积金管理条例》第三条　职工个人缴存的住房公积金和职工所在单位为职工缴存的住房公积金，属于职工个人所有。

第五条　住房公积金应当用于职工购买、建造、翻建、大修自住住房，任何单位和个人不得挪作他用。

第二十四条第一款　职工有下列情形之一的，可以提取职工住房公积金账户内的存储余额：

（一）购买、建造、翻建、大修自住住房的；

（二）离休、退休的；

（三）完全丧失劳动能力，并与单位终止劳动关系的；

（四）出境定居的；

（五）偿还购房贷款本息的；

（六）房租超出家庭工资收入的规定比例的。

3.《最高人民法院关于适用〈中华人民共和国民法典〉婚姻家庭编的解释（一）》第二十五条第二项　婚姻关系存续期间，下列财产属于民法典第一千零六十二条规定的"其他应当归共同所有的财产"：

（二）男女双方实际取得或者应当取得的住房补贴、住房公积金。

4.《最高人民法院关于人民法院执行工作若干问题的规定（试行）》

29. 被执行人在有关单位的收入尚未支取的，人民法院应当作出裁定，向该单位发出协助执行通知书，由其协助扣留或提取。

5.《最高人民法院2013年7月31日（2013）执他字第14号给安徽省高级人民法院的复函》　被执行人符合国务院《住房公积金管理条例》第二十四条规定的提取职工住房公积金账户内的存储余额的条件，在保障被执行人依法享有的基本生活及居住条件的情况下，执行法院可以对被执行人住房公积金账户内的存储余额强制执行。

【经验传真】

（一）提升数字检察赋能，敢于担当，当好检察监督"定盘星"

检察机关坚持以数字检察赋能主责主业，发挥"一把手"主心骨作用，在发现法院对失信被执行人住房公积金财产疏于查控、怠于执行这一违法情形后，即以检察长为组长成立涉住房公积金类案监督数字办案组：对内，定期召开办案组会议，归集各部门数据收集、模型构建及案件办理进度，汇集各部门所面临的问题和调查难点，共同研讨案件背后深层次原因，群策群力收集新思路新办法，推动检察融合发力；对外，协调调取县住房公积金数据、法院案卷材料等，协调沟通检察建议制发并督促法院履行检察建议要求，联合构建相关机制，完善监督机制路径，持续把检察制度优势转化为社会治理效能，主动将涉住房公积金执行类案监督模型效果落到实处。

（二）发挥数字办案优势，精准监督，举好类案监督"望远镜"

检察机关充分运用检察数据及数据库功能，在涉住房公积金执行类案监督领域拓路先行，以"数据先行"实现"数据找案"。新时期当事人财产形式日益数字化，除传统的银行存款、房屋、车辆等财产形式外，更多的个人财产以数字形式体现。在大量的数据信息中，如何能高效精准发现监督线索是类案检察监督面临的重要考题。经分析研判，为涉住房公积金执行监督精准"画像"：一方面，着眼法院规范适用终结本次执行程序，旨在监督法院准确把握"在保障被执行人依法享有基本生活及居住条件的情况下"这一要件，不能因暂时无法对住房公积金财产进行扣划，就随意认定无财产可供执行而终结本次执行；另一方面，聚焦"被执行人名单""住房公积金账户余额"关键词进行数据筛查、多源碰撞等，迅速划定重点线索，直接锁定监督目标，明确监督主攻方向。通过涉住房公积金执行类案监督模型构建及应用，精准作出类案监督，实现数字办案、智慧办案效果最大化。

（三）重塑执行监督格局，融合一体，铸造打开社会治理"金钥匙"

检察机关放大数字检察技术引领倍增作用，发挥"四大检察"协同作用，推动民事检察、刑事执行检察、未成年人检察等多部门同步开展执行监督工作，以跨部门融合式类案监督方式，合力疏通涉住房公积金执行堵点，一体化破解执行监督难问题。监督法院加大对被执行人住房公积金财产的执行力度，是检察机关融入社会治理、推动诚信社会建设的"金钥匙"。监督法院正确运用信用惩戒措施，增加失信被执行人的违法成本和代价，促使失信被执行人主动履行生效裁判确定的义务。涉住房公积金执行监督类案的办理加速了法院民事案件执行进程，申请人一方能顺利拿到执行款，被执行人一方能案结事了尽早脱离失信人员名单，实现监督与被监督的双赢共赢。

（张震宇，浙江省海盐县人民检察院检察长）

4. 涉房产查封民事执行监督模型

【建模单位】

四川省自贡市人民检察院

【监督要旨】

针对房产查封措施在执行中适用率高、人民群众对房产查封关注度高的情形，提取法院民事执行案件中的房产查封、限制高消费人员、纳入失信人员名单信息与不动产登记中心的房产查（解）封台账、12309举报信息、12345市长热线、信访信息等，自动进行大数据碰撞比对，发现并推送涉房产查封民事执行案件异常信息。引导办案人员有针对性地开展调查核实，精准发现法院在执行活动中存在的违法情形、司法办案人员违纪违法情形。个案监督与类案监督相结合，检察建议与专项工作报告相结合，督促法院依法规范开展执行活动。召开联席会议，促成相关单位共商共议执行过程中的查封问题并达成共识、形成制度，推动解决执行难题。

【模型概要】

司法案件执行难是公正司法的难点，也是社会诚信的痛点。《中共中央关于加强新时代检察机关法律监督工作的意见》要求精准开展民事诉讼监督。深入推进全国执行与监督信息法检共享，推动依法解决执行难问题，加强对损害国家利益或者社会公共利益、严重损害当事人合法权益、造成重大社会影响等违法执行行为的监督。检察机关作为法律监督机关，在解决执行难题上应主动发挥作用。

自贡市检察院在办理喻某某申请执行监督案过程中，发现法院在执行案件时，未查明案涉房产产权性质，错误查封导致真正权利人无法进行产权登记，损害了第三人合法权益，另外还存在超期查封的情形。两级院分析发现，查封对象错误、查封行为超期等绝非个例，应当高度重视关联案件、类似问题的处理。在四川省检察院的指导下，民事检察部门与技术信息部门通力合作，针对执行中房产查封适用率高、异常情形频发、人民群众关注度高的情形，决定率先建立涉房产查封民事执行法律监督系统（以下简称"房产查封监督系统"），运用大数据思维和互联网技术，筛查并推送相关监督线索，推动相关问题有效解决，再根据情况拓展、完善执行监督的大数据体系。

自房产查封监督系统上线运行以来，实现了与不动产登记中心的信息共享，导入全市 2016 年以来不动产查封、解封数据 9 万余条。争取法院支持，导入民事案件执行信息千余条，再结合 12309 举报信息、12345 市长热线、信访信息，进行数据整理、筛查，发现了批量执行异常线索。经调查核实，对符合监督条件的开展个案或类案监督。

【模型设计】

数据来源：民事执行案件信息（源于法院）；房产司法查封数据（源于市、县不动产登记中心）；12309 举报信息（源于 12309 检察网）；12345 市长热线（源于 12345 中心）；信访信息（源于信访部门）；失信人员信息和限制高消费人员信息（源于中国执行信息公开网）。

（一）超标的查封的异常情形

数据分析关键词：房屋参考价格、执行案号、执行标的、首封。
数据分析步骤：
第一步：提取不动产登记中心被查封房产的权利人姓名、公民身份号码、执行案号、房屋参考价格；根据执行案号提取对应执行案件的执行标的，碰撞得到房屋参考价格是执行标的两倍及以上的异常情形。
第二步：提取不动产中心被查封房产是否为首封的信息，与第一步得到的异常数据相碰撞，得到首封超标的查封的异常情形推送办案人员。
第三步：提示办案人员比对不动产中心被查封房产是否可分割信息；

查询被执行人所有财产信息，确定被执行人是否有可供执行的其余财产。若前两项调查结果均为肯定性结论，办案人员在系统中回填线索"是"。

第四步：提取"12309 举报信息""12345 市长热线""信访信息"，比对办案人员回填"是"的执行案件承办人信息，判断是否为同一执行案件承办人，若是，向办案人员推送执行人员可能存在渎职行为线索。

（二）违法采取失信措施

数据分析关键词：首封、房屋参考价格、执行标的、结案日期、失信被执行人姓名、限制高消费人员姓名。

数据分析步骤：

第一步：提取不动产登记中心被查封房产的权利人姓名、公民身份号码、执行案号、房屋参考价格；根据执行案号提取对应执行案件的执行标的，碰撞得到房屋参考价格大于执行标的的情形。

第二步：提取不动产中心被查封房产是否为首封的信息，与第一步得到的数据相碰撞，得到首封足额查封的数据。

第三步：将前述首封足额查封的数据的被执行人身份信息等与失信被执行人信息进行匹配，筛选出财产被查封且被纳入失信人名单的被执行人并推送办案人员，提示办案人员调查被查封财产是否存在其他产权人。

（三）未及时启动法拍的异常情况

数据分析关键词：法拍公告日期、不动产查封时间、执行立案时间。
数据分析步骤：

第一步：提取法院已查封且属于首封的不动产登记中心权利人姓名等信息，与法院执行案件的被执行人进行匹配，筛选出有（或共有）不动产被法院首封的被执行人。

第二步：提取法院执行中被查封房产的执行立案时间、裁定查封时间在后的时间，若执行案件中无裁定查封时间，执行立案时间视为在后的时间。

第三步：提取第一步数据关联的人民法院诉讼资产网法拍信息，若无相关法拍信息，默认将查询时间设置为处置时间。若有法拍信息，以法拍公告时间设置为处置时间。

第四步：将第三步得到的处置时间减去第二步的时间，若大于 6 个月，则将案件推送办案人员并提示办案人员核查查封房产是否为被执行人唯一住房。

（四）终结本次执行程序的违法情形

数据分析关键词：权利人姓名或名称、不动产权利证书编号、执行案号、被执行人、执行案号、终结本次执行程序、时间。

数据分析步骤：

第一步：提取法院终结本次执行程序案件的执行案号、结案日期等。

第二步：提取不动产登记中心首封不动产查封信息的执行案号、被执行人、解封时间，与第一步提取的信息碰撞。向办案人员推送无解封时间的终本案件信息、解封时间晚于终本结案日期的案件信息，并提示核查是否存在不宜处置的情形。

第三步：若被查封不动产不存在不宜处置的情形，可监督，办案人员回填"是"。

第四步：提取 12309 举报信息、12345 市长热线、信访信息，比对办案人员回填"是"的执行案件承办人信息，判断是否为同一执行案件承办人，若是，向办案人员推送执行人员可能存在渎职行为线索。

（五）应查封而未查封的异常情形

数据分析关键词：裁定查封时间、查封开始日期。

数据分析步骤：

第一步：提取出法院裁定查封信息和协助执行通知书，确定法院作出查封房产裁定的被执行人姓名、公民身份号码等。

第二步：从不动产登记中心提取被执行人不动产的查封时间，比对查封裁定的时间，向办案人员推送查封时间晚于裁定时间 5 天（待定）、不存在查封时间的情形。

第三步：提示办案人员核查是否存在法院裁定查封的不动产因未及时采取查封措施而被转移的情形。若存在，办案人员回填"是"，关联执行案件承办人，得出执行人员可能存在渎职行为。

第四步：对第三步的办案人员回填"是"的情形关联失信人员名单，得出房产被转移后，法院未将被执行人纳入失信惩戒的监督线索和被执行人拒不执行判决、裁定的线索。

（六）应当解封而未解封的异常情形

数据分析关键词：查封类型、查封结束时间。

数据分析步骤：

第一步：提取法院以执行完毕结案的执行案件被执行人、执行案号、结案日期。

第二步：提取被执行人在不动产登记中心不动产查封信息，比对当前日期是否超过查封结束日期，得出应解封未解封的线索。

第三步：提取不动产登记中心不动产查封解封时间，比对结案日期，筛选出解封日期晚于结案日期的线索。

（七）纳入失信被执行人，未采取限制高消费措施

数据分析关键词：失信被执行人姓名、公民身份号码，限制高消费人员姓名/名称、公民身份号码、纳入时间。

数据分析步骤：

第一步：提取中国执行信息公开网2015年7月22日以后本地法院纳入失信被执行人的姓名、公民身份号码；

第二步：提取中国执行信息公开网2015年7月22日以后限制高消费人员姓名、公民身份号码；

第三步：将第一步提取到的失信被执行人信息与第二步提取到的限制高消费人员信息碰撞，得到有纳入失信被执行人却未被限制高消费的人员信息并推送办案人员。

（八）未成年人违法纳入失信惩戒

数据分析关键词：姓名、公民身份号码、执行依据。

数据分析步骤：

第一步：提取法院2017年5月1日之后在中国执行信息公开网的失

信被执行人的姓名、公民身份号码、纳入时间。

第二步：通过数据运算，得到纳入失信时，被执行人年龄在 18 周岁以下的执行监督线索。

思维导图：

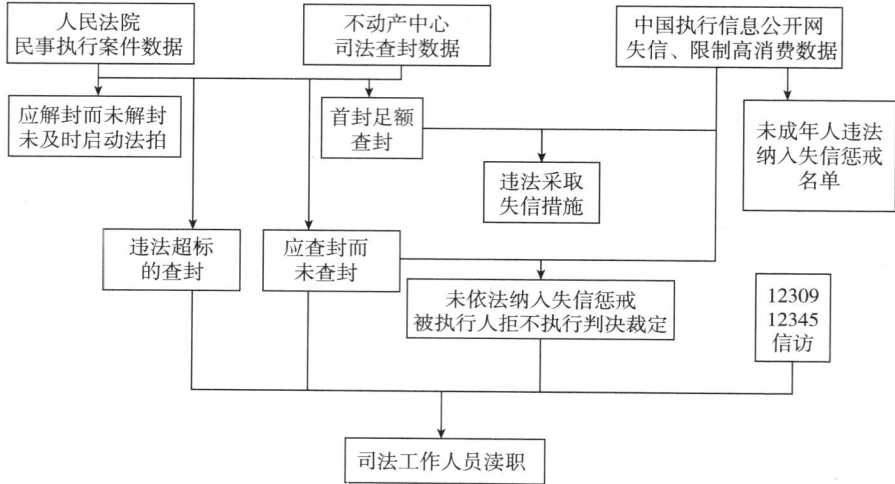

【监督方式】

自贡市检察院形成智能筛查、人工核查、调查反馈、移送侦查的"四步走"融合监督模式。民事检察监督从个案、被动的监督，到类案、主动的监督，再到系统治理，民事监督观念由传统的"坐等办案"向"主动挖案"转变。

民事检察部门通过房产查封监督系统推送的执行活动的异常案件线索进行梳理研判；办案检察官通过个案调查、类案分析汇总存疑线索，调取、审查法院执行或审判卷宗；采取向不动产中心查询个人详细房产信息、向相关人员调查取证等方式深入调查，开展个案监督或者类案监督。房产执行或者查封前，若房产存在异常的权属转移，申请执行人愿望将落空。考虑执行人员可能存在渎职行为，向相关部门移送线索，待共同深入调查。

刑事检察部门介入侦查，刑民合作，核查被执行人是否存在恶意转移房产或者签订长期租赁阻碍执行的情形，审查被执行人是否涉嫌拒执犯罪。

房产查封监督系统不仅解决了执行案件多、人工排查执行监督线索难等问题，还通过大数据的碰撞，将对事的监督与对人的监督有机联系起来，精准发现执行违法背后的司法办案人员滥用权力、怠于履职等渎职问题。

【社会治理】

建章立制：自贡市检察院以"个案办理—类案监督—系统治理"为路径，一方面分层推进，在监督执行活动的同时，注重向审判程序监督、生效裁判监督延伸，把监督视角拓宽至民事监督全流程。同时，把执行监督与弱势群体、民营企业保护有机结合，对弱势群体合法权益得不到有效执行的，依法移送司法救助线索，加大平等保护民营企业合法权益的力度。另一方面注重提炼，在不断总结执行监督办案经验的基础上，修订完善《民事审判监督工作指引》《民事执行监督工作指引》《虚假诉讼民事检察监督办案指引》三项工作指引，为监督办案提供切实可行的操作指南，增强监督精准性。

复制推广：房产查封监督系统不仅可以解决执行监督的办案规模和质效问题，还可以有效提升全链条监督的效果。通过该监督模型推送执行监督线索799条，为全市检察机关上一年执行监督案件数的13倍，是近三年全市涉房查封的执行监督意见数的114倍。监督线索成案率80%以上，监督意见采纳率达100%。该模型具有普遍性、广泛性、可行性，可在全省、全国推广运用。同时，该模型可适用于机动车查封、银行账户冻结等执行监督。

【法律法规依据】

1.《最高人民法院关于人民法院民事执行中查封、扣押、冻结财产的规定》第一条　人民法院查封、扣押、冻结被执行人的动产、不动产及其他财产权，应当作出裁定，并送达被执行人和申请执行人。

采取查封、扣押、冻结措施需要有关单位或者个人协助的，人民法院应当制作协助执行通知书，连同裁定书副本一并送达协助执行人。查封、扣押、冻结裁定书和协助执行通知书送达时发生法律效力。

第十九条 查封、扣押、冻结被执行人的财产，以其价额足以清偿法律文书确定的债权额及执行费用为限，不得明显超标的额查封、扣押、冻结。

发现超标的额查封、扣押、冻结的，人民法院应当根据被执行人的申请或者依职权，及时解除对超标的额部分财产的查封、扣押、冻结，但该财产为不可分物且被执行人无其他可供执行的财产或者其他财产不足以清偿债务的除外。

第二十八条第一款 有下列情形之一的，人民法院应当作出解除查封、扣押、冻结裁定，并送达申请执行人、被执行人或者案外人：

（一）查封、扣押、冻结案外人财产的；

（二）申请执行人撤回执行申请或者放弃债权的；

（三）查封、扣押、冻结的财产流拍或者变卖不成，申请执行人和其他执行债权人又不同意接受抵债，且对该财产又无法采取其他执行措施的；

（四）债务已经清偿的；

（五）被执行人提供担保且申请执行人同意解除查封、扣押、冻结的；

（六）人民法院认为应当解除查封、扣押、冻结的其他情形。

2.《最高人民法院关于公布失信被执行人名单信息的若干规定》第三条第二项 具有下列情形之一的，人民法院不得依据本规定第一条第一项的规定将被执行人纳入失信被执行人名单：

（二）已被采取查封、扣押、冻结等措施的财产足以清偿生效法律文书确定债务的。

第四条 被执行人为未成年人的，人民法院不得将其纳入失信被执行人名单。

3.《最高人民法院关于人民法院民事执行中拍卖、变卖财产的规定》第一条 在执行程序中，被执行人的财产被查封、扣押、冻结后，人民法院应当及时进行拍卖、变卖或者采取其他执行措施。

4.《最高人民法院关于严格规范终结本次执行程序的规定（试行）》第一条第三项 人民法院终结本次执行程序，应当同时符合下列条件：

（三）已穷尽财产调查措施，未发现被执行人有可供执行的财产或者发现的财产不能处置。

5.《最高人民法院关于限制被执行人高消费及有关消费的若干规定》

第一条　被执行人未按执行通知书指定的期间履行生效法律文书确定的给付义务的，人民法院可以采取限制消费措施，限制其高消费及非生活或者经营必需的有关消费。

纳入失信被执行人名单的被执行人，人民法院应当对其采取限制消费措施。

【经验传真】

（一）强化组织保障，是巩固数字检察工作质效的基础

自贡市检察院把实施数字检察战略作为"一把手"工程，置于检察机关前瞻性、基础性、战略性位置来定位、谋划、推动，切实加强组织领导，加大推进力度。市检察院成立以检察长为组长、班子成员为副组长的数字检察工作领导小组，同步成立民事执行监督大数据模型项目组，专门研发民事执行监督模型。检察长主动向党委请示汇报，积极与有关部门沟通，将数字检察以及大数据法律监督应用等经费纳入财政保障。自贡市检察院将各院各部门推进数字检察工作情况纳入绩效考核，优化数字检察考评体系和标准，强化既重首创又重复用和深化的考评引导。自贡市检察院领导小组每季度召开一次数字检察工作推进会，听取模型开发的进度和难点，带头与法院、不动产中心等部门协调模型数据源，并对下一步的工作进行细致部署，全市齐心协力推进数字检察在自贡落地开花。

（二）强化融合监督，是提升法律监督工作质效的关键

一方面，将打击拒执犯罪与监督房产查封违法相融合，用数据引导提升监督合力。系统推送应查封未查封异常线索后，要核查被执行人是否存在恶意转移房产或者签订长期租赁阻碍执行的情形，审查被执行人是否涉嫌拒执犯罪。如自流井区检察院办理的李某执行监督案，发现案涉房产经

查封、拍卖，却迟迟未交付，执行申请人的权益受到严重侵害。经查，被执行人以存在长期租赁为由拒绝腾退，但承租人是被执行人的儿子。民事检察部门与刑事检察部门通力协作，围绕租赁合同的真实性开展调查核实，并充分说明拒不执行判决、裁定的法律后果，最终被执行人主动腾退交房。另一方面，将查处执行行为违法与执行人员违法相融合，用数据引导增强监督深度。房产执行或者查封前，若房产存在异常的权属转移，申请执行人愿望将落空。考虑执行人员可能存在渎职行为，向相关部门移送线索，待共同深入调查。房产查封监督系统不仅解决了执行案件多、人工排查执行监督线索难等问题，还通过大数据的碰撞，将对事监督与对人监督有机联系起来，精准发现执行违法背后的司法办案人员滥用权力、怠于履职等渎职问题。

（三）强化监督协作，是增强市域社会治理效能的重点

民事执行是民事生效判决确定的合法权益得以实现的关键环节，要切实解决申请执行人最关心的问题，强化府检法沟通协作必不可少。为解决模型数据源的关键问题，通过法律监督工作联席会议向不动产登记中心、市法院、市政府等提出数据需求，相关单位主动向检察机关提供司法查封数据、执行数据、信访数据等。房产查封监督系统聚焦执行环节突出问题，智能批量推送监督线索，结合模型推送的数据进行类案分析，发现法院解封不规范、行政机关过度依赖司法裁判的问题具有一定普遍性，汇总法院、行政机关执法司法问题及监督情况，形成法律监督"白皮书"，在法律监督联席会议上予以通报，督促法院、行政机关共商共议，最终建立常治常防机制，实现源头治理。富顺县检察院在办案中发现法院、不动产登记中心对于房产查封到期后的解封问题存在分歧，积极搭建沟通平台，"以我管促都管"推动各方达成共识，有效解决"无限期查封"问题。

（黄国清，四川省自贡市人民检察院检察长）

5. 涉不动产查封民事执行监督模型

【建模单位】

浙江省温岭市人民检察院

【监督要旨】

针对民事执行案件中被执行人已经全部清偿债务或者民事审判案件中，财产保全申请人的起诉或者诉讼请求被生效裁判驳回，法院未作出解除查封裁定的问题，检察机关提取被司法限制的不动产数据中查封未解封的数据，与法院审判、执行案件数据进行碰撞、比对，发现应当解封未解封、应当续封未续封等监督线索。通过向法院发出检察建议、联合开展专项清理活动等方式，对法院历年来办理的涉不动产查封民事执行案件进行"全面体检"，监督法院纠正个案，消除长期积累的风险隐患，完善案件流程管理，进一步提升执行规范化水平。

【模型概要】

温岭市检察院在定期抽查执行案卷时发现，以王某某为被执行人的民事执行案件中，温岭市法院出具了结案通知书，证实案件已经执行完毕，但经向温岭市自然资源和规划局核实，王某某的不动产仍因该案处于司法限制状态，此时距该案结案时间已过去近两年，法院的执行活动明显违反了相关规定。

温岭市检察院民事检察部门发现个案线索后，凭借对线索的敏锐性，意识到该情况可能并非个案，其他类似案件中或许也存在相同执行违法情况。通过向温岭市自然资源和规划局调取历年来被司法查封、解封的不动产数据信息，剔除其中已解封数据，保留仍处于司法限制的不动产数据，与法院执行结案数据进行比对，锁定案件线索。再经过逐案核实，清理出执行完毕后应当解封而未解封的案件 61 件。向法院提出检察建议后，法院均解除查封，并从加强执行监管、加强执行队伍建设、增强责任意识等方面完善执行工作。

温岭市检察院继续拓展监督范围，聚焦民事诉讼过程中因当事人申请财产保全而被查封的不动产。调取审判案件数据，通过该模型筛选，发现民事诉讼案件中申请人的起诉或者诉讼请求已被生效裁判驳回，但法院未及时作出解除保全裁定的案件 10 件。通过监督，法院作出解封裁定并送达不动产登记部门予以解封，加强审判业务管理。在清理中还发现不动产应当续查封而未续查封等问题，统一由法院执行局交原承办人自行查纠整改，完善相关执行台账，不断提升民事执行案件质量。

【模型设计】

数据来源：不动产查封、解封数据（源于自然资源和规划局）；民事执行案件结案数据（源于人民法院）；民事审判案件数据（源于人民法院）；民事执行电子卷宗材料（源于人民法院）。

逻辑规则：该模型通过对自然资源和规划局的查封、解封不动产的数据进行筛选，形成线索数据。将该线索数据与法院同期案件数据比对碰撞，排除干扰，形成应当解封未解封、应当续封未续封等案件监督线索。

数据分析步骤：

第一步：数据碰撞，筛查线索。向自然资源和规划局调取历年来被司法限制的不动产数据信息，包括司法查封、解封的数据。以产权证号、查封业务号、查封文件编号等能够识别不动产信息的元素为关键词进行差集筛选比对，筛选出查封未解封的目标数据。

第二步：二次比对，确定目标。向法院调取同期民事执行案件结案数据，再以查封文件编号与案号为交集条件，将民事执行案件结案数据与查封未解封的数据进行比对，排除终本等干扰情形，确定本地已执行完毕但未及时解除不动产查封及应续查封未续查封的数据，形成相对准确的监督案件线索。

第三步：逐案核实，精准监督。从法院调取民事电子卷宗材料，逐案进行审查，查看案卷材料与筛查后的数据有无出入。向自然资源和规划局对涉案不动产登记情况进行逐个查询，调取不动产登记情况查询结果证明书，完成基本证据材料的固定。

思维导图：

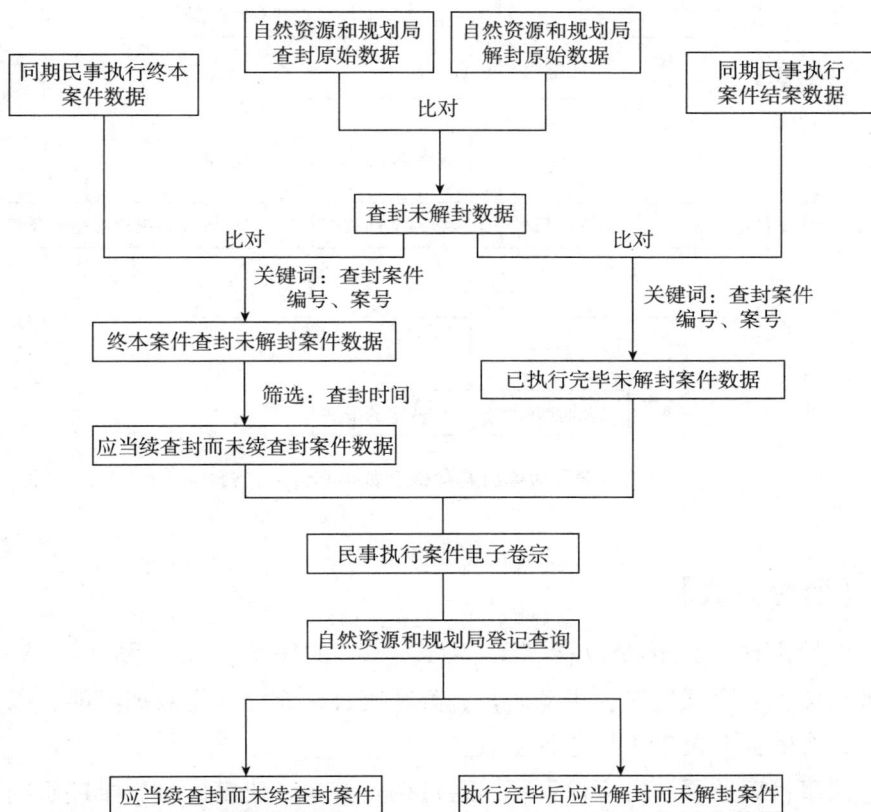

对法院执行完毕后应当解封而未解封以及应当续查封而未续查封案件的监督

```
┌─────────────────┐      ┌─────────────────┐
│ 自然资源和规划局   │      │ 自然资源和规划局   │
│ 查封原始数据      │      │ 解封原始数据      │
└─────────────────┘      └─────────────────┘
            │      比对      │
            └──────┬────────┘
                   ▼
┌─────────────────┐            ┌─────────────────┐
│ 查封未解封数据    │            │ 同期民事审判案件数据│
└─────────────────┘            └─────────────────┘
            │        比对          │
            └──────────┬──────────┘
                       │ 关键词：查封案件编号、案号
                       ▼
┌──────────┐  ┌────────────────┐  ┌──────────────────┐
│民事审判案件 │  │民事审判程序中未   │  │ 自然资源和规划局    │
│电子卷宗    │  │解封案件数据      │  │ 登记查询          │
└──────────┘  └────────────────┘  └──────────────────┘
      │              │                    │
      └──────────────┼────────────────────┘
                     ▼
          ┌────────────────────┐
          │ 未及时解除财产保全裁定的案件│
          └────────────────────┘
```

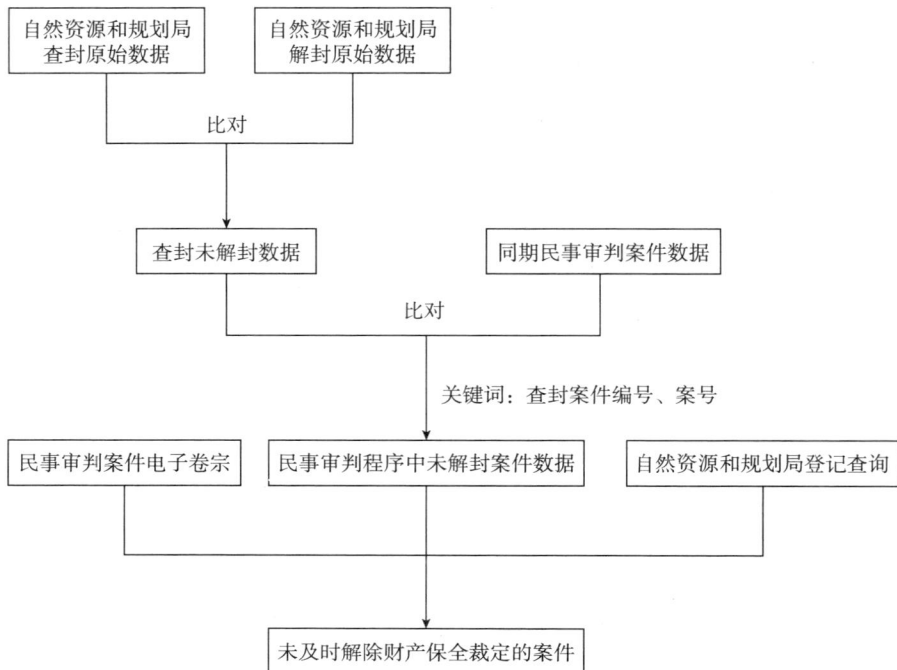

对法院未及时作出解除保全裁定案件的监督

【监督方式】

温岭市检察院转变以往"等、靠、要"的民事检察监督办案模式，变被动监督、个案监督为主动监督、类案监督，充分运用数据赋能，以点带面，有效提升民事执行监督质效。

民事检察监督： 民事检察部门通过调查核实、建模比对、梳理研判和逐案核查，积极开展民事执行监督和审判程序监督。将调查过程中发现的涉及刑事案件执行的线索及时移交，并将建模方法与行政检察部门共享，实现数字检察部门突破，全院共享，真正实现融合监督、精准监督。

刑事执行检察监督： 刑事执行检察部门对移送线索进行调查，查明相关不动产所涉刑事案件均已判决生效且需执行财产刑，超期查封的财产属于可供执行的财产线索后，向法院制发财产刑执行监督检察建议，法院已回函采纳。

行政检察监督：行政检察部门将不动产查封未解封数据与法院行政审判、执行案件数据建模比对，发现行政执行案件已执行完毕，案涉不动产仍未解封的情形，向法院制发非诉执行检察建议，法院已回函采纳。

通过提出检察建议，法院对应解封的不动产予以解封，应续查封的予以续查封，应执行的予以执行，并建立新的台账，拆除可能产生当事人信访的一个个"定时炸弹"；针对自然资源和规划局存在的大量查封期限届满、查封效力灭失但仍显示为"查封中"的一批案件，依法制发社会治理检察建议，改进工作，完善协助执行工作流程。

【社会治理】

建章立制：监督过程中，温岭市检察院与市法院商定共同开展专项清理活动，印发《关于开展涉不动产查封民事执行案件专项清理活动的实施方案》，成立评查组，共同负责数据调取、数据核对、案件评查清理等工作，对历年来办理的涉不动产查封民事执行案件进行"全面体检"，清除长期积累的风险隐患；联合法院、自然资源和规划局召开联席会议，积极推动不动产查封、解封工作信息沟通衔接机制建立健全，自然资源和规划局落实专人定期与法院对接，及时掌握案件办理动态，跟进协助办理不动产查解封、续封。法检两家以此为契机，出台《关于建立健全协作机制构建良性互动法检关系的实施意见》，建立全面信息共享、执行联动监督等机制，凝聚司法合力，共同维护公平正义。

复制推广：台州市9个基层院运用该模型，办理民事监督案件172余件，解封、续查封不动产93套。浙江省检察院在全省部署开展涉不动产查封民事检察监督专项活动，全省10地区共排查线索36073条，立案444件，发出检察建议313件，涉及不动产306套，成效明显。该模型具有易搭建、易操作、易推广的特征，并可拓展至涉车辆查封等数据的碰撞。

【法律法规依据】

1.《中华人民共和国民事诉讼法》第二百四十六条　人民检察院有权

对民事执行活动实行法律监督。

2.《最高人民法院关于适用〈中华人民共和国民事诉讼法〉的解释》第四百八十五条 人民法院冻结被执行人的银行存款的期限不得超过一年，查封、扣押动产的期限不得超过两年，查封不动产、冻结其他财产权的期限不得超过三年。

申请执行人申请延长期限的，人民法院应当在查封、扣押、冻结期限届满前办理续行查封、扣押、冻结手续，续行期限不得超过前款规定的期限。

人民法院也可以依职权办理续行查封、扣押、冻结手续。

3.《最高人民法院关于人民法院民事执行中查封、扣押、冻结财产的规定》第二十八条 有下列情形之一的，人民法院应当作出解除查封、扣押、冻结裁定，并送达申请执行人、被执行人或者案外人：

（一）查封、扣押、冻结案外人财产的；

（二）申请执行人撤回执行申请或者放弃债权的；

（三）查封、扣押、冻结的财产流拍或者变卖不成，申请执行人和其他执行债权人又不同意接受抵债，且对该财产又无法采取其他执行措施的；

（四）债务已经清偿的；

（五）被执行人提供担保且申请执行人同意解除查封、扣押、冻结的；

（六）人民法院认为应当解除查封、扣押、冻结的其他情形。

解除以登记方式实施的查封、扣押、冻结的，应当向登记机关发出协助执行通知书。

【经验传真】

（一）以人民为中心，依法保障民事诉讼当事人合法权益

为了保证申请执行人、财产保全申请人合法权益的顺利实现，法院采取强制性的民事执行措施，对不动产进行查封，暂时限制当事人对不动产

的处分权，这样可以防止该不动产被转移、损毁或增加其他新的负担。但当被执行人履行完毕生效法律文书确定的义务或者诉前财产保全申请人未起诉以及起诉或诉讼请求已被生效裁判驳回后，法院应当及时解除对涉案不动产的查封，否则就会损害当事人的合法权益。检察机关通过监督，最终促使法院解除对当事人不动产的不当司法限制，有效纠正侵害当事人合法权益的违法执行行为，依法保护人民群众合法财产权益，强化司法公信力。

（二）积极开展数字赋能类案监督，提升检察监督质效

以数字化改革撬动法律监督，是新时期检察工作深化转型重塑的重要路径。温岭市检察院从个案中发现线索，积极发挥数字检察思维，开展类案监督"四步走"路径。通过小范围调取同类案件开展比对核查，确定本案存在类案监督的空间；通过争取法院、自然资源和规划局的支持，调取不动产司法限制数据和审判执行案件数据，为类案监督提供数据支撑；经数字建模，对海量数据进行高效率、高精度的分析、识别，碰撞出类案监督线索；以人工核查，提高线索精度，研判涉不动产案件所反映的共性问题，进而提出有针对性、可操作性的检察建议，发挥类案监督对制度构建的纠偏、创新、引领作用，也充分体现了数据对法律监督工作的放大、叠加、倍增作用，有效提高了检察监督的系统化、精准化、科学化水平，是数字检察的生动实践。

（三）充分发挥检察一体化办案优势，推进法律全面正确统一实施

充分发挥检察监督效能，增强一体化办案意识。民事检察部门联合相关部门多次召开磋商会议，横向紧密衔接，形成合作共识，将线索移送刑事执行检察、行政检察部门，制发财产刑执行监督检察建议、非诉执行检察建议，从源头上堵塞执行案件监管漏洞，推动问题得以制度性解决，实现监督效能最大化。

（四）检察监督必须做到双赢多赢共赢，争取获得被监督者的认同和支持

温岭市检察院坚持全面、精准、刚性监督要求，树立双赢多赢共赢理

念，注意沟通方式方法，争取法院理解支持。专项活动从个案发现、数据调取、案件评查到清理整改，温岭市检察院始终与法院保持密切有效沟通，检察建议书的送达和采纳顺畅高效，有效解决法院历年来因人员调动等原因造成不动产查封上的"乱象"，拆除了可能产生当事人信访的一个个"定时炸弹"，切实推进法院民事执行规范化水平提升，赢得法院对民事检察监督工作的认同与支持，实现监督共赢。

（五）检察监督必须融入基层社会治理，努力提升检察监督公信力

检察监督必须融入社会治理，才能提升监督认同感。通过对涉不动产查封数据信息的分析研判，发现查封期限已届满仍显示查封状态的不动产记录。对于查封超期而执行案件已执行完毕的，监督法院在确认被执行人已无其他执行案件后均依法及时告知相关职能部门，促使法院和行政机关建章立制，堵塞漏洞，提升检察监督影响力。深入调查研究，撰写《涉不动产查封民事执行监督案件调研报告》，分析造成违法问题的原因，提出解决问题的对策，呈报上级检察机关和地方党委政府，切实推动涉不动产查封问题整治的"当下治与长久立"。

（屈亚军，浙江省温岭市人民检察院检察长）

6. 网拍房无益拍卖等六种违法情形类案监督模型

【建模单位】

广西壮族自治区南宁市西乡塘区人民检察院

【监督要旨】

针对网拍房领域存在的无益拍卖、违法终本、补缴缺漏、定向竞拍、失信移除、安置缺位等常见违法情形，从七大网拍平台、中国执行信息公开网、中国裁判文书网、不动产登记中心提取拍卖信息、信用惩戒情况、终本情况、房屋信息等数据，通过类化数据要素，统筹碰撞比对，筛查归集网拍房执行活动问题线索。灵活运用审查调查侦查、借智借技借力的"三查""三借"监督方式，全面融合履职，从民事执行活动违法行为监督，妨碍司法秩序犯罪立案监督，司法工作人员渎职行为查办等方面，监督支持法院依法行使执行权，有效破解"执行难""执行慢""执行乱"难题，助推社会信用体系建设法治化、规范化水平提升。

【模型概要】

"执行难""执行慢""执行乱"始终是当事人实现胜诉权益过程中的一大痛点，为了化解这一难题，网络司法拍卖不失为一种创新性的解决方法。面对"互联网＋"时代，人民法院审判、执行工作的流程也在不断增强与互联网技术的黏性，面对案件数量逐年递增的现状，当事人维护自身正当权益意愿的现实需求愈加迫切，继续推动落实网络司法拍卖的应用是大势所趋。目前，入围法院的网拍平台有 7 家，分别是淘宝、京东、中拍协、公拍网、融 E 购、北交互联、人民法院资产诉讼网。

网络司法拍卖因其具有零佣金、溢价高、受众广、便民化等优势，成为司法拍卖的主要途径。虽然其优点显而易见，但它正处于刚诞生的初期阶段，网络司法拍卖在信息披露、尽职调查、监督制约等环节存在诸多问题，在传统民事执行监督工作中，检察人员往往注重对常规性执行活动的审查，对网络司法拍卖执行活动监督举措较少，相应的专业知识掌握不够全面，为了进一步提升监督质效，检察机关应通过探索应用大数据分析研判，延伸检察监督触角，加强网络司法拍卖全过程监督，拓展民事检察工作的深度和广度。

相较 2017 年的 9000 套，2022 年网拍房数量直接突破 200 万套，6 年时间不到，数量直接翻了 200 多倍。为了解决民事执行活动违法行为监督线索发现难、监督不够深入、不会监督等问题，以网拍房无益拍卖等六种违法情形，构建网拍房执行违法监督大数据模型，筛查涉网拍房执行活动问题线索，依职权启动民事执行活动违法行为监督。

（一）场景一：无益拍卖

"无益拍卖"是指拍卖查封的财产时，拍卖保留价低于优先债权数额，造成拍卖所得价款在清偿优先债权和强制执行费用后可能无剩余，执行案件申请人存在不能领取到执行款之可能的拍卖活动。人民法院在执行拍卖时应主动避免无益拍卖，避免僵化执行、机械执行。

叶某与李某某民间借贷纠纷案，在执行过程中，法院于 2022 年 8 月 1 日发布拍卖公告拟拍卖叶某名下一套房产，确定第一次拍卖起拍价为 270 万余元。经查，拟拍卖房屋设定有抵押权，抵押权人为某信用社，抵押债权额 500 万元，截至 2022 年 9 月 8 日，该房产所有权人尚欠信用社本息 470 万余元。因确认的拍卖保留价大幅低于优先债权额，很有可能出现申请执行人无法在本次拍卖所得价款中受偿，即出现"无益拍卖"的情形。

通过办理此案，检察机关发现法院仅参考定向询价确定拍卖保留价，未考虑涉案房产抵押情况等，导致出现无益拍卖并非个例。因此，可以"无益拍卖"作为构建模型的场景，通过筛查网拍房是否设定抵押权，申请执行人与抵押权人是否相同，以及抵押权人的顺位，将拍卖保留价与优先债权额数据进行比对，筛查出拍卖保留价小于优先债权和执行费用总额，申请执行人无法在本次拍卖中受偿的问题线索。

（二）场景二：违法终本

终结本次执行程序指已穷尽财产调查措施，但未发现被执行人有财产可供执行或发现的财产暂时无法处置而依法裁定终结本次执行程序。即"终结本次执行程序"以"无财产可供执行"为结案处理的大前提，如果被执行人名下房产仍在网络司法拍卖中，自然不属于无财产可供执行的情形，此时以终结本次执行程序结案违法。

黄某某与邓某某等民间借贷纠纷案，在执行过程中，法院通过网络查控系统查询被执行人财产，已有效控制邓某某等名下可供执行的房产、车辆，2020年4月13日，法院裁定拍卖邓某某名下一套房产。2020年4月16日法院以无财产可供执行为由裁定终结本次执行程序。经核实，法院在有财产可供执行且申请执行人不知情的情况下，裁定终结本次执行程序。

通过办理此案，检察机关发现法院存在滥用终结本次执行程序方式结案情形。因此，可以"违法终本"作为构建模型场景，通过司法拍卖平台、中国执行信息公开网筛查网拍房执行案号、裁定终结本次执行程序案号相同的案件，将终本时间与拍卖结束时间进行比对，若裁定终结本次执行程序时间早于拍卖结束时间，则筛查出有财产仍在拍卖的同时裁定终结本次执行程序的问题线索。

（三）场景三：补缴缺漏

补缴缺漏是指在拍卖划拨用地随房屋整体处置时，将办理了抵押登记的划拨土地作为已经办理了出让手续的土地进行司法拍卖，买受人竞买所得的，其所支付的价款中包含了土地出让金，法院应当从所得款中扣除土地出让金，将剩余部分扣除执行费等必要费用后支付给抵押权人。将办理了抵押登记的划拨土地作为尚未办理出让手续的划拨土地进行司法拍卖，买受人竞买所得的，其所支付的价款中不包含土地出让金，法院可以将所得款扣除执行费等必要费用后直接支付给抵押权人。

张某某与孙某民间借贷纠纷案，在执行过程中，法院委托评估机构对孙某名下 203 号土地使用权及地上房产进行评估，并以评估价确定该不动产起拍价进行第一次拍卖，流拍后进行第二次拍卖，竞买人黎某某以起拍价竞得，法院裁定将该不动产归黎某某所有。后因黎某某认为土地出让金应当从拍卖所得价款中扣除，而拒绝缴付土地出让金，未能办理不动产变更登记。经查，法院在司法拍卖平台发布拍卖公告 203 号土地性质为划拨用地，而评估报告却按照出让性质土地对土地使用权及地上房产确定评估价，即评估价明确包含土地出让金。另查明，申请执行人张某某为房产抵押权人。

通过办理此案，检察机关发现法院在拍卖国有划拨土地时，存在未上传评估报告导致竞买人无法查看评估内容、网拍房实际情况与拍卖公告描述不一致，以及以出让性质评估土地使用权价格、但在拍卖公告将土地性质描述为"划拨"等情形。因此，可以"补缴缺漏"作为构建模型场景，通过筛查网拍房附着土地是否为划拨性质土地，查找划拨用地随房屋整体处置的案件，继续筛查公示内容缺失，如未上传执行依据、评估报告副本，或者公示信息错误，如评估对象与拍卖标的不一致，或者公示信息模糊，如"法院不负责腾房"等要素，最终筛查出拍卖划拨国有土地使用权未补缴土地出让金的问题线索。

（四）场景四：定向竞拍

定向竞拍是指房屋所有人为逃避债务、阻碍执行，与他人恶意串通，虚构租赁关系或者虚增房屋权利负担的情形。房屋所有人与他人利用买卖不破租赁，虚构畸长租赁时间、畸低租金，采用倒签合同、混合打款、虚假诉讼等手段形成虚假租赁关系，达到限制买受人权利、房屋流拍的目的。对于租赁关系成立与否，司法拍卖公告以及房屋评估报告中对于房屋现状的描述均不能作为对租赁关系的确认，法院应对房屋权利负担情况作实质性审查后作出认定。

曾某与广西某公司劳动争议纠纷案，在执行过程中，法院发布拍卖公告后，案外人齐某某利用其作为被执行人广西某公司办公室主任掌管公章的便利，伪造 20 年租期、月租金 300 元的房屋租赁合同，以案外人身份多次向法院提出执行异议，被驳回后又通过相关民事诉讼程序救济自身权利，导致执行标的三年未能进行实体处置。

通过办理此案，检察机关发现该类案件具有典型特征：合同期限畸长，租金畸低，承租人往往与被执行人关系特殊，公司员工或者亲戚朋友形成攻守同盟利益共同体，利用长期租赁协议达到逃避执行的目的。因此，可以"定向竞拍"作为构建模型场景，根据当地租赁市场情况，设定"地区""租期""租金""流拍"等不同参数，筛查出"带租拍卖""租金一次性付清"等拍卖异常问题线索，通过线下审查合同文本、调查占有情况、核查资金往来、排查人物关系等重要事实，深挖潜藏性违法行为及司法工作人员渎职的问题线索。

（五）场景五：失信移除

被执行人如果具备履行生效法律文书的能力但是拒绝履行、抗拒法院执法、以各种手段规避法院执行、不向法院依法诚信报告自己的财产等，法院就会将被执行人纳入"失信被执行人名单"，以此作为惩戒，从而督促被执行人主动履行义务。

某公司与郭某某买卖合同纠纷案，在执行过程中，法院查封郭某某名下一套房产，该房产评估价值足以覆盖执行标的。2020 年 4 月 2 日，法院发布拍卖公告，拟拍卖郭某某名下上述房产。2020 年 4 月 7 日，法院以郭某某存在其他有履行能力而拒不履行生效法律文书确定义务的情形为由，将其纳入失信被执行人名单。之后，郭某某就一直被挂在失信被执行人名单里，给其生产生活带来极大不便。

通过办理此案，检察机关发现法院往往把纳入"失信被执行人名单"作为进入执行程序后的固定动作，不论是否已经控制被执行人名下足以清偿债务的财产。因此，可以"失信移除"作为模型构建场景，通过在房产拍卖公告、中国裁判文书网中提取起拍价、抵押登记情况（抵押权人、抵押权额）、执行标的额、执行案号等数据，筛查出起拍价大于抵押权额及执行费用、执行标的之和的房产，提取房产所有人姓名、案号等，在中国执行信息公开网中提取失信被执行人姓名、案号等信息，通过比对，若房产的起拍价大于抵押权额及执行费用、执行标的之和，而被执行人被列为失信被执行人，则筛查出法院未及时将被执行人移除失信被执行人名单的问题线索。

（六）场景六：安置缺位

债权关乎人们的财产和经济利益，生存权则与人们的生命和身体健康有关。债权和生存权在社会生活中都极其重要，但应该以平等、公正、合理为原则。

李某与柴某某民间借贷纠纷案，在执行过程中，法院于 2021 年 11 月 13 日裁定拍卖柴某某名下一套房产。经向房产管理部门了解，柴某某及其所扶养家属名下有且仅有一套住房。据柴某某居住地某社区居民委员会反映，柴某某及其儿子、儿媳居住在待拍房屋内，儿媳林某已怀孕 32 周，预产期为 2021 年 12 月。经调阅执行卷宗发现，法院未做好被执行人及其所扶养家属的安置保障工作，径直裁定拍卖被执行人名下唯一住房。

通过办理此案，检察机关发现法院存在尚未作出具体可行的安置措施，以保障被执行人及其所扶养家属的生存居住权的情况下，直接裁定拍卖被执行人名下唯一住房情形，极易引发新的社会矛盾。因此，可以"安置缺位"作为构建模型场景，通过司法拍卖平台提取拍卖房产地址、面积、所有权人、共有人等信息，与不动产交易中心调取房产登记信息进行比对，查找拍卖房屋是被执行人唯一住房的案件，通过线下调取执行卷宗了解被执行人的安置情况，最终筛查出法院未做安置保障工作，直接拍卖被执行人唯一住房的问题线索。

【模型设计】

数据来源：

1. 阿里司法拍卖、京东拍卖、人民法院诉讼资产网、公拍网、中国拍卖行业协会网、工商银行融 e 购、北京产权交易所 7 个网络司法拍卖平台；

2. 中国法院执行信息公开网；

3. 中国裁判文书网；

4. 不动产登记中心；

5. 人民法院审判、执行卷宗。

数据分析方法：

（一）场景一：无益拍卖

类案特征要素： 房产设定抵押权，申请人不是抵押权人，或是抵押权人但不是第一顺位抵押权人，申请人以外的优先债权额与执行费用之和高于拍卖保留价，导致申请执行人无法从本次拍卖中受偿。

数据分析关键词： 申请执行人、执行案号、抵押权人、抵押权顺位、抵押权额、执行费、拍卖保留价。

逻辑规则： 通过对司法拍卖平台、中国裁判文书网中的拍卖信息、抵押信息进行归纳、整理、分析，筛查出房产设定抵押权案件，将申请执行人、抵押权人、抵押权顺位、抵押权额、拍卖保留价、执行费用等数据进行碰撞，筛查出无益拍卖的案件线索。

数据分析步骤：

第一步：数据汇集。（1）在司法拍卖平台中筛选出网拍房设定抵押权的案件，提取申请执行人、抵押权人、抵押权顺位、抵押权额、拍卖保留价、执行费用、执行案号、生效裁判文书案号等要素；（2）在中国裁判文书网上输入执行案号或生效裁判文书案号，提取申请执行人、抵押权人、抵押权额等要素。

第二步：数据碰撞，筛查异常线索。（1）若申请执行人不是抵押权人，将"抵押金额"与"执行费用"相加后与"拍卖保留价"进行比对，若数额大于"拍卖保留价"，则属于无益拍卖的案件线索；（2）若申请执行人是抵押权人，对抵押权进行排序，将抵押顺位在申请执行人之前的"抵押金额"与"执行费用"相加后，与"拍卖保留价"进行比对，若数额大于"拍卖保留价"，则筛查出无益拍卖案件线索。

第三步：调查研判核实。（1）筛选出上述两种情况的案件线索后，到金融机构查询抵押金额清偿情况；（2）向法院调取卷宗，了解评估情况和拍卖情况，进一步确认是否属于法院无益拍卖的情形。

思维导图：

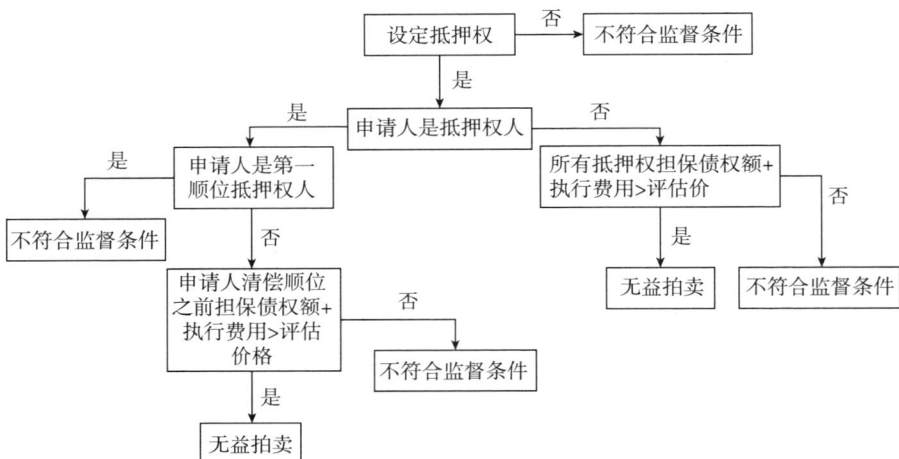

（二）场景二：违法终本

类案特征要素：法院裁定终结本次执行程序，被执行人名下房产仍在挂网拍卖，裁定终结本次执行程序时间早于拍卖结束时间。

数据分析关键词：执行案号、被执行人名称、执行法院、终结本次执行程序时间、拍卖结束时间。

逻辑规则：通过对司法拍卖平台、中国裁判文书网、中国执行信息公开网中的拍卖信息、裁定终结本次执行程序信息进行归纳、整理、分析，将裁定终结本次执行程序时间与拍卖结束时间进行比对，筛查出法院裁定终结本次执行程序但被执行人名下房产仍在拍卖的，即违法终本的案件线索。

数据分析步骤：

第一步：数据汇集。（1）在司法拍卖平台中提取执行案号、被执行人名称、执行法院、拍卖结束时间等；（2）在中国裁判文书网输入被执行人姓名/名称、执行法院等，提取终结本次执行程序的裁定；（3）在中国执行信息公开网输入被执行人姓名/名称、执行法院等，提取终本信息。

第二步：数据碰撞，筛查异常线索。（1）将司法拍卖平台中提取到的"执行案号"与中国裁判文书网、中国执行信息网中提取的"执行案号"进行比对，筛选出案号一致的案件；（2）将"终本时间"与"拍卖结束时间"进行比对，若"终本时间"在"拍卖结束时间"之前，则筛查出违法终本案件线索。

第三步：调查研判核实。向法院调取卷宗，了解被执行人名下财产处置情况和终本情况，进一步确认是否属于法院违法终本的情形。

思维导图：

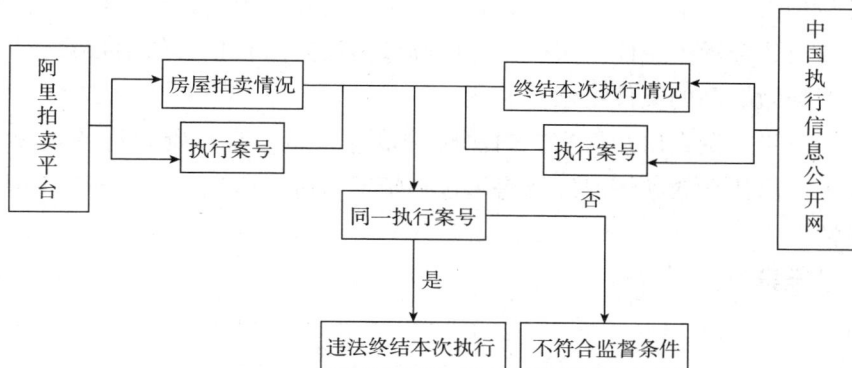

（三）场景三：补缴缺漏

类案特征要素：网拍房附着土地为划拨用地，房地一体处置，网拍房设定抵押权。法院未上传评估报告，导致买受人无法了解房屋评估情况；评估报告以出让性质评估土地使用权价格，但拍卖公告载明土地性质为划拨用地并规定由买受人承担土地出让金，导致土地出让金未能及时缴纳。

数据分析关键词：抵押权人、土地性质、评估价格、土地出让金承担主体。

逻辑规则：通过对司法拍卖平台中的拍卖信息进行归纳、整理、分析，筛选出网拍房附着土地为划拨用地且网拍房设定抵押权的案件，将评估报告中评估土地性质与拍卖公告中的土地性质进行比对，筛查出法院以依法上传评估报告或者评估价格包含土地出让金的同时规定由买受人承担土地出让金，筛查出土地出让金补缴缺漏的案件线索；若法院未上传评估报告，可作为违法点进行纠正。

数据分析步骤：

第一步：数据汇集。在司法拍卖平台中提取土地性质、抵押情况、评估报告（土地使用权性质、评估价格、评估价格是否包含土地出让金）、拍卖公告（拍卖土地性质、土地出让金承担主体）等。

第二步：数据碰撞，筛查异常线索。（1）筛选出网拍房附着土地为划拨用地，房地一体处置，网拍房设定抵押权的案件；（2）将评估报告信息与拍卖公告信息进行比对，若评估价格包含土地出让金且拍卖公告规定土地出让金承担主体为买受人，则筛查出法院未在拍卖款中扣除土地出让金即补缴缺漏的案件线索。

第三步：调查研判核实。向法院调取卷宗、向自然资源局调查核实，了解土地出让金缴纳情况以及房屋过户情况，进一步确认是否属于补缴缺漏的情形。

思维导图：

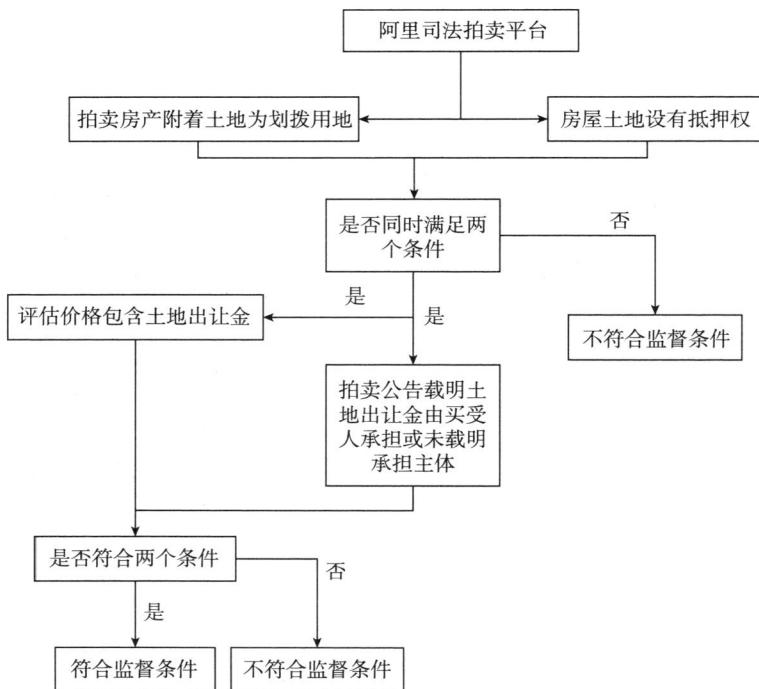

（四）场景四：定向竞拍

类案特征要素：被执行人利用买卖不破租赁规则，与具有一定社会关系或亲属关系的案外人虚构租赁合同，通过设定长租期、低租金、制造虚假流水、倒签合同等方式，导致房屋多次被拍卖或者流拍；或者通过设定虚假租赁等权利负担，将房屋卖给特定案外人。

数据分析关键词：拍卖次数、租期、租金、物业费、水电费、房屋腾退。

逻辑规则：通过对司法拍卖平台中的拍卖信息进行归纳、整理、分析，根据拍卖公告公示的内容，筛查出设定虚假权利负担的案件线索。

数据分析步骤：

第一步：数据汇集。在司法拍卖平台中提取权利负担情况（如租赁情况、物业水电费缴纳情况、房屋腾退情况等）、拍卖情况（二次以上拍卖或者流拍）、房屋面积及地址等信息。

第二步：数据碰撞，筛查异常线索。（1）筛选出房屋流拍或者二次以上拍卖的案件；（2）筛选出租赁情况异常的案件，如租期5年以上、租金明显低于当地市场价格，或者设定其他权利负担的案件，如物业、水电等费用自行了结，法院不负责腾退等。

第三步：调查研判核实。对房屋租赁关系进行核实，围绕租赁期限、租金、租金缴纳情况（如一次性缴清）、租赁双方关系、是否实际入住等方面，进行综合分析，进一步确认是否存在虚构权利负担的情形。

思维导图：

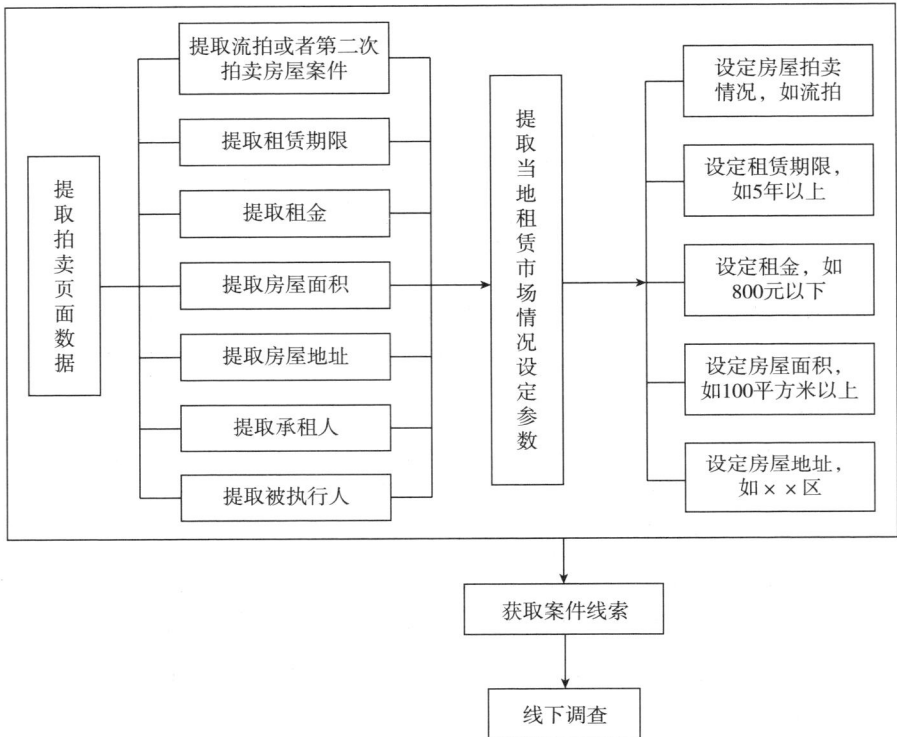

（五）场景五：失信移除

类案特征要素：法院控制的被执行人财产已经足以清偿生效裁判确定的债权，被执行人仍被纳入失信人名单。

数据分析关键词：被执行人名称、执行案号、拍卖保留价、拍卖成交价、债权额、抵押权额、执行费、失信被执行人。

逻辑规则：通过对司法拍卖平台中的拍卖信息、中国裁判文书网中的债权信息、中国执行信息公开网的失信被执行人信息进行归纳、整理、分析，筛查出未及时将被执行人移除失信人名单的案件线索。

数据分析步骤：

第一步：数据汇集。（1）在司法拍卖平台中提取网拍房中申请执行人、被执行人名称、抵押登记情况（抵押权人、抵押权额）、执行标的额、执行案号、拍卖保留价、拍卖成交价格等数据；（2）在中国裁判文书网输入被执行人姓名/名字、执行案号，提取债权额；（3）在中国执行信息公开网输入失信人姓名/名称、执行法院，提取执行案号、债权额。

第二步：数据碰撞，筛查异常线索。（1）将司法拍卖平台提取的执行案号与中国执行信息公开网中提取的执行案号相同，则被执行人被列为失信人；（2）将债权额、抵押权额、执行费用相加后与拍卖保留价或者拍卖成交价进行比对，若拍卖保留价大于三者之和，则属于法院拍卖房产足以偿还生效裁判确定债务，被执行人仍被列为失信人的案件线索。

第三步：调查研判核实。到金融机构查询抵押金额清偿情况，进一步确认是否属于网拍房足以清偿生效裁判确定债务，法院未将被执行人从失信被执行人名单中移除的情形。

思维导图：

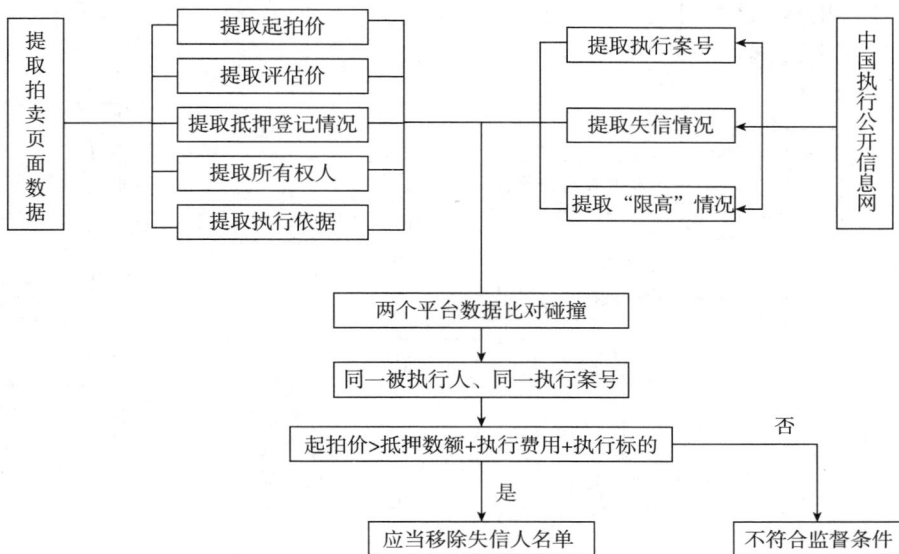

（六）场景六：安置缺位

类案特征要素：被执行人唯一住房被拍卖，法院未做好安置保障。

数据分析关键词：被执行人名称、执行案号、标的物地址。

逻辑规则：通过对司法拍卖平台中的拍卖信息、不动产登记中心中的被执行人名下房产信息进行归纳、整理、分析，筛查出法院拍卖被执行人唯一住房未做好安置保障的案件线索。

数据分析步骤：

第一步：数据汇集。（1）在司法拍卖平台中提取被执行人名称、标的物地址、执行案号等数据；（2）到不动产登记中心提取被执行人名下房产信息。

第二步：数据碰撞，筛查异常线索。（1）在不动产登记中心筛选出名下仅有一套住房的产权人姓名/名称；（2）将上述被执行人姓名/名称与产权人姓名/名称进行比对，筛选出法院拍卖房产为被执行人唯一住房的线索。

第三步：调查研判核实。调取法院执行案卷，了解法院是否为持有唯一住房的被执行人提供必要的安置措施。

思维导图：

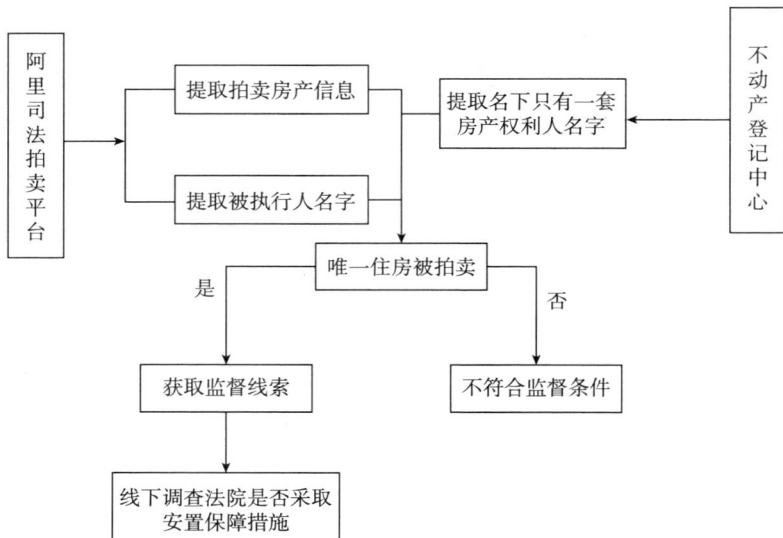

【监督方式】

民事检察监督：由于网拍房成交后存在各种风险问题，如房源出租后租户不愿搬离，房屋存在违建，土地性质为"划拨"存在补缴土地出让金的情况等，检察机关针对执行活动开展个案监督，制发检察建议对执行实施的重点环节和关键节点进行风险防控。同时，就共性问题、机制漏洞等问题，通过智能技术赋能，助力深化执行公开，制发社会治理检察建议，有利于完善执行监督体制，实现包括执行公正在内的司法公正。

公益诉讼检察监督：划拨建设用地属于重要的国有土地资产，从"补缴缺漏"监督场景中发现法院径行裁定拍卖划拨土地可能造成国有土地资产收益流失的问题。处置划拨土地转让时，涉及转让产生的国家土地收益如何上缴国家，转让行为是否符合规划，不同转让条件下的地价评估方法如何选择等问题，通过与行政处罚数据、行政立案数据比对，发现公益诉讼检察或者行政检察线索。

刑事检察监督：被执行人与执行机关之间处于信息不对称的地位，被执行人可能存在隐瞒房屋瑕疵及房屋权利负担的情况，从"定向竞拍"监督场景中发现虚假诉讼、拒不执行法院判决，非法处置查封、扣押、冻结的财产罪线索，移送刑检部门开展"两项监督"。

职务犯罪侦查：通过智能技术赋能，助力深化执行防腐。该模型的广泛运用实现从对事监督到对人监督的转化，可以减少执行人员滥用权力的空间，倒逼执行人员公正执行，打破数据壁垒有助于预防执行腐败，提高执行公信力，确保执行权在轨运行、全程受到监督。同时，通过模型中提取数据的流转和应用，可以实现网拍房执行过程的全程留痕，为职务犯罪侦查提供更有效的抓手。

【社会治理】

1. 推动加快建设执行信息共享平台，畅通检察监督渠道。在全区范围内开展网拍房领域专项监督活动，截至 2023 年 7 月 15 日，摸排民事执行监督案件线索 714 条，涉及无益拍卖案件 54 件、违法终本执行案件 258 件、补缴缺漏土地出让金案件 15 件、定向竞拍案件 114 件、失信移除案件 144 件、安置缺位案件 129 件。以西乡塘区为例，发现相关民事执行监督案件线索 31 条，发出民事执行监督检察建议 16 份，均获法院采纳并及时纠正了相关违法情形，切实维护了当事人合法权益。同时，积极与法院沟通协调，促进执行信息共享，注重统一执行理念，监督和支持人民法院依法行使审判权和执行权，实现检察监督与审判机关内部预防、纠错机制的良性互动。

2. 常态化开展虚假诉讼监督，有力维护司法秩序与诚信。网拍房案件涉及的标的较大，容易产生拒不执行、虚构债权、伪造租赁、违法评估和串通竞标等违法犯罪问题。以西乡塘区为例，截至 2023 年 7 月 15 日，发现涉嫌刑事犯罪案件线索 18 条，并在初步调查核实后移送公安机关处理。同时，发现司法人员违法违纪线索 6 条，并在初步调查核实后移送纪委监察委案件线索 2 件，报送职务犯罪案件线索 2 件。检察机关通过高质效履职，找准参与社会信用体系建设的立足点和落脚点，加强与审判、公安、司法机关协作配合，着力为解决民事执行活动中失信问题提供检察方案，有效提升民事执行领域诚信体系建设工作，有力助推诚信社会构建。

此外，本模型具有拓展性，对于司法拍卖包括土地使用权、股权及其他投资权益、股票证券、知识产权等违法案件线索的筛查具有通用性。对于后续发现网拍房其他执行违法问题，如未经查扣冻措施处分被执行人财产、虚构权利负担将房屋拍卖给特定第三人，或者以物抵债处置给申请执行人等，可通过"提取特征——设计算法——监督筛选"的步骤构建更多监督场景，实现更广泛的数字化监督模型。

【法律法规依据】

1.《中华人民共和国城市房地产管理法》第五十一条　设定房地产抵押权的土地使用权是以划拨方式取得的，依法拍卖该房地产后，应当从拍卖所得的价款中缴纳相当于应缴纳的土地使用权出让金的款额后，抵押权人方可优先受偿。

2.《中华人民共和国民事诉讼法》第二百五十五条第一款　被执行人未按执行通知履行法律文书确定的义务，人民法院有权查封、扣押、冻结、拍卖、变卖被执行人应当履行义务部分的财产。但应当保留被执行人及其所扶养家属的生活必需品。

3.《最高人民法院关于人民法院民事执行中拍卖、变卖财产的规定》第六条第一款　保留价确定后，依据本次拍卖保留价计算，拍卖所得价款在清偿优先债权和强制执行费用后无剩余可能的，应当在实施拍卖前将有关情况通知申请执行人。申请执行人于收到通知后五日内申请继续拍卖的，人民法院应当准许，但应当重新确定保留价；重新确定保留价应当大于该优先债权及强制执行费用的总额。

4.《最高人民法院关于严格规范终结本次执行程序的规定（试行）》第一条第二项、第三项　人民法院终结本次执行程序，应当同时符合下列条件：

（二）已向被执行人发出限制消费令，并将符合条件的被执行人纳入失信被执行人名单；

（三）已穷尽财产调查措施，未发现被执行人有可供执行的财产或者发现的财产不能处置。

5.《最高人民法院关于人民法院办理执行异议和复议案件若干问题的规定》第三十一条　承租人请求在租赁期内阻止向受让人移交占有被执行的不动产，在人民法院查封之前已签订合法有效的书面租赁合同并占有使用该不动产的，人民法院应予支持。

承租人与被执行人恶意串通，以明显不合理的低价承租被执行的不动产或者伪造交付租金证据的，对其提出的阻止移交占有的请求，人民法院不予支持。

6.《最高人民法院关于公布失信被执行人名单信息的若干规定》第一条　被执行人未履行生效法律文书确定的义务，并具有下列情形之一的，人民法院应当将其纳入失信被执行人名单，依法对其进行信用惩戒：

（一）有履行能力而拒不履行生效法律文书确定义务的；

（二）以伪造证据、暴力、威胁等方法妨碍、抗拒执行的；

（三）以虚假诉讼、虚假仲裁或者以隐匿、转移财产等方法规避执行的；

（四）违反财产报告制度的；

（五）违反限制消费令的；

（六）无正当理由拒不履行执行和解协议的。

第三条　具有下列情形之一的，人民法院不得依据本规定第一条第一项的规定将被执行人纳入失信被执行人名单：

（一）提供了充分有效担保的；

（二）已被采取查封、扣押、冻结等措施的财产足以清偿生效法律文书确定债务的；

（三）被执行人履行顺序在后，对其依法不应强制执行的；

（四）其他不属于有履行能力而拒不履行生效法律文书确定义务的情形。

7.《最高人民法院关于在执行工作中进一步强化善意文明执行理念的意见》　16. 不采取惩戒措施的几类情形。被执行人虽然存在有履行能力而拒不履行生效法律文书确定义务、无正当理由拒不履行和解协议的情形，但人民法院已经控制其足以清偿债务的财产或者申请执行人申请暂不采取惩戒措施的，不得对被执行人采取纳入失信名单或限制消费措施。单位是失信被执行人的，人民法院不得将其法定代表人、主要负责人、影响债务履行的直接责任人员、实际控制人等纳入失信名单。全日制在校生因"校园贷"纠纷成为被执行人的，一般不得对其采取纳入失信名单或限制消费措施。

8.《最高人民法院关于人民法院民事执行中查封、扣押、冻结财产的规定》第五条　对于超过被执行人及其所扶养家属生活所必需的房屋和生活用品，人民法院根据申请执行人的申请，在保障被执行人及其所扶养家属最低生活标准所必需的居住房屋和普通生活必需品后，可予以执行。

9.《最高人民法院关于人民法院网络司法拍卖若干问题的规定》第十三条　实施网络司法拍卖的，人民法院应当在拍卖公告发布当日通过网络司法拍卖平台公示下列信息：

（一）拍卖公告；

（二）执行所依据的法律文书，但法律规定不得公开的除外；

（三）评估报告副本，或者未经评估的定价依据；

（四）拍卖时间、起拍价以及竞价规则；

（五）拍卖财产权属、占有使用、附随义务等现状的文字说明、视频或者照片等；

（六）优先购买权主体以及权利性质；

（七）通知或者无法通知当事人、已知优先购买权人的情况；

（八）拍卖保证金、拍卖款项支付方式和账户；

（九）拍卖财产产权转移可能产生的税费及承担方式；

（十）执行法院名称，联系、监督方式等；

（十一）其他应当公示的信息。

【经验传真】

（一）重塑办案模式，以数字赋能发掘监督线索

西乡塘区检察院民事检察部门在履职中发现，司法拍卖在信息披露、尽职调查、监督制约等环节存在诸多问题，但在传统民事执行监督工作中，往往仅着重常规性执行活动的审查，对网络司法拍卖执行活动监督举措捉襟见肘。在综合考量网拍房数量多、类案要素明显、数据公开易获得等因素后，该院采取"院领导＋四大检察业务骨干"专班式推进，组建建模团队集中力量攻坚，在该领域运用数据赋能开展执行活动，以数字赋能挖掘监督为导向，就开发大数据模型对网拍房领域进行监督，力争解决"执行难""执行慢""执行乱"的难题。

（二）挖掘数据潜能，以融合履职解决监督难题

"网拍房无益拍卖等六种违法情形类案监督模型"从七大网络司法拍卖平台、中国执行信息公开网、中国裁判文书网提取拍卖信息、信用惩戒情况、终本情况、房屋信息等数据，通过对数据反复研究、探讨、测试，

类化数据要素，统筹碰撞比对，筛查归集网拍房违法线索，构建了"无益拍卖、违法终本、补缴缺漏、定向竞拍、失信移除、安置缺位"六大监督场景。综合运用审查、调查、侦查"三查"手段，融合"四大检察"职能，实现检察监督与审判机关内部预防、纠错机制的良性互动，有力解决了民事执行监督线索发现难，不会监督，不善监督的难题。

（三）践行共赢理念，以"我管"促"都管"推进高效能治理

"网拍房无益拍卖等六种违法情形类案监督模型"以"客观、精准、高效"为建设目标，是可复制、可粘贴、可推广的监督模型，该模型在全区开展网拍房执行监督专项活动得以运用，对法律监督形成了撬动效应。截至 2023 年 9 月底，全区共摸排民事执行监督线索 1316 条，制发检察建议 96 份，涉及执行标的 1.4 亿元，形成较大监督规模。就网拍房涉及保障性住房安置中的机制漏洞问题，制发社会治理检察建议 16 份，同比上升 56%，回复率和采纳率 100%。通过摸排移送犯罪线索 18 条，公安机关立案侦查 12 件；移送法官违纪线索 6 条，2 名法官因未尽到审慎审查责任、不当作出财产处置被纪委监委作出党内警告处分。

（四）彰显检察温度，以纾难解困践行人民至上

"一头牵着百姓疾苦，一头系着司法公正"，这是对民事检察工作最为贴切的描述。开展民事检察工作，是检察机关助力改善民生、健全社会保障体系的重要组成部分，是密切党群关系的桥梁纽带，更是服务群众的民心产品。"网拍房无益拍卖等六种违法情形类案监督模型"打破内部条块意识，创新多元监督工作，坚持"小切口"要有"大作为"，用心用情纾解群众困难，生动诠释检察机关"为大局服务、为人民司法、为法治担当"，彰显检察温情。

（梁毅，广西壮族自治区南宁市人民检察院检察长）

7. 不动产税费违法承担监督模型

【建模单位】

浙江省嘉善县人民检察院

【监督要旨】

针对法院违法让买受人承担不动产税费，损害买受人合法权益的问题，提取法院不动产拍卖公告中不动产、厂房、土地使用权、一切、均等数据要素特征，提取淘宝网络司法拍卖平台中公开挂拍的不动产拍卖数据，发现法院拍卖公告中载明"过户一切税、费均由买受人承担"的线索，再与法院的执行分配方案信息数据进行碰撞，剔除在拍卖款中支付了出卖人应承担的税、费的案件，所得案件信息库即为承担税、费存在不合理的案件线索。经行使调查核实权，通过向法院提出执行监督检察建议的方式，监督法院依法纠正个案，推动检法两家会签机制，进一步规范网络司法拍卖行为规范，维护公平正义。

【模型概要】

2022 年，嘉善县检察院在开展司法拍卖不动产权属转移税、费专项监督活动中，对淘宝网络司法拍卖标的详细信息审查时发现，嘉善县法院在部分执行案件中，采取"一刀切"的方式要求买受人承担不动产过户手续中的税、费等一切费用，损害了买受人合法权益。通过对淘宝网络司法拍卖平台的检索与研判，发现此类情况并非个案，还有大量的民事执行案件都存在税、费承担不合理的情况。

嘉善县检察院根据上述异常案件线索，对淘宝网络司法拍卖平台上拍卖公告中的不动产税费承担进行研究，总结规律，提炼关键信息，利用大数据自主研发数据模型。通过筛选拍卖公告中"不动产""厂房""土地使用权""房屋""房产""一切""均"等数据要素特征，发现嘉善县法院有 146 起涉不动产税费违法承担案件线索，经查实后，向法院发出个案检察建议 1 件、类案检察建议 1 件，涉及民事执行案件 16 件。法院收到检察建议后依法予以纠正，并自行开展专项整治活动，杜绝以后再次发生此类违法现象。

【模型设计】

数据来源：

1. 不动产司法处置结果（源于淘宝网络司法拍卖平台或浙江检察数据应用平台）；

2. 执行款分配方案（源于嘉善县法院执行卷宗或嘉善县法院）；

3. 不动产过户纳税表（源于嘉善县不动产登记中心或嘉善县税务局）；

类案特征要素：法院拍卖公告载明：不动产拍卖过户的一切税、费均由买受人承担。

数据分析关键词：不动产、厂房、土地使用权、房屋、房产、一切、均。

逻辑规则：该模型通过对 2017 年 1 月 1 日以后法院淘宝网络司法拍卖平台拍卖公告进行归纳整理分析，以不动产、房屋、土地使用权等为关键字提取类案，形成线索数据，经过与法院分配方案比对碰撞，剔除已从拍卖款中支付出卖人应承担的税、费的数据，准确筛选出不动产税费违法承担的案件线索。

数据分析步骤：

第一步：浙江检察数据应用平台申请嘉兴地区淘宝网络司法拍卖标的详细信息。在建模中心进行筛选相关拍卖的案件：筛选出 2017 年 1 月 1 日至今拍卖的标的物；再筛选出关键词"嘉善"定位标的物所在地与拍卖法院；通过"不动产""厂房""土地使用权""房屋""房产"等关键字筛选出涉及不动产的网拍信息；再筛选"一切""均"网拍信息，对数据进行去重过滤。通过上述筛选过滤得出已经拍卖成功的涉及不动产、

"过户一切税、费均由买受人承担"案件网拍信息。

第二步：将第一步筛选出的网拍信息中，在不动产过户纳税表中，筛查拍卖的不动产已经过户并支付了相应的税、费。

第三步：将第二步筛选出的网拍信息中，在法院外网"执行公开"栏目抓取分配方案信息数据，将第二步排查出的网拍信息与分配方案信息就拍卖的标的物名称、执行案号等关键词进行匹配关联，剔除在拍卖款中支付了出卖人应承担的税、费的案件，所得案件信息库即为承担税、费存在不合理的嫌疑。

第四步：如果在淘宝网上司法网络拍卖平台上所筛查出的网拍信息，无法与法院外网抓取分配方案信息相匹配关联，则向法院调取相关执行卷宗中有关该分配方案数据，后再以第二、第三步的方法进行数据碰撞。

第五步：对上述得出的数据调阅相关执行案卷予以审查。询问买受人拍受不动产过户登记支付的税、费情况；调阅支付税、费的付款凭证，从言词证据、书证等方面固定证据。确定不动产税费违法承担的执行监督案件。

第六步：进一步研判批量筛查出的执行违法监督线索，区分情况分个案和类案监督检察建议。

思维导图：

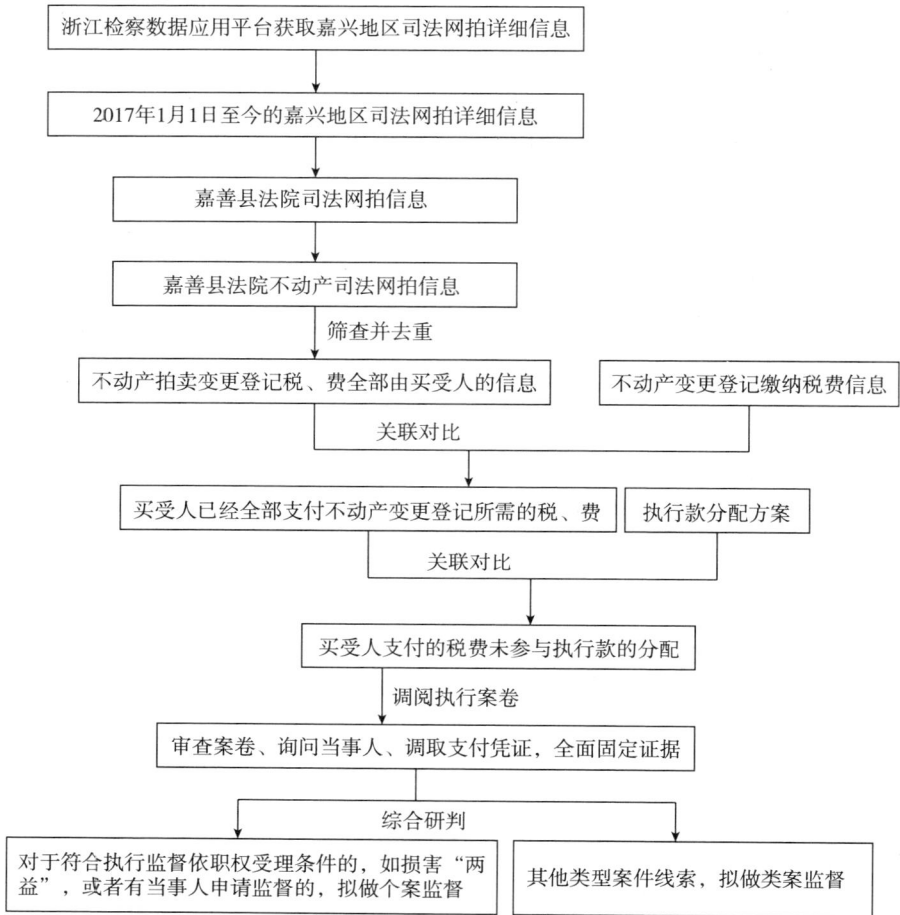

【监督方式】

嘉善县检察院民事检察部门运用数据模型筛选出 146 条可疑线索后，从可疑线索中抽查 26 个执行案件，再调取法院卷宗进行深入调查。办案检察官向不动产交易中心调取不动产税、费的缴纳资料、询问涉案不动产买受人拍受不动产过户支付税、费的情况，调阅相关支付税、费的付款凭证，从言词证据、书证等方面固定证据，发现法院违法让买受人多承担税、费高达 3000 万余元，其中有 1 起案件涉及违法让买受人（某国有公司）承担不动产过户税费 500 多万元。嘉善县检察院认为，有当事人申请的此类监督线索，较适合发个案监督检察建议，大数据排查的嘉善县法院违法让国有公司承担不动产过户税、费，造成国有资产流失，已损害"两益"，符合执行监督依职权受理的条件，也适合发个案监督检察建议予以监督；对于另外大数据排摸的案件线索，则适宜向法院制发类案监督检察建议进行监督，遂向嘉善县检察院发出类案监督检察建议和个案监督检察建议各一份。嘉善县法院收到后均作出采纳回复，并开展了专项整治活动。

【社会治理】

建章立制：网络司法拍卖有效降低交易成本、提升标的物变现率，对于推进解决"执行难"发挥了重要作用。但网络司法拍卖实践中，法院拍卖程序不规范等现象普遍存在，影响执行效率，侵害当事人权益，损害司法公信力。嘉善县检察院以不动产税费违法承担数据模型为切入口，从个案办理到类案监督，并推动法院会签《关于加强网络司法拍卖协作的若干意见》，规范法院网络司法拍卖行为，助力形成打击房屋虚假带租拍卖、串通低价竞拍、程序不规范等现象，助推社会诚信体系建设，切实维护公平正义。

复制推广：继嘉善县检察院依据该模型发现 146 条线索，通过深入调查核实向嘉善县法院发出执行监督检察建议 2 件，取得初步成果。嘉善县检察院又通过自主研发的数字监督模型智能筛选，发现嘉兴地区其他法院共计 851 条不动产税费违法承担线索，嘉兴市检察院在全市检察机关推广运用，南湖区检察院、平湖市检察院也向当地法院制发检察建议进行监督。另有省内其他院打电话询问嘉善县检察院不动产税费违法承担执行监督的办案经验，上海市青浦区检察院和江苏省苏州市吴江区检察院也来院学习交流，共享数字检察成果。该模型具有普遍性、广泛性和可行性。

【法律法规依据】

1.《中华人民共和国个人所得税法》第九条第一款 个人所得税以所得人为纳税人,以支付所得的单位或者个人为扣缴义务人。

2.《中华人民共和国城市维护建设税法》第一条 在中华人民共和国境内缴纳增值税、消费税的单位和个人,为城市维护建设税的纳税人,应当依照本法规定缴纳城市维护建设税。

3.《中华人民共和国契税法》第一条 在中华人民共和国境内转移土地、房屋权属,承受的单位和个人为契税的纳税人,应当依照本法规定缴纳契税。

4.《中华人民共和国增值税暂行条例》第一条 在中华人民共和国境内销售货物或者加工、修理修配劳务(以下简称劳务),销售服务、无形资产、不动产以及进口货物的单位和个人,为增值税的纳税人,应当依照本条例缴纳增值税。

5.《征收教育费附加的暂行规定》第二条 凡缴纳消费税、增值税、营业税的单位和个人,除按照《国务院关于筹措农村学校办学经费的通知》(国发〔1984〕174 号文)的规定,缴纳农村教育事业费附加的单位外,都应当依照本规定缴纳教育费附加。

6.《最高人民法院关于人民法院网络司法拍卖若干问题的规定》第三十条 因网络司法拍卖本身形成的税费,应当依照相关法律、行政法规的规定,由相应主体承担;没有规定或者规定不明的,人民法院可以根据法律原则和案件实际情况确定税费承担的相关主体、数额。

【经验传真】

(一) 坚持融合监督,开展一体化办案模式

数字检察涉及各大检察及技术等部门,各部门在数字检察工作领导小组综合协调下共同履职,有效推进了"四大检察"的深度融合。运用大数据分析、研判、挖掘批量监督线索,在办理批量类案监督案件的同

时，敏锐挖掘背后可能存在的司法工作人员相关职务犯罪线索和公益诉讼线索。嘉善县检察院民事检察部门在办理不动产税费违法承担执行监督案件中发现有个别案件存在国有资产流失现象，另有同一执行人员在不同的执行案件中，使不动产买受人承担税费不一样的做法，这种异常现象和违规操作背后可能隐藏利益输送等职务犯罪线索和公益诉讼监督线索，便将可疑线索移交本院的公益诉讼部门、职务犯罪侦查部门做进一步审查。

（二）数字赋能检察监督，以监督促社会综合治理

嘉善县检察院努力把数字优势转化为治理效能。通过大数据赋能发现批量监督线索，开展类案监督，并聚焦类案背后的制度机制漏洞，从个案办理到类案治理，从个别解决到普遍整改，不断提升社会各界对检察监督的认同感。经过不动产税费违法承担、违法带租拍卖、拍卖时间间隔超期、拍卖信息公示不全等司法网拍系列执行监督案件的办理，为防范和制裁利用司法网拍恶意逃废债行为、进一步规范网络司法拍卖执行行为、保障和促进司法公正及法律适用的统一性、严肃性，嘉善县检察院和嘉善县法院联合会签了《关于加强网络司法拍卖协作机制的意见》，要求法院在办理网络司法拍卖执行案件时严格遵守最高法关于网络司法拍卖执行工作的若干规定，加大对虚假带租拍卖的审查力度，加强自我约束和监管、规范执行行为，从源头上杜绝同类执行违法现象发生。

（三）注重监督经验的推广和成果共享

实现"一地突破，全市推广"。嘉善县检察院在开展不动产税费违法承担监督取得一定成效后，以点带面，在嘉兴市检察院的组织领导下，通过召开数字监督专项案例现场交流与分析研判会，将影响力向外延伸，由市院发文在全市范围内开展不动产税费违法承担类案专项监督。市、县两级共同推进，由率先做出成效的嘉善县检察院确定专人负责线索排摸、经验共享、数字筛查方法介绍、线索异常解析等工作，再由市院统筹进一步优化地区特色专项，通过对重点案件源头倒查，融合多部门数据资源，放大监督效应，继而实现类案监督、系统治理的全域贯通。在推进经验总

结、复制推广上，注重实现监督方式、监督模式、监督机制等内容上的全方位共享。比如，在监督机制上，各部门分工有致、各司其职，业务部门重点负责厘清监督思路、找准监督需求，技术部门重点负责数字清洗，案件管理部门重点负责数字建模、数字案例指引。在经验推广上，注重撰写、汇总数字办案典型案例，提炼法律监督应用模型的意义，扩大交流和典型推广，将异常多发案件进行分类梳理，形成数字监督案例指引，供检察系统同仁参考运用。

（黄顺根，浙江省嘉善县人民检察院检察长）

8. 建筑工程领域追索劳动报酬虚假调解监督模型

【建模单位】

浙江省绍兴市上虞区人民检察院

【监督要旨】

针对建筑工程领域当事人虚构劳务关系提起虚假诉讼，后主动达成调解协议骗取民事调解书从而非法参与执行款分配问题，提取调解书中同一被告、密集起诉、诉讼请求雷同等数据要素特征，依托公开的生效民事裁判文书、民事执行文书，发现虚构劳务关系虚假诉讼骗取执行款案件线索。经行使调查核实权，通过向法院提出抗诉和再审检察建议、向公安机关移交犯罪线索、与相关行政司法机关协同建章立制等多元方式，大力完善虚假诉讼、虚假调解预警和发现机制，着力提升调解工作质效，保障申请执行人合法权益，维护司法公正权威。

【模型概要】

2017 年，顾某某隐瞒工程实际承包关系，指使胡某某等 48 人以虚构劳务关系的形式，向绍兴市上虞区法院提起追索劳动报酬民事诉讼。诉讼过程中，顾某某承认原告全部请求，双方主动达成调解协议，法院以调解书形式予以确认。2018 年初，顾某某根据上述民事调解书参与分配其被绍兴市上虞区法院财产保全的 300 万余元执行款。

绍兴市上虞区检察院根据上述异常案件线索，总结个案特性，提炼关键要素，利用绍兴市检察院自主研发的"民事裁判智慧监督系统"，通过导入绍兴市上虞区法院公开裁判文书，以追索劳动报酬为案由，以原告请求支付工资为诉求，结合密集起诉、同一被告、诉讼请求雷同等数据要素特征，对其中的类案判决进行分析处理，发现涉顾某某99起虚假诉讼案件线索。利用中国执行信息公开网，查明顾某某涉及多起执行案件。经进一步调查核实，向法院抗诉、发出再审检察建议48件，法院均裁定再审并判决驳回原告诉讼请求，对相关案件予以执行回转。

【模型设计】

数据来源：民事裁判文书（源于中国裁判文书网、民事检察案件信息库）；民事执行文书（源于中国执行信息公开网）。

类案特征要素：原告委托代理人参与诉讼，且该代理人为同一人；被告为同一人，短期内被密集起诉；被告当庭承认原告诉讼请求，对存在劳务关系及薪资金额无异议；主动达成调解协议，由法院以民事调解书形式予以确认，后当事人依据民事调解书申请执行。

数据分析关键词：承包、追索劳动报酬、工资给付、委托代理人、被告密集被诉、无异议、承认原告的诉讼请求、达成调解协议。

逻辑规则：该模型通过对法院公开裁判文书进行归纳整理分析，以追索劳动报酬纠纷案由提取类案，形成线索数据，经过智能排查分析，与中国执行信息公开网数据进行比对碰撞，筛选出高度可疑虚假诉讼、虚假调解案件线索。

数据分析步骤：

第一步：数据汇集。（1）收集绍兴市上虞区法院近年来公开的民事裁判文书；（2）以民事案由——追索劳动报酬纠纷、文书类型——调解书为检索条件进行筛选。

第二步：筛查异常信息，形成存疑线索数据。（1）对第一步筛选出的调解书继续检索，以"承包工程""雇佣原告"为关键词，筛查出原告诉求中要求支付原告工资的案件；（2）以"全部支持"或"部分支持"为关键词，进一步筛选上述调解案件；（3）以"支付原告工资"或"承认原告的诉讼请求"（对长字段需模糊检索）为关键词，筛选出被告无异议且调解协议支持支付工资的劳动争议案件。

第三步：比对执行信息。（1）整理第二步的筛选结果，归纳出密集被起诉人员；（2）在中国执行信息公开网数据中查询上述人员，执行数据较多的为可疑人员。

第四步：调查研判核实。（1）调取可疑被告人劳动争议案件法院卷宗，运用侦查思维人工审查，缩小虚假诉讼、虚假调解嫌疑案件范围；（2）通过向有关银行调取原、被告银行账户流水，向相关人员调查取证等方式深入调查，确定虚假调解案件。

思维导图：

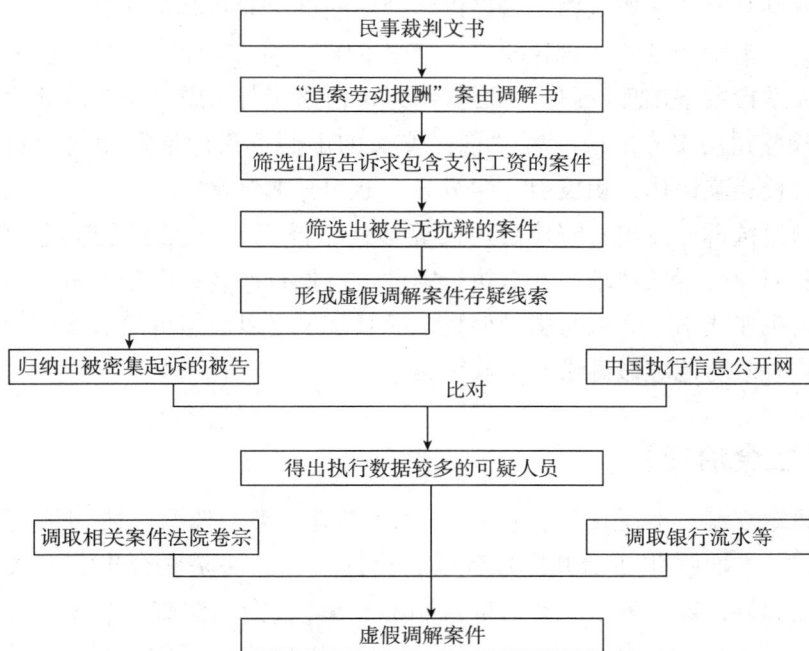

【监督方式】

上虞区检察院形成智能筛查、人工审查、深入调查、移送侦查、促进自查的"五查融合"监督工作模式。民事检察监督从机械监督转为智能监督，从个案监督转为类案监督，从单一监督转为融合监督，实现了监督模式的跨越式发展。

民事检察部门通过"民事裁判智慧监督系统"对海量数据进行智能筛查，得出异常案件线索继而进行梳理研判；承办检察官根据罪名构成要件，结合办案经验对存疑线索针对性调取法院卷宗；采取向银行查询流水信息、向相关人员调查取证等方式开展深入调查继而将犯罪线索移送侦查。

刑事检察部门通过及时介入，引导侦查方向，为案件进一步审理奠定良好基础；受理审查起诉后，启动自行补充侦查并开展释法说理，促使嫌疑人顾某某自愿认罪认罚，最终以涉嫌虚假诉讼罪对其提起公诉。

对办案中涉及的"刑民交叉"疑难问题，提交由浙江省检察院主办，浙江大学检察基础理论研究中心、绍兴市检察院与上虞区检察院联合承办的"检校司法实务论坛"暨"刑民交叉的虚假诉讼惩治"研讨会进行探讨。检校相互协作，积极引入"外智"提升监督质效。

通过抗诉、发出再审检察建议等形式监督 48 件，法院均裁定再审并判决驳回原告诉讼请求，并对执行案件进行执行回转；向公安机关移送虚假诉讼犯罪线索，介入与引导侦查，顾某某最终以虚假诉讼罪被判处刑事处罚，有效防范虚假诉讼与虚假调解。

【社会治理】

建章立制：上虞区检察院以"个案办理—类案监督—协同治理"为路径，一方面强化法治共同体建设，会同公安、法院联合出台《关于建立防范和打击虚假诉讼联动衔接机制的意见》，会同法院、公安、司法局建立《关于建立司法联动机制保障破产工作规范运行的意见（试行）》，会同法院、司法局建立《关于规范司法确认工作、防范司法确认虚假诉讼的意见（试行）》；另一方面深化跨部门协作，防患于未然，会同仲裁委建立《关于建立检察机关支持劳动仲裁协作机制的若干意见（试行）》，全面防范虚假仲裁，规范请求支付劳动报酬相关程序，助力形成打击虚假诉讼联防共治的新格局，助推社会诚信体系建设，切实维护司法公正权威，提升人民群众的获得感和满意度。

复制推广：绍兴市检察机关通过"民事裁判智慧监督系统"发现众

多异常线索，各基层院经该模型陆续发出相关检察建议，成功经验在全省、全市获得推广。同时向省外兄弟单位移送相关线索，线索正在进一步排查审理中。

【法律法规依据】

1.《中华人民共和国劳动争议调解仲裁法》第四十四条第一款　仲裁庭对追索劳动报酬、工伤医疗费、经济补偿或者赔偿金的案件，根据当事人的申请，可以裁决先予执行，移送人民法院执行。

2.《最高人民法院关于防范和制裁虚假诉讼的指导意见》

【经验传真】

（一）从"会用"到"用好"，实现监督能力的有效跃升

数字检察既是对传统法律监督工作的模式革新，也是对新时代法律监督能力的塑造变革，要求检察官善于从个案中挖掘监督线索，提升数字赋能监督的实战意识和能力，推动法律监督提质增效。上虞区检察院坚持把数字检察作为工作抓手，成立以检察长为组长，各部门负责人、业务骨干为主要成员的数字检察工作专班。通过每周例会与重要事项特别会议等形式，深入贯彻数字检察会议精神，集中学习上级关于数字检察工作指示，汇报案件办理进程中数字检察切入点与落脚点。对数字检察理论与实务方面的疑难问题，以"检校实务论坛"等形式，引入"外智"开拓思路拨开迷雾。发掘个案办理中的类案监督线索，探讨法律监督模型构建，形成智慧监督模式。近年来，上虞区检察院在上级院支持与指导下，陆续创建民事虚假诉讼监督模型、侵犯公民个人信息监督模型等。

（二）从"单一"到"多元"，激发融合监督的叠加效应

"四大检察"融合发展是检察机关高质效履职的必然趋势，"四大检察"相互支持，以数字检察指挥中心为依托，能够进一步促进法律监督线索的共享和统筹，更好地提升监督质效。以上虞区检察院运用"民事

裁判智慧监督系统"排查发现的顾某某虚假诉讼系列案为例,民事检察部门初查后发现涉及民事案件99件,涉案金额150万余元,随即通过智能筛查、人工审查、深入调查、移送侦查、促进自查的"五查融合"监督模式,将该虚假诉讼犯罪线索移送公安机关。刑事、民事检察部门同步介入,在引导侦查的基础上,同步推进民事监督案件办理,以刑促民、刑民联动,在对顾某某虚假诉讼案提起公诉的同时,对相关48件追索劳动报酬纠纷案提出民事生效裁判监督,并会同公安、法院联合出台《关于建立防范和打击虚假诉讼联动衔接机制的意见》,有效打击虚假诉讼,维护人民群众生命与财产安全。

（三）从"浅表"到"深入",促进监督问题的长效长治

数字检察的一个重要落脚点是"监督促进治理",即通过数字赋能办理高质量的法律监督案件,发现社会治理中的难点、堵点和隐蔽问题,做好"后半篇文章"。如上虞区检察院办理的医保基金先行支付监管漏洞案。通过数字化监督方式,排查出一些侵权纠纷案件中存在被害人既享受医保报销,又足额得到侵权人赔付的"双重获利"线索,督促行政主管部门及时追缴流失资金,开展类案专项核查。针对监督中反映的数据共享不畅、治理闭环缺失等问题,上虞区检察院联合法院、医保等相关部门召开联席会议,由检察院、法院、医保、人社等部门共同会签《基本医疗保险人身意外伤害长效管理工作机制》,共筑"防治一体"治理体系;同时强化融合监督,协同刑事检察履职,查清相关当事人骗保行为,惩治医保诈骗犯罪,实现全方位监督。

（何红,浙江省绍兴市上虞区人民检察院检察长）

第六章　机动车领域民事数字检察监督模型

1. 车辆保险理赔虚假诉讼监督模型

【建模单位】

浙江省绍兴市人民检察院

【监督要旨】

"四大检察"融合履职监督是当前和未来检察工作的发展趋势，然而如何更好地实现履职共治需要在实践中不断探索。以较为典型的车辆保险领域为例，骗保骗赔是现代社会治理中的一个"顽疾"，其中涉及的民、刑法律问题纷繁复杂，线索发现难、取证要求高、打击难度大的特点极大束缚了检察机关职能作用的发挥。近年来，浙江省绍兴市人民检察院根据部分保险公司骗保虚假诉讼的线索反映，以科技赋能民事检察工作，研发了"民事裁判智慧监督系统"，通过大数据筛选、排查，梳理出多条涉嫌虚假诉讼、诈骗等线索，以公安侦查、检察引导、提前介入为抓手，全力打掉多个违法犯罪团伙，铲除车险领域的黑色产业链。同时，通过民事生效裁判监督，提出再审、抗诉意见，实现民事纠错；通过制发检察建议，督促相关部门履职尽责，堵塞行业漏洞，实现从个案办理到类案监督再到社会治理的全流程检察监督。

【模型概要】

2020 年，绍兴市检察院通过"民事裁判智慧监督系统"对涉交通事故车损保险理赔诉讼的近 800 余份民事裁判文书以及相关汽修厂的人员流、社保金缴纳信息流、资金流等进行全方位检索和大数据穿透，发现在越城、上虞、嵊州等 5 个区的多个修理厂存在通过虚增维修材料费、伪造事故、虚假诉讼等方式骗取保险理赔款的线索，随后移交公安机关立案侦查，打掉了以周某某为首的违法犯罪团伙。周某某、金某某夫妻二人在经营绍兴市某汽车修理厂（以下简称某汽修厂）过程中，伙同汽修厂员工宋某某、沈某某、潘某某、徐某某等人长期采用虚增、篡改、捏造事故车辆维修项目的方式，以进厂维修事故车保险权益受让人的身份，通过诉讼理赔方式实施诈骗。其中，周某某实际负责汽修厂的事务管理；金某某主要负责财务付款、核发工资；宋某某作为汽修厂的副总经理及业务员，负责事故车维修项目的虚增、篡改、捏造以及事故车损评估报告的形成、诉讼理赔对接等；沈某某作为汽修厂的定损员，主要协助、配合宋某某实施上述行为；潘某某作为汽修厂的业务员，主要从事事故车维修业务承揽，并向沈某某等人报告事故情况，为后续维修项目的虚增、篡改、捏造提供信息，同时协助完成部分事故车保险权益的受让手续；徐某某作为汽修厂的采购员，主要根据业务需求采购配件，并根据宋某某等人的指示寻求配件销售商在虚高的配件销售报价资料上盖章。现已查证，周某某、宋某某等人通过上述方式骗取了进厂维修事故车所投保保险公司理赔金共计人民币 116143 元。

2021 年 9 月 7 日，周某某、宋某某等人犯诈骗罪被绍兴市越城区人民法院判处有期徒刑四年至一年六个月不等的刑期，并处罚金。其中，根据各涉案人员量刑情节，对沈某某、金某某、潘某某、徐某某依法适用缓刑。

同时，绍兴市人民检察院对该案中已查明的 17 件涉嫌虚假财产保险合同纠纷案的错误判决，依法提出再审建议、抗诉等监督意见，均得到法院的采纳，维护了法律的权威和社会的公平正义。

【模型设计】

数据来源：

1. 民事裁判文书（源于浙江法院裁判文书网）；

2. 民事审判卷宗（从法院调阅）；公安机关查询信息（从公安机关联系后获取）；个人社保信息（绍兴市院信息综合应用管理平台）；车管所车辆信息系统（车管所提供）；保险理赔信息（保险公司提供）；关联人员银行交易流水（从金融机构获取）。

数据分析关键词：原告、原告代理人、车辆牌照、评估人、保险索赔权益转让、车辆损失等。

数据分析步骤：

第一步：提取要素，锁定范围。提取民事裁判文书中的原告、原告代理人、车辆保险等要素进行筛查，梳理出短期内密集起诉的原告或代理人同一或存在关联的异常诉讼案件。

第二步：数据碰撞，确定异常。通过裁判文书发现，这些案件具有车主转让理赔权，诉讼代理人、评估人相对集中，保险公司定损异议多等特点。通过收集社保、银行信息，对原告的人员关系、社保缴纳信息、资金流向等进行检索和大数据分析，行为人均与汽修厂有关。通过将各保险公司出险数据导入后，以报案人及电话进行排序筛选，发现行为人存在频繁报案、多次将高档车开进水里的不正常现象。初步分析该案存在一个以汽修厂人员为主体的团伙诈骗情况。

第三步：深入调查，厘清特征。通过调取法院卷宗、公安部门事故责任认定材料、保险公司定损材料，查询原告诉讼费退款结算账户、汽修厂法定代表人、实际控制人资金往来明细以及选择性询问驾驶员或车主等发现，车辆发生事故后，涉案修理厂将车辆拖至自己的修理厂维修，一方面以不用支付修理费、帮助理赔等为由骗取出险人转让保险权益，另一方面则以隐瞒车辆所在地或者借故拖延等方式阻挠保险公司定损，在定损期限过后，制作虚假修理清单，自行委托第三方评估公司出具评估报告，以保险权益受让人名义向人民法院提起车损保险理赔诉讼，获取非法利益，该行为部分已经涉嫌犯罪。

第四步：分类处理，充分取证。根据前期调查情况，民事检察部门及时联合刑事检察部门以证据充分程度和成案可能性大小为标准，将案件分为 A、B、C 三类分别处理。对 A 类证据充分的，及时引导公安机关立案侦查；对 B 类证据尚有欠缺的，及时研究取证思路和侦查方向，在补充基础上尽快处理；对 C 类证据不充分且成案可能性小的案件，通过后期收集材料，再次研判后再作决定。

思维导图：

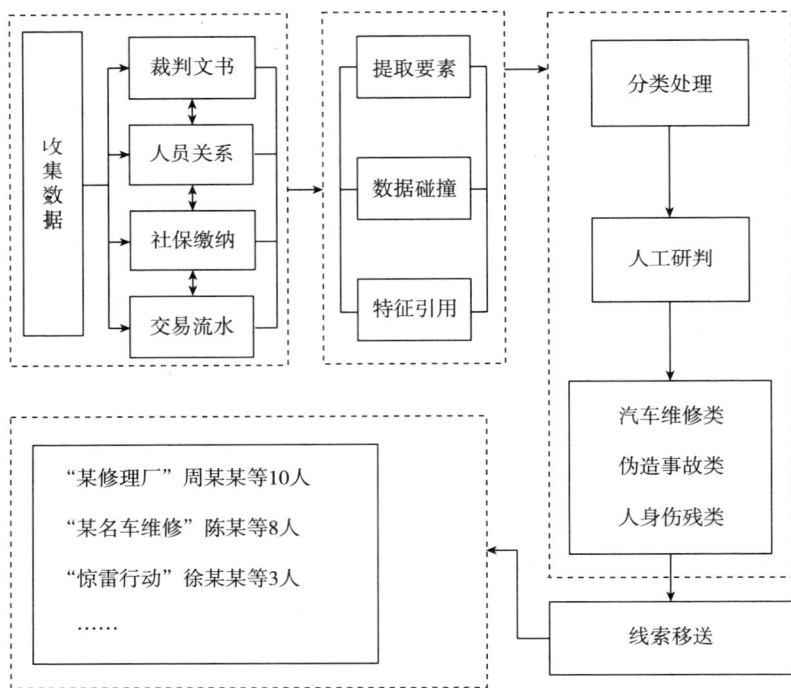

【监督方式】

刑事检察监督：对于裁判监督系统分析推送的线索数据，建立人工逐条核查机制，组建办案组对涉"保险诈骗"近 600 条数据进行专项核查，经综合分析发现，这类案件存在车主转让理赔权，同一原告密集起诉，外地牌照大货车理赔多，还有诉讼代理人、鉴定人相对集中、保险公司定损异议多等多个异常诉讼行为。经二次人工研判，对可能涉嫌犯罪的60余条虚假保险理赔线索，制作分析研判报告，批量移送公安机关立案侦查。

对于批量移送的虚假保险理赔线索，公安机关经初查认为，涉案汽修厂作案手段零星化，车主对车损不清楚，虚报行为事后难以核查，侦查方向不明，案件无从着手，不愿意立案。绍兴市检察院刑事检察部门针对上述问题，联合下级检察院全面介入侦查，要求公安机关以涉案理赔汽车为突破口，分单位从汽修厂、评估公司、保险公司、法院以及银行调取汽车维修工作分配单等客观性证据；分人员对涉案车辆驾驶员、保险公司定损员、汽修厂维修工人、评估机构评估员进行全面询问，收集言词证据，查清事故发生及车辆损坏、维修、评估、定损以及诉讼等相关情况，还原案件事实。同时，委托物价部门根据登记表记录的品牌、型号等信息对涉案车辆理赔配件进行价格鉴定，对相关人员手机进行勘验检查，提取微信聊天记录等电子证据，形成全案证据闭环。通过刑事检察部门的实时引导侦查和全过程参与，为公安机关明确了侦查方向和取证标准，一一突破关键犯罪嫌疑人的口供，涉三区两市的5件27人系列保险领域诈骗案被顺利侦破。

民事检察监督：目前已查明涉嫌虚假的财产保险合同纠纷中存在因虚增维修费导致评估定损金额虚高从而导致裁判结果错误的问题；同时，法官在此类案件审理中还存在对证据的采信、举证责任的分配、鉴定程序的启动等方面的自由裁量权的行使问题。如原审未审查第三方评估程序是否规范、鉴定人员资质是否符合要求，直接认定第三方鉴定采信度高于保险公司定损意见，对保险公司关于异地鉴定和聘请具有公估师资格人员进行鉴定的合理请求，一律不予采纳等。对上述已查明的民事裁判案件，一部分制发再审检察建议，建议人民法院依法改判；另一部分依法提出抗诉。

【社会治理】

建章立制：对于办案中发现的法院在同类案件处理中关于鉴定费负担

裁判标准不统一的情况，拟制发工作性检察建议，建议法院统一裁判尺度。对发现的价格认证中心鉴定费收取不规范的问题，拟向主管单位制发检察建议，要求规范鉴定费收取等财务制度。同时联合公安、法院在全市开展保险领域虚假理赔专项整治活动，出台相应机制，规范保险市场秩序，维护企业合法权益，增进社会诚信，促进长效治理。

复制推广：绍兴市检察院紧紧抓住"数字浙江"建设的良好机遇，以民事生效裁判智慧监督为先导，积极探索大数据法律监督之路，研发了"民事裁判智慧监督系统"，构建了虚假诉讼、司法拍卖等多个专项监督模块，并通过省级院向全省甚至全国检察机关推广使用，实现"一地突破、全域共享"的良好局面。监督模型投入使用以来，协助省外检察机关排查、推送线索100余条。同时，绍兴市检察机关在数字模型共享、类案共治、理论共研、人才共育等方面也进行了创新融合发展，通过现场授课、数据分享、线索协查、人才互派等方式，携手打造数字检察合作的生动实践范例。

【法律法规依据】

1.《中华人民共和国刑法》第一百九十八条第一款 有下列情形之一，进行保险诈骗活动，数额较大的，处五年以下有期徒刑或者拘役，并处一万元以上十万元以下罚金；数额巨大或者有其他严重情节的，处五年以上十年以下有期徒刑，并处二万元以上二十万元以下罚金；数额特别巨大或者有其他特别严重情节的，处十年以上有期徒刑，并处二万元以上二十万元以下罚金或者没收财产：

（一）投保人故意虚构保险标的，骗取保险金的；

（二）投保人、被保险人或者受益人对发生的保险事故编造虚假的原因或者夸大损失的程度，骗取保险金的；

（三）投保人、被保险人或者受益人编造未曾发生的保险事故，骗取保险金的；

（四）投保人、被保险人故意造成财产损失的保险事故，骗取保险金的；

（五）投保人、受益人故意造成被保险人死亡、伤残或者疾病，骗取保险金的。

第二百六十六条　诈骗公私财物，数额较大的，处三年以下有期徒刑、拘役或者管制，并处或者单处罚金；数额巨大或者有其他严重情节的，处三年以上十年以下有期徒刑，并处罚金；数额特别巨大或者有其他特别严重情节的，处十年以上有期徒刑或者无期徒刑，并处罚金或者没收财产。本法另有规定的，依照规定。

第三百零七条之一第一款　以捏造的事实提起民事诉讼，妨害司法秩序或者严重侵害他人合法权益的，处三年以下有期徒刑、拘役或者管制，并处或者单处罚金；情节严重的，处三年以上七年以下有期徒刑，并处罚金。

2.《最高人民法院关于防范和制裁虚假诉讼的指导意见》

【经验传真】

（一）数字赋能民事监督，破解保险领域执法顽瘴痼疾

民事检察监督涉及范围广、案件体量大，传统的人工排查模式面临挑战，尤其是隐藏在诉讼背后的监督点很难被发现。绍兴市检察院民事检察部门以数据化改革撬动法律监督，研发"民事裁判监督系统"，充分发挥大数据赋能作用，通过办案实践，分析研判监督点，进行数据碰撞剥离出可人工排查的异常数据，经验证后形成指向性明确的线索，移送公安机关进行查处。本案紧盯车辆保险理赔领域，通过数字建模、数据抓取分析出有效线索，解决了长期以来骗保骗赔案事件中挖掘线索难、取证要求高、打击难度大的"顽疾"，一批案件的有效办理，对保险行业是一种警示，更是一次秩序的净化。

（二）内部融合、上下联动，走出刑民共治新路径

保险领域的骗保骗赔案件既涉及民事虚假诉讼监督，也伴随有诈骗等刑事犯罪案件的发生。因此，绍兴市检察院民事检察部门在分析出有效案

件线索后及时移送公安机关侦查，抄送刑事检察部门，协同刑事检察部门开展提前介入、引导取证等，形成刑民内部融合办案，实现同一个案件由同一办案组从接收线索到审判终结的全流程办理，更能抓住焦点、明确案件走向。同时，公安机关在传唤、取证等方面具有强制性，解决了民事检察部门在核查取证过程中权力受限、不具有强制力等调查受阻的被动局面。将涉案线索下放到涉案人员所在地的基层检察院，发挥市级检察机关平台枢纽作用，形成市级院统筹协调指导、基层院实地办理的新局面。另外，在刑民内部融合办案上，采取反向倒查模式，通过刑事检察部门办理的虚假诉讼等类型的刑事案件，反查其中存在的错误民事判决，实现刑民虚假诉讼线索、结果内部双移送、双互动，形成办案合力。

（三）积极参与社会治理，健全机制体系，开创民事检察工作现代化新局面

民事检察监督的最终目的是不断往返于纠错和社会治理之中，这也是法律效果和社会效果的价值追求。在办案过程中，针对法院在同类案件处理中鉴定费负担裁判标准不统一的情形，向法院制发以统一裁判尺度为内容的工作性检察建议，针对价格认证中心鉴定费收取不规范的问题，向主管单位制发检察建议，要求规范鉴定费收取等财务制度，充分发挥检察机关的监督职责和展现检察建议的社会治理价值。在全流程监督过程中，绍兴市检察机关还联合公安、法院开展保险领域虚假理赔专项整治活动，出台相应的工作机制，实现了规范保险市场秩序、弘扬公平诚信理念、促进全域长效治理、推动优化营商环境的治理格局。

（曾于生，浙江省绍兴市人民检察院检察委员会专职委员）

2. 骗取车牌额度拍卖款虚假诉讼监督模型

【建模单位】

山东省枣庄市人民检察院、枣庄市薛城区人民检察院

【监督要旨】

针对通过伪造借款协议、买卖合同等手段，提起虚假诉讼骗取上海车牌额度拍卖款的问题，调取法院涉上海车牌的裁判文书案件数据，归纳提炼民间借贷、车辆买卖协议、缺席判决或调解结案、沪（上海车牌号）等要素，发现同一原告、诉讼代理人、司法工作人员高频出现，继而发现刘某某等人串通司法工作人员提起虚假诉讼，骗取上海车牌额度拍卖款的案件线索，进而对民事虚假诉讼案件进行法律监督，对相关司法工作人员立案侦查，并将刑事犯罪线索移交公安机关。联合有关部门会签文件，共同防范和查处虚假诉讼。将案件办理情况通报上海检察机关，由其向监管部门制发检察建议促进社会治理。

【模型概要】

2016 年至 2018 年，刘某某、林某某等人为达到非法占有车牌额度拍卖款的目的，获取了一批某直辖市的"僵尸企业"名下车辆信息，采用私刻"僵尸企业"单位印章、伪造二手车车辆买卖合同的手段提起虚假诉讼，从而获取车牌所有权，然后将车牌在拍卖公司拍卖，继而非法占有车牌额度拍卖款。

枣庄市检察院发挥上下一体化办案优势，指导薛城区检察院根据上述异常案件线索，总结个案特性，提炼关键要素，构建数字模型，通过导入裁判文书数据，以民间借贷、车辆买卖协议、缺席判决或调解结案、沪

（上海车牌号）等数据要素特征排查出全市范围内，利用类似手段提起的虚假诉讼案件50件，依法提出抗诉或发出再审检察建议，目前均已改判；发出民事执行监督检察建议15件，均被法院采纳；查办司法工作人员职务犯罪案件3件3人；发现涉嫌虚假诉讼案件6人，移送公安侦查后被追究刑事责任。

【模型设计】

数据来源：法院裁判数据（源于中国裁判文书网、两级法院裁判信息）；企业经营数据（源于国家企业信用信息公示系统、工商登记信息）；报废车辆数据（源于商务局）；脱审车辆数据（源于车管所）。

类案特征要素：同一原告高频出现；被告多为企业；案由涉及民间借贷、车辆买卖；裁判文书涉及上海车牌（沪）、案件缺席判决或调解结案。

数据分析关键词：民间借贷、车辆买卖协议、缺席判决或调解结案、沪（上海车牌号）。

逻辑规则：该模型通过对法院裁判文书数据进行分析整理，以民间借贷、车辆买卖案由提取类案，筛查出由相同当事人作为原告的民事一审、相同当事人申请民事执行案件信息，形成线索数据，再与工商登记信息、报废车辆数据、脱审车辆数据等比对碰撞，锁定虚假诉讼案件线索。

数据分析步骤：

第一步，以民间借贷、车辆买卖协议、缺席判决或调解结案、沪（车牌号）为关键词，与法院裁判数据进行比对碰撞，筛查出同一原告高频出现、沪牌的本市法院裁判文书。

第二步，导出上述文书中的被告，发现被告多为企业。

第三步，将筛查出的企业名称与工商登记系统中的数据进行比对碰撞，发现吊销或注销的"僵尸企业"以及名下车牌号。

第四步，提取上述企业的注册登记地址，发现法院送达地址与企业登记地址不一致数据122条，且送达地址较为集中，初步判定原告提供的被告地址存在虚假嫌疑。

第五步，将车牌号与车管所、商务局数据进行比对，发现脱审未报废的"休眠车牌"数据。

第六步，通过对"休眠车牌"数据与审判执行数据关联分析，锁定虚假诉讼案件线索。将线索中高频出现的审判人员、执行人员进行筛查，继而发现司法工作人员职务犯罪案件线索。

思维导图：

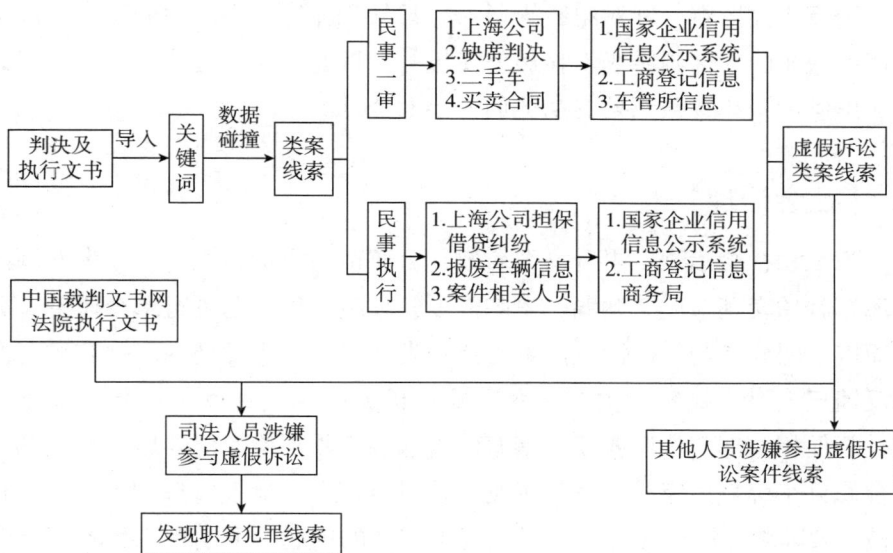

【监督方式】

通过模型排查发现，刘某新等系列虚假诉讼案涉及枣庄市 3 个基层法院，通过一体化办案机制，民事、刑事、职务犯罪检察部门融合办案，取得较好监督成效。

民事检察监督：全市检察机关使用本监督模型发现了 50 件涉及上海车牌的虚假诉讼案件线索，采取上下联动、内部协作的办案模式，民事检察部门开展调查核实，分析把握审查重点，对可能存在职务犯罪和刑事漏犯漏罪的风险点进行重点摸排，对发现的司法工作人员职务犯罪线索移送市院职务犯罪侦查部门。对查实的虚假诉讼案件依法提出抗诉或发出再审检察建议 50 件，目前均已改判；发出民事执行监督检察建议 15 件，均被法院采纳，挽回经济损失 1000 万余元。

职务犯罪查办：在市院统一调度、基层院全面配合下，职务犯罪侦查与民事监督、刑事检察办案、技术支持有机融合，成功查办了两个基层法院司法工作人员职务犯罪案件 3 件 3 人，经审判后均被判处有期徒刑以上刑罚。

刑事检察监督：针对犯罪嫌疑人林某某等虚构事实、伪造证据，涉嫌虚假诉讼罪的 6 件犯罪线索移送公安机关。目前，经提起公诉，林某某因构成虚假诉讼罪，被判处有期徒刑一年七个月。

【社会治理】

为推动社会治理，提升办案质效，枣庄市两级检察院对办案中发现的上海车牌拍卖环节监管漏洞、车牌额度管理疏漏等问题进行综合研判，分析原因，明确参与社会治理的着力点和发力点，并将发现的问题和监管漏洞反馈至上海市检察机关。上海市检察机关向相关主管单位制发检察建议，督促相关部门依法履职，堵塞监管漏洞，收到检察建议后，相关部门联合修订车牌额度审核、发放规则，及时修正车牌额度管理制度，违法根源被有效阻断。针对法院审判、执行中存在的问题，枣庄市人民检察院和薛城区人民检察院分别向法院制发检察建议，建议增强虚假诉讼防范意识，法院予以回复采纳。为强化虚假诉讼防范和查处工作，枣庄市检察院会同市法院、公安局、司法局联合会签《关于建立防范和查处虚假诉讼工作协作机制的实施办法》，建立了数据共享、证据协查、线索移送等工作机制。

【法律法规依据】

1.《中华人民共和国刑法》第三百零七条　以暴力、威胁、贿买等方法阻止证人作证或者指使他人作伪证的，处三年以下有期徒刑或者拘役；情节严重的，处三年以上七年以下有期徒刑。

帮助当事人毁灭、伪造证据，情节严重的，处三年以下有期徒刑或者拘役。

司法工作人员犯前两款罪的，从重处罚。

第三百九十九条　司法工作人员徇私枉法、徇情枉法，对明知是无罪的人而使他受追诉、对明知是有罪的人而故意包庇不使他受追诉，或者在刑事审判活动中故意违背事实和法律作枉法裁判的，处五年以下有期徒刑或者拘役；情节严重的，处五年以上十年以下有期徒刑；情节特别严重的，处十年以上有期徒刑。

在民事、行政审判活动中故意违背事实和法律作枉法裁判，情节严重的，处五年以下有期徒刑或者拘役；情节特别严重的，处五年以上十年以下有期徒刑。

在执行判决、裁定活动中，严重不负责任或者滥用职权，不依法采取诉讼保全措施、不履行法定执行职责，或者违法采取诉讼保全措施、强制执行措施，致使当事人或者其他人的利益遭受重大损失的，处五年以下有期徒刑或者拘役；致使当事人或者其他人的利益遭受特别重大损失的，处五年以上十年以下有期徒刑。

司法工作人员收受贿赂，有前三款行为的，同时又构成本法第三百八十五条规定之罪的，依照处罚较重的规定定罪处罚。

2.《中华人民共和国民事诉讼法》第一百一十五条第一款　当事人之间恶意串通，企图通过诉讼、调解等方式侵害他人合法权益的，人民法院应当驳回其请求，并根据情节轻重予以罚款、拘留；构成犯罪的，依法追究刑事责任。

第二百一十九条第一款　最高人民检察院对各级人民法院已经发生法律效力的判决、裁定，上级人民检察院对下级人民法院已经发生法律效力的判决、裁定，发现有本法第二百零七条规定情形之一的，或者发现调解书损害国家利益、社会公共利益的，应当提出抗诉。

3.《最高人民法院、最高人民检察院关于办理虚假诉讼刑事案件适用法律若干问题的解释》第二条　以捏造的事实提起民事诉讼，有下列情形之一的，应当认定为刑法第三百零七条之一第一款规定的"妨害司法秩序或者严重侵害他人合法权益"：

（一）致使人民法院基于捏造的事实采取财产保全或者行为保全措施的；

（二）致使人民法院开庭审理，干扰正常司法活动的；

（三）致使人民法院基于捏造的事实作出裁判文书、制作财产分配方案，或者立案执行基于捏造的事实作出的仲裁裁决、公证债权文书的；

（四）多次以捏造的事实提起民事诉讼的；

（五）曾因以捏造的事实提起民事诉讼被采取民事诉讼强制措施或者受过刑事追究的；

（六）其他妨害司法秩序或者严重侵害他人合法权益的情形。

4.《人民检察院民事诉讼监督规则》第九十条　最高人民检察院对各级人民法院已经发生法律效力的民事判决、裁定、调解书，上级人民检察院对下级人民法院已经发生法律效力的民事判决、裁定、调解书，发现有《中华人民共和国民事诉讼法》第二百条、第二百零八条规定情形的，应当向同级人民法院提出抗诉。

5.《人民检察院检察建议工作规定》第八条　人民检察院发现同级人民法院已经发生法律效力的判决、裁定具有法律规定的应当再审情形的，或者发现调解书损害国家利益、社会公共利益的，可以向同级人民法院提出再审检察建议。

【经验传真】

《中共中央关于加强新时代检察机关法律监督工作的意见》明确提出，健全对虚假诉讼的防范、发现和追究机制。实践中，虚假诉讼监督案件的办理一直面临着"线索发现难、调查核实难、治理成效难"三大难题，其中，因虚假诉讼隐蔽性强而难以被识别和发现成为虚假诉讼监督面临的首要难题。面对该难题，枣庄市检察院、薛城区检察院积极探索构建数字检察法律监督模型，靶向发力，在涉车牌额度拍卖款虚假诉讼领域实现了从"个案办理—类案监督—社会治理"的重大突破。

（一）以业务为主导，精准构建法律监督模型

枣庄市检察院、薛城区检察院在构建法律监督模型过程中认识到，首先，模型的建立不能依靠假设确定监督逻辑，而要脚踏实地从案件办理中总结提炼案件关键节点特征及线索筛查方式方法，分析需要调取的各类数据，建立完善的数字检察法律监督模型。从办案中来到办案中去，如此才能使所建立的模型在办案中真正起到完善法律监督机制的作用，经得起时间和案件办理的双重考验。其次，在数字检察法律监督模型的构建过程中，要坚持以业务部门为研发主导，由业务骨干担任"破风手"，探索法律监督模型建设方向。在模型研发的过程中要坚持业务与技术相结合，借助技术人员的力量逐步优化完善模型，不断提高模型建设水平，增强检察监督实效。

（二）跨部室协同，业务融合破解初期难题

枣庄市检察院、薛城区检察院在搭建模型初期遭遇数据收集难问题，办案部门积极与所需数据单位开展沟通交流，协调案涉数据调取。同时指派本院技术人员全程协助，提供法律监督模型建设所必需的技术支持，做好辅助工作。因本模型涉及多个业务部门专业领域，通过召开部门联席会议，商讨案件办理及模型建立思路，开展头脑风暴活动，集思广益，进一步锤炼了模型细节。在案件线索浮现后的具体办理环节，民事检察部门与刑事检察部门互相配合，制定案件办理思路和计划。信息技术部门第一时间恢复微信聊天记录、虚假诉讼案件起诉书模板等电子证据，为准确认定虚假诉讼事实及犯罪嫌疑人的明知，都起到了直接印证的作用。

（三）上下一体化办案，集中力量发挥监督职能

枣庄市检察院、薛城区检察院在该模型建成后，即在全市推广使用。通过虚假诉讼法律监督模型排查发现，刘某新等人系列骗取车牌额度款的民事虚假诉讼案涉及枣庄市多个基层法院，将案件线索报枣庄市院后，枣庄市检察机关上下一体共同推进案件办理。该办案模式的优势在于：一是有利于全方位收集证据。在枣庄市检察院的统筹协调下依法调阅各基层法

院刑事、民事案件卷宗材料，提高案件沟通效率，从而分析把握案件审查重点。二是有利于深挖犯罪线索。市区两级检察院采取上下联动、内部协作的办案模式，民事检察与职务犯罪侦查部门协同配合，发挥各自优势，对可能存在职务犯罪和刑事漏犯漏罪的风险点进行重点摸排，深入挖掘潜在犯罪线索。

（四）依法切实履职，取得最佳社会治理效果

通过本案办理，枣庄市检察院、薛城区检察院实现了对涉上海车牌额度拍卖款虚假诉讼案件的有效监督，对潜在犯罪分子产生极大震慑，行业秩序得到明显改善，填补了此领域法律监督空白。在该案办理后，不仅批量错案得到纠正，更使配合实施虚假诉讼犯罪的司法工作人员得到应有惩罚，促使法院加强对虚假诉讼高发领域案件的审查、核实力度，维护公正严明的司法氛围。为进一步提升案件社会治理效果，枣庄市检察机关积极与上海市检察机关进行密切沟通，建议当地检察机关向案件涉及领域主管单位制发检察建议，督促行政机关依法履职，规范行业经营行为，保护人民群众财产不受非法侵害。为防范和查处虚假诉讼，结合虚假诉讼案件发案特点，枣庄市检察院会同市法院、公安、司法等部门联合会签了《关于建立防范和查处虚假诉讼工作协作机制的实施办法》，建立了信息共享、证据协查、线索移送等工作机制，明确了跨单位、跨部门之间实现大数据共享等内容，社会治理效果明显。

（张洪伟，山东省枣庄市薛城区人民检察院检察长）

3. 汽车金融贷款领域虚假公证监督模型

【建模单位】

陕西省西安市人民检察院、西安市临潼区人民检察院

【监督要旨】

该模型通过调取、分析海量民事非诉执行案件数据，对比汽车贷款人实际还款期间与申请民事非诉执行期间，挖掘汽车金融贷款领域虚假公证线索，通过数据化、智能化梳理研判，锁定金融机构虚假公证行为，发现公证机关不当履职行为，优化监督路径，真正实现民事虚假公证行为的深入监督、精准监督和有效监督，推进社会治理和社会诚信体系建设。

【模型概要】

2021年3月20日，严某某、左某某因与西安某汽车运输服务有限公司追偿权纠纷一案，不服西安市长安区人民法院（2020）陕0116民初7910号民事判决书，向西安市长安区人民检察院申请监督。因案涉陕西某商业银行股份有限公司临潼某支行，经西安市人民检察院指定，该案由西安市临潼区人民检察院办理。在该案办理过程中，办案团队查清了金融机构与汽车服务公司"合谋"虚构案件事实，在债权未受损失的情况下申请出具执行证书并向人民法院申请民事非诉执行的虚假公证行为。经过个案办理，承办团队认为在汽车金融贷款领域此类现象或许具有普遍性，但面对此类公证案件少量多次、化整为零、隐蔽性高的特点，经过数月的打磨、优化，办案团队研发制作了"汽车金融贷款领域虚假公证监督模型"，从海量民事非诉执行文书中筛查可疑线索。一地创新、全市共享，2022年10月，西安市人民检察院启动一体化办案机制，统一调配两级检

察机关民事检察办案力量，在全市 13 个区、县推广运用该模型，对此类虚假公证行为展开深入调查。

【模型设计】

数据来源：法院民事裁判文书（源于中国裁判文书网、中国执行信息公开网、人民法院执行案件流程信息管理系统）；公证处出具的执行文书（源于公证处业务系统）；汽车金融贷款被执行人银行流水与资金明细（源于金融机构）。

数据分析关键词：虚假公证、调查核实权、数字赋能监督、社会综合治理。

数据分析步骤：

第一步：提取文书要素。提取人民法院执行案件流程信息管理系统中执行依据为公证债权文书（执行证书）的案件，并对文书中的要素通过 OCR 识别进行提取，具体包括被执行人、公民身份号码、案由、未清偿贷款期间、汽车贷款合同等关键字。

第二步：对比信息进行数据碰撞。根据前述步骤确定具体的汽车贷款人并调取相应的银行流水信息进行碰撞，若银行流水中的实际还款期间与申请公证执行的未还款期间存在重合或部分重合则标记为虚假公证案件。同时，调阅对应的公证处卷宗，分析公证员出证程序是否存在瑕疵，此处可获得公证员渎职行为线索。

第三步：得出案件线索。若申请执行的贷款期间已被清偿则标记为虚假公证案件线索，若公证员未对实际还款期间进行核对则标记为公证员不当履职案件线索。

思维导图：

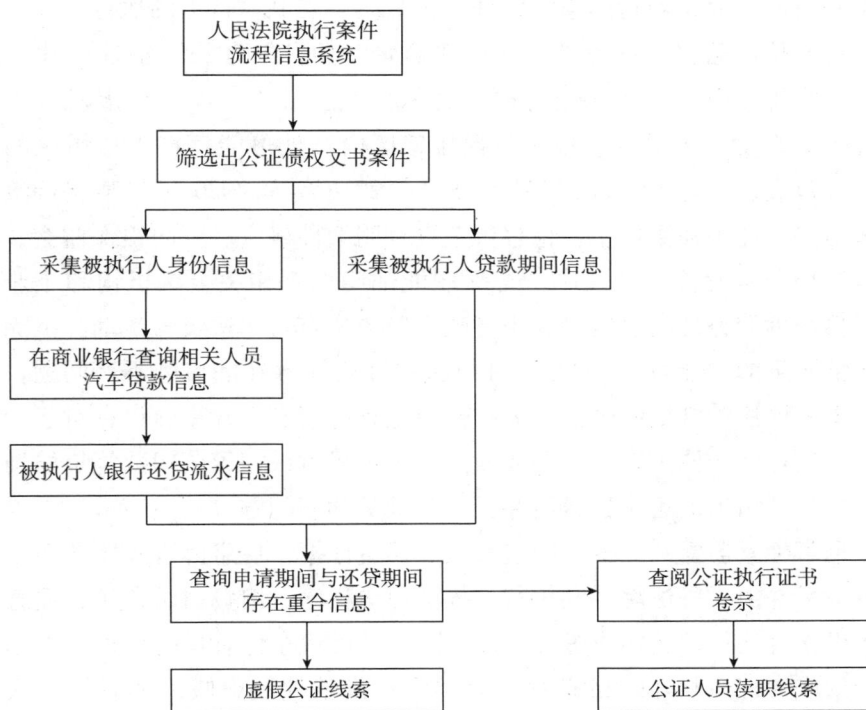

【监督方式】

民事检察监督：经过上述数据分析步骤，办案团队累计筛选案件线索 207 件 228 人（部分汽车贷款系夫妻共同举债），其中存在虚假公证情形的 75 件 86 人，涉及关联公司 5 家，核实虚假公证情形 78 件 91 人，涉及公证机关执行证书 78 份、人民法院执行裁定书 78 份，涉案总金额 1381.75 万元。2022 年 7 月 22 日，西安市临潼区检察院邀请人大代表、政协委员及人民监督员向陕西某商业银行股份有限公司临潼某支行与西安市临潼区某局公开宣告送达社会治理检察建议。建议该行纠正汽车金融贷款违法追偿行为，及时申请撤销执行证书及人民法院民事执行案件，并在今后的工作中严格信贷业务管理，维护社会正常金融秩序。建议公证机关在执行证书制发过程中仔细核实案件事实和证据材料，查明债务人及担保人不履行或不完全履行的事实，谨慎出具附有强制执行力的执行证书。

行政检察监督： 坚持"延伸法律监督触角，办理一案治理一片"的行政检察工作思路。从金融机构、汽车服务公司"合谋"开展民事虚假公证个案出发，运用数字化手段摸排辖区内其他可能存在类似情况的公司。经审查，共有13家汽车服务公司在2016年至2020年与某支行签订合作协议。在类似案件中，检察机关在查明案件事实后可向银保监会、市场监管部门制发检察建议书，督促职能部门彻查相关金融机构和企业谋划、参与虚假公证的事实，运用行政手段依法打击非法经营活动，铲除虚假公证滋生的"土壤"。对于公证机关出证程序存在的审查不严问题，可以根据公证法等规定向公证机关的行政主管部门制发检察建议，对于一人出具多证存在相同审查不严问题或一家金融机构或一家公司数笔贷款均存在虚假公证情形的可深挖背后存在的公证员渎职问题。

刑事检察监督： 当事人捏造事实、伪造证据，规避诉讼程序转而申请执行证书并由人民法院强制执行，扰乱司法秩序、浪费司法资源，损害其他当事人合法权益，构成虚假公证。随着城市汽车保有量的增加，汽车金融贷款成为许多购车人的选择。此类汽车贷款领域虚假公证案件受众面广、隐蔽性强、当事人维权意识薄弱。实践中，汽车服务公司往往利用加装的GPS装置实时控制车辆动态，当购车人不按时履行合同，汽车服务公司将通过"扣车"的方式实现债权。"扣车"行为的背后，潜藏着肢体冲突引发的治安隐患、低价评估导致的财产权益受损等问题。

【社会治理】

案件办理期间，西安市人民检察院运用一体化办案机制在全市13个基层院开展汽车金融贷款领域虚假公证监督专项行动。在全力推进案件办理的同时深挖案件背后存在的社会治理问题，先后多次与涉案临潼区某局、金融机构、人民法院就虚假公证与"克隆执行"问题进行沟通协调、共商对策，取得相关单位对检察监督工作的支持和配合，并向涉案金融机构的上级行制发社会治理检察建议。制发社会治理检察建议后，陕西某商业银行股份有限公司陕西总行下发《关于全面开展信贷类业务涉执案件风险的通知》，要求陕西省内所有分行、支行开展审批流程合规性、司法追偿合法性、诉讼档案规范性排查以强化信贷类业务监管。西安市临潼区某局针对公证流程审核不严、证据审查不细的问题开展为期一个月的专项整治，并针对执业公证员建立责任追究和应用机制，将奖励和惩戒信息计入公证员执业档案，切实提高公证工作公信力。

【法律法规依据】

1.《中华人民共和国公证法》第六条　公证机构是依法设立，不以营利为目的，依法独立行使公证职能、承担民事责任的证明机构。

第四十二条第二项　公证机构及其公证员有下列行为之一的，由省、自治区、直辖市或者设区的市人民政府司法行政部门对公证机构给予警告，并处二万元以上十万元以下罚款，并可以给予一个月以上三个月以下停业整顿的处罚；对公证员给予警告，并处二千元以上一万元以下罚款，并可以给予三个月以上十二个月以下停止执业的处罚；有违法所得的，没收违法所得；情节严重的，由省、自治区、直辖市人民政府司法行政部门吊销公证员执业证书；构成犯罪的，依法追究刑事责任：

（二）为不真实、不合法的事项出具公证书的。

2.《中华人民共和国民事诉讼法》第二百四十九条第二款　公证债权文书确有错误的，人民法院裁定不予执行，并将裁定书送达双方当事人和公证机关。

3.《人民检察院检察建议工作规定》第十一条第四项　人民检察院在办理案件中发现社会治理工作存在下列情形之一的，可以向有关单位和部门提出改进工作、完善治理的检察建议：

（四）有关单位或部门不依法及时履行职责，致使个人或组织合法权益受到损害或者存在损害危险，需要及时整改消除的。

4.《最高人民法院关于公证债权文书执行若干问题的规定》第三条　债权人申请执行的公证债权文书，除应当提交作为执行依据的公证债权文书等申请执行所需的材料外，还应当提交证明履行情况等内容的执行证书。

5.《最高人民法院、最高人民检察院关于办理虚假诉讼刑事案件适用法律若干问题的解释》第一条第三款 向人民法院申请执行基于捏造的事实作出的仲裁裁决、公证债权文书，或者在民事执行过程中以捏造的事实对执行标的提出异议、申请参与执行财产分配的，属于刑法第三百零七条之一第一款规定的"以捏造的事实提起民事诉讼"。

6.《最高人民法院、司法部关于公证机关赋予强制执行效力的债权文书执行有关问题的联合通知》 五、公证机关签发执行证书应当注意审查以下内容：

（一）不履行或不完全履行的事实确实发生；

（二）债权人履行合同义务的事实和证据，债务人依照债权文书已经部分履行的事实；

（三）债务人对债权文书规定的履行义务有无疑义。

7.《办理具有强制执行效力债权文书公证及出具执行证书的指导意见》第九条 公证机构可以指导当事人就出具执行证书过程中双方当事人的举证责任和对债务人（包括担保人）不履行或者不适当履行债务的核实方式做出约定。债务人（包括担保人）可以约定采用"公证处信函核实"或者"公证处电话（传真）核实"等核实方式。该约定可以记载在债权文书或者其附件（包括补充条款、承诺书）中。

"公证处信函核实"方式是指公证机构在出具执行证书前，应当根据当事人约定的寄送方式和通讯地址向债务人（包括担保人）以信函方式核实债务人（包括担保人）不履行或者不适当履行债务的事实。

"公证处电话（传真）核实"方式是指公证机构在出具执行证书前，应当根据当事人约定的通讯号码向债务人（包括担保人）以电话（传真）方式核实债务人（包括担保人）不履行或者不适当履行债务的事实。

第十二条 公证机构出具执行证书，除需要按照《联合通知》第五条规定的内容进行审查外，还应当重点审查下列内容：

（一）债权人提交的已按债权文书约定履行了义务的证明材料是否充分、属实；

（二）向债务人（包括担保人）核实其对债权文书载明的履行义务有无疑义，以及债权人提出的债务人（包括担保人）不履行或者不适当履行债务的主张是否属实。

【经验传真】

（一）大数据法律监督模型的应用让民事检察监督工作更精准、更高效

民事检察与民同行，检察干警运用好数字检察工作思路，不仅需要扎实的法律功底做基础，还要勇于开拓、善于创新、大胆实践，不断提升综合能力。特别是面对民事虚假公证案件办理的客观困难，检察官应立足实际情况，在个案办理中归纳共性、总结规律，不断解放思想，在数字检察与传统民事检察监督思路的融汇运用中探求破解监督困境之道，以理念的更新推动办案方法的创新，真正落实"个案办理—类案监督—系统治理"的数字检察路径，让数字检察更好促进检察监督工作的精准化、实效化。

（二）充分发挥好业务部门的主导作用，让轻量级模型落地见效

数字检察工作经过近年来的探索、发展已经由界面美、功能强、见效快的数据平台建设逐渐转变为重实用、易推广、好操作的"轻量型"模型开发的实干之路，数据平台建设步伐逐渐放缓的意义在于我们应当以中长期的目光规划数字检察战略的百年大计，夯实基础尤为重要。在该视角下，以业务部门为主导的"轻量型"模型开发至关重要。在基层检察机关的数字检察办案工作中应当明确业务部门对本条线数据资源管理的主体责任，在日常办案中积极发现问题、细心解决问题、大胆归纳问题，在明确监督思路的前提下与技术部门大胆探索、碰撞思维，让更多、更好的"轻量型"模型在业务部门的主导下落地见效。

（三）加强对虚假诉讼行为的调查核实，加强与监管部门的沟通配合，促进社会问题综合治理

民事虚假公证行为方式多样、隐蔽性高，识别难度大，检察机关应当

充分行使调查核实权，除依法监督执行行为外，还应当审查执行依据正确与否，进而将公证程序纳入检察监督的视野范围。依据公证法等相关法律法规对公证程序、文书效力进行审查，重点审核赋予强制执行效力公证债权文书和执行证书所涉及的债务事实及债务履行情况，查明用以证明申请事项的证据材料是否真实、完备、充分。对当事人存在恶意串通、捏造事实、隐瞒债务清偿等方式公证债权文书申请执行的，从撤销执行依据、纠正执行行为两方面加大检察监督力度，完成对虚假非诉法律文书的整体监督。同时，数字检察与虚假公证监督都需要有关职能部门的大力配合，在相关案件的办理过程中，检察机关应当综合运用公开听证、专家论证、公告送达等举措，切实保障相关单位知情权、参与权、陈述权，通过案件办理加强与金融监管部门、司法行政机关的沟通联系、协调配合，促进相关部门积极参与虚假公证治理工作，凝聚监督共识，共同促推形成虚假公证打击合力、数字中国建设合力，共同构建诚实守信社会环境。

（李文凯，陕西省西安市临潼区人民检察院检察长）

4. 涉机动车辆安全统筹民事裁判监督模型

【建模单位】

浙江省安吉县人民检察院

【监督要旨】

在交通事故中负有责任的机动车一方与不具有保险经营资质的公司签订"机动车辆安全统筹"①合同而未投保商业保险的，该合同不属于法律规定的机动车商业保险，不适用《民法典》第 1213 条等法律、司法解释中关于先由保险公司赔偿、不足部分再由机动车侵权人赔偿的规定。针对人民法院在审理涉及"机动车辆安全统筹"机动车交通事故责任纠纷案件中，将"机动车辆安全统筹"不当认定或参照为商业保险，并错误适用上述法律规定予以裁判，要求统筹公司承担赔偿责任，导致被侵权人权益未能及时全面得到保障的问题，检察机关通过企业信息查询平台获取经营"机动车辆安全统筹"的企业名单，并通过与民事裁判数据、执行终本数据碰撞清洗，锁定涉"机动车辆安全统筹"民事生效裁判监督案件线索。经调卷核查，通过向法院提出抗诉、再审检察建议和审判活动监督类案检察建议、向相关行政机关制发社会治理检察建议等方式，监督法院再审改判并统一类案处理司法裁判标准；推动交通运输部门、物流运输协

---

① "机动车辆安全统筹"又称"交通安全统筹"，是指有关企业以"行业互助"形式，对货车按照标准收取相应费用，在货车在遭遇交通事故、自然灾害等造成损失时，给予经济赔偿。因其具备与货车商业保险相比价格低、限制少的特点，被货车司机或运输企业作为商业保险"平替"。但经营该项业务的公司不具备经营相关保险业务的资质，交通安全统筹合同与保险存在本质区别。实践中，因其缺乏足够的资金托底、有效的行政监管，货车出险后无法理赔情况层出不穷。

会开展行业自查，摸底投统情况，排除潜在隐患；金融管理局、保险行业协会在市域范围开展"机动车辆安全统筹"不属于商业保险的风险提示，引导相关企业及时规避风险。

【模型概要】

某汽车运输有限公司（以下简称运输公司）在某交通安全统筹服务公司（以下简称统筹公司）购买了"机动车辆安全统筹"，约定第三者责任安全统筹责任限额 100 万元。2021 年 4 月，贾某弟驾驶挂靠于该运输公司的重型半挂牵引车与杨某阳驾驶的电瓶车发生碰撞，杨某阳当场死亡。2021 年 9 月，杨某阳近亲属杨某龙等提起诉讼，后法院将"机动车辆安全统筹"认定为商业保险，判决统筹公司在商业第三者责任险范围内承担理赔责任 41 万余元。因统筹公司无财产可供执行，相应赔偿款未能赔付到位。安吉县人民检察院通过企业信息查询平台发现涉案统筹公司在全国范围内关联案由为机动车交通事故责任纠纷案件 600 余件，终本执行案件 700 余件，未履行标的金额达 1.19 亿元，未履行比例达 96.66%，且其所关联的机动车交通事故责任纠纷案件存在大量同案不同判情况。

安吉县检察院根据案件特点，依托企查查、湖州市执法司法信息平台等数据平台调取相关数据，搭建"涉机动车辆安全统筹民事裁判监督模型"，全市共排查出线索 10 件。经调卷核查，8 件案件存在事实认定或适用法律错误，其中 1 件案件已经湖州市中级法院再审纠正，另有 4 件案件未执行完毕，被侵权人权益受侵害。现已发出再审检察建议 1 件，审判活动监督检察建议 1 件，法院均回复采纳。

【模型设计】

数据来源：民事裁判案件数据（源于中国裁判文书网、人民法院调取）；民事执行案件数据（源于中国执行信息公开网、人民法院调取）；统筹公司信息（源于企查查、天眼查企业信息查询平台）。

数据分析关键词：交通安全统筹、机动车辆安全统筹、机动车交通事故责任纠纷、保险、统筹公司承担赔偿责任、驳回原告对侵权人承担赔偿责任的诉讼请求、终本执行。

逻辑规则：通过对法院公开裁判案件、执行案件进行归纳整理分析，以机动车交通事故责任纠纷案由提取类案，形成线索数据，经过与企查查、天眼查检索下载的统筹公司数据比对碰撞，准确筛选出涉及"机动车辆安全统筹"机动车交通事故责任纠纷民事裁判监督案件线索。

数据分析步骤：

第一步：通过企查查平台，检索并下载得到经营范围包含"交通安全统筹"或"机动车辆安全统筹"业务的统筹公司数据。从人民法院获取民事诉讼案件数据，以"案由"为筛查项，"机动车交通事故责任纠纷"为关键词，筛查案由为"机动车交通事故责任纠纷"的民事诉讼案件清单。依据人民法院民事执行案件数据，将"执行标的金额"与"已执行金额"作差，得到"尚未执行金额"，并以此为筛查项，筛查金额大于0的案件清单，即未执行完毕的民事执行案件清单。

第二步：将统筹公司数据中的"企业名称"与案由为"机动车交通事故责任纠纷"的民事诉讼案件数据中的"当事人"，通过模糊匹配进行关联筛查，筛查出"当事人"项中包含"统筹公司"的民事诉讼案件清单。

第三步：将上述清单中的"民事案号"与未执行完毕的民事执行案件清单中的"执行依据"进行交集匹配，筛查得到涉统筹公司且案件未执行完毕的民事案件清单。

第四步：对上述民事案件进行调卷核实，分析研判确定存在民事裁判错误，进而开展相应监督。

思维导图：

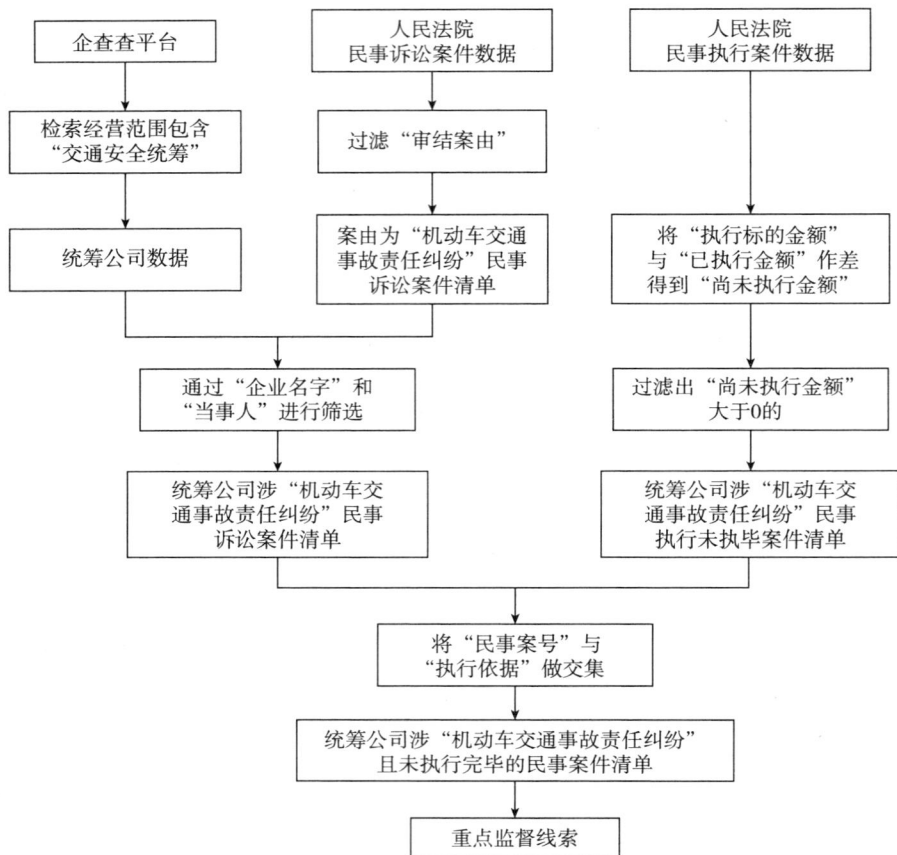

【监督方式】

安吉县检察院以个案办理为切入，深化类案研判分析，提炼司法裁判规律，并将之转化为数字算法，实现民事监督案源的"定向式"狙击。

民事检察部门对通过涉机动车辆安全统筹民事裁判监督模型筛查出的重点监督案件进行梳理研判；办案检察官分析汇总重点线索，调取、审查法院卷宗，明确法院判项内容及案件执行情况；向金融管理局、市场监督管理局等部门及相关人员调查取证，核查统筹公司性质；召开专家论证会，研讨明确类案法律适用规则和裁判标准。

其中，对于生效裁判确有错误且未能执行完毕，各方权益受侵害的，向法院提出抗诉、再审检察建议监督法院再审改判；对于判决已执行到位，各方权益均得到保障的，向法院制发审判活动监督类案检察建议，监督法院对此类案件统一司法裁判标准，形成规范指引。

【社会治理】

调研治理：针对案件中反映的"机动车辆安全统筹"失管的社会治理问题，安吉县检察院主动作为，联合县金融管理局、交通运输局、物流运输协会座谈研讨，摸排全县范围内物流运输车辆购买交强险、商业险及"机动车辆安全统筹"情况，形成调研信息获新华社内参《国内动态清样》和湖州市委办、市府办录用。

安商护企：聚力营商环境优化提升"一号工程"，向全县 20 余家物流运输企业开展专题授课普法，宣讲货运物流运输风险防范和规范运营，重点说明统筹服务性质和投统风险，引导及时排险避险。同时，在软性服务上加大支持力度，推动县金融管理局及县内财产保险公司面向全县物流运输企业提供车辆商业险补助，有力缓解物流运输行业与保险公司之间的供需矛盾，得到物流运输企业家们的点赞。

复制推广：涉交通安全统筹生效裁判错误问题具有普遍性，该数字监督模型有价值、有必要且可复制。经全市推广后，通过该模型发现监督线索 8 条，覆盖全市所有县（区），其中 1 件案件由湖州市中级法院再审纠正、发出再审检察建议 1 件、审判活动监督类案检察建议 1 件、其他 5 件也已成案。此外，经浙江省检察院统一部署，由安吉县检察院通过公开裁判、执行数据做数据碰撞，共排查出涉及 40 家统筹公司、覆盖全省 54 个县（区）共计 172 件监督线索，其中 80 件经初步核查可以监督成案。统筹公司在全国有 700 余家（除分支机构），其中已失信的近 80 家，涉及司法裁判案件近万件，有价值且有必要开展监督，维护当事人合法权益。

【法律法规依据】

1.《中华人民共和国民法典》第一千二百一十三条 机动车发生交通事故造成损害，属于该机动车一方责任的，先由承保机动车强制保险的保险人在强制保险责任限额范围内予以赔偿；不足部分，由承保机动车商业保险的保险人按照保险合同的约定予以赔偿；仍然不足或者没有投保机动车商业保险的，由侵权人赔偿。

2.《中华人民共和国保险法》（2015 修正）

3.《最高人民法院关于审理道路交通事故损害赔偿案件适用法律若干问题的解释》（2020 修正）

【经验传真】

（一）火花碰撞，点"数"成金

大数据法律监督是新时代民事检察监督工作迈向现代化，实现提质增效、"弯道超车"的关键变量。安吉县检察院重点深化数字赋能，抽调各部门业务骨干组建数字检察工作专班，定期召开数字办案"火花会"，征集数字检察"金点子"，激活干警数字创新思维能力。涉机动车辆安全统筹民事裁判监督模型最初也是案件承办人在"火花会"提出的一个小点子，其中涉及的民事诉讼、民事执行数据的归集、统筹公司名单的获取、统筹公司名称与当事人信息如何关联交集以及如何标准化的法律适用等问题，是承办人亟须解决的难题。"火花会"上，一线业务干警各抒己见，研究室干警提出可以通过企查查、中国裁判文书网、中国执行信息公开网归集汇总裁判、执行数据；检察技术部门干警提出在浙江大数据法律监督平台中可另用代码编写"算子"，实现字段与字段之间的模糊匹配；行政检察部门干警提出可通过企查查等企业信息查询平台，检索筛查到准确的统筹公司清单；办公室干警提出可以通过特邀检察官助理、邀请民商事专家同堂探讨交通安全统筹性质，论证法律适用方案。最终，经过几轮思想碰撞，不断优化算法步骤，数字模型最终成功搭建运行，并准确筛查出民事裁判案件监督线索。

（二）上下一体，协同作战

在数字监督建模开展过程中，安吉县院积极向上汇报，积极争取省、市院的指导帮助以及专家学者的学理支撑。在案件办理各阶段，省院指派专人列席专家论证会，听取工作进展汇报，并提出下一步工作建议和指导意见；市院专门组织召开案情分析研判会，同步指导落实，密切与法院会商沟通，保障法律适用的一致性，持续强化法律监督刚性与质效。经过多番努力，涉机动车辆安全统筹民事裁判监督模型在全市应用并推广，以检察主动监督与法院主动纠正"双管齐下"，有关案件批量进入再审改判程序。在省院统筹指导支持下，安吉县检察院向全省 54 个县（区）移送法律监督线索 172 条，各地应用该监督模型深挖遗漏监督线索成效明显。

（三）切实履职，促进治理

交通安全统筹问题，表面是民事生效裁判的纠正监督，根源在于统筹公司的失管脱管。检察机关在开展生效裁判监督，推动司法裁判规范化的同时，更加注重高质效履职，依法对案件背后的系统性、源头性问题开展监督治理。一方面，办好县域一案，及时排危破险。近年来，安吉县"城市有机更新"行动深入开展，县域范围内工程运输车、货运物流车显著增加，不当"投统"可能引发理赔不能的"次生灾害"。本案中，安吉县检察院立足县域实际，联合县交通运输局、金融管理局、物流运输协会等单位开展物流运输企业购买统筹业务底数清查和风险提示预警，先后排查全县共计 25 家物流运输企业千余辆货车，消除安全隐患 35 起，得到本地行业广泛好评。另一方面，扎实调研论证，推动全国治理。近年来，统筹公司注册登记呈爆发式增长。截至 2023 年 8 月，在企查查检索到登记经营"交通安全统筹"服务的公司数量共计 1200 余家，遍布全国 27 个省份、144 个城市，其中除分支机构外的总公司共计 700 余家，超过 10% 的公司已被列入失信人员名单。

（杨旭，浙江省安吉县人民检察院检察长）

5. 涉车辆查封民事执行类案监督模型

【建模单位】

浙江省安吉县人民检察院、嵊州市人民检察院

【监督要旨】

针对申请人反映法院在执行过程中，存在查封未扣押被执行人车辆，后以车辆无法执行到位而终结执行案件，但被执行人仍正常使用被查封车辆的问题。通过调取法院终结本次执行程序案件裁判文书、车管所执行案件车辆被查封信息，与车管所、停车管理部门、高速指挥中心等单位的车辆信息进行数据比对，锁定纳入监督范围的涉案车辆，并确定车辆的使用情况和大致活动范围，督促法院恢复案件执行，保障申请人权益。同时，对于拒不交付查封车辆涉嫌拒执犯罪的，移送公安机关处理。对人民法院已移送公安机关，但公安机关不立案的，移送刑事检察部门开展刑事立案监督。

【模型概要】

2021 年 8 月中旬，检察机关在走村入户，开展民法典普法宣讲过程中，接到群众反映，部分失信被执行人有开豪车上路的情况，社会影响恶劣。遂对安吉县法院车辆查封民事执行活动的相关执行案件进行了系统梳理，发现执行活动中存在较多类似问题，严重侵害申请执行一方的利益。鉴于基层法院执行案件量大，通过人工个案核查的方式效率低，安吉县检察院遂依托浙江省大数据法律监督平台搭建"涉车辆查封扣押数字监督模型"，将法院近三年终本执行案件与车管所、法院查封车辆信息、车辆违章信息进行关联碰撞。

【模型设计】

数据来源： 涉车辆查封民事执行案件（源于县法院）；车辆查封信息（源于县公安局——交警大队——车管所）；车辆城区停车记录（源于县城投集团——城市智慧停车管理处）；车辆高速行驶记录（源于湖州高速公路指挥中心）。

类案特征要素： 法院执行案件时，查询到被执行人名下有车辆，已依法予以查封，但未实际扣押到位，法院终结执行程序。被查封车辆有停车、通行记录，仍在正常行驶，法院应恢复执行。

数据分析关键词： 执行案号、被执行人、标的金额、车辆查封记录、车辆登记信息、保险缴纳、年审记录、停车缴费记录、高速口进出记录。

逻辑规则： 该模型通过调取法院终结本次执行程序案件裁判文书、车管所执行案件车辆被查封信息，与车管所、停车管理部门、高速指挥中心等单位的车辆信息进行数据碰撞比对，锁定纳入监督范围的涉案车辆，准确筛选出案件线索。

数据分析步骤：

第一步：数据汇集。（1）从法院调取近三年全部有查封车辆的终本执行案件材料；（2）从车管所调取执行案件车辆被查封信息；（3）从停车管理部门、高速指挥中心等单位调取车辆使用信息。

第二步：针对上述有车辆被查封未扣押的执行案件梳理出被查封车辆的信息，和获取的车辆保险年审数据、车辆停车缴费数据、车辆高速出入信息等数据进行碰撞对比。

第三步：数据碰撞后发现一批车辆虽被查封，但仍在正常使用且能覆盖执行标的的执行案件违规事项。

第四步：调取以上执行案件案卷材料，人工比对核实，向法院提出处理意见，监督法院对以上车辆依法查扣执行。

思维导图:

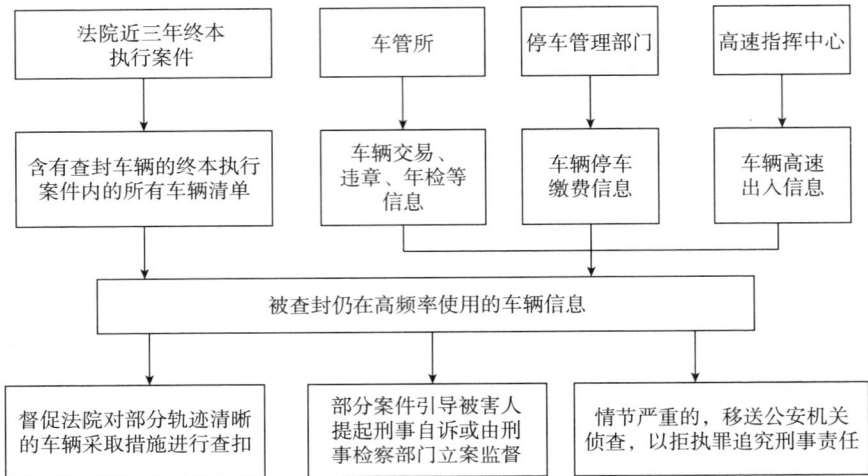

【监督方式】

安吉县检察院依托检察数字应用平台优势,打破传统人工核查数据效率低下劣势,通过大数据整体性筛查,结合人工精准核查的模式,推动车辆查封民事执行领域深度监督治理。

民事检察部门针对数字模型中锁定的县法院终结本次执行程序后仍有车辆可供执行的监督线索,依法制发检察建议17份,监督法院恢复执行。安吉县法院全部采纳监督意见,发出《关于责令被执行人交付车辆的公告》,要求被执行人主动上缴查封车辆、配合执行,并根据检察机关提供的相关线索,先后查扣车辆24辆,维护当事人胜诉权益。

刑事检察部门针对数字模型中锁定的被执行人有车辆被查封但拒不交付,且涉及车辆、逃避执行的裁判文书标的数额大于5万元的监督线索,及时移送。其主要包括被执行人与刑事案件有关联,可以由刑事检察部门立案监督的或申请执行人已经因公安机关不立案提起刑事自诉的,移送刑事检察部门立案监督。例如,陈某拒不执行判决、裁定案实现全省首例拒执犯罪案件以立案监督促"自诉转公诉"办理。

【社会治理】

建章立制：检察建议制发后，以被执行车辆查扣难问题治理为契机，安吉县检察院联合县法院、公安局召开查封车辆专项执行商讨会，会签《关于建立完善车辆查封领域执行协作机制的实施意见》《关于进一步加强拒不执行判决、裁定犯罪联合治理与法律监督工作意见》，推动车辆查封领域民事执行深度治理。一是联合开展车辆专项查扣。经通知后被执行人仍不配合主动交付车辆的，可由公安交警部门负责对车辆进行预警查控，协助法院查扣到位。二是创新预警审查通报机制。在公安交警车管所开展车辆年审、违章处理等工作中，加入"法院被执行车辆审查"的环节，公检法三机关建立"被执行车辆年审信息通报机制"。三是持续强化拒执犯罪打击。先后制定《拒执监督"三查"融合工作指引》《拒执犯罪"自诉转公诉"办案监督指引》，规范监督线索流转处置，实现执行监督领域"四大检察"双赢多赢共赢。

复制推广：安吉县检察院、嵊州市检察院成功办理两批涉车辆查封扣押民事执行监督案件。浙江省检察院在此基础上对案件进行分析研究，进而梳理排查出车辆查封后未依法扣押、查封车辆不依法处置即终本执行、终本执行后新购置的车辆不查询处置、财产保全后不依法解除查封扣押、被执行人以他人名义购买持有车辆等当前实践中较为普遍的涉车辆执行问题，系统开展涉车辆民事执行类案监督。浙江省检察院以安吉县检察院数字监督模型为原型升级研发"全省车辆查封扣押数字监督模型"，并将模型在全省推广开展类案监督。

【法律法规依据】

1.《中华人民共和国民事诉讼法》第二百四十六条　人民检察院有权对民事执行活动实行法律监督。

2.《最高人民法院关于严格规范终结本次执行程序的规定（试行）》第九条第一款　终结本次执行程序后，申请执行人发现被执行人有可供执行财产的，可以向执行法院申请恢复执行。申请恢复执行不受申请执行时效期间的限制。执行法院核查属实的，应当恢复执行。

第十条 终结本次执行程序后的五年内，执行法院应当每六个月通过网络执行查控系统查询一次被执行人的财产，并将查询结果告知申请执行人。符合恢复执行条件的，执行法院应当及时恢复执行。

3.《人民检察院民事诉讼监督规则》第一百零六条 人民检察院发现人民法院在执行活动中有下列情形之一的，应当向同级人民法院提出检察建议：

（一）决定是否受理、执行管辖权的移转以及审查和处理执行异议、复议、申诉等执行审查活动存在违法、错误情形的；

（二）实施财产调查、控制、处分、交付和分配以及罚款、拘留、信用惩戒措施等执行实施活动存在违法、错误情形的；

（三）存在消极执行、拖延执行等情形的；

（四）其他执行违法、错误情形。

4.《最高人民检察院关于民事检察部门移送法律监督线索工作指引（试行）》第二条 民事检察部门在履职过程中发现以下刑事检察监督线索的，应当按照规定移送：

（一）办理民间借贷纠纷监督案件发现的非法经营罪、高利转贷罪、非法吸收公众存款罪、集资诈骗罪、贷款诈骗罪、违法发放贷款罪、虚假诉讼罪等线索；

（二）办理买卖合同纠纷监督案件发现的合同诈骗罪、虚开发票罪、虚假广告罪、强迫交易罪、逃税罪、虚假诉讼罪等线索；

（三）办理建设工程施工合同纠纷监督案件发现的串通投标罪、提供虚假证明文件罪、重大责任事故罪、挪用资金罪、职务侵占罪等线索；

（四）办理租赁合同纠纷监督案件发现的合同诈骗罪、非法侵入住宅罪、故意毁坏财物罪、侵占罪等线索；

（五）办理侵权纠纷监督案件发现的故意伤害罪、非法拘禁罪、生产销售伪劣产品罪、医疗事故罪、污染环境罪、高空抛物罪、交通肇事罪等线索；

（六）办理物权纠纷监督案件发现的侵占罪、盗窃罪、故意毁坏财物罪等线索；

（七）办理婚姻家庭继承纠纷监督案件发现的故意伤害罪、重婚罪、暴力干涉婚姻自由罪、虐待罪、遗弃罪、非法拘禁罪、侵占罪等线索；

（八）办理人格权纠纷监督案件发现的侮辱罪、诽谤罪、侵犯公民个人信息罪等线索；

（九）办理劳动争议纠纷监督案件发现的强迫劳动罪、雇用童工从事危重劳动罪、拒不支付劳动报酬罪等线索；

（十）办理商事纠纷监督案件发现的虚假出资罪、抽逃出资罪、虚假破产罪、伪造变造金融票证罪、妨害信用卡管理罪、虚开发票罪、非法经营罪等线索；

（十一）其他应当移送的刑事检察监督线索。

【经验传真】

（一）聚焦群众急难愁盼问题，明确数字检察建设方向

近年来，人民群众对民事检察工作的获得感日益增强，对民事检察工作的期待也在提高，民事检察数字化建设必须以人民群众的实际需求为出发点。安吉县检察院、嵊州市检察院均较早关注到车辆执行中的乱象并从不同维度探索构建车辆执行监督模型。以嵊州市检察院为例，借助嵊州市法院开展民事执行满意度测评活动的有利契机，对申请执行人不满意案件开展了专项监督，发现车辆被查封后未能扣押到位问题是群众"最不满意"的事项之一，遂萌发利用数据模型排查车辆执行监督线索的构想，监督模型又逐步向被执行人终本后新购置车辆、财产保全后不依法解除保全措施等维度拓展，系统开展涉车辆民事执行类案监督，推动提升人民法院车辆执行工作规范化水平。

（二）加强部门协作配合，通过建章立制盘活相关数据、科技资源

为解决监督线索发现难、监督工作被动性等难题，经多次磋商研究，嵊州市检察院与市法院共同出台《关于在执行工作中全面推进检察监督实施办法》《关于建立业务系统信息数据共享协作机制的实施办法》，实现民事执行信息全面共享，为民事检察数字化建设奠定坚实基础。在开展涉车辆民事执行监督过程中，嵊州市检察院又联合市法院、市公安局出台《关于建立机动车查控处置"一件事"改革应用的会议纪要》，形成前端"摸排"掌握信息、中端"布网"高效扣押、末端"清障"便捷过户的全流程协作机制，明确检察机关对机动车查控处置情况实施全面监督，实现车辆登记信息、抵押信息、交通违法记录等相关数据共享；同时，明确交警大队为协助扣押车辆的执法主体，充分调动发挥交警大队查控车辆的技术、警力优势，以现代科技的充分运用推动解决车辆扣押难题。

（三）发挥检察一体化优势，形成数字检察建设合力

检察一体化是有效行使检察权的重要保障，也是推进新时代检察工作高质量发展的重要抓手，数字检察建设也应当注重发挥检察一体化优势，不断聚合检察资源，形成履职合力。嵊州市检察院将结合本地实际构建的车辆执行监督模型及应用成效及时书面报送上级检察机关，经浙江省检察院部署统筹，在湖州、绍兴两地试点推广安吉县检察院、嵊州市检察院监督经验。涉车辆民事执行问题的普遍性、监督可行性得到验证后，浙江省检察院抽调安吉县检察院、嵊州市检察院民事检察业务骨干与省检察院技术人员组成专班，梳理要素信息，提炼监督规则，升级研发"全省车辆查封扣押数字监督模型"，并制定专项监督活动实施方案，召开三级院视频推进会，安吉县检察院、嵊州市检察院在会上作经验介绍，实现"一域突破，全省共享"。

（四）培育复合型人才，适应民事检察监督新需求

民事案件体量大，民事审判执行活动中时有出现违法或错误情形，传

统的调阅个案卷宗等方式难以发现一些深层次的违法现象，数字检察工作
能够通过数据的碰撞、对比、关联挖掘出以往难以发现的违法点，但前提
是需要具备既熟悉民事检察业务又具有数字化思维的复合型人才，也只有
具备复合型人才才能不断挖掘民事检察与数字检察工作的结合点。为此，
嵊州市检察院优化民事检察部门人员力量配备，成立民事数字检察工作专
班，鼓励民事检察官多走出去学习，积极参加数字检察研讨会、检察官学
院组织的数字检察培训课程等，同时与具备数字检察、数字法院建设经验
的科技企业建立协作机制，借助外脑及时掌握数字化改革的前沿动态，为
民事检察官提供数字模型建设灵感。

（黄宇峰，浙江省嵊州市人民检察院检察长）

第七章 金融领域民事数字检察监督模型

1. "职业放贷人"类案监督模型

【建模单位】

广东省珠海市人民检察院

【监督要旨】

对于司法实践中过度依赖涉诉次数认定"职业放贷人"① 导致证据不足的问题，检察机关通过提取不动产借款抵押登记数据，挖掘"职业放贷人"的真实出借次数，对撞民间借贷诉讼数据，发现"职业放贷人"的民事监督线索；归集个案案卷材料、个人征信报告、企业信用信息、个人和企业纳税信息，发现非法经营和高利转贷的刑事检察监督线索、非法金融机构和非法金融活动的行政检察监督线索、巨额漏交利息税款的公益诉讼检察监督线索，推动法院强化对"职业放贷人"的审查，联动公安局、金融工作局、市场监管局、税务局、不动产登记中心综合治理"职业放贷人"，化解金融风险，维护大湾区金融安全。

---

① "职业放贷人"是指未依法取得放贷资格，以营利为目的，经常性向社会不特定对象发放贷款的人，包括自然人、法人和社会组织。"经常性向社会不特定对象发放贷款"，参考刑事立案标准，是指两年内向不特定多人以借款或其他名义出借资金 10 次以上，司法实践中通常依靠查询涉诉记录认定出借次数。

【模型概要】

本案的线索来源于珠海市检察院 2022 年受理的林某某与刘某等民间借贷纠纷一案。在该案诉讼过程中，虽然出借人林某某具有明显的职业放贷特征，但查询到林某某的涉诉记录仅有 4 次，未达到"两年内 10 次以上"的认定标准，借款人在一审、二审均败诉。"职业放贷人"仅有小部分债权需以诉讼实现，其涉诉次数必然远低于实际出借次数。以林某某案为例，虽然林某某的涉诉记录仅有 4 次，但根据不动产借款抵押记录，林某某实际出借次数高达 73 次，诉讼占比仅 5.5%。以涉诉记录认定出借次数导致证据不足，正是"职业放贷人"类案中的典型难题。

珠海市检察院详细分析了林某某案的案卷材料，发现出借人林某某每一笔借款都存在房产抵押担保这一核心特征，于是调取了其不动产借款抵押信息，发现其获取不动产抵押权的记录高达 100 多条，并全部附有借款合同，一举突破了这个传统的司法难题。

检察机关依托大数据实现了民事检察类案监督。检察机关紧紧抓住"高频抵押"这一特征，通过调取、筛查、分析全市的不动产借款抵押信息，对撞公开的裁判文书数据，成功挖掘出更多的"职业放贷人"类案线索，主动对"职业放贷人"开展了类案监督。

【模型设计】

数据来源：不动产借款抵押登记数据（源于不动产登记中心）；合法金融机构数据（源于银保监局和金融工作局）；民事裁判文书（源于中国裁判文书网）；民事审判卷宗、民事执行卷宗（源于法院）；银行流水数据（源于相应的银行金融机构）；个人征信报告数据（源于中国人民银行）；企业信用信息数据（源于企业信用信息公示系统）；个人、企业纳税数据（源于税务局）。

类案特征要素："职业放贷人"类案的核心特征是"高频抵押"，从不动产借款抵押数据中筛选出高频抵押权人名单，不但可以体现"职业放贷人"行为的"营利性""经常性""不特定性"，还可以全面抓取本区域内的"职业放贷人"。

数据分析关键词：一是高频抵押，从不动产借款抵押登记数据中的抵押权人姓名和抵押时间要素中分析出高频抵押权人名单。二是民间借贷，中国裁判文书网上以"民间借贷"案由为关键词下载本地区生效民事裁判文书，将其中的"上诉人""被上诉人"等当事人身份信息要素化。

逻辑规则：提取不动产借款抵押登记数据，挖掘"职业放贷人"的真实出借次数，对撞民间借贷诉讼数据，发现"职业放贷人"的民事监督线索；归集个案案卷材料、个人征信报告、企业信用信息、个人和企业纳税信息，发现非法经营和高利转贷的刑事监督线索、非法金融机构和非法金融活动的行政监督线索、巨额漏交利息税款的公益诉讼监督线索。

数据分析步骤：

第一步，"清洗"不动产借款抵押数据。将不动产借款抵押登记信息中的抵押权人名单与合法金融主体名单对碰，剔除抵押权人为合法金融主体的不动产借款抵押登记信息。

第二步，筛查高频抵押权人名单。以"两年内抵押10次以上"为条件，对第一步"清洗"后数据进行筛选，得到符合条件的抵押权人名单。

第三步，发现民事监督线索。将本地法院判决的"民间借贷"类民事生效裁判文书中的当事人名单与第二步中筛选出的高频抵押权人名单进行数据对碰，得出高频抵押权人在法院的诉讼判决文书，即为符合条件的民事监督线索。

第四步，民事监督个案研判。通过调取个案裁判和执行案卷材料、企业信用信息、个人征信报告等数据，综合研判推送的线索是否需要启动民事检察监督。

第五步，挖掘其他业务条线线索。对第二步筛查出的高频抵押权人名单，结合个人征信报告、企业信用信息数据、银行流水、不动产登记中心办理抵押时的备案借款合同等判断是否存在涉嫌高利转贷、非法经营等犯罪行为的刑事检察线索；结合个人、企业的纳税信息判断是否存在漏缴利息税的公益诉讼检察线索；结合企业信用信息判断是否存在非法放贷企业主体的行政检察线索。

思维导图：

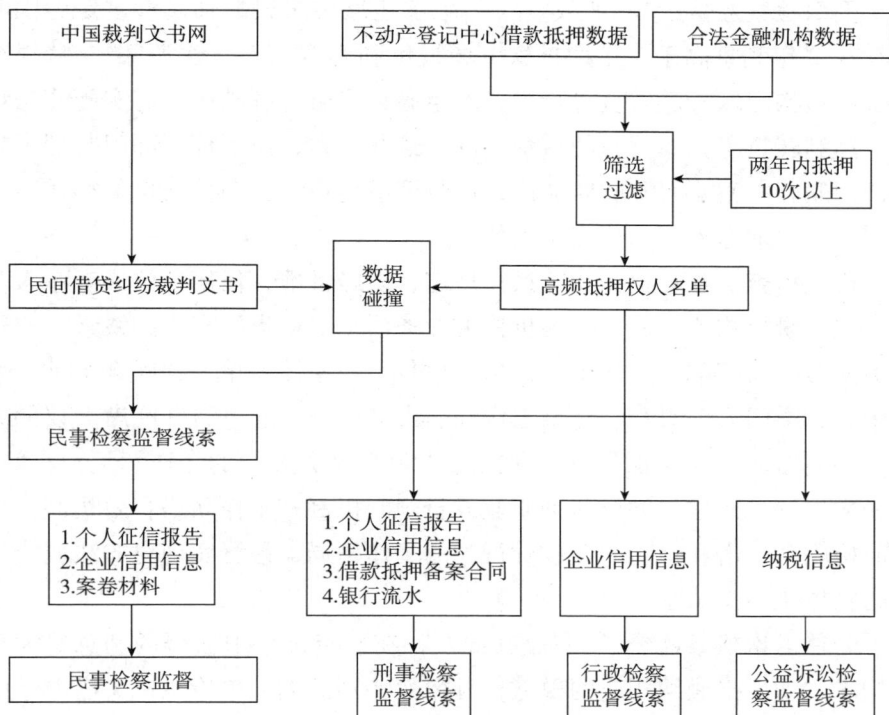

【监督方式】

民事检察监督：检察机关从数据模型运行后推送的线索中，经过初步人工筛查后发现其中的部分线索具有进一步调查的必要，然后通过调取抵押权人公开的裁判文书、法院的民事审判卷宗、民事执行卷宗等，最终确定监督对象，然后区分不同情况向法院发出了类案再审检察建议。一是对于公开判决已经认定的"职业放贷人"，建议法院重新审查其同类案件，避免"同案不同判"现象的发生；二是对于法院还未认定为"职业放贷人"的案件，建议法院按照实际情况分别予以再审。同时，针对已服判息诉，并已执行完毕、暂时不符合民事监督条件，但现有证据足以证明其为"职业放贷人"的案件,建立"职业放贷人"库,作为未来相关民间借贷案件检察监督的参考。

刑事检察监督:"职业放贷人"除了违反民法典的强制性规定,同时还存在"年利息高于一年期贷款市场报价利率四倍""砍头息"、从银行等金融机构套取贷款转贷等行为,严重破坏金融管理秩序,有实施非法经营、高利转贷等犯罪行为的嫌疑。针对这些线索,民事检察部门与刑事检察部门联合办案、召开联席会议,通过刑事检察部门向公安机关移送犯罪线索,并提前介入引导公安机关侦查。

行政检察监督:根据相关法律规定,未经批准,任何单位或者个人不得设立金融机构或者从事金融机构的业务活动。根据筛查出的线索,检察机关向金融监管部门移送了疑似非法放贷企业主体名单,并联合不动产登记中心、中国人民银行、金融工作局、市场监管局通过召开联席会议的方式,共同形成《关于加强打击和预防"职业放贷人"的合作意见》,通过打通数据壁垒,建立健全甄别职业放贷规制机制和工作联络长效机制,构建府检联动打击和预防职业放贷行为的工作格局,最终实现对非法放贷行为的立体化动态监管。

公益诉讼检察监督:"职业放贷人"在放贷过程中获得的利息绝大部分均未主动申报缴纳相应的税款,且数额特别巨大。单检察机关已办结的相关案件涉及的利息收入就高达两亿多元,未缴纳税款 6000 万余元。目前,相关线索及证据材料已移送公益诉讼部门办理,在公益诉讼检察部门立案侦查同时与税务部门开展诉前磋商和公开听证。

【社会治理】

本案的办理创造性地解决了长期以来认定"职业放贷人"证据不足的司法难题,有力打击了隐藏在合法借贷中的职业放贷犯罪团伙,为国家追回巨额经济损失。同时,就本案暴露的非法放贷金融乱象及金融监管不足的问题,进行了综合治理。

一是强化了法院对"职业放贷人"的审查,统一司法认定尺度。在本案办理之前,法院审理"职业放贷人"案件因未查明实际出借次数导致未能如实认定"职业放贷人"的，需要予以监督。在本案办理之后出现的新的"职业放贷人"案件，需要统一裁判标准。对此，检察机关主动与法院沟通协调，围绕"职业放贷人"的司法认定问题进行专题研讨，就审理"职业放贷人"案件达成共识。一方面，在检察机关的监督下，法院对辖区内的相关判决主动展开全面清查，对未执行终了的"职业放贷人"案件开展全面的再审监督。另一方面，经检察机关和法院联合研判，双方建立"职业放贷人"库，为日后审理"职业放贷人"案件提供指导，统一了司法认定尺度。

二是填补了利息税款征收监管漏洞，维护国家税收利益。征收"职业放贷人"的利息税款存在两方面困难：一方面是职业放贷高度隐蔽性，如果没有举报，税务机关发现民间借贷利息所得偷漏税线索较难；另一方面是税务部门对自然人税收征收管理难度大，自然人一般不会配备税控设备，税务机关无法对自然人实施有效监管。检察机关通过数字模型为税务机关提供大量线索，通过召开听证会与税务机关展开磋商，敦促税务履职，有效维护了国家税收利益。

三是打击非法放贷相关犯罪，维护了国家金融安全。澳门特别行政区博彩业发达，珠海市作为联通澳门的陆路端口，地下钱庄发达。虽然"职业放贷人"只是地下钱庄的冰山一角，但却是非法集资、高利转贷、虚假诉讼、套路贷、暴力催收等违法犯罪高发地，对国家正常金融秩序危害极大。由于地下钱庄活动隐蔽，一直以来都缺乏有效的侦查手段。检察机关通过模型摸排出大量的犯罪线索，为公安机关指明了侦查方向，打开了打击非法放贷犯罪的切口，补足了金融安全领域的犯罪治理短板，遏制了非法放贷相关犯罪的滋生，有效维护了国家的金融管理秩序。

四是加强了对非法金融机构和非法金融活动的监管，优化金融营商环境。珠海市地处大湾区核心，毗邻澳门，民间资本雄厚，境外资本活跃，民间借贷在一定程度上满足了社会多元化融资需求。但"职业放贷人"逐利性强、交易不公开、规范性缺乏、影响范围大，极易诱发金融风险，挤压合法借贷空间。如在检察机关查实的一个职业放贷团伙中，3 名"职业放贷人"5 年发放贷款 200 多次，金额高达 5 亿元，债务清偿过程中出现大量居民、企业的不动产被拍卖，诱使居民、企业深陷债务泥潭，严重危害地方金融市场。案件办理后，金融监管部门得以将隐匿的非法金融机构和非法金融活动纳入监管范围，形成监管链条，实现了对非法金融机构和非法金融活动的立体化治理，有效防范化解了地方金融风险，规范了民间资本市场，优化了大湾区金融营商环境。

【法律法规依据】

1.《中华人民共和国民法典》第一百五十三条第一款 违反法律、行政法规的强制性规定的民事法律行为无效。但是，该强制性规定不导致该民事法律行为无效的除外。

第一百五十七条 民事法律行为无效、被撤销或者确定不发生效力后，行为人因该行为取得的财产，应当予以返还；不能返还或者没有必要返还的，应当折价补偿。有过错的一方应当赔偿对方由此所受到的损失；各方都有过错的，应当各自承担相应的责任。法律另有规定的，依照其规定。

2.《中华人民共和国刑法》第一百七十五条 以转贷牟利为目的，套取金融机构信贷资金高利转贷他人，违法所得数额较大的，处三年以下有期徒刑或者拘役，并处违法所得一倍以上五倍以下罚金；数额巨大的，处三年以上七年以下有期徒刑，并处违法所得一倍以上五倍以下罚金。

单位犯前款罪的，对单位判处罚金，并对其直接负责的主管人员和其他直接责任人员，处三年以下有期徒刑或者拘役。

第二百二十五条 违反国家规定，有下列非法经营行为之一，扰乱市场秩序，情节严重的，处五年以下有期徒刑或者拘役，并处或者单处违法所得一倍以上五倍以下罚金；情节特别严重的，处五年以上有期徒刑，并处违法所得一倍以上五倍以下罚金或者没收财产：

（一）未经许可经营法律、行政法规规定的专营、专卖物品或者其他限制买卖的物品的；

（二）买卖进出口许可证、进出口原产地证明以及其他法律、行政法规规定的经营许可证或者批准文件的；

（三）未经国家有关主管部门批准非法经营证券、期货、保险业务的，或者非法从事资金支付结算业务的；

（四）其他严重扰乱市场秩序的非法经营行为。

3.《最高人民法院关于审理民间借贷案件适用法律若干问题的规定》第十三条　具有下列情形之一的，人民法院应当认定民间借贷合同无效：

（一）套取金融机构贷款转贷的；

（二）以向其他营利法人借贷、向本单位职工集资，或者以向公众非法吸收存款等方式取得的资金转贷的；

（三）未依法取得放贷资格的出借人，以营利为目的向社会不特定对象提供借款的；

（四）出借人事先知道或者应当知道借款人借款用于违法犯罪活动仍然提供借款的；

（五）违反法律、行政法规强制性规定的；

（六）违背公序良俗的。

4.《最高人民法院、最高人民检察院、公安部、司法部关于办理非法放贷刑事案件若干问题的意见》　1. 违反国家规定，未经监管部门批准，或者超越经营范围，以营利为目的，经常性地向社会不特定对象发放贷款，扰乱金融市场秩序，情节严重的，依照刑法第二百二十五条第（四）项的规定，以非法经营罪定罪处罚。

前款规定中的"经常性地向社会不特定对象发放贷款"，是指 2 年内向不特定多人（包括单位和个人）以借款或其他名义出借资金 10 次以上。

贷款到期后延长还款期限的，发放贷款次数按照 1 次计算。

5.《全国法院民商事审判工作会议纪要》　53. 未依法取得放贷资格的以民间借贷为业的法人，以及以民间借贷为业的非法人组织或者自然人从事的民间借贷行为，应当依法认定无效。同一出借人在一定期间内多次反复从事有偿民间借贷行为的，一般可以认定为是"职业放贷人"。民间借贷比较活跃的地方的高级人民法院或者经其授权的中级人民法院，可以根据本地区的实际情况制定具体的认定标准。

【经验传真】

（一）破局——以侦查思维突破民事监督困境

无论是个案监督的突破，还是类案监督的展开，本案办理过程中的侦查思维起到决定性作用。在"职业放贷人"案件中，如果囿于对现有案件材料的审查，就极易受到司法惯性思维的影响，被诉讼次数不足掩盖了案件的真相。侦查思维不仅着眼于查明事实，其内在更是立足于国家和公共利益，积极回应群众的司法诉求，高度关注地方营商环境，重视维护国家金融管理秩序，正是这些内在的价值驱动检察机关完成了以下几个方面的转变：

一是从被动到主动。在民事检察监督中，检察机关高质效履职，从被动转向主动，关键在于能否充分运用检察机关的调查核实权。在民事诉讼中，当事人的取证能力有限，法院的调查取证权也受到《最高人民法院关于适用〈中华人民共和国民事诉讼法〉的解释》第90条、第95条的限制。《人民检察院民事诉讼监督规则》第62条规定，人民检察院因履行法律监督职责的需要，民事判决、裁定、调解书可能存在法律规定需要监督的情形，仅通过阅卷及审查现有材料难以认定的，可以向当事人或者案外人调查核实有关情况。更加充分的调查核实权是检察机关开展民事诉讼监督的优势，也赋予了检察机关查明事实的法律责任。过去"职业放贷人"案件监督只能依靠个案的被动受理，取证和立案均受到限制。本案办理过程中，检察机关主动运用调查核实权，摸排出了大量监督线索，不但实现了个案监督的主动取证，更实现了类案的主动监督。在审查过程中，以敏锐的侦查思维发现案件线索，主动调查突破在案证据，实现了从审查到侦查的转变，正是审查、调查、侦查"三查"融合理念的最好体现。

二是从数据到证据。要善于运用侦查思维，挖掘数据潜力，将数据转化为证据，激发数字的社会治理效能。如何在大数据中发现、筛选、梳理有效数据，实现从数据到证据的转变正是本案成功的关键之一。本案承办检察官主要做到了两个方面：其一，立足办案需求，本案最核心的需求就是"出借次数"，需要大量的数据支持。其二，立足案件特征，本案的特征就是不动产借款抵押。这两个立足点成功将案件和数据联系起来，将不动产抵押数据转化为案件证据，实现了数据为我所用、为检察助力、为社会治理赋能。

三是从个案到类案。类案监督思维也是"职业放贷人"监督得以突破的关键因素。受理"职业放贷人"案件后，检察机关敏锐察觉到了背后的类案价值，正是这种类案监督的敏感性促使检察机关改变了监督思路，实现了从个案监督到类案监督的转变。在价值上，从个案监督到类案监督的区别不仅仅在于数量，更在于类案关涉到更加广泛的社会公共利益，这要求检察机关要主动监督、要有更大作为。在办案思路上，类案监督要求检察机关开拓办案思路，检察机关在梳理案件的特征后，总结出了"职业放贷"这一类案件的行为特征，明确了调查、侦查思路，最终实现了"职业放贷人"监督困局的突破。正是这种从专注个案到深究类案的思维转变，为后续更大范围的法律监督打开了思路。

（二）深究——以数字赋能提升类案监督精度

类案监督和个案办理是主动和被动的区别，因此类案监督要求更充分的证据，更加精准地监督。从个案监督走向类案监督，虽然在监督方式上有参考模板，但在数据收集处理上仍有区别。个案监督已经锁定了当事人，是按图索骥式的数据检索。但类案监督要从庞大数据库中筛选出异常点位，对每个点位逐个核实，要求提前排除抗辩理由，做到一击必中，因此需要的数据样本也更加丰富。既要针对"职业放贷"的行为特征锁定异常数据，又要提前建立抗辩数据库，还要结合诉讼数据明确监督范围；既包含主动发现，又需要主动排除。

通过建立数据库，检察人员大致锁定了疑似"职业放贷人"基本范围，为精准监督"职业放贷"行为，还需要对数据进行进一步的提炼。

一是建立"白名单"，排除合法主体。《最高人民法院关于新民间借贷司法解释适用范围问题的批复》第 1 条规定："由地方金融监管部门监管的小额贷款公司、融资担保公司、区域性股权市场、典当行、融资租赁公司、商业保理公司、地方资产管理公司等七类地方金融组织，属于经金融监管部门批准设立的金融机构，其因从事相关金融业务引发的纠纷，不适用新民间借贷司法解释。"除此之外，银行、信托公司等合法主体也需同时排除。这些合法主体均属于公开信息，其名单目录不难获取。在获取到该数据后，检察人员可以依此建立"白名单"，对原有数据库进行初步"瘦身"。

二是数据对撞，确定可疑点位。可疑数据的线索主要存在于不动产登记信息数据库和民间借贷诉讼信息数据库中，将两个数据库进行对碰，可以基本锁定全域范围的"职业放贷人"。对于两个数据库中同时存在的高频行为对象，直接列为排查对象。对于在某一数据库中数据畸高，但在另一数据库中不匹配的对象，要重新在不动产登记中心或者地方法院内部的裁判数据中针对性地开展调查核实，在上述基础上确定排查目录。

三是逐一排查，确定监督对象。确定不同业务条线的监督对象所需要的证据材料也不相同。民事检察监督要调取法院的民事审判卷宗、民事执行卷宗，听取借款人意见，排查是否存在未执行终了、是否服判息诉、是否为特定第三人等事项。刑事检察监督需要调取个人征信报告、银行流水、真实借款合同，询问当事人，查清是否存在转贷和实际借款利息等问题。行政检察监督需要调取企业征信报告，查明是否有从事金融活动许可。公益诉讼检察监督要调取纳税记录、询问借款人，核实借款是否结清，查清具体漏缴利息税款。

四是固定证据，依职权开展监督。虽然检察人员获取的信息真实有效，但若未经制发机关的确认，该信息的证据能力和证明力仍然不强，因此，从数据库中提炼的"职业放贷人"信息仍需再次向各出具机关调取，并签字盖章。将证据固定后，我们可以依职权对确定的"职业放贷人"开展检察监督。

（三）延伸——以数字检察推进社会综合治理

一是发掘数据潜力推进监督模式革新。不动产抵押数据的发掘，首先突破了长期以来的"职业放贷人"司法认定难题，更加直观全面呈现"职业放贷人"的真实面貌，为审理"职业放贷人"案件提供了充分的证据支撑，为类案的办理提供了新的监督思路。其次推动了监督模式的革新，检察机关在成功实现首例基于数字模型的"职业放贷人"案件民事监督后，没有局限于传统的一案一议的模式，而是邀请法院对数据进行联合研判，联合建立"职业放贷人"数据库，就类案处置达成一致。一方面，对于未执行终了、当事人未复判息诉的案件，法院依据"职业放贷人"库开展自查自筛，弥补了检察机关依赖公开裁判文书导致数据不完整的问题。另一方面，通过"职业放贷人"数据库指导新受理案件，为新案件的办理统一了裁判尺度。

二是凭借数字优势启发监管模式革新。对"职业放贷人"等非法放贷行为的监管主要存在线索发现难、职能分散、合力不足等问题，检察机关依托模型数据，对本地区的非法放贷问题开展了深入调研，形成调研报告，向其共享数字模型，具体而全面地为金融监管部门提供了监管线索，直观展示了"职业放贷人"等非法放贷行为对地区金融营商环境、金融管理秩序的危害。检察机关通过联合不动产登记中心、中国人民银行、金融工作局、市场监管局通过召开联席会议的方式，共同形成《关于加强打击和预防"职业放贷人"的合作意见》，通过打通数据壁垒，建立健全甄别职业放贷规制机制和工作联络长效机制，实现了各部门依职能独立监管到多部门联合就同一社会问题的融合监管的监管模式革新，高度贴合当前国家统一设立金融监管局的机构改革方向。

三是"四大检察"融合推动治理模式革新。"职业放贷人"签订的借贷合同不但在民法上无效，也违反了行政法规，其延伸的高利转贷、非法经营等行为涉嫌犯罪，漏缴的利息税款侵害国家利益，是一个综合性的社会问题，必然要求社会综合治理。珠海市检察院从一个核心数据出发，通过一个数字模型，依托"四大检察"，联合法院、公安局、中国人民银行、金融工作局、市场监管局、税务局等部门，通过民事检察纠正错误判决、维护了当事人的合法权益，通过刑事检察打击犯罪、维护国家金融安全，通过行政检察加强非法放贷监管、优化金融营商环境，通过公益诉讼检察追回漏缴税款、维护国家利益，最终归结于一个社会问题的综合治理上来。检察机关以数字检察为支点，"四大检察"融合办案，实现了社会综合治理，是检察机关以"我管"促"都管"、以"我管"促"优管"的最好诠释。

（刘泉，广东省珠海市人民检察院副检察长）

2. 非法从事金融业务活动民事检察类案监督模型

【建模单位】

吉林省吉林市人民检察院、吉林市龙潭区人民检察院、吉林市船营区人民检察院

【监督要旨】

针对未获得金融监管机构批准而非法从事金融业务活动的法人和自然人，通过诉讼向借款人追偿借款，提取判决书中同一原告、密集起诉等数据要素特征，依托公开的民事生效裁判文书、工商登记信息，发现涉非法从事金融业务活动案件线索。经行使调查核实权，向法院提出抗诉和再审检察建议、监督法院统一裁判标准、避免同案异判；与法院建立健全工作机制、加强非法金融业务活动涉诉案件的诉讼监督，助推金融秩序建设，防范化解金融风险。

【模型概要】

2017 年至 2023 年，某投资公司未经银行业监督管理机构批准，超越经营范围非法从事金融业务活动，其以垫付消费款为名对外放贷，通过设立网站、吸收会员经常性地向社会不特定对象提供资金，以获取收益，其出借行为涉及全国多地。借款人不能偿还借款时，该投资公司向法院提起民间借贷纠纷诉讼，不同法院、同一法院不同时期对该投资公司提起诉讼的裁判结果不同，出现同案不同判现象。

吉林市检察院根据上述异常案件线索，抽调市、县两级民事检察骨干力量，梳理个案线索，总结类案特征，提炼关键要素，确立大数据筛查—人工复查—深入调查的设计思路。通过导入吉林市两级法院公开裁判文

书，以民间借贷纠纷为案由，以同一原告或关联原告短时间内密集起诉，存在垫付消费款、信息费、咨询费、服务费，被告缺席判决等数据要素特征，发现涉 2 名当事人的异常案件线索 273 条。经查实后，向法院发出再审检察建议 26 件，法院全部裁定再审并采纳检察机关意见。

同时，吉林市两级检察院在办理案件过程中，深入贯彻精准监督理念，注重与法院建立案件协商研讨机制，吉林市检察院与吉林市中级法院会签了《关于建立联席会议制度的意见》，吉林市船营区检察院与船营区法院会签了《规范办理非法从事金融业务活动民事案件会议纪要》，通过与法院建立机制，使两院在共同打击违规从事金融放贷业务、防范化解金融风险方面达到了消除分歧、凝聚共识的目的，制发的再审检察建议均获得回复采纳。

【模型设计】

数据来源：民事裁判文书（源于中国裁判文书网）；企业工商登记信息（源于启信宝 App、市场监督管理局登记信息）。

类案特征要素：原告无金融经营资质；同一原告或关联原告在同一时期大量提起民间借贷纠纷诉讼案件；以垫付消费款名义出借款项；借款利率约定高于法律保护上限，且在本金中预先扣除各种服务费（信息费、咨询费、管理费等）；被告不特定、涉及多省多地，且多数为缺席判决，借款数额非整数。

数据分析关键词：民间借贷纠纷，垫付消费款、信息费、服务费、咨询费、管理费，原告密集起诉，被告缺席，被告未答辩。

逻辑规则：该模型通过对法院公开裁判文书进行归纳整理分析，以民间借贷纠纷为案由，设置相关统计分析类别和阈值（如表 1 所示），提取类案，形成线索数据，经过人工复查，与启信宝等工商数据比对碰撞，准确筛查出非法从事金融业务活动案件线索。

表1　统计分析类别和阈值

序号	时间段	法院	案件数量	原告	金额
1	3 年	同一法院	>10 件	同一原告	
2	3 年	全市法院	>20 件	同一原告	
3	同一年度	同一法院	>5 件	同一原告	
4	同一年度	全市法院	>10 件	同一原告	
5	同一年度	同一法院	>3 件	同一原告	>100 万元
6	同一年度	全市法院	>6 件	同一原告	>300 万元

数据分析步骤：

第一步：收集数据。（1）收集吉林市法院 2017 年以来公开的民事裁判文书；（2）以民事案由—民间借贷为条件进行检索筛选。

第二步：筛查出异常信息，形成存疑案件数据。（1）对第一步筛选出的裁判文书继续检索，以"消费款""管理费""咨询费""服务费""信息费"为关键词，筛查出涉及以上内容的案件；（2）进一步以"同一原告密集起诉"为条件筛选上述案件；（3）以"全部支持"或"部分支持"为关键词，筛选出一审判决支持原告诉讼请求的民间借贷纠纷案件。

第三步：确定自然人和公司间的关系。（1）整理第二步的结果，总结出同一时期密集起诉的法人和自然人；（2）将上述法人和自然人在天眼查、启信宝查询工商登记数据，确定自然人与相关公司间的关系、公司是否存在超范围经营金融业务情况，排除具有金融经营资质的法人。

第四步：调查研判核实。（1）调取存疑案件卷宗，运用侦查思维人工审查原告为法人的工商登记经营范围，以及案涉合同约定的借款用途、借款利率、借款次数、借款合同的格式化程度、是否存在"砍头息"情况等信息。（2）将可疑原告法人和自然人纳入网络搜寻，确定可疑法人和自然人是否涉及金融领域刑事犯罪、所涉 P2P 平台是否"爆雷"等信息。

通过以上分析研判，确定涉非法从事经营金融业务活动的诉讼案件，依法予以监督。

思维导图：

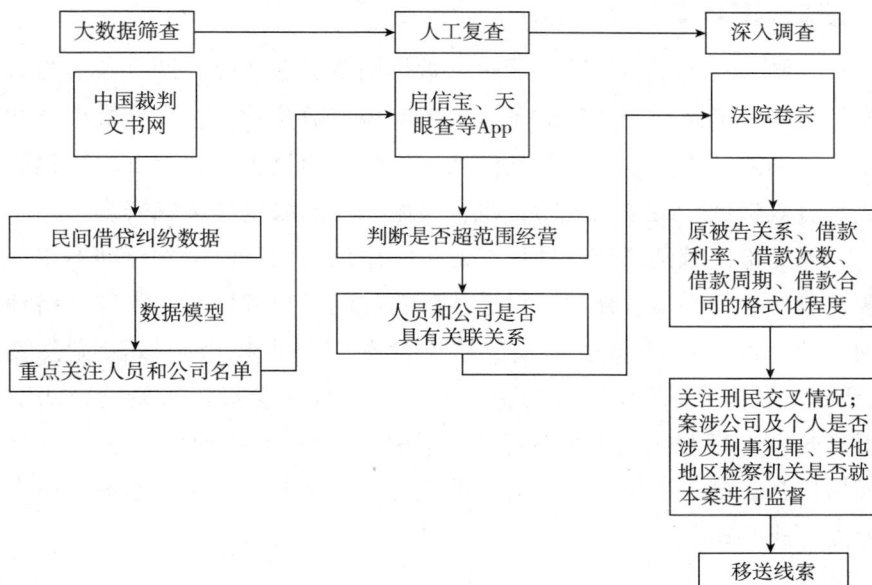

【监督方式】

吉林市检察机关通过大数据筛查、人工审查、深入调查"三查"融合监督机制，对损害国家利益、社会公共利益领域民事诉讼案件监督进行了有益探索，实现了对损害"两益"民事检察监督案件从个案监督到类案监督的提效升级。

两级院民事检察部门通过建立的"非法从事金融业务活动民事检察类案监督模型"，智能检索出民间借贷异常案件线索；办案检察官对异常案件进行梳理分析研判，调取、审查法院卷宗，结合工商登记档案及涉刑事案件情况，确定依法可予监督的案件。

检察院向法院抗诉、发出再审检察建议，法院均裁定再审采纳检察机关意见；向公安机关移送涉嫌非法吸收公众存款罪、非法经营罪等罪的案件线索，严厉打击此类犯罪；向金融监管机构制发社会治理检察建议，督促金融监管部门加强非法金融活动监管。

【社会治理】

一是防范化解金融风险。通过大数据筛查类案情况，调查核实当事人未取得金融业务从业资质，向不特定的对象发放贷款，扰乱金融市场和金融秩序，非法从事金融业务活动的情况，依法通过抗诉、制发检察建议等方式，有效降低金融领域风险，维护金融秩序的稳定和金融安全。

二是助推区域法律统一适用。对类案中反映的法院裁判标准不统一等问题，制发工作性检察建议，促使法院对民间借贷领域案件审理严格裁判规则，统一区域内法律适用。吉林市检察院与吉林市中级法院会签了《关于建立联席会议制度的意见》，吉林市船营区检察院与船营区法院会签了《规范办理非法从事金融业务活动民事案件会议纪要》，就建立常态化联络机制、统一法律适用、建立健全信息共享机制、加大办案协作力度等方面达成共识。

【法律依据】

1.《中华人民共和国民法典》第六百七十条　借款的利息不得预先在本金中扣除。利息预先在本金中扣除的，应当按照实际借款数额返还借款并计算利息。

2.《中华人民共和国银行业监督管理法》第十九条　未经国务院银行业监督管理机构批准，任何单位和个人不得设立银行业金融机构或者从事银行业金融机构的业务活动。

3.《最高人民法院关于审理民间借贷案件适用法律若干问题的规定》第十三条　具有下列情形之一的，人民法院应当认定民间借贷合同无效：

（一）套取金融机构贷款转贷的；

（二）以向其他营利法人借贷、向本单位职工集资，或者以向公众非法吸收存款等方式取得的资金转贷的；

（三）未依法取得放贷资格的出借人，以营利为目的向社会不特定对象提供借款的；

（四）出借人事先知道或者应当知道借款人借款用于违法犯罪活动仍然提供借款的；

（五）违反法律、行政法规强制性规定的；

（六）违背公序良俗的。

第二十五条　出借人请求借款人按照合同约定利率支付利息的，人民法院应予支持，但是双方约定的利率超过合同成立时一年期贷款市场报价利率四倍的除外。

前款所称"一年期贷款市场报价利率"，是指中国人民银行授权全国银行间同业拆借中心自 2019 年 8 月 20 日起每月发布的一年期贷款市场报价利率。

第二十九条　出借人与借款人既约定了逾期利率，又约定了违约金或者其他费用，出借人可以选择主张逾期利息、违约金或者其他费用，也可以一并主张，但是总计超过合同成立时一年期贷款市场报价利率四倍的部分，人民法院不予支持。

【经验传真】

（一）从"小切口"入手，推动监督模式的"大变革"

模型的构想最初来源于一起民间借贷案件。但是办案检察官并没有"就案办案"，而是搜索相关案件，发现了数据异常点，即存在"同案不同判"的类案情况。随着数字化改革的深入推进，为非法从事金融业务活动民事检察类案监督模型提供了数据支撑。在数字检察模式下，检察机关对海量文书进行要素化分析，通过特定的类案监督点进行检索分析，将海量文书降低到人工可审查的量级，挖掘民事诉讼类案监督的初步线索，较好解决了当前的类案监督困境，实现了从传统民事监督向数字化智能监督的转型升级。

（二）检察一体化办案，提升监督整体合力

吉林市两级院协调联动，充分发挥检察一体化办案优势。市检察院突出对下指导，重点关注全地区案件数据的整体情况，解决个案在事实认定、法律适用等方面的分歧；基层检察院主要侧重基础性工作，将在个案办理中发现的可能存在类型化问题上报市检察院。由市检察院进行统一部署、统一协调，开展专项行动，及时对有价值的个案线索进行分析研判，总结类案特征要素，最大限度提升监督整体合力。

（三）凝聚法检共识，确保监督精准

吉林市两级检察机关深入贯彻精准监督理念，积极与法院沟通协调，消除分歧、凝聚共识。两级院就类案的监督方式、监督重点、检察建议采纳等问题积极与法院沟通交流，重点就开展非法从事金融业务活动类案的事实认定、法律适用、裁判标准等进行深入交流，为工作的顺利开展奠定良好基础。

（四）延伸办案效果，助推市域社会治理

借助非法从事金融业务活动民事检察类案监督模型发现批量的案件线索，为检察机关发现源头性行业监管问题提供了生动的实践样本。针对法院原告主体审查不严，裁判标准不统一等问题，向法院制发类案监督检察建议，统一区域内法律适用；针对非法从事金融业务活动频发的互联网金融领域，向金融监管机构制发社会治理检察建议，规范互联网金融领域企业合法合规运行；与法院会签《关于规范非法从事金融业务活动的民事案件办理会议纪要》，共同推进民间借贷领域非法从事金融业务活动的发现、审查和防控。

（李晓红，吉林省吉林市人民检察院副检察长）

3. 逃废债案件资金交易流水异常点分析监督模型

【建模单位】

浙江省嵊州市人民检察院

【监督要旨】

针对恶意逃废债现象，企业及关系人在银行留下的交易数据成为查证虚假诉讼等违法犯罪的关键，但此类案件往往存在资金流复杂、关联交易层级深等特点，为提升检察机关调查核实的精准性及效率，以银行交易记录为研判对象构建"资金交易流水分析系统"。该分析系统在对海量交易记录进行格式化处理的基础上，根据预先提炼的逃废债特征，自动捕捉并直观展示异常点，具备交易记录全局查询、挖掘共同交易对象、一键追踪钱款流向、探查定期交易行为等系列功能，能够发现隐藏在交易数据中的潜在信息和深层次关联关系，高效锁定违法资金转移及循环转账等非正常交易，为查证逃废债行为提供智能辅助。

【模型概要】

2021 年 12 月，浙江某机床公司厂房将要被法院评估拍卖，商某峰等 5 人随即申请劳动仲裁，要求支付拖欠的工资款共计 410 万元。2022 年 1 月，双方以 364.5 万元达成仲裁调解，商某峰等 5 人申请强制执行。嵊州市法院发现本案存在工资拖欠时间过长、金额畸高等异常情形，但穷尽手段无法查清，主动邀请嵊州市检察院开展检察监督。

嵊州市检察院向法院调取了浙江某机床公司关联案件卷宗材料，并通过浙江省检察院"涉案账户数字化查询系统"向 30 余家银行调取了浙江某机床公司、商某峰等 5 名仲裁申请人及相关案外人 2016 年至 2021 年的银行交易记录，累计 10 余万条。初步研判发现，浙江某机床公司存在企业账户与个人账户混用、企业财产与个人财产混同甚至企业与职工之间相互借贷等情形，其中部分资金不断周转至数个下级账户。嵊州市检察院将该案作为样本，以银行交易记录为切入口，总结司法实践中常见的逃废债手法，构建"资金交易流水分析系统"。通过导入银行交易记录，系统快速挖掘可疑转账记录和可疑人员，准确锁定隐藏在海量数据背后的违法资金转移及循环转账等非正常交易，提升检察机关调查核实效率及精准性的同时还能够挖掘更多检察监督线索。借助系统分析呈现的异常情形，嵊州市检察院迅速突破各个当事人的心理防线，查明本案虚假仲裁的真相，向劳动仲裁机构提出检察建议，仲裁机构立即对原仲裁调解书予以撤销。同时向嵊州市法院提出执行监督检察建议，法院裁定终结执行，并对商某峰等 5 人以及某机床公司处以 3000 元至 5 万元不等的罚款。

此后，嵊州市检察院结合办理的虚假诉讼监督案件对"资金交易流水分析系统"进行升级完善，不断填充构建新的子功能，并对逃废债案件开展专项监督，共初步查证虚假诉讼线索 22 条，成功办理 6 批次虚假诉讼系列案件，为真实债权人挽回经济损失 800 万余元。

【模型设计】

数据来源：劳动仲裁卷宗（源于劳动人事争议仲裁委员会）；民事审判执行卷宗（源于法院）；关联人员户籍信息（源于公安机关）；企业工商登记（源于市场监督管理局、企查查等）；关联企业、人员银行交易流水（源于金融机构）。

数据分析关键词：针对涉案银行交易记录繁多的案件，以本方和对方户名、账号、卡号、借贷类型、交易时间、交易金额、交易摘要为要素，通过概括提炼实践中常见的逃废债情形，设置交易记录汇总查询、共同交易账号查询、账号交易关系挖掘、对象关系叠加分析、资金去向追踪等功能，结合具体案情快速锁定可疑转账记录和可疑人员。

数据分析步骤：

第一步：确定核查对象。调取劳动仲裁或民事审判执行卷宗、当事人企业工商登记、自然人家庭户籍信息等基础材料，确定初步核查对象，包括企业、实际控制人和财务人员、关联企业、对方当事人以及卷宗材料内显示的重要关系人。

第二步：数据汇集和清洗。通过浙江省检察院"涉案账户数字化查询系统"向银行调取被核查对象的交易流水记录，导入"资金交易流水分析系统"，抓取并对本方和对方户名、账号、卡号、借贷类型、交易时间、交易金额、交易摘要等关键信息统一进行格式化处理。

第三步：智能化分析。根据实践中形成的打击逃废债经验设置检察监督点，系统采取数据碰撞、分层检索、深层挖掘等方法对银行交易记录进行自动分析，并分门别类地通过图谱或列表形式直观展示资金流水异常点。

第四步：关联信息研判。通过系统分析的交易对象关系图，叠加户籍信息、企查查查询的企业信息、案卷中反映的案件信息等外部关系数据，分析对象之间的关系属性，挖掘交易对象之间的深层关联关系，查明案件真相。

思维导图：

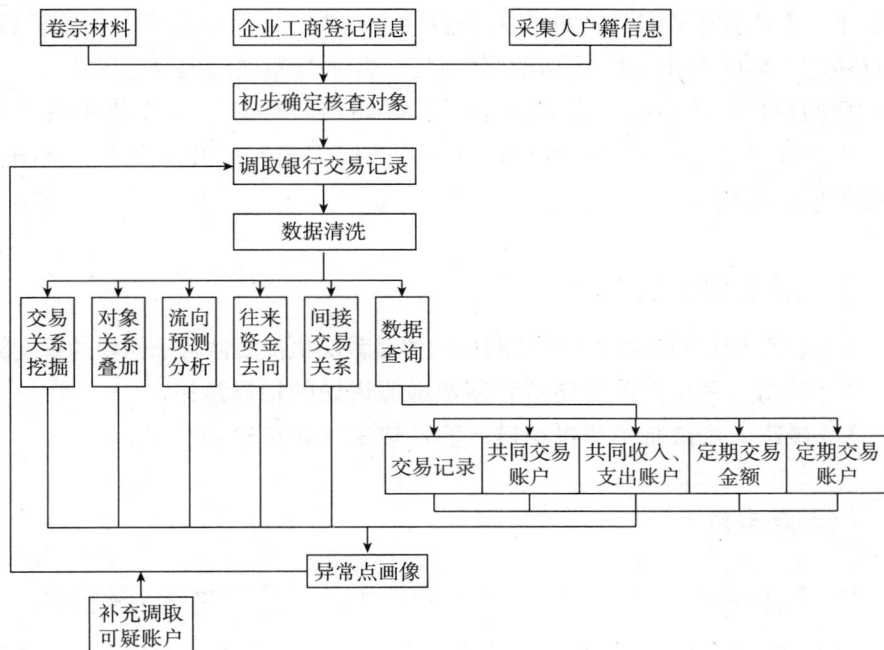

【监督方式】

"资金交易流水分析系统"功能具有通用性，既能契合民事检察调查核实特点，也可为刑事检察等业务提供辅助。民事检察部门在履职过程中尤其是办理虚假诉讼监督案件过程中秉持"应用尽用"的理念，向法院提出再审检察建议、执行活动监督检察建议，均获法院采纳，挽回巨额损失。刑事检察部门已通过系统排查非法集资类案件、医保诈骗案件线索多条，查清了相关资金流向，挽回国家医保基金损失数百万元。

【社会治理】

建章立制：为实现"办一案、牵一串、治一片"的效果，嵊州市检察院会同嵊州市委政法委、法院、公安局、劳动人事争议仲裁委员会联合出台《关于防范和制裁劳动争议虚假仲裁、虚假诉讼的协作意见》，重拳打击劳动争议领域各类虚假诉讼行为，整治范围涵盖劳动仲裁、诉讼程序、执行程序、破产程序等各环节的相关虚假诉讼行为，从信息共享、防范措施、线索移送、案件查处等方面作出具体规定，并举行专项治理启动仪式。

复制推广：该系统服务器现部署在嵊州市检察院，并连通检察工作网，干警登录账号密码即能使用；进一步升级完善后，可在全省、全国检察机关推广使用。

【法律法规依据】

1.《最高人民法院关于人民法院办理仲裁裁决执行案件若干问题的规定》
2.《最高人民法院关于防范和制裁虚假诉讼的指导意见》
3.《最高人民法院关于推进破产案件依法高效审理的意见》

【经验传真】

（一）拓展监督手段，以数字工具提升"三查"融合办案能力

以往的检察监督手段有限，侦查、调查、审查缺少融合机制，司法实

践中更是缺乏信息技术与平台支撑。现有的数字检察模型多集中于线索排查，但面对关系人众多、涉案账户复杂、资金往来穿插的检察监督事项，如何通过调查核实将线索转化为案件，成为民事检察监督的"瓶颈"。嵊州市检察院针对这一困境，打造资金交易流水分析系统从提升检察办案人员调查核实能力入手，针对调查意识、侦查意识较为薄弱，专业性不足等问题，通过深入解剖当事人转移资金、虚构债务的手法，构建账号交易关系挖掘、对象关系叠加分析、资金流向预测分析、对象往来资金去向、间接交易关系证明等多项子功能，辅助检察人员提升侦查能力和"举一反三"的调查能力，提升"三查"融合办案能力，进而打通刑事检察、民事检察、行政检察、公益诉讼检察之间的业务壁垒。该系统自 2022 年 5 月研发以来，结合个案办理不断验证其准确性和便捷性，如刑事检察部门已应用该系统办理非法集资、医保诈骗类案件，查清了相关资金流向，民事检察部门也正积极推动该系统向企业破产、个人债务集中清理等新领域拓展。

（二）加强检法协作，以数字检察推动构建新型检法关系

商某峰等与浙江某机床公司虚假劳动仲裁案件线索最初来自法院的移送，这得益于嵊州检法长期以来建立的友好协作关系。自 2020 年 3 月始，嵊州市检察院作为绍兴地区执行监督试点单位，会同嵊州市法院出台《关于在执行工作中全面推进检察监督实施办法》《关于建立业务系统信息数据共享协作机制的实施办法》。2023 年 9 月，绍兴市检法全面梳理嵊州市检法、面广、点准、效果好的生动实践，补短板、扬优势，召开全市执行活动协作机制现场推进会，发布《关于建立人民法院执行工作常态化接受检察机关法律监督协作机制的指导意见（试行）》，将常态化协作理念推广至全市范围。同时，嵊州市检察院坚持监督与协作并重，通过专项监督与个案审查相结合的方式，不断拓展监督的广度和深度。同时，嵊州市检察院积极将资金交易流水分析系统与法院共享，起到了以数字检察推动构建新型检法关系的效果。

（三）参与社会治理，以个案办理促类案监督实现系统共治

法律监督是国家治理体系和治理能力的重要依托。嵊州市检察院以商某峰等与浙江某机床公司虚假劳动仲裁逃避执行案为契机，会同嵊州市委政法委、法院、公安局、劳动人事争议仲裁委员会联合出台《关于防范和制裁劳动争议虚假仲裁、虚假诉讼的协作意见》，对劳动仲裁、诉讼程序、执行程序、破产程序等各环节的相关虚假诉讼行为开展专项治理。嵊州市检察院通过联合各相关部门，履行法律监督职责，促进执法司法突出问题、社会治理薄弱地带、公共利益短板弱项等难点、痛点的系统治理，充分发挥法律监督的功能价值，实现监督者和被监督者的共赢发展，凝聚社会治理共识。

（四）拓宽监督视野，以检察力量优化营商环境

职工工资涉及员工生存权，依法优先于抵押权及普通债权受到保障。随着打击虚假诉讼的力度加大，不法企业企图利用相对缺乏监督的劳动仲裁，以虚构工资的方式谋求执行款的优先分配。因虚假劳动仲裁的检察监督程序尚无明确法律规定，嵊州市检察院通过类案检索并参照最高检发布的第55号指导性案例"福建王某兴等人劳动仲裁执行虚假诉讼监督案"，对本案进行监督。对虚假劳动仲裁领域涉企民事执行的监督，即依法保护了其他民营企业债权人和企业家权益，为市场主体提供了有力的法治保障和优质的检察服务，同时又进一步警示已经陷入困境的民营企业严守法律红线，增强法律意识。嵊州市检察院以此次专项整治为契机，积极探索民事执行阶段优化营商环境的具体措施，以更加坚实有力的举措帮助涉案企业走出困境，为进一步优化营商环境贡献检察力量。

（黄宇峰，浙江省嵊州市人民检察院检察长）

4. 失信人股权强制执行监督模型

【建模单位】

浙江省海宁市人民检察院

【监督要旨】

海宁市检察院深入贯彻实施数字检察战略，通过大数据建模，破解股权强制执行等领域监督线索发现难、监督工作碎片化、监督实效不明显的问题，实现"个案办理—类案监督—系统治理"的数字检察之路。通过对市场主体法定代表人信息、年报信息、股权冻结信息及失信自然人信息四组数据的建模分析，发现法院在强制执行过程中对被执行人股权存在明显超标的冻结、未依法解冻等违法情形。此外，法院与市场监督管理局之间长期信息不通、协作不畅，造成大量被执行人被纳入失信人名单管理后仍然违法违规担任公司法定代表人及董监高职务。海宁市检察院通过大数据分析开展专项治理，以执行监督、刑事拒执犯罪立案监督及社会治理监督三管齐下，形成长效保护机制，实现系统治理。

【模型概要】

2023 年 1 月，海宁市检察院在办理金某申请执行监督一案中发现被执行人戴某甲、戴某乙持有相关公司股权但未被冻结、违法违规担任相关公司法定代表人及董监高的线索。经过综合分析研判，结合人工筛查，精准挖掘出失信人股权强制执行及违法违规担任公司法定代表人及董监高等 7 类违法监督线索。其中，发现海宁市法院明显超标的冻结股权案件 6 件；未依法解冻股权案件 4 件，已冻结股权未采取执行措施案件 21 件；应冻结未冻结股权线索 130 条；刑事拒执犯罪线索 15 人；审执人员违法线索 2 人；失信人违法违规担任公司法定代表人及董监高线索 788 条；法院未依法及时执转破企业 12 家。经查实后，向海宁市法院发出审判程序监督检察建议 1 件，执行程序监督检察建议 9 件，实现类案监督领域的新探索。在此基础上，通过将刑事拒执犯罪线索移送刑事检察部门立案监督，强化刑民融合。对失信人违法违规担任公司法定代表人及董监高向海宁市市场监督局发出社会治理检察建议 1 份，切实维护当事人合法权益，优化营商环境，最终实现"监督一案，治理一片"的社会效果。

【模型设计】

数据来源： 市场主体法定代表人信息（源于海宁市一体化数字资源系统）；市场主体年报信息（源于海宁市一体化数字资源系统）；市场主体股权冻结详细信息（源于海宁市一体化数字资源系统）；海宁市失信自然人信息（源于浙江检察数据应用平台）。

逻辑规则与数据分析关键词：

一是归纳个案要素特征，确定检索条件和范围，梳理法院超标的冻结股权、未依法解冻股权、已冻结股权未采取执行措施、应冻结未冻结股权、刑事拒执犯罪及审执人员违法审查等 7 个监督点。二是归集市场主体法定代表人数据、年报数据、股权冻结数据等大数据信息，提取"资产总额""负债总额"等关键词，通过与失信自然人数据进行比对碰撞，初步确认具有监督价值的各类线索。三是以冻结时间异常、冻结金额异常、企业民事诉讼案件量异常等排查符合民事执行监督线索；以股权转让时间异常、受让人异常排查刑事拒执犯罪线索；以股东身份异常排查失信人违法违规担任法定代表人及董监高的线索，有效填补监管漏洞，最终实现精准监督。

数据分析步骤：

（一）失信人股权强制执行

第一步：区分失信人有无股权冻结数据。以公民身份号码为条件，将失信人信息与市场主体股权冻结信息进行比对，区分失信人有股权冻结的数据和无股权冻结的数据。

第二步：筛选失信人有股权未被冻结数据。第一步中筛选出的失信人无股权冻结数据包含有股权未被冻结和本身就没有股权两种情形，通过将上述失信人无股权冻结的数据与市场主体法定代表人信息、年报信息进行比对，剔除本身就没有股权的失信人数据，由此得到有股权但未被冻结的数据。

第三步：确认股权强制执行的各类违法情形，分类监督。

一是针对第一步中筛选出的股权已冻结的情形，梳理出三个监督点：

监督点1：法院明显超标的冻结股权。利用已有数据人工核查明显超标的冻结股权的线索。

监督点2：法院未依法解冻股权。通过调取卷宗人工核查冻结期限内法院未依法解冻股权的线索。

监督点3：法院已冻结股权未实际执行。通过调取卷宗人工核查已冻结股权未采取执行措施的线索，其中，将失信人股权被冻结数据与市场主体年报信息进行比对得出企业资产总额大于负债总额的情形，即被执行人有财产可供执行的线索。

二是针对第二步中筛选出的股权未冻结的情形，梳理出两个监督点：

监督点4：法院应冻结未冻结股权。按主体状态筛选，剔除已注销及注销中的企业信息，得到法院应冻结而未冻结股权线索。

监督点5：刑事拒执犯罪及审执人员违法审查。通过国家企业信用信息公示系统查询被执行人股权转让情况后核查出涉嫌拒执犯罪的线索，在此基础上进一步深挖审执人员违法犯罪线索。

（二）失信人违法违规担任公司法定代表人及董监高

以"公民身份号码"为关键词，将失信人与市场主体法定代表人身份信息进行比对，再筛除已注销的企业信息，得到违法违规担任公司法定代表人及董监高的失信人线索。

（三）执行程序未依法转入破产程序

筛选资不抵债企业，将上述失信人违法违规担任公司法定代表人及董监高的数据与市场主体年报信息比对，筛选出资不抵债的企业。通过人工审查筛选出法院未及时将符合条件的执行程序转入破产程序条件的线索。

思维导图：

```
┌──────────┐      ┌──────────┐      ┌──────────┐
│市场主体股权│      │失信自然人 │      │市场主体法定│
│冻结信息   │      │信息      │      │代表人信息 │
└────┬─────┘      └────┬─────┘      └────┬─────┘
     │                 │                 │
┌────┴─────┐      ┌────┴─────┐      ┌────┴─────┐
│按公民身份 │      │按公民身份 │      │按公民身份 │
│号码比对   │      │号码比对   │      │号码比对   │
└────┬─────┘      └────┬─────┘      └────┬─────┘
```

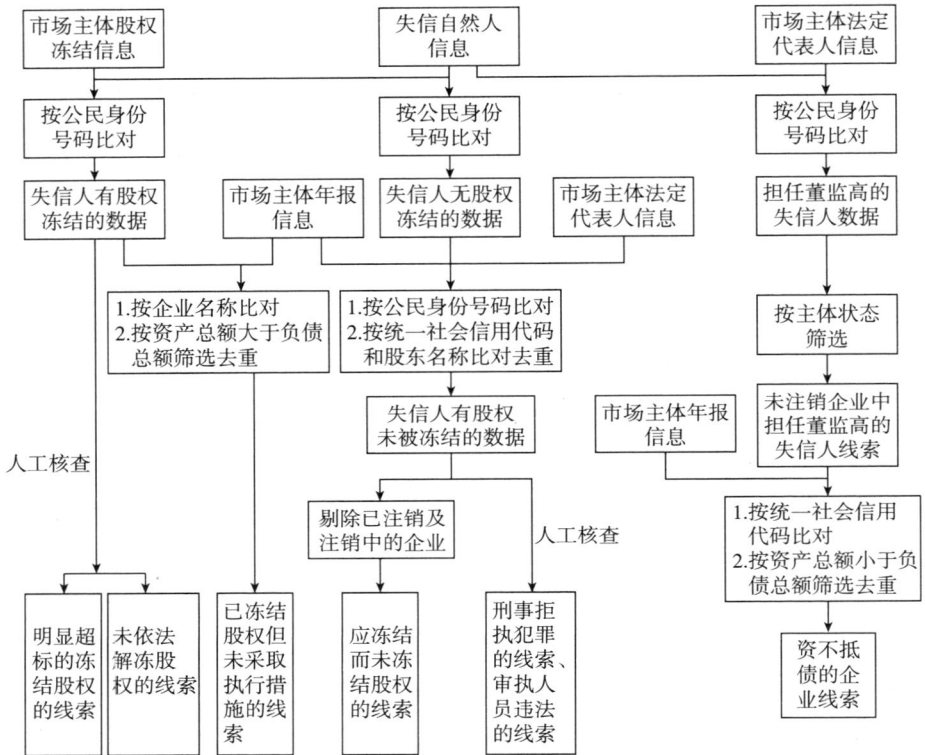

【监督方式】

民事执行监督： 通过建模分析，海宁市检察院共核查出本地区明显超标的冻结股权、未依法解冻股权、应冻结未冻结股权等五类执行监督线索，针对案件中普遍存在的股权执行程序不规范、股权实际变价难、被执行人恶意规避股权被强制执行等共性问题进行分析评估，对程序类监督点（对查控反馈被执行人名下有公司而未查询、控制被执行人名下股权，超标的冻结股权，符合解冻条件未解冻等）、实质性监督点（有股权可供拍卖执行）、惩治类监督点（被执行人未依法申报股权、无偿或者低价转让股权）发出个案、类案检察建议，督促法院纠正违法行为，切实维护当事人合法权益。

刑事检察监督：对无偿转让股权的异常案件，开展刑事立案监督，运用刑事手段打击股权强制执行过程中的拒执犯罪行为。如海宁市检察院在办案中聚焦被执行人持有股份实缴额在 100 万元以上的线索，发现 13 人在进入执行阶段后，将自己名下的股权无偿转让给特定关系人，恶意逃避法院的强制执行。

【社会治理】

建章立制：海宁市检察院以"个案办理—类案监督—系统治理"为路径，一方面，向海宁市市场监督管理局制发社会治理检察建议，督促其对 788 名违法违规担任公司法定代表人及董监高的失信自然人进行任职资格限制。另一方面，联合海宁市法院、海宁市市场监督管理局堵塞失信人任职资格限制监管漏洞，会签《关于失信被执行人任职资格限制信用惩戒措施的实施办法（试行）》，加强失信被执行人名单信息归集共享的实时性，推动海宁市法院与海宁市市场监督管理局形成全面覆盖、及时发现问题、及时依法处理的联合惩戒长效机制，确保市场交易安全，保护商业信誉，营造规范有序的营商环境。

复制推广：该模型聚焦的问题在全省、全国具有普遍性，所需数据获取简单，数据分析便捷。模型具有可行性、可复制性，监督点具有创新性、普适性。

【法律法规依据】

（一）法院明显超标的冻结股权

《最高人民法院关于人民法院强制执行股权若干问题的规定》第五条第一款　人民法院冻结被执行人的股权，以其价额足以清偿生效法律文书确定的债权额及执行费用为限，不得明显超标的额冻结。股权价额无法确定的，可以根据申请执行人申请冻结的比例或者数量进行冻结。

（二）法院未依法解冻股权

1.《最高人民法院适用〈中华人民共和国民事诉讼法〉的解释》第一百六十八条　保全裁定未经人民法院依法撤销或者解除，进入执行程序后，自动转为执行中的查封、扣押、冻结措施，期限连续计算，执行法院无需重新制作裁定书，但查封、扣押、冻结期限届满的除外。

2.《最高人民法院关于人民法院民事执行中查封、扣押、冻结财产的规定》第二十一条　有下列情形之一的，人民法院应当作出解除查封、扣押、冻结裁定，并送达申请执行人、被执行人或者案外人：

（一）查封、扣押、冻结案外人财产的；

（二）申请执行人撤回执行申请或者放弃债权的；

（三）查封、扣押、冻结的财产流拍或者变卖不成，申请执行人和其他执行债权人又不同意接受抵债的；

（四）债务已经清偿的；

（五）被执行人提供担保且申请执行人同意解除查封、扣押、冻结的；

（六）人民法院认为应当解除查封、扣押、冻结的其他情形。

解除以登记方式实施的查封、扣押、冻结的，应当向登记机关发出协助执行通知书。

（三）法院已冻结股权未采取执行措施

《最高人民法院关于人民法院民事执行中拍卖、变卖财产的规定》第一条　在执行程序中，被执行人的财产被查封、扣押、冻结后，人民法院应当及时进行拍卖、变卖或者采取其他执行措施。

（四）法院应冻结未冻结股权

1.《中华人民共和国民事诉讼法》第二百五十三条第一款　被执行人未按执行通知履行法律文书确定的义务，人民法院有权向有关单位查询被执行人的存款、债券、股票、基金份额等财产情况。人民法院有权根据不同情形扣押、冻结、划拨、变价被执行人的财产。人民法院查询、扣押、冻结、划拨、变价的财产不得超出被执行人应当履行义务的范围。

2.《最高人民法院关于人民法院强制执行股权若干问题的规定》第二条　被执行人是公司股东的，人民法院可以强制执行其在公司持有的股份，不得直接执行公司的财产。

3.《最高人民法院关于严格规范终结本次执行程序的规定（试行）》第一条第三项　人民法院终结本次执行程序，应当同时符合下列条件：

（三）已穷尽财产调查措施，未发现被执行人有可供执行的财产或者发现的财产不能处置。

（五）刑事拒执犯罪及审执人员违法

1.《中华人民共和国民事诉讼法》第一百一十四条第一款第六项　诉讼参与人或者其他人有下列行为之一的，人民法院可以根据情节轻重予以罚款、拘留；构成犯罪的，依法追究刑事责任：

（六）拒不履行人民法院已经发生法律效力的判决、裁定的。

2.《最高人民法院关于适用〈中华人民共和国民事诉讼法〉的解释》第一百八十八条第一项　民事诉讼法第一百一十四条第一款第六项规定的拒不履行人民法院已经发生法律效力的判决、裁定的行为，包括：

（一）在法律文书发生法律效力后隐藏、转移、变卖、毁损财产或者无偿转让财产、以明显不合理的价格交易财产、放弃到期债权、无偿为他人提供担保等，致使人民法院无法执行的。

3.《最高人民法院关于民事执行中财产调查若干问题的规定》第一条　执行过程中，申请执行人应当提供被执行人的财产线索；被执行人应当如实报告财产；人民法院应当通过网络执行查控系统进行调查，根据案件需要应当通过其他方式进行调查的，同时采取其他调查方式。

第五条第一款第四项　被执行人应当在报告财产令载明的期限内向人民法院书面报告下列财产情况：

（四）债权、股权、投资权益、基金份额、信托受益权、知识产权等财产性权利。

第七条　被执行人报告财产后，其财产情况发生变动，影响申请执行人债权实现的，应当自财产变动之日起十日内向人民法院补充报告。

（六）失信人违法违规担任公司法定代表人及董监高

1.《中华人民共和国公司法》第一百七十八条第一款第五项 有下列情形之一的，不得担任公司的董事、监事、高级管理人员：

（五）个人所负数额较大的债务到期未清偿被人民法院列为失信被执行人。

2.《中华人民共和国市场主体登记管理条例》第十二条第五项 有下列情形之一的，不得担任公司、非公司企业法人的法定代表人：

（五）个人所负数额较大的债务到期未清偿。

第二十四条第一款 市场主体变更登记事项，应当自作出变更决议、决定或者法定变更事项发生之日起 30 日内向登记机关申请变更登记。

第二十五条 公司、非公司企业法人的法定代表人在任职期间发生本条例第十二条所列情形之一的，应当向登记机关申请变更登记。

第四十六条 市场主体未依照本条例办理变更登记的，由登记机关责令改正；拒不改正的，处 1 万元以上 10 万元以下的罚款；情节严重的，吊销营业执照。

（七）执行程序未依法转入破产程序

《最高人民法院关于执行案件移送破产审查若干问题的指导意见》 2. 执行案件移送破产审查，应同时符合下列条件：

（1）被执行人为企业法人；

（2）被执行人或者有关被执行人的任何一个执行案件的申请执行人书面同意将执行案件移送破产审查；

（3）被执行人不能清偿到期债务，并且资产不足以清偿全部债务或者明显缺乏清偿能力。

【经验传真】

（一）直面股权监督难点，实现"应执尽执"，切实保障当事人合法权益

股权是一项重要的财产权利，但由于其专业性强、法律关系复杂、执行难度大，实践中股权被人民法院采取冻结、拍卖等措施的并不多。海宁市检察院坚持问题导向，深入研究《最高人民法院关于人民法院强制执行股权若干问题的规定》等涉股权相关法律法规，以个案为突破点，归纳要素特征，确定检索条件和范围，梳理出法院超标的冻结股权、未依法解冻股权、已冻结股权未采取执行措施、应冻结未冻结股权、刑事拒执犯罪及审执人员违法审查等 5 个股权强制执行监督点，通过浙江检察数据应用平台归集市场主体法定代表人数据、市场主体年报数据、市场主体股权冻结数据等大数据信息，提取"资产总额""负债总额"等关键词，与海宁市失信自然人数据进行比对碰撞，经人工筛查，发现涉股权类监督线索176 条，获取被执行人财产线索 16 条。通过对股权强制执行的监督，督促法院应执尽执，将司法为民落到实处。

（二）坚持全链条深挖，推进"应治尽治"，助力构建法治化营商环境

在对人民法院股权强制执行全流程监督的基础上，海宁市检察院立足实现法律监督高质效、促进社会治理现代化，丰富监督模型，拓展监督领域，推动监督向纵深发展。一方面，以民事检察监督为基础，运用"三查"融合手段深挖刑事拒执犯罪及审执人员违法线索。对无偿、低价转让股权的异常案件，开展刑事立案监督，运用刑事手段打击股权强制执行过程中的拒执犯罪行为。民事检察部门在调查中强化与刑事检察部门的融合与协作，有针对性地收集被执行人构成拒执犯罪的证据材料，在有初步证据材料可以证实被执行人构成拒执犯罪后，由刑事检察部门开展立案监督。另一方面，深挖社会治理检察监督线索。除涉股权类监督外，海宁市

检察院进一步拓展应用场景至失信人违法违规担任公司法定代表人及董监高、执行程序未依法转入破产程序等监督领域，将失信人违法违规担任公司法定代表人及董监高作为推动社会治理、打造良好营商环境的切入口。

（三）聚焦模型实用性，落实"应监督尽监督"，彰显检察机关高质效履职

针对不同的违法情形，合理选用不同的监督手段。对法院在股权强制执行过程中存在的五类普遍性问题，通过制发个案、类案检察建议，督促法院纠正错误、规范司法行为，切实维护当事人及利害关系人合法权益。对发现的涉嫌刑事拒执犯罪线索，运用"三查"融合手段，在开展刑事立案监督的基础上，进一步深挖审执人员违法，延伸监督链条。对发现的失信人违法违规担任公司法定代表人及董监高的线索，深挖问题本质后发现信息不畅、机制缺失、普法宣传不到位等是造成大量失信人违法违规任职的主要原因，向海宁市市场监督管理局制发社会治理检察建议，督促其填补失信人任职限制的监管漏洞。此外，推动市场监督管理局开展专项整治行动，通过座谈会方式听取各方意见，与海宁市人民法院、海宁市市场监督管理局会签《关于失信被执行人任职资格限制信用惩戒措施的实施办法（试行）》，有效打通数据共享渠道，利用检察机关法律监督凝聚各方治理合力，在服务大局上展现各自担当。

（曹国华，浙江省海宁市人民检察院检察长）

5. 涉逃废债虚假诉讼监督模型

【建模单位】

浙江省绍兴市人民检察院

【监督要旨】

民事案件当事人在诉讼中以虚假诉讼方式恶意"逃废债"，骗取人民法院生效裁判，通过虚假执行履行到位，既损害债权人合法权益，又妨害司法秩序。对此类行为，检察机关通过运用大数据技术，搭建监督模型，摸排线索，展开充分的调查核实，切实发挥司法合力，维护当事人的合法权益，彰显司法权威。

【模型概要】

天津滨海农村商业银行股份有限公司绍兴支行（以下简称滨海农村商业银行绍兴支行）与绍兴某漂染公司等因金融借款纠纷成讼，浙江省绍兴市柯桥区人民法院（以下简称柯桥区法院）作出（2018）浙0603民初12210号民事判决书。因某漂染公司等被执行人未自觉履行民事判决确定的义务，滨海农村商业银行绍兴支行申请强制执行，柯桥区法院于2019年4月19日立案执行，执行标的为借款本金1000万元及相应利息1928646.22元。执行过程中，因暂未发现某漂染公司等被执行人有其他可供执行的财产，2019年9月21日，柯桥区法院作出（2019）浙0603执2056号裁定，终结案件的本次执行程序。

除该案以外，某漂染公司还涉及多起金融借款合同纠纷诉讼案件，案涉金额高达1亿余元，相关案件均因无财产可供执行被裁定终本执行。

2018年2月5日，绍兴柯桥某丝绸印花定型厂和张某分别以民间借贷纠纷起诉某漂染公司，案号分别为（2018）浙 0603 民初 1787 号、（2018）浙 0603 民初 1790 号。同月 11 日，两案均调解结案，案件涉及金额分别为 400 万余元和 2300 万余元。后绍兴柯桥某丝绸印花定型厂和张某分别申请法院强制执行。在该两件案件执行过程中，法院对某漂染公司名下土地进行拍卖，绍兴柯桥某丝绸印花定型厂实现债权 4028465.94 元，剩余 30 万余元执行请求予以放弃；另一起经司法拍卖某漂染公司持有的浙江绍兴瑞丰农村商业银行股份有限公司股权，共得款 10674656 元，其中支付张某 10534482 元、交纳执行费 90904 元，剩余将近 1300 万元执行请求张某予以放弃。该两起案件均以全部执行完毕裁定终结执行。

浙江省绍兴市检察院根据上述异常执行案件线索，对相关案件进行梳理并绘制成表，总结个案特性，提炼关键要素，构建恶意"逃废债"监督模型。通过导入收集的绍兴市两级法院 35 万余份民事裁判文书和法院公开的执行裁定文书，以借贷纠纷为案由，概括同一时期密集涉诉、涉及金融借款等大额借款、被告无抗辩、双方迅速达成和解、部分案件全部执行到位、部分案件当事人放弃大额执行利益等数据要素特征，对相关数据进行分析处理，发现 60 件虚假诉讼案件线索，经查实后，依法监督成案 47 件，法院全部予以采纳。

2022 年 7 月 29 日，柯桥区检察院对滨海农村商业银行绍兴支行与某漂染公司等金融借款合同纠纷执行案制发检察建议，建议法院对某漂染公司转移变现的财产情况及时进行调查，通过查封、扣押、冻结等手段及时予以控制，并视情况恢复相关民事案件的执行。2022 年 10 月 11 日，柯桥区法院函复，某漂染公司已经将相应执行款项 14748886.22 元缴入执行款专户，人民法院已经函告相关法院依规提交参与分配的相应资料，执行财产分配方案正在制作中。柯桥区检察院依法对某漂染公司实控人王某富涉嫌虚假诉讼罪、拒不执行判决、裁定罪作出不起诉决定。

【模型设计】

数据来源：民事案件裁判文书、执行文书［源于法院、中国裁判文书网（绍兴市检察院数据主要源于其自主研发的民事裁判智慧监督系统和民事执行大数据分析系统）]；身份信息（源于公安机关）；主体关系数据［源于企查查等网站（该数据可查询人与人、人与企业、企业与企业之间是否存在关系以及存在什么样的关系）]。

类案特征要素：在同一时期密集被诉，有 1 起以上大额金融借款或民间借贷，被告对大额金融借款或民间借贷纠纷以管辖异议、要求鉴定等各种理由提出抗辩导致诉讼周期较长，对部分同期被诉案件没有任何抗辩双方迅速达成和解，部分案件因无其他可供执行财产已经裁定终结本次执行，部分案件全部执行到位裁定执行终结，申请执行人放弃执行请求。

数据分析关键词：金融借款合同、民间借贷合同、被告密集被诉、无异议、双方达成和解、终本执行、终结执行、放弃执行请求。

逻辑规则：该模型通过对法院裁判文书、执行文书进行归纳整理分析，以借贷纠纷案由提取类案，形成线索数据，经过智能排序分析，与企查查工商数据、银行交易流水、人员关系信息等比对碰撞，准确筛选出恶意"逃废债"案件线索。

数据分析步骤：

第一步：数据汇集。（1）以绍兴民事裁判智慧监督系统和民事执行大数据分析系统收集的民事裁判、执行文书为数据库（也可从近年来裁判文书网等网站公开的文书进行下载形成数据源）；（2）以诉讼当事人—被告、文书类型—判决书、执行裁定书为检索条件进行筛选。

第二步：线索筛查。（1）对第一步筛选出的判决书继续检索，以"金融借款"或"民间借贷"为关键词，筛查出原告诉求中要求归还借款的案件；（2）以"无异议"或"双方达成和解协议"为关键词，筛选出被告无异议、双方达成和解的调解案件；（3）以"终结本次执行程序"或"终结执行程序"为关键词，筛选出相关执行案件。

第三步：信息比对。（1）整理第二步的筛选结果，归纳出密集被起诉企业、原告信息；（2）通过企查查查询原被告工商信息，对相关人员及其名下公司、关联公司、股东持股等情况进行排查，查明是否存在股权穿透、相互持股、家族企业等情况；（3）通过公安人口信息协查，对案涉企业股东、实控人、原告等相关人员身份情况进行调查，查明是否存在亲属关系。

第四步：调查核实。（1）查询银行账户交易信息，盘查资金流水，查明是否存在故意制造资金往来交易记录，形成资金交易闭环；（2）调取可疑被告企业审判、执行法院卷宗，运用侦查思维人工审查，缩小虚假诉讼嫌疑案件范围；（3）对经初步核实发现虚假诉讼等涉嫌刑事犯罪线索后，及时移送公安机关侦查，通过提前介入、引导侦查等，及时收集固定民事监督证据，确定法律监督案件。

研判流程图：

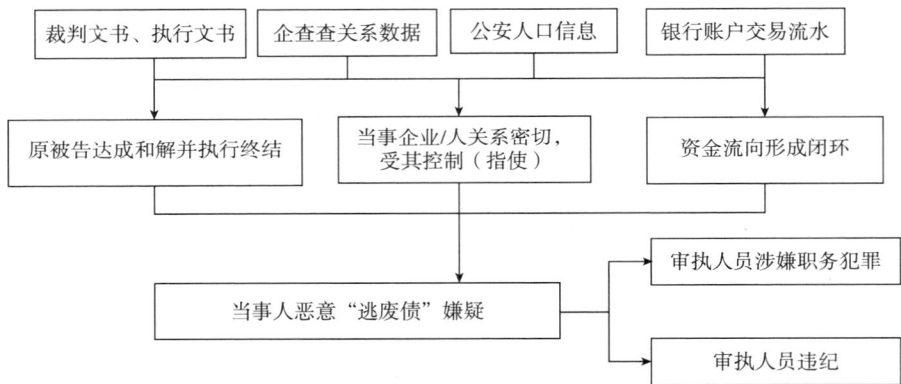

【监督方式】

2018 年初，针对虚假诉讼隐蔽性强、发现难的问题，绍兴市检察院在全国率先提出运用大数据对海量裁判文书进行筛选摸排监督线索的思路，先后自主研发完成了民事裁判智慧监督系统和民事执行大数据分析系统，通过对民事裁判、执行文书信息要素化、提炼检察监督点以及案件数据碰撞、分层检索、挖掘统计等数据分析方法，对民间借贷等类型案件进行风险预测，有效挖掘线索。通过抽调市区两级院民事、检察侦查部门和区检察院刑事检察部门办案骨干组成专项数字检察办案组，实施专项数字排查、线索挖掘同步推进方案，建立重点案件同步介入、实时跟踪的审查机制，探索引导侦查、补充侦查与检察侦查初查相结合、民事监督、刑事追责与检察侦查初查并行的"多轮驱动"模式,确保审查、调查、侦查"三查"融合监督办案机制在恶意"逃废债"等虚假诉讼、执行案件法律监督中全面贯彻落实,大幅提升了检察精准监督。

民事检察部门通过对某漂染公司疑似为逃废银行债务而虚假诉讼的异常案件线索进行梳理研判;承办检察官分析汇总存疑线索,调取、审查法院审判、执行卷宗,对相关案件进行梳理并绘制成表;通过企查查、向公安、银行等单位查询信息,做好外围调查,掌握企业、人员关系情况;盘查相关人员、企业账户交易记录,分析银行流水是否存在资金闭环情形;调查核实发现涉嫌刑事犯罪线索后,及时通过刑事检察部门移送公安机关侦查。

在公安机关立案后,刑事和民事检察官第一时间主动提前介入,与公安机关承办人持续沟通,共同分析涉及的法律问题,协商侦查策略,包括布控哪些人员、前期要进行哪些摸排、何时启动抓捕、重点突破人员等;抓捕时参与后台指挥、引导取证,对收集的证据及时审查,防止关键证据遗漏,保证口供合法性及完整有效。

检察侦查部门进行线索初查,调查审判、执行法官是否存在失职、渎职等职务犯罪行为。两级院各部门相互协作,融合履职,以一体化履职方式提升监督质效。

鉴于某漂染公司涉及的执行案件较多,为体现检察监督的高质效,检察机关选择具有典型性的滨海农村商业银行绍兴支行与某漂染公司等金融借款合同纠纷执行案制发检察建议予以监督。后某漂染公司实际控制人王某富将14748886.22元执行款项缴入法院执行款专户,因该公司在省内其他法院也有执行案件,人民法院函告相关法院依规提交参与分配的相应资料,执行财产分配方案。某漂染公司实控人王某富因涉嫌虚假诉讼罪、拒不执行判决、裁定罪被检察机关依法作出不起诉决定。

2022年3月,绍兴市院专门成立以检察长为组长的"逃废债"虚假诉讼类案监督工作领导小组,在全市开展专项活动,共发现有效线索60件,民事监督成案47件,移送检察侦查部门查处涉案法官3人,移送公安机关刑事犯罪线索6件9人,涉案金额达3700万元。

【社会治理成效】

检察机关以个案办理为切入点，深入分析案件发生原因及背后存在的制度漏洞，努力实现"办一案、牵一串、治一片"的良好效果。针对案件办理过程中发现的法院执行部门在重大资产处置、执行财产分配等方面存在的问题，向法院制发检察建议。首先，法院应当加强内部的职权划分，以缩小审判特别是执行法官的自由裁量权，合理配置和科学运行审判权、执行权，形成权力分解的"物理隔离"。其次，依托案件办理流程管理系统，对重点环节和关键节点进行风险防控，关键是要建立风险案件模型，用大数据的方法筛查违法点、风险点，保障违法犯罪行为即使隐藏在海量案件中也能被及时发现、及时处理。最后，应当按照规定，将裁判案件、执行案件的文书、卷宗及相关情况向检察机关公开，引入常态化的外部监督，加强监督的刚性，从而保障执行权全程有效监督，健康在轨运行。多措并举，分权和数字监督相结合，内控和外部监督结合，总体上消除当事人通过虚假诉讼、执行损害债权人合法利益及审判、执行人员权力寻租的空间和机会，从而维护司法公正。

【法律法规依据】

1.《最高人民法院关于防范和制裁虚假诉讼的指导意见》

2.《最高人民法院关于人民法院执行工作若干问题的规定（试行）》

3.《最高人民法院、最高人民检察院关于民事执行活动法律监督若干问题的规定》

【经验传真】

串通型虚假诉讼、虚假执行案件极具隐蔽性特征，传统的线索发现依赖于举报控告，具有偶然性、个案性，该类案件也极易诱发法官职务犯罪。基于裁判、执行大数据贯通的线索筛查方案，另辟蹊径，将民事虚假诉讼、虚假执行线索筛查变成一个数据问题、模型问题，可以有效地筛查发现监督线索，也可以作为常态化地监督手段。其基本原理是，串通型虚假诉讼、虚假执行因为违反法律而具有与正常业务不同的特征。因此可以建立相应的特征模型，从海量的民事裁判、执行案件中筛查出符合这些特征的案件，即风险案件。对这些风险案件再进行人工审查、调查，进行一一的甄别，将软件误报的案件排除，确认真正有价值的线索。即软件粗筛从海量案件中发现疑似线索，人工精查从疑似线索中发现真正的案件。将软件善于处理海量信息和人工善于审查调查及复杂疑难情况的研判的两方面优势结合起来，高效精准地开展法律监督。

（一）依托数字检察，构建类案监督模型，实现手段融合

在民事执行活动监督中，绍兴检察机关发现恶意"逃废债"行为严重损害司法公信力，破坏社会风气。检察机关以数字检察为依托，以涉及巨额金融借款纠纷案件的公司型被执行人为分析重点，通过企业基本信息查询系统，分析相关公司的人员结构，并分析该公司涉诉情况，通过数字化分析手段，发现异常点，成功建立恶意"逃废债"监督模型，为民事、刑事、检察侦查部门协作监督办案提供有效线索。本案系该监督模型的初次成功应用，取得重要成效，为该监督模型的进一步升级、推广奠定了良好工作基础。

（二）发挥上下联动，整合办案资源，确保组织融合

本案系绍兴市院依托数字检察监督平台，对海量数据进行碰撞、比对，发现某漂染公司、张某等存在异常涉诉情况，并及时将某漂染公司疑似为逃废银行债务而虚假诉讼的线索交办民事检察部门，绍兴上下两级院民事部门在检察融合监督理念引领下，有效整合办案力量，充分发挥联动办案优势，上级检察院运用高效优质的数字检察平台，摸排、发现监督线索；基层检察院通过调查核实，深挖监督线索，提升监督质效。在案件具体查办过程中，上级检察机关及时派员参与办案全过程，保证办案取得良好成效。

（三）强化刑民协同，构建一体化办案团队，确保力量融合

本案中，检察机关在依职权启动本案监督工作后，第一时间组建刑

事、民事、检察侦查一体化的办案团队，并由检察长指挥协调案件办理。民事检察部门在案件初查阶段积极运用调查核实权，及时向审判机关、公安机关、金融机构等部门调取大量书证、银行流水等，通过审查方式查清本案基本脉络，刑事检察部门对民事检察部门查明的事实进一步分析研究，并及时主导移送公安机关侦查，提前介入公安机关侦查工作，协助公安机关对相关人员实现控制。在人员到位后，刑事检察和民事检察部门协同加大对该公司实际控制人的释法说理，讲深讲透认罪认罚的相关要求，要求其退还转移的 1400 万余元财产，保障案件实效。在民事和刑事办案取得实效的情况下，检察侦查部门适时介入，针对执行法官在执行过程中是否存在职务违法犯罪行为进行初查，依法追究相关人员的责任。

（四）构筑公检法联合惩防"逃废债"虚假诉讼网络，实现司法融合

司法是维护公平正义的最后一道防线。近年来，骗取法院生效裁判通过虚假执行逃避银行金融债务、损害债权人权益等现象呈多发、易发态势，一直是人民群众反映较为强烈的问题，如何推进虚假诉讼智能化源头治理，成为当下司法机关面临的重要课题。检察机关在民事监督过程中，通过数字赋能发现线索，锁定重点问题案件，通过再审检察建议、检察建议手段开展法律监督；将发现的刑事犯罪线索移送公安机关依法追究刑事责任；法院通过智能化、信息化手段不断加强对虚假诉讼的辨识，将可疑线索移送公安机关，并抄送检察院，审判、执行信息适时向检察监督办案公开，不断加大对拒不执行法院判决、裁定罪、虚假诉讼罪等刑事打击力度。

（曾于生，浙江省绍兴市人民检察院检察委员会专职委员）

6. 涉民营企业信用修复民事执行监督模型

【建模单位】

浙江省慈溪市人民检察院

【监督要旨】

慈溪市检察院在履行民事检察监督过程中发现，人民法院在办理民事执行案件过程中存在符合《最高人民法院关于公布失信被执行人名单信息的若干规定》第 10 条第 4 项规定，但没有在 3 个工作日内删除失信信息的情形。慈溪市检察院通过调取终结本次执行程序案件信息，分析提炼规则，数字建模，筛查出符合法定删除情形而法院未及时删除的执行类案。通过线下调卷，走访涉案企业，选取目前尚处于正常生产运营、有发展前景的民营企业，听取企业和当地政府及商会组织的意见，向法院制发执行监督检察建议，督促法院及时删除符合条件的民营企业失信信息，修复企业信用，恢复企业市场准入资格，提升企业融资能力，便于企业开展资产重组和资本运作，积极参与市场竞争，恢复正常经营活动。同时聚焦长效治理，联合多部门签署协作配合机制，建立完善涉民营企业信用修复制度，综合施策，多维发力，规范执行行为，助力民营企业发展，优化和提升营商环境。

【模型概要】

慈溪市检察院在走访民营企业过程中，有关部门和商会反映当地部分民营企业产品技术含量较高、市场前景广阔，但企业设立初期存在投资股权纠纷。进入执行后，企业和企业负责人作为被执行人长期被纳入失信被执行人名单，导致企业无法继续正常经营。慈溪市检察院针对上述个案调阅了执行案件卷宗，发现该案 2019 年已经终结本次执行程序，至今没有恢复执行，申请执行人或者其他人也未提供有效财产线索，符合删除失信信息规定。实地走访该企业，发现该企业目前租赁厂房经营，处于停产状态，但其具备新能源汽车配套零部件生产技术。因被法院纳入失信被执行人名单，该企业目前无法融资投入生产，也无法参与国内新能源汽车零配件采购招投标。办案人员推测上述情况可能并非个案，且通过个案审查方式难以发现，有必要调取相关数据，构建数字监督模型。

慈溪市检察院根据上述异常案件线索，总结个案特性，提炼关键要素，从浙江检察数据运用平台调用执行案件信息、被执行人信息、失信被执行人信息，设定规则筛选出终结本次执行程序一年以上，被执行人为企业且仍然为失信被执行人的终结本次执行案件信息。慈溪市检察院运用模型，筛查出符合删除失信信息的民事执行案件监督线索 100 余条，其中涉企案件 70 余条。

【模型设计】

数据来源：执行案件信息、被执行人信息、失信被执行人名单（源于浙江检察数据应用平台）。

数据分析步骤：

第一步：通过建模中心对被执行人信息进行筛选，获取未履行完毕被执行人信息，再将未履行完毕被执行人信息与已结案执行案件信息进行碰撞，获得终结本次执行案件信息。

第二步：筛选终本执行案件结案日期在 2022 年之前的案件，形成终结本次执行程序一年以上的终本执行案件名单。

第三步：从失信被执行人信息中选取名称为五个字以上的被执行人，筛选名称中包含有"公司""厂"关键词的失信被执行人，形成企业类失信被执行人名单。

第四步：将终本执行程序一年以上的终本执行案件名单和企业类失信被执行人名单进行碰撞，获得终本执行程序一年以上，被执行人为企业且仍然为失信被执行人的终本执行案件信息。

思维导图：

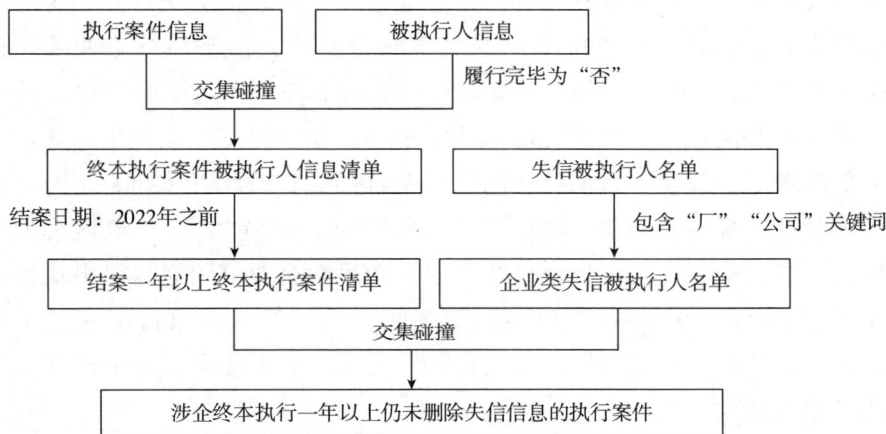

【监督方式】

慈溪市检察院在制发检察建议前实地走访了涉案企业，听取了有关部门、商会的意见，了解企业被纳入失信被执行人名单的具体原因、目前生产经营困难和市场前景。对申请人一方也进行了个别走访，听取其对删除被执行人失信信息的意见。在综合考虑这两方面因素的前提下进行风险评估，再通过与法院执行局进行充分的沟通协商，选取了其中申请人为银行业金融机构的执行案件制发了检察建议，并要求法院对符合删除失信信息的终本执行案件排查整改，及时将被执行人从失信被执行人名单中删除。通过以上措施，检察建议制发后，获得了法院、当事人双方和有关部门、商会组织的认可，取得了较好的社会效果。

【社会治理】

建章立制：慈溪市检察院通过涉民营企业信用修复民事执行类案监督删除包含企业法人代表姓名的企业失信被执行名单，不仅修复了企业信用，而且修复企业经营者信用，使企业和企业经营者能够重新参与市场竞争。以该项监督工作为契机，慈溪市检察院民事检察部门还联合法院、发改局、经信局、自然资源规划局、市场监管局、公共资源交管办、金融发展服务中心、税务局等单位出台《关于联合实施失信被执行企业信用修复工作的意见》。通过上述两方面工作，提高市场主体对法律的可预期性和信赖，提升民营企业和人民群众的安全感，促进营商环境优化提升。

复制推广： 该模型目前已在浙江省全省推广，浙江省杭州、宁波、绍兴等地各基层院均已成案，实现了"一域突破，全省共享"。以该模型为依托，浙江省检察院民事检察条线开展了涉民营企业信用修复民事执行专项监督。慈溪市检察院民事检察部门还联合法院等单位出台了《关于联合实施失信被执行企业信用修复工作的意见》，被最高检《民事检察工作情况》全文转发。

【法律法规依据】

1.《最高人民法院关于公布失信被执行人名单信息的若干规定》第十条第一款第四项 具有下列情形之一的，人民法院应当在三个工作日内删除失信信息：

（四）终结本次执行程序后，通过网络执行查控系统查询被执行人财产两次以上，未发现有可供执行财产，且申请执行人或者其他人未提供有效财产线索的。

2.《最高人民法院关于在执行工作中进一步强化善意文明执行理念的意见》

【经验传真】

（一）数字赋能，设计模型筛查监督线索

针对个别民营企业反映的长期被纳入失信被执行人名单，导致无法持续正常经营问题，第一时间向法院调阅执行案件卷宗开展审查工作。经审查发现，该情况在当地并非个案，有必要调取相关数据，构建数字监督模型，开展类案监督。慈溪市检察院先后从浙江检察数据应用平台调取执行案件信息、被执行人信息、失信被执行名单后，构建信用惩戒修复监督模型，对比碰撞出终本执行程序一年以上，被执行人为企业且仍为失信被执行人的执行案件信息，为后续开展民事执行活动监督、规范运用执行惩戒措施奠定扎实的数据基础。

（二）开展风险评估，调研走访确保监督效果

在制发检察建议之前，秉持立足监督却不唯监督的基本原则，对筛查出的监督线索严格把控甄别，确保取得较好的社会效果。一方面，实地走访涉案企业，听取当地政府、商会的意见，了解企业被纳入失信被执行人名单的具体原因、目前生产经营状况和市场前景；另一方面，对申请执行人一方也进行个别走访，听取其对删除被执行人失信信息的意见。在综合以上两方面因素的前提下开展风险评估，选取符合条件且具有恢复企业信用紧迫性的案件，与法院执行局进行充分沟通协商，争取达成一致意见。经沟通，对申请人为银行业金融机构的执行案件制发了检察建议，并要求法院对其他符合删除失信信息的终本执行案件自行排查整改，及时将被执行人从失信被执行人名单中删除，帮助失信被执行企业恢复信用，顺利办理金融贷款业务，积极参与市场竞争。

（三）出台长效机制，多方联动形成监督合力

联合市政府办公室、市法院、市发改局、市经信局、市自然资源规划局、市市场监管局、市公共资源交管办、市金融发展服务中心、市税务局出台《关于联合实施失信被执行企业信用修复工作的意见》，既对法院如何准确作出信用惩戒决定作出规定，又明确了检察机关对失信被执行企业信用修复工作的法律监督职责；既明确了上述联合单位在信用修复机制落地落实中的职责分工，又把检察机关通过营商环境投诉监督中心监督上述联合单位规定在内。该意见中的暂停实施信用惩戒机制和信用修复证明机制，不仅可以帮助符合暂停实施信用惩戒措施的失信企业移出失信名单，还可以提高市场主体对法律的可预期性和信赖度，最大限度降低对企业正常生产经营活动的不利影响，提升民营企业和人民群众的安全感。

（王焰明，浙江省慈溪市人民检察院检察长）

第八章 审判违法类民事数字检察监督模型

1. 向胜诉方当事人退还案件受理费监督模型

【建模单位】

黑龙江省黑河市人民检察院

【监督要旨】

根据法律规定，案件受理费一般在原告起诉时由原告预交；判决生效后，胜诉方预交但不应负担的案件受理费，人民法院应当退还，由败诉方向人民法院交纳，但原告自愿承担或者同意被告直接向其支付的除外。司法实践中，部分法院不告知胜诉方当事人退费权利、未履行退费义务，导致本应由国家承担的败诉方执行不能的不利后果转嫁给胜诉方，侵害胜诉方当事人合法权益。针对法院未依法向胜诉方当事人退还案件受理费问题，黑河市检察院经过分析研判确定同类案件特征，即民事判决书中对诉讼费用负担表述为"案件受理费由被告一并给付"、执行裁定书中表述为因被执行人暂无可供执行的财产而"终结本次执行程序"，通过设置"案件受理费""一并给付""终结本次执行"关键词，依托中国裁判文书网进行筛查，发现法院既未依法向胜诉方当事人退还案件受理费，又实际造成了当事人权利受损的监督线索。通过构建向胜诉方当事人退还案件受理费法律监督模型，发现辖区内一基层法院存在大量监督线索，通过联席磋商，推动其出台《诉讼费退付及追缴实施细则（试行）》和《民事裁判文书制作规范》，助推诉讼费管理专项整治，促使人民法院恪守司法诚信基本要求依法退费，保障当事人合法权益，彰显法律的公平正义。

【模型概要】

2021 年，针对法院未依法向胜诉方当事人退还案件受理费问题，黑河市某基层检察院进行监督，向同级法院制发检察建议，法院以办理为当事人退费的操作规程以及资金来源尚无具体规定为由未采纳检察建议，该基层检察院提请黑河市检察院跟进监督。黑河市检察院经审查后认为基层检察院监督正确，予以跟进监督，向中级人民法院制发检察建议，被全部采纳。

黑河市检察院对办理的跟进监督案件进行分析研判，发现法院未依法退费并非个别现象，遂以个案为切入点，确定监督点、查找监督依据、提取数据要素、设计研判规则等，构建法律监督模型。通过该模型，检索出两组数据，一组是法院在民事判决中确定败诉方将其应当负担的案件受理费与应当支付给胜诉方的诉求款项一并给付胜诉方的案件数据，另一组是执行案件中由于被执行人无可供执行财产等原因而终结本次执行程序的案件数据，通过两组数据关联碰撞，发现法院未依法向胜诉方当事人退还案件受理费、胜诉方当事人也未能从败诉方当事人处拿到案件受理费的案件线索。经在辖区内推广使用该模型，筛查本地法院 2022 年至 2023 年案件受理费应退未退涉及 357 件 428 人，监督退费 72.5 万余元。

【模型设计】

数据来源： 民事判决书、执行裁定书（源于中国裁判文书网）。

类案特征要素： 案件受理费由被告一并给付；被执行人因无可供执行财产终结本次执行程序。

数据分析关键词： 案件受理费、一并给付、终结本次执行。

逻辑规则： 以"案件受理费""一并给付"两个关键词，检索出法院在民事判决中确定败诉方将其应当负担的案件受理费与应当支付给胜诉方的诉求款项一并给付胜诉方的案件数据；以"终结本次执行"为关键词，检索出执行案件中因被执行人无可供执行财产等原因，生效裁判未能执行或完全执行完毕，而终结本次执行的案件数据。经过两组案件数据文号比对碰撞，准确筛选出胜诉方当事人预交但不应负担的案件受理费未得到退还的案件线索。

数据分析步骤：

第一步：选取分析范围，进行初步梳理。以某基层法院 2021 年民事裁判、执行案件为例，通过中国裁判文书网检索出民事裁判案件 1332 件、执行案件 133 件。

第二步：设置关键词，进行数据筛查。通过"案件受理费""一并给付"两个关键词，检索出裁判文书中对诉讼费用负担表述为"案件受理费××元由被告一并给付"的民事裁判案件；通过"终结本次执行"这一关键词，检索出以终结本次执行程序结案的案件，进一步将执行依据为刑事、行政裁判和仲裁文书、公证债权文书的案件剔除，筛查出以终结本次执行程序结案的民事执行案件。

第三步：进行关联碰撞，发现线索。从上述民事裁判案件文书中提取裁判文号，再从上述民事执行案件文书中提取作为执行依据的裁判文号，将这两组裁判文书文号进行比对碰撞，筛查出法院既在程序上违反退费规定，又实际造成了当事人权利损害的监督线索。

思维导图：

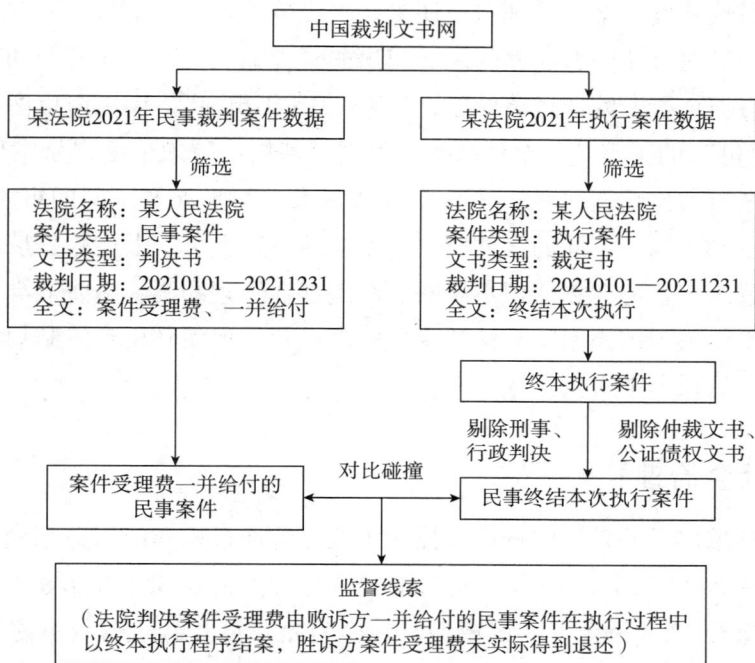

【监督方式】

办案中，针对个案办理、受理费退付和该法院的管理漏洞，分别采取不同的监督方式。

一是针对个案，跟进监督、接续监督。黑河市检察院坚持法定性与必要性相结合的监督标准、权力监督与权利救济相结合的监督思维，再次向法院制发检察建议，黑河市中级法院全部采纳了检察建议内容，在回函中明确法院不按照法律规定退费明显属于违法行为，检察机关从保障法律正确实施、维护个人和组织权益的角度，对胜诉不退费问题进行法律监督具备正当性。

二是针对退费，持续跟踪问效，督促涉案法院向胜诉方当事人退费。黑河市检察院制发检察建议后，向两级法院充分释法说理，引起法院高度重视，基层法院院长带领执行局、审管办等相关部门研究解决问题的办法，以最快速度将案件受理费退还给相关当事人。

三是针对该法院普遍性问题暴露出的管理漏洞，联席磋商推动其源头治理。黑河市检察院通过该模型，检索 2016 年至 2022 年黑河市两级法院"一并给付"的民事裁判案件数据，发现某基层法院未依法退费案件 2532 件，在全市占比高达 98%，不仅案件数量大，而且涉及不同的审判程序、不同的审判组织、不同的案件类型、不同的审判人员。上述数据反映出对退费问题法官普遍存在认识不统一、法院存在管理漏洞，为防范类似错误反复发生，黑河市检察院与法院多次联席磋商、促使其出台机制规范收退费工作，从根源上解决问题。

【社会治理】

复制推广：一是省内推广。黑河市检察院通过构建应用监督模型，筛查出法院 2022 年至 2023 年应退未退案件受理费涉及 357 件 428 人，监督该法院退费 72.5 万余元。该模型已在全省推广应用，全省检察机关已办理胜诉退费案件 10754 件，监督法院成功退费 4056 万余元。二是在全国推广。该模型数据来源于中国裁判文书网，属于公开信息，具有零资金、可复制、可推广的建模基础。通过对中国裁判文书网的初步检索，各地法院均不同程度存在未依法退费问题，具备在全国推广应用的实践基础。

高质效办案：黑河市检察院以法定性与必要性相结合的监督标准，以及权力监督与权利救济相结合的监督思维，通过构建监督模型，经过分析研判，发现涉案法院未依法向胜诉方当事人退费问题严重，两级检察院接续监督，推动其出台《诉讼费退付及追缴具体实施细则》和《民事裁判文书制作规范》，对退费程序、期限、方式、案件范围等作出详细规定，对退费问题形成常态化、规范化管理。

【法律法规依据】

1.《诉讼费用交纳办法》第五十三条 案件审结后，人民法院应当将诉讼费用的详细清单和当事人应当负担的数额书面通知当事人，同时在判决书、裁定书或者调解书中写明当事人各方应当负担的数额。

需要向当事人退还诉讼费用的，人民法院应当自法律文书生效之日起15日内退还有关当事人。

2.《最高人民法院关于适用〈中华人民共和国民事诉讼法〉的解释》第二百零七条 判决生效后，胜诉方预交但不应负担的诉讼费用，人民法院应当退还，由败诉方向人民法院交纳，但胜诉方自愿承担或者同意败诉方直接向其支付的除外。

当事人拒不交纳诉讼费用的，人民法院可以强制执行。

3.《最高人民法院关于适用〈诉讼费用交纳办法〉的通知》 三、《办法》第二十九条规定，诉讼费用由败诉方负担，胜诉方自愿承担的除外。对原告胜诉的案件，诉讼费用由被告负担，人民法院应当将预收的诉讼费用退还原告，再由人民法院直接向被告收取，但原告自愿承担或者同意被告直接向其支付的除外。

当事人拒不交纳诉讼费用的，人民法院应当依法强制执行。

【经验传真】

（一）检察机关外部监督，是增加权利救济的重要途径

胜诉不退费，侵害当事人合法权益并影响司法公信力的事实不容回避，但从司法实践来看，诉讼费用本身不具备可诉性，《诉讼费用交纳办法》规定，"当事人单独对人民法院关于诉讼费用的决定有异议的，可以向作出决定的人民法院院长申请复核"；"当事人对人民法院决定诉讼费用的计算有异议的，可以向作出决定的人民法院请求复核"。即诉讼费用具有可复核性的特征，但复核权仅限于作出诉讼费用决定的人民法院或法院院长，此救济途径仍然属法院内部处理范畴，对当事人权利的维护缺乏硬性的救济机制。胜诉不退费情形属于民事审判程序违法问题，民事检察部门通过对民事审判程序违法的审查与监督，从法院外部进行监督发力，通过制发检察建议纠正程序违法问题，有效规制法院内部复核处理的弊

端，是此类胜诉不退费案件增加当事人权利救济的重要途径。

（二）两级联动一体履职，是实现监督质效的有力保障

在基层院监督受阻时，黑河市检察院及时打通监督堵点，增强监督刚性，成为下级院依法履职的坚强后盾。黑河市检察院多次召开党组会部署推进，并成立工作专班，分管领导带领专班深入研究该类案建模工作。坚持法定性与必要性相结合的监督标准、权力监督与权利救济相结合的监督思维，黑河市检察院积极组织两级法院召开座谈调研，深入了解基层法院拒不退费的原因和操作中的困难，虽然法院所陈述的理由"缺乏完善的案件受理费退费操作规程且资金来源尚无具体规定"客观情况确实存在，但检察机关认为不能以此作为不予退费的理由，而应当由法院主动与财政部门沟通协调，共同解决流程和资金问题。基于此，黑河市检察院提出了具有很强针对性和说理性的高质量检察建议，从法律和司法解释规定、为民司法宗旨以及落实省高法文件精神等多个方面进行了详尽有力的论述，并提出切实可行的整改措施，两级法院全部接受，实现监督质效的提升。

（三）数据说理常态监督，是推进社会治理的有效方式

黑河市检察院跟进监督后，以个案为切入点，建立监督模型，用数据说话。通过大数据碰撞结果可见，民间借贷、合同纠纷、劳动纠纷等民事案件高发多发的类型，均涉及胜诉不退费问题；从审判人员来看，涉及办理十余种案件类型的法官，很多法官对胜诉退费问题认识不统一。为彻底解决问题，黑河市检察院主动多次与两级法院共同座谈磋商，推动基层法院出台案件受理费退付与追缴细则等工作机制，检察机关立足保障法律正确实施、维护司法权威和当事人合法权益为出发点，发挥大数据对于法律监督的"撬动"作用，以小切口治理大顽疾，实现常态化监督，通过完善制度机制，积极参与社会治理。

（四）检法协作多赢共赢，是实现共同治理的工作理念

该模型之所以能取得较好的治理效果，与检法两院最终达成共同协作、多赢共赢的工作理念密不可分。这种监督与被监督的关系并非对立

的，而是共同统一到保障当事人权益、提升司法机关公信力以及依法治国的方针政策上来的。黑河市两级检察院纠偏纠错的精准监督，既是检察官秉持工匠精神、维护公平正义的集中体现，也是检察机关以人民为中心、依法切实履职的充分展现；两级法院接受检察建议，通过退费整改、建章立制，进而规范司法程序，使得法律公正性得以实现，司法公信力得以维护；基层法院及时完成退费整改，使当事人的合法权益得到切实保障；有些胜诉不退费案件在审理中还有人民陪审员出庭，人民陪审员是广大群众的代表，在一定程度上发挥着普法宣传员的重要作用，法院依法退还受理费的案件，通过人民陪审员在群众中渗透式的宣传引导，激发群众对法治的尊崇和信仰，有利于依法治国的深入推进。通过检察监督促进全社会共同治理，实现政治效果、法律效果和社会效果的有机统一。

（王凤华，黑龙江省黑河市人民检察院检察长）

2. 涉企民事诉讼违法公告送达监督模型

【建模单位】

贵州省毕节市人民检察院、纳雍县人民检察院

【监督要旨】

司法实践中众多小微民营企业因各种原因"被下落不明"，无法到庭应诉，致使自身合法权益受到侵害。依托人民法院案件数据、企业水电费缴纳数据、税务申报数据、社保缴纳数据等进行数据碰撞，发现人民法院对正常经营企业违法适用公告送达，对简易程序、支付令案件违法公告送达，公告送达内容不完整、不满公告送达期限开庭审理等违法情形，经行使调查核实权，通过向法院提出抗诉和再审检察建议、提出纠正违法行为检察建议等方式，监督法院纠正不当判决或违法行为，依法保护民营企业合法权益，以数字检察助力优化法治化营商环境，护航民营企业发展壮大。

【模型概要】

近年来，贵州省毕节市检察机关在办案过程中发现，辖区内某法院审理被告某房地产开发有限公司民间借贷纠纷系列案中，案件审理法官与原告串通，人为制造被告"下落不明"进而适用公告送达，使被告无法到庭应诉，达到原告提起虚假诉讼谋取不法利益的目的，违法判决被告某房开公司偿还原告借款本金及利息 2000 万余元，扣押企业资产 1.4 亿元，该案经检察机关抗诉，法院再审后改判驳回原告的诉讼请求。

纳雍县检察院以涉企公告送达为切入点，对 2019 年以来毕节市检察机关办理的涉企民事违法公告送达案件中个案违法点逐案分析，总结个案

特征、提炼关键要素，提炼出涉企违法公告送达的 6 类案件特征要素、11 项监督规则，构建涉企违法公告送达监督模型。

【模型设计】

数据来源：法院审判管理系统涉企民事案件台账、电子卷宗，企业水电费缴纳记录、税务申报记录、社会保险缴纳记录。

（一）类案特征要素一：适用公告送达存在不当

监督规则 1：被告一年以内存在其他民事案件非公告送达监督规则。

数据分析关键词：被告统一社会信用代码、公告送达。

数据分析步骤：（1）收集涉企民事诉讼案件台账、电子卷宗；（2）提取案号、统一社会信用代码、送达方式数据；（3）筛选出公告送达案件；（4）以统一社会信用代码关联被告所有的民事案件，筛选出被告一年内其他民事案件；（5）用送达方式进行比对，筛选出非公告送达案件；（6）如存在非公告送达案件，将公告送达案件作为违法案件线索进行推送。

监督规则 2：被告公告时段内存在经营活动监督规则。

数据分析关键词：公告送达，统一社会信用代码、税务申报、水费缴纳、电费缴纳、社保缴纳。

数据分析步骤：（1）收集涉企民事诉讼案件台账、电子卷宗、涉案企业税务申报数据、水电费缴纳数据、社保缴纳数据；（2）提取案号、统一社会信用代码、送达方式数据；（3）筛选出公告送达案件；（4）以公告送达案件被告统一社会信用代码关联公告时段前后半年内被告税务申报、水费缴纳、电费缴纳、社保缴纳记录；（5）如存在任一记录，作为线索进行推送。

（二）类案特征要素二：案件不同阶段存在不同的送达方式监督规则

数据分析关键词：统一社会信用代码、执行依据、公告送达。

数据分析步骤：（1）收集涉企民事诉讼案件台账、电子卷宗；（2）提取案号、统一社会信用代码、送达方式数据；（3）筛选出公告送达案件；（4）以公告送达案件案号关联案件诉讼保全、执行案件，筛选出诉讼保全、执行案件数据；（5）比对诉讼保全、执行案件的送达方式；（6）如非公告送达的，将公告送达案件作为违法线索进行推送。

（三）类案特征要素三：简易程序中适用公告送达监督规则

数据分析关键词：公告送达、简易程序。

数据分析步骤：（1）收集涉企民事诉讼案件台账、电子卷宗；（2）提取案号、统一社会信用代码、送达方式数据；（3）筛选出公告送达案件；（4）以公告送达案件案号关联案件台账中的送达方式；（5）筛选出审理程序为简易程序的案件。

（四）类案特征要素四：公告送达期限未满 30 日（2022 年 1 月 1 日之前为 60 日）即视为送达

监督规则 1：公告起诉状、传票期限未满视为送达监督规则。

数据分析关键词：公告日期、开庭日期。

数据分析步骤：（1）收集涉企民事诉讼案件台账、电子卷宗；（2）提取案号、统一社会信用代码、送达方式数据；（3）筛选出公告送达案件；（4）提取出公告时间、开庭时间；（5）开庭日期－公告日期＜30 日（60 日），即可作为违法线索进行推送。

监督规则 2：公告裁判文书期限未满视为送达监督规则。

数据分析关键词：公告日期、立案日期。

数据分析步骤：（1）收集涉企民事诉讼案件台账、电子卷宗；（2）提取案号、统一社会信用代码、送达方式数据；（3）筛选出公告送达案件；（4）提取公告送达裁判文书日期；（5）以公告送达案件案号关联执行案件；（6）提取执行案件立案日期；（7）以执行案件立案日期－公告送达裁判文书日期＜45 日（2022 年 1 月 1 日之前为 75 日）的，作为违法线索进行推送。

（五）类案特征要素五：公告送达内容不完整

监督规则 1：公告送达起诉状、上诉状内容不完整监督规则。

数据分析关键词：公告送达/下落不明、起诉要点/诉前请求、上诉要点/上诉请求、答辩期限、逾期不答辩。

数据分析步骤：（1）收集涉企民事诉讼案件台账、电子卷宗；（2）提取案号、统一社会信用代码、送达方式数据；（3）筛选出公告送达案件；（4）识别公告送达起诉状、上诉状送达文书中的公告送达/下落不明、起诉要点/诉前请求、上诉要点/上诉请求、答辩期限、逾期不答辩字段；（5）出现缺项的作为线索进行推送。

监督规则2：公告送达传票内容不完整监督规则。

数据分析关键词：开庭时间、地点、逾期。

数据分析步骤：（1）收集涉企民事诉讼案件台账、电子卷宗；（2）提取案号、统一社会信用代码、送达方式数据；（3）筛选出公告送达案件；（4）识别公告送达传票文书中的公告原因、开庭时间、地点、逾期字段；（5）出现缺项的作为线索进行推送。

监督规则3：公告裁判文书内容不完整监督规则。

数据分析关键词：公告送达原因、判项、判决、上诉。

数据分析步骤：（1）收集涉企民事诉讼案件台账、电子卷宗；（2）提取案号、统一社会信用代码、送达方式数据；（3）筛选出公告送达案件；（4）识别公告送达文书中的公告原因、判项/判决、上诉字段；（5）出现缺项的作为线索进行推送。

监督规则4：公告送达执行文书内容不完整监督规则。

数据分析关键词：公告送达、执行、逾期。

数据分析步骤：（1）收集涉企民事诉讼案件台账、电子卷宗；（2）提取案号、统一社会信用代码、送达方式数据；（3）筛选出公告送达案件；（4）识别公告送达执行文书中的公告原因、执行、逾期字段；（5）出现缺项的作为线索进行推送。

（六）类案特征要素六：支付令适用公告送达监督规则

数据分析关键词：公告送达

数据分析步骤：（1）收集涉企民事诉讼案件台账、电子卷宗；（2）提取案号、统一社会信用代码、送达方式数据；（3）筛选出涉企支付令案件；（4）提取支付令的送达方式；（5）筛选出公告送达的案件。

思维导图：

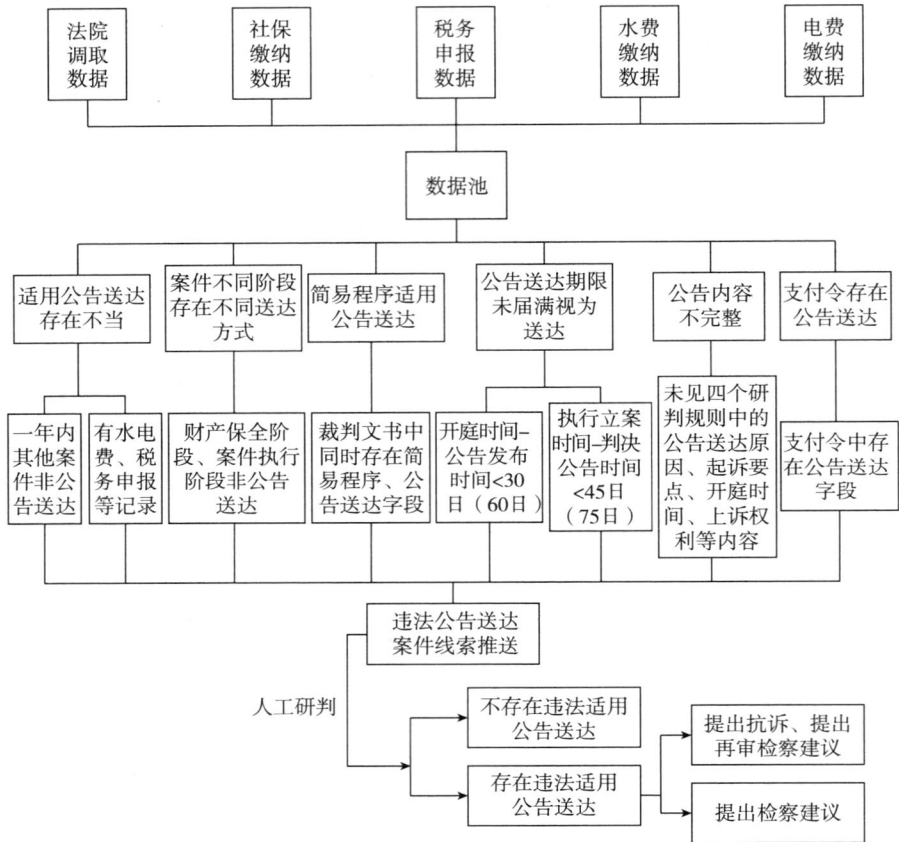

【监督方式】

民事诉讼监督：对模型推送的案件线索，办案人员进行调查核实，对企业有水电费缴纳记录、税务申报记录、年报信息记录等生产经营活动佐证数据而适用公告送达的案件，以及相近时段同一被告公告送达与非公告送达方式并存的案件，及时到企业住所地、生产经营地进行调查核实，查清涉案企业生产经营情况，核实法院适用公告送达前是否穷尽了其他送达措施，对违法公告送达可能剥夺当事人辩论权，严重损害当事人实体权利的案件，作为民事生效裁判监督案件进行办理；对公告期限未满即视为送达、公告内容不完整、简易程序公告送达、支付令适用公告送达等违法公告送达情形，不影响当事人实体权利义务的，作一般纠正审理活动违法案件进行处理。

融合履职监督：对可能涉嫌虚假诉讼、枉法裁判的案件线索，民事、刑事、职务犯罪检察融合履职，借助刑事检察、刑事侦查手段及时收集固定证据，对涉及的违法犯罪行为由刑事检察部门、职务犯罪检察部门及时进行办理。

【社会治理】

建章立制：一是毕节市检察院、法院、公安局、司法局会签了民事案件办理监督机制的实施意见，在案件线索移送、数据共享、联合办案等方面达成共识，打破政法系统之间数字壁垒，畅通监督渠道，以"我管"促依法"都管"，形成民营企业合法权益保护合力。二是模型构建多次获得党委政府的高度肯定。中共纳雍县委常委会审议通过了模型建设实施方案，将模型建设实施纳入纳雍县全面深化改革重大事项进行推进，从党委政府层面推动模型的持续运用，以数字检察赋能民营企业合法权益保护。

推广运用：本模型在贵州检察数字应用创新平台部署完成，已进行全省推广运用，目前已导入数据 6000 余条，涉及企业 500 余家，模型推送出违法适用公告送达案件线索 200 余条，相关线索已反馈相应检察机关进行调查核实。有效破解了民事检察监督线索发现难困境。

【法律法规依据】

1.《中华人民共和国民事诉讼法》第九十五条第一款 受送达人下落不明，或者用本节规定的其他方式无法送达的，公告送达。自发出公告之日起，经过三十日，即视为送达。

第二百一十九条　最高人民检察院对各级人民法院已经发生法律效力的判决、裁定，上级人民检察院对下级人民法院已经发生法律效力的判决、裁定，发现有本法第二百一十一条规定情形之一的，或者发现调解书损害国家利益、社会公共利益的，应当提出抗诉。

地方各级人民检察院对同级人民法院已经发生法律效力的判决、裁定，发现有本法第二百一十一条规定情形之一的，或者发现调解书损害国家利益、社会公共利益的，可以向同级人民法院提出检察建议，并报上级人民检察院备案；也可以提请上级人民检察院向同级人民法院提出抗诉。

各级人民检察院对审判监督程序以外的其他审判程序中审判人员的违法行为，有权向同级人民法院提出检察建议。

2.《最高人民法院关于适用〈中华人民共和国民事诉讼法〉的解释》第一百三十八条　公告送达可以在法院的公告栏和受送达人住所地张贴公告，也可以在报纸、信息网络等媒体上刊登公告，发出公告日期以最后张贴或者刊登的日期为准。对公告送达方式有特殊要求的，应当按要求的方式进行。公告期满，即视为送达。

人民法院在受送达人住所地张贴公告的，应当采取拍照、录像等方式记录张贴过程。

第一百三十九条　公告送达应当说明公告送达的原因；公告送达起诉状或者上诉状副本的，应当说明起诉或者上诉要点，受送达人答辩期限及逾期不答辩的法律后果；公告送达传票，应当说明出庭的时间和地点及逾期不出庭的法律后果；公告送达判决书、裁定书的，应当说明裁判主要内容，当事人有权上诉的，还应当说明上诉权利、上诉期限和上诉的人民法院。

第一百四十条　适用简易程序的案件，不适用公告送达。

3.《人民检察院民事诉讼监督规则》第三十七条　人民检察院在履行职责中发现民事案件有下列情形之一的，应当依职权启动监督程序：

（一）损害国家利益或者社会公共利益的；

（二）审判、执行人员有贪污受贿，徇私舞弊，枉法裁判等违法行为的；

（三）当事人存在虚假诉讼等妨害司法秩序行为的；

（四）人民法院作出的已经发生法律效力的民事公益诉讼判决、裁定、调解书确有错误，审判程序中审判人员存在违法行为，或者执行活动存在违法情形的；

（五）依照有关规定需要人民检察院跟进监督的；

（六）具有重大社会影响等确有必要进行监督的情形。

人民检察院对民事案件依职权启动监督程序，不受当事人是否申请再审的限制。

【经验传真】

（一）提炼类案特征要素，构建监督模型

数字检察必须从业务中来，最后到业务中去。纳雍县检察院受个案办理启发，以涉企公告送达为切入点，对 2019 年以来毕节市检察机关监督成案的 200 余件涉及公告送达问题的案件进行逐案分析，归纳、提取法院适用公告送达中违法点，总结、提炼 6 类案件特征要素、11 项监督规则。通过监督规则筛选并办理了原告中国农业银行股份有限公司与被告贵州某房地产开发有限公司等金融借款合同纠纷等案件，进一步验证监督规则的精准性与可行性后，研发了涉企民事诉讼违法公告送达监督模型。

（二）数字赋能民事检察，实现精准监督

在传统办案模式下，检察机关难以证明法院未穷尽送达方式进而适用公告送达，故提出监督意见法院采纳率较低，监督不精准。监督模型引入了税务申报数据、水电费缴纳数据等能够证明企业存在正常经营活动的数据，以及相近时段内同一被告涉及的案件存在公告送达与非公告送达并存的信息，运用客观证据证明法院适用公告送达的违法性，提升模型线索推送的成案率，实现对人民法院的生效裁判、审理活动、执行活动的精准监督。如某建材公司与某安装工程公司买卖合同纠纷，法院以被告下落不明为由适用公告送达。模型以某安装工程公司存在经营活动而法院违法适用公告送达进行线索推送，经检察机关调查核实，原审诉讼期间某安装工程公司经营活动正常，因其住所地社区门牌号混乱，法院未穷尽送达措施的情况下直接适用公告送达，被告缺席审判，原审未查明原被告双方已将债权债务转移给案外人的基本事实，判决被告承担清偿责任。经检察机关提出抗诉，法院再审查明案件事实后撤销原判决，驳回原告的诉讼请求，为当事人挽回经济损失 98 万余元。

（三）完成全面推广应用，提升办案质效

涉企民事诉讼违法公告送达监督模型建成后，在毕节市 8 个基层检察院和个别市州检察院推广应用。目前，模型已在贵州检察数据运用创新平台部署完成，已导入数据 8000 余条，涉及企业 600 余家，模型推送出违法适用公告送达案件线索 300 余条，线索已反馈相应检察机关进行调查核实。模型的运用有效破解了民事检察监督线索发现难困境，全市检察机关已办理生效裁判监督案件、审判程序违法行为监督案件、执行活动违法行为监督案件 37 件，其他案件线索正在核实办理中。涉企监督模型推广应用后依法保护了一批民营企业的合法权益，为民营企业挽回了经济损失。如办理涉某页岩砖厂买卖合同纠纷检察监督案，经检察机关抗诉，法院再审查明案件事实后撤销原判决，驳回原告的诉讼请求。威宁县检察院办理的陈某某等与六盘水某房地产公司、康某某借款合同纠纷执行监督案被最高检民事检察部门评为典型案例。

（张大中，贵州省纳雍县人民检察院检察长）

3. 律师违规代理民事审判、执行类案监督模型

【建模单位】

浙江省舟山市定海区人民检察院

【监督要旨】

根据《律师法》《律师执业行为规范（试行）》等相关规定，律师在被停止执业期间，不得继续以诉讼代理人的身份代理案件。针对法院未审查民事诉讼案件代理律师处于停止执业处罚期间，仍违规允许其以诉讼代理人身份继续参与民事案件的调解、庭审、送达等审判活动和执行活动问题，依托公开的生效民事裁判文书、律师受行政处罚信息，提取裁判文书中的委托代理人姓名、庭审日期、裁判日期等数据要素特征，精准筛查涉此类律师违规代理情形的民事审判（执行）活动违法监督线索。经行使调查核实权，向法院发出民事审判（执行）活动违法监督检察建议，督促法院强化诉讼代理人资格审查，规范审判、执行程序。同时，由舟山市检察院协调宁波海事法院和舟山市中级法院、市司法局、市公安局等部门联合出台《关于建立律师停止执业期间违规代理案件监管协作机制的实施意见》，强化多部门监管协作，在全市范围内有效堵塞此类监管漏洞，维护正常诉讼秩序和案件当事人合法权益。

【模型概要】

2023 年 2 月，舟山市定海区检察院在履职中发现舟山某律师事务所律师陈某某于 2021 年 6 月被舟山市司法局处以停止执业 5 个月（自 2021 年 6 月 7 日至 11 月 6 日）的行政处罚，但定海区法院在审理浙江某材料科技有限公司诉浙江某建设集团有限公司买卖合同纠纷案中，仍违规允许

陈某某于 2021 年 7 月 5 日以原告诉讼代理人身份参加了该案件的调解活动，并在法院主持下与被告达成调解协议，同年 7 月 8 日法院作出的生效民事调解书中亦确认陈某某为原告诉讼代理人，并于 7 月 9 日向陈某某电子送达，存在审判程序违法情形。

定海区检察院根据上述异常案件线索，总结个案特性，提炼关键要素，依托浙江检察数据应用平台建立数字监督模型。以舟山市司法局自 2015 年以来作出停止执业行政处罚的律师姓名和停止执业起止期间为检索条件，导入舟山市两级法院公开的民事裁判文书、执行文书，对所涉的类案裁判文书进行分析处理，建立目标数据库，再根据提取的案件立案日期、庭审日期、调解日期、执行日期、裁判日期等其中一项或多项处于停止执业处罚起止期间的数据研判规则，发现涉及 5 名律师在全市两级法院违规代理案件的民事审判（执行）活动违法监督疑似线索 39 件，其中 1 件为律师新收代理执行案件的情形，扰乱了正常司法秩序。经调查核实后，推动全市两级院共向法院发出审判（执行）活动监督检察建议 27 件，均得到法院采纳整改。

此后，定海区检察院将监督视角从民事检察监督领域延伸至其他检察业务领域，发现 1 条律师涉嫌停止执业期间违规参加庭审的刑事审判监督线索，由刑事检察部门向法院提出监督意见。

【模型设计】

数据来源：律师行政处罚数据（源于舟山市司法局）；民事裁判文书（源于中国裁判文书网、浙江裁判文书检索系统）；执行裁判文书（源于中国裁判文书网）。

类案特征要素：律师在受到停止执业处罚期间，仍以诉讼代理人身份参与民事诉讼活动或者执行活动。通过裁判文书中载明的立案日期、庭审日期、调解日期、执行日期、结案日期等是否处于该案件诉讼代理人的停止执业处罚期间，即可精准筛查发现类案监督线索。

数据分析关键词：律师姓名、诉讼节点日期。

逻辑规则：该模型通过对法院公开裁判文书进行归纳整理分析，提取相关数据要素进行建模分析，数据分析规则为：（1）"立案日期"或"庭审日期""调解日期""裁判日期"其中之一处于停止执业"开始日期"和"结束日期"之间，涉嫌审判活动违法。（2）"申请执行日期"或"执行裁定日期"处于停止执业"开始日期"和"结束日期"之间，涉嫌执行活动违法。依据上述判定条件精准筛查出一批疑似监督线索，再通过向法院调取电子卷宗开展进一步人工核查。

数据分析步骤：

第一步：数据汇集。（1）向舟山市司法局调取本市自2015年以来对律师作出停止执业行政处罚的信息。（2）依据受处罚律师停止执业起止期间，以律师姓名、法院名称、收案时间、裁判时间进行组合检索，从中国裁判文书网和浙江裁判文书检索系统收集舟山市两级法院公开的民事裁判（执行）文书。

第二步：数据关键要素提取。对第一步收集的民事裁判（执行）文书进行分析处理，提取"文书文号""代理人姓名""立案日期""庭审日期""裁判日期""申请执行日期"等关键要素，进行数据合并去重，形成相关律师代理案件数据。

第三步：筛查存疑线索数据。根据设定的"停止执业开始日期≤立案日期≤停止执业结束日期""停止执业开始日期≤庭审日期≤停止执业结束日期""停止执业开始日期≤申请执行日期≤停止执业结束日期"等判定条件规则，精准筛查出疑似存在民事审判（执行）程序违法情形的案件清单。

第四步：依据案件清单从法院批量调取上述民事审判案件、执行案件的电子卷宗，开展进一步人工核查。重点审查当事人是否已经解除或变更诉讼代理人以及受处罚律师是否在停止执业期间曾参加庭审、调解、执行和解等活动，进一步精确核实违规代理行为发生在哪些诉讼阶段，固定拟监督案件的证据材料。

思维导图：

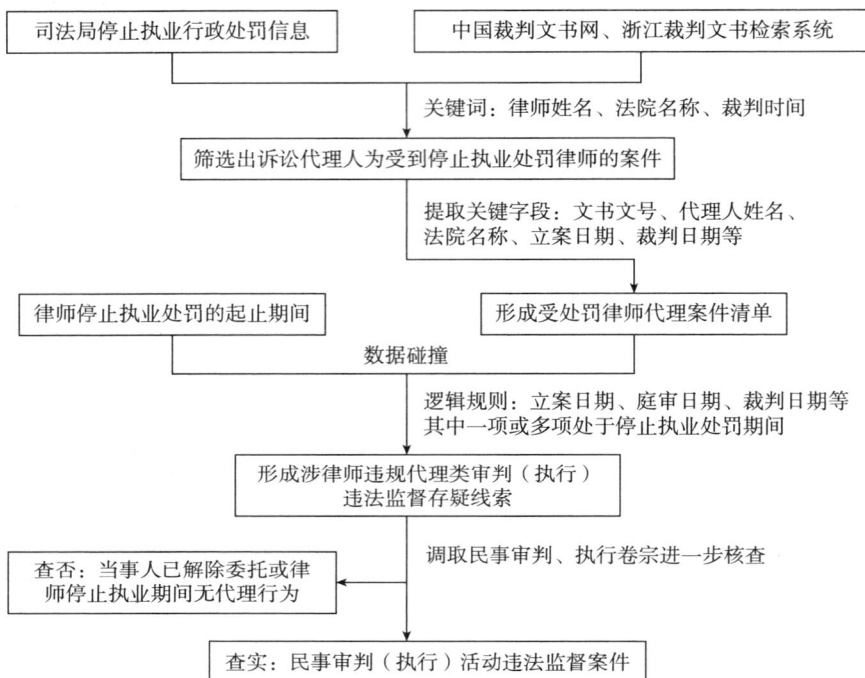

```
┌──────────────────────────┐        ┌──────────────────────────────────┐
│ 司法局停止执业行政处罚信息 │        │ 中国裁判文书网、浙江裁判文书检索系统 │
└──────────────────────────┘        └──────────────────────────────────┘
              │                                    │
              │              关键词：律师姓名、法院名称、裁判时间
              └──────────────┬─────────────────────┘
                             ▼
        ┌──────────────────────────────────────────┐
        │ 筛选出诉讼代理人为受到停止执业处罚律师的案件 │
        └──────────────────────────────────────────┘
                             │
                   提取关键字段：文书文号、代理人姓名、
                   法院名称、立案日期、裁判日期等
                             ▼
┌──────────────────────┐        ┌──────────────────────────┐
│ 律师停止执业处罚的起止期间 │        │ 形成受处罚律师代理案件清单 │
└──────────────────────┘        └──────────────────────────┘
              │         数据碰撞              │
              └──────────────┬───────────────┘
                   逻辑规则：立案日期、庭审日期、裁判日期等
                   其中一项或多项处于停止执业处罚期间
                             ▼
        ┌──────────────────────────────────┐
        │ 形成涉律师违规代理类审判（执行）      │
        │ 违法监督存疑线索                   │
        └──────────────────────────────────┘
                             │
                  调取民事审判、执行卷宗进一步核查
                             ▼
┌──────────────────────────┐        
│ 查否：当事人已解除委托或律  │◄───────
│ 师停止执业期间无代理行为    │        
└──────────────────────────┘        
                             ▼
        ┌──────────────────────────────────┐
        │ 查实：民事审判（执行）活动违法监督案件 │
        └──────────────────────────────────┘
```

【监督方式】

定海区检察院坚持"个案办理—类案监督—系统治理"的数字监督办案思维，实现了由传统的"个案、依申请、在卷审查"的民事检察监督模式向数字检察时代的"类案、依职权、数据驱动"的新时期民事检察监督模式的转型升级。

民事检察部门依托浙江检察数据应用平台，通过对个案线索进行分析归纳形成类案监督研判规则，并调取相关数据进行建模分析，精准筛查疑似类案监督线索；办案检察官依据疑似线索清单，通过调取、审查法院电子卷宗，进行深入调查。

2023 年 3 月，定海区检察院针对定海区法院审理的 12 起民事诉讼案件中存在的审判程序违法情形，向法院制发类案检察建议督促纠正，同时助推全市发出审判（执行）活动监督检察建议 27 件；针对法院审理的 1 起刑事案件中存在的同类审判程序违法情形，由刑事检察部门向法院提出监督意见，均得到法院采纳整改。

【社会治理】

建章立制：定海区法院认真采纳检察建议要求，确定专门部门常态化加强与区司法局和市中级法院的对接沟通，及时获取和向法官发布律师受处罚信息；同时，完善相关工作制度，要求律师参加重要诉讼、执行活动应当提交律师证原件，由承办法官严格加强对诉讼代理人资质的审查，一改以往仅审查律师证身份信息页、不审查律师年检页，只审查复制件、不审查原件等不规范问题，坚决杜绝律师违规代理情形。此外，定海区检察院将办案中发现的市司法局未将律师行政处罚信息通报海事法院、履行律师行业监管职责不到位以及政法单位上下级之间信息抄送不及时等问题报告舟山市检察院，由舟山市检察院联合宁波海事法院、舟山市中级法院、市司法局、市公安局 5 家单位出台了《关于建立律师停止执业期间违规代理案件监管协作机制的实施意见》，建立健全政法单位之间律师行政处罚信息共享通报、办案环节严格加强诉讼代理人资格审查等多项机制，有效堵塞律师违规代理案件问题多发的监管漏洞。市司法局在全市范围内开展律师违规代理问题专项治理和行业警示教育，对停止执业期间继续违规执业的律师予以相应行政处罚并列入重点管控名录，切实保障当事人合法权益。

复制推广：一是全市推广，相关经验做法被舟山市检察院列入《2023年舟山数字检察"一本账 S1"》，推动在全市范围内开展涉律师违规代理民事检察专项监督活动。舟山市检察院、普陀区检察院依据该模型发现此类民事审判（执行）活动监督线索 27 条，已成案制发检察建议 17 件。二是全省推广，相关数字监督经验被浙江省检察院在《民事检察工作情况》转发推广，定海区检察院已将筛查发现的本地区受处罚律师涉嫌在省内其他法院、海事法院违规代理民事案件的线索移交相关检察院审查办理。三是因目前缺少全国或全省范围内有关律师处罚信息的公示系统或者信息归集平台，单一基层院难以全面筛查全国或全省范围的类案监督线索，但具体到某个地市，均可以通过向当地司法行政部门调取相应行政处罚信息开展数据建模分析，故该模型具有较大的全国推广价值，有助于堵塞全国范围内律师违规执业的监管漏洞。

【法律法规依据】

1.《中华人民共和国民事诉讼法》第二百一十九条第三款 各级人民检察院对审判监督程序以外的其他审判程序中审判人员的违法行为，有权向同级人民法院提出检察建议。

2.《人民检察院民事诉讼监督规则》第一百条第一项 人民检察院发现同级人民法院民事审判程序中有下列情形之一的，应当向同级人民法院提出检察建议：

（一）判决、裁定确有错误，但不适用再审程序纠正的。

第一百零六条第四项 人民检察院发现人民法院在执行活动中有下列情形之一的，应当向同级人民法院提出检察建议：

（四）其他执行违法、错误情形。

3.《律师和律师事务所违法行为处罚办法》第十条第一项 有下列情形之一的，属于《律师法》第四十八条第一项规定的律师"私自接受委托、收取费用，接受委托人财物或者其他利益的"违法行为：

（一）违反统一接受委托规定或者在被处以停止执业期间，私自接受委托，承办法律事务的。

4.《律师执业行为规范（试行）》第十二条 律师在执业期间不得以非律师身份从事法律服务。

律师只能在一个律师事务所执业。

律师不得在受到停止执业处罚期间继续执业，或者在律师事务所被停业整顿期间、注销后继续以原所名义执业。

第五十九条 有下列情形之一的，律师事务所应当终止委托关系：

（一）委托人提出终止委托协议的；

（二）律师受到吊销执业证书或者停止执业处罚的，经过协商，委托人不同意更换律师的；

（三）当发现有本规范第五十条规定的利益冲突情形的；

（四）受委托律师因健康状况不适合继续履行委托协议的，经过协商，委托人不同意更换律师的；

（五）继续履行委托协议违反法律、法规、规章或者本规范的。

【经验传真】

（一）牢固树立数字办案思维，通过精准监督提升监督质效

数字办案是新时期检察机关实现高质效法律监督的必然路径，包括民事检察部门在内的全体检察人员都要牢固树立数字办案思维，学会熟练运用数字建模分析开展"点穴式"精准监督。以本案为例，从个案中发现的某律师停止执业期间违规参与民事案件审判活动出发，研判法院对类似情形普遍存在疏于审查把关的问题，进而精准归纳类案监督的逻辑规则，创新构建数字监督模型，从海量裁判文书中精准筛查发现高质量监督线索，有效破解以往对民事审判程序问题不会监督、难以发现监督线索的问题。通过从影响当事人诉讼权利的问题、司法管理机制中"薄弱点""盲区"入手，有的放矢地开展监督，提出行之有效的检察建议，有效提升检察监督的精准性和权威性。

（二）强化一体化协同作战理念，实现一地突破、全域推广

民事检察部门在办理专项监督案件过程中，积极贯彻一体化协同办案的理念，加强与上级院的沟通请示，将监督视角从民事检察业务向刑事检察等其他业务拓展，从重点查找本地监督线索向系统排查全市类似监督线索拓展，最终达到刑事、民事监督融合开展，全市两级院全面开展律师违规代理问题专项整治，推动两级法院规范审判、执行活动的最佳效果。同时打破了本地区人口规模小、案件体量小、监督样本少的瓶颈，体现了一域突破、全市乃至全省共享的思路，"小院也有大作为"的路径逐渐明晰。

（三）着力推进系统性社会治理，做好办案"后半篇文章"

检察建议不是一发了之，而是应将案件办理融入党委、政府社会治理、推动法治建设的大局，实现"监督促进治理"的闭环。经过多次沟通对接，由舟山市检察院联合宁波海事法院、舟山市中级法院、舟山市司法局、舟山市公安局等单位出台了《关于建立律师停止执业期间违规代理案件监管协作机制的实施意见》，实现了政法单位之间律师处罚信息同步共享、处罚线索同步移送，从源头上遏制和防范律师在全市范围内再次发生停止执业期间违规代理的情况。同时，由市检察院向司法局制发社会治理检察建议，推动对违规律师作出相应处分，并对律师行业开展专题教育整顿，进一步规范了律师执业活动，维护了正常诉讼秩序，保障了涉诉当事人的合法权益。

（四）律师跨地域违规执业监督难，亟待加强全国范围专项治理

当前司法行政部门对律师作出的行政处罚信息普遍存在未公开、选择性公开问题，本市司法局对律所、律师作出的相关处罚信息也仅抄送至市本级的公检法单位。律师执业具有跨地域特征，外市法院及本市各基层法院办案人员无法及时掌握律师受处罚情况，本市法院也无法及时获知外地律师的行政处罚信息，继而形成了监督盲区。加之各地法院在案件审理、执行环节均存在对律师执业证件审查不严的情况，为律师继续违规代理案件留下可乘之机。本案中所涉律师亦存在跨区域违规代理的情形，因此，针对律师在停止执业期间违规跨县区乃至跨地市、跨省执业的突出问题，亟须引起高度重视，定海区检察院也为全省乃至全国解决同类问题提供了可供借鉴的样本方案。

（柳涛，浙江省舟山市定海区人民检察院检察长）

4. 人民法院依据已撤销、变更文书裁判案件监督模型

【建模单位】

吉林省长春市南关区人民检察院

【监督要旨】

利用中国裁判文书网、检察机关执法司法办案业务协同系统筛选人民法院通过审判监督程序变更、撤销的案件，通过大数据排查的方式，发现人民法院依据已撤销、变更文书裁判案件的违法情形。

【模型概要】

长春市南关区检察院在办理一起生效裁判监督案过程中，发现作为该案裁判依据的民事调解书已被人民法院再审裁定撤销，故根据《民事诉讼法》第211条第12项据以作出原判决、裁定的法律文书被撤销或者变更的"规定，向法院发出再审检察建议并被依法采纳。

通过此案的顺利办理，长春市南关区检察院发现法院的案件办理流程存在裁判文书因再审等原因被撤销或者变更后，不主动筛查是否存在以该裁判文书为依据的其他裁判，亦不会根据《民事诉讼法》第209条主动决定再审，从而导致相关案件当事人权益受损却因不知情而得不到有效救济，因此探索创建本监督模型。

【模型设计】

数据来源：中国裁判文书网、检察机关执法司法办案业务协同系统。

数据分析关键词：审判监督、民再、撤销、变更、本院认为。

逻辑规则：通过中国裁判文书网、检察机关执法司法办案业务协同系统（结合使用），在法院审判监督文书中筛查撤销或者变更原生效裁判的案件，统计被撤销或变更的原生效裁判案件案号。通过执法司法办案业务协同系统查找曾引用过该案号的生效裁判文书，人工审查该裁判文书中是否将该案件裁判结果作为裁判依据的违法情形。

数据分析步骤：

第一步：收集被审判监督程序撤销、改判案件案号。在检察机关执法司法办案业务协同系统"裁判文书"板块，设置筛选条件——目标地法院、审判监督程序，以撤销、变更为关键字，筛选出符合条件案件裁判文书，对相关案件案号进行统计。

第二步：统计已撤销、变更文书被引用情况。回到检察机关执法司法办案业务协同系统"裁判文书"板块，通过高级搜索功能，以上述统计的案号为关键字，得到已撤销、变更文书被引用的裁判文书。

第三步，数据汇总分析。汇总分析上述筛选出的裁判文书中"本院认为"部分具体内容，分析该案是否以已撤销、变更文书作为裁判依据，从而得到线索案件。

第四步，调取案件卷宗人工核查。

思维导图：

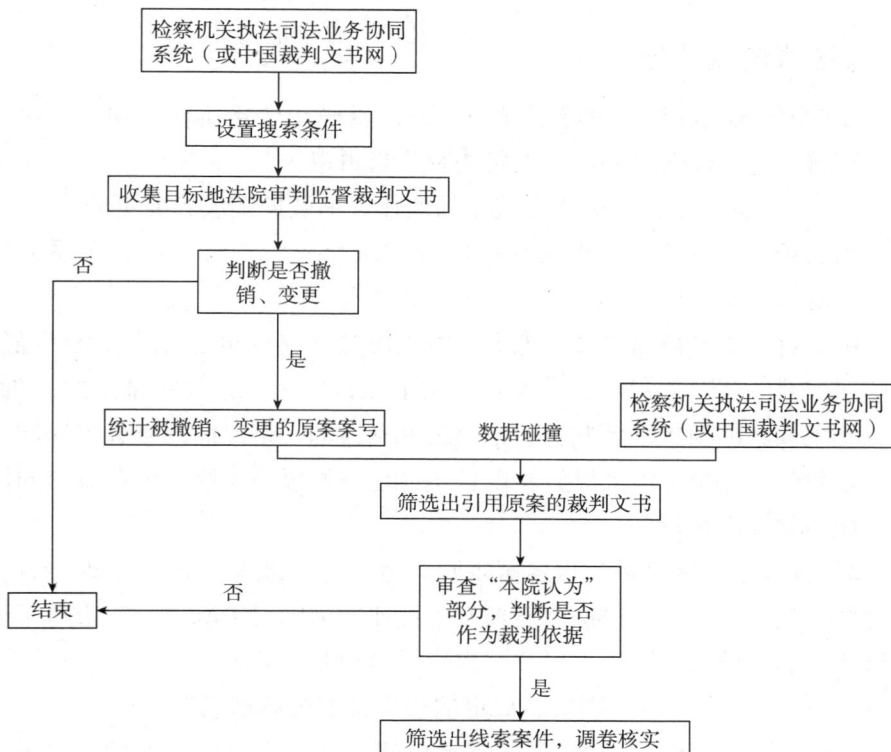

【监督方式】

模型构建后，对长春市范围内涉及再审撤销、改判的案件进行集中筛查，排查出案件线索24件，并予以了逐案调查核实。

【社会治理成效】

法院依据已撤销、变更文书裁判案件严重影响当事人诉讼权利是检察监督关注的重点，本模型对此类问题的监督提供了一种监督思路。在模型应用过程中我们还发现本模型的可拓展性，如在生效裁判引用法律文书中存在以生效调解书为依据的裁判本身就是不合法的。此外，结合执行案件信息还可以排查相关案件执行变更情况，拓宽模型监督范围。

【法律法规依据】

1.《中华人民共和国民事诉讼法》第二百一十一条第十二项 当事人的申请符合下列情形之一的，人民法院应当再审：

（十二）据以作出原判决、裁定的法律文书被撤销或者变更的。

第二百一十三条 当事人对已经发生法律效力的解除婚姻关系的判决、调解书，不得申请再审。

第二百一十九条第二款 地方各级人民检察院对同级人民法院已经发生法律效力的判决、裁定，发现有本法第二百一十一条规定情形之一的，或者发现调解书损害国家利益、社会公共利益的，可以向同级人民法院提出检察建议，并报上级人民检察院备案；也可以提请上级人民检察院向同级人民法院提出抗诉。

2.《人民检察院民事诉讼监督规则》第八十一条第十一项 地方各级人民检察院发现同级人民法院已经发生法律效力的民事判决、裁定有下列情形之一的，可以向同级人民法院提出再审检察建议：

（十一）据以作出原判决、裁定的法律文书被撤销或者变更的。

3.《人民检察院检察建议工作规定》第八条 人民检察院发现同级人民法院已经发生法律效力的判决、裁定具有法律规定的应当再审情形的，或者发现调解书损害国家利益、社会公共利益的，可以向同级人民法院提出再审检察建议。

【经验传真】

（一）规范数字检察工作管理

最高检提出构建"业务主导、数据整合、技术支撑、重在应用"的数字检察工作模式后，近两年来基层检察院积极开展数字检察工作，但是在应用过程中也出现了一些问题，一项工作要取得良好成效，管理工作一定要想在前面，所以在开展数字检察工作首先要注重数字检察工作的管理，如对数据进行统一管理、专人负责防范数据安全风险等问题。

（二）加强数据检察人才培养

数字检察工作要取得良好成效人才关键，开展数字检察工作既要熟悉法律，又要熟练应用技术，还要具有良好的数字检察思维的检察人才。

（三）注重数据检察监督办案质效

通过数字检察监督模型工作的开展，在传统业务的基础上发现了一些系列案件，在这些案件的办理过程中，在依法监督的基础上，要更加注重数字检察监督案件的办理质效，尤其注重检察融合监督。

（杨玉武，吉林省长春市南关区人民检察院检察长）

5. 涉诉讼主体适格性类案监督模型

【建模单位】

浙江省瑞安市人民检察院

【监督要旨】

针对当事人已经丧失民事诉讼主体资格，但法院仍对其作出生效裁判的问题，提取判决书、调解书中原告或被告于判决之前已经死亡或者注销等数据要素特征，依托公开的生效民事裁判文书、自然人死亡数据和企业注销数据等，发现涉自然人死亡、企业注销的案件线索。经行使调查核实权，通过向法院提出再审建议、向行政检察部门移送相关监督线索、向相关机构制发社会治理检察建议等多元方式，监督法院撤销个案，完善诉讼过程中的当事人主体资格审查机制；通过行政检察部门督促司法行政机关开展律师违规代理专项检查，从行政管理层面有效规范律师执业秩序；推动相关单位建立内审自查机制、规范诉讼程序。

【模型概要】

2019 年，瑞安市检察院民事检察部门在办理执行监督案件中发现，案件当事人在执行过程中死亡，法院明知当事人已死亡却仍对其作出限制高消费令，将其纳入失信被执行人名单，并超出遗产范围执行了夫妻共同财产，同时该案还存在依法应当中止执行而未中止的程序性错误。瑞安市检察院据此向瑞安市法院制发执行监督检察建议，监督法院纠正错误执行行为，包括撤销失信、限制高消费措施，并建议法院启动执行回转程序，对案件进行实体终结处理。

瑞安市检察院根据上述执行异常案件线索，总结个案特性，提炼关键要素，将监督视角从执行监督领域延伸至生效裁判监督领域，利用大数据工具构建涉诉讼主体适格性数字监督模型。通过导入瑞安市法院民事审判数据和执行案件数据，将其与 2 万余条涉自然人死亡数据和 5 万余条企业注销数据进行碰撞、比对、筛选，发现民事生效裁判监督线索 130 余条和执行监督线索 70 余条。经查实后，就判决前自然人已死亡的情况向法院制发再审检察建议 11 件，判决前法人已注销的情况向法院制发再审检察建议 17 件；就 50 余起民事执行案件制发 3 件个案检察建议和 1 件类案检察建议。同时，针对金融机构在起诉过程中对当事人的诉讼主体资格审查存在疏漏，造成司法资源浪费的情况，向金融机构制发 1 件社会治理检察建议。

【模型设计】

数据来源： 火化人员名单（源于殡仪馆）；企业注销清单（源于市场监督管理局）；民事终本执行案件被执行人清单（源于法院）；民商事案件清单（源于法院）；失信人员名单、限制高消费人员名单（源于浙江检察数据应用平台）。

数据分析关键词： 对从殡仪馆获取的自然人火化名单，提取姓名、公民身份号码、火化日期等要素；对从市场监督管理局获取的企业注销清单，提取公司名称、统一社会信用代码、注销时间等要素；对从法院调取的案件清单，提取姓名、公民身份号码（统一社会信用代码）、立案时间、结案时间、案由、结案方式等信息。

逻辑规则： 该模型通过将自然人火化名单、企业注销清单与法院审判、执行案件清单进行碰撞，从而筛选出涉诉讼当事人在诉讼案件结案前已经丧失诉讼主体资格的情况线索；通过与失信人员名单、限制高消费人员名单碰撞，从而筛选出丧失诉讼主体资格仍被列为失信、限制高消费人员的情况线索。

数据分析步骤:

第一步:数据归集。将从法院获取的终本执行案件被执行人清单、民商事案件审判清单分别与从殡仪馆获取的火化人员名单、从市场监督管理局获取的企业注销清单进行碰撞,筛选参与过民事诉讼或执行程序且目前已经死亡或者注销的当事人名单。

第二步:对执行数据进行碰撞。将死亡或者注销的终本执行案件当事人名单与失信人员名单、限制高消费人员名单进行比对,得到应当解除信用惩戒措施而未解除的可监督线索案件清单。

第三步:对执行问题进行监督。对终本执行前当事人丧失诉讼主体资格的案件调卷进行审查,主要审查有无中止执行,对物即财产的查封、冻结等措施,对人的布控、拘留等措施是否存在问题,得出最终需要启动监督程序的案件。

第四步:对审判数据进行碰撞。通过对当事人死亡或注销的时间节点与立案时间、结案时间进行比对,得到民事案件立案前、民事案件结案前、执行案件终本执行前当事人丧失诉讼主体资格的三份监督线索案件清单。

第五步:调查取证研判核实。对民事案件立案前和审判过程中当事人已丧失诉讼主体资格的两类案件调卷进行审查,主要审查是否需要启动审判监督程序予以纠正,立案、审判行为是否存在不当,得到最终需要启动监督程序的案件。

第六步:挖掘深层问题线索。针对需要监督的案件中审判执行人员是否存在过错和违法进行分析,依法向相关部门移送相关线索。

思维导图：

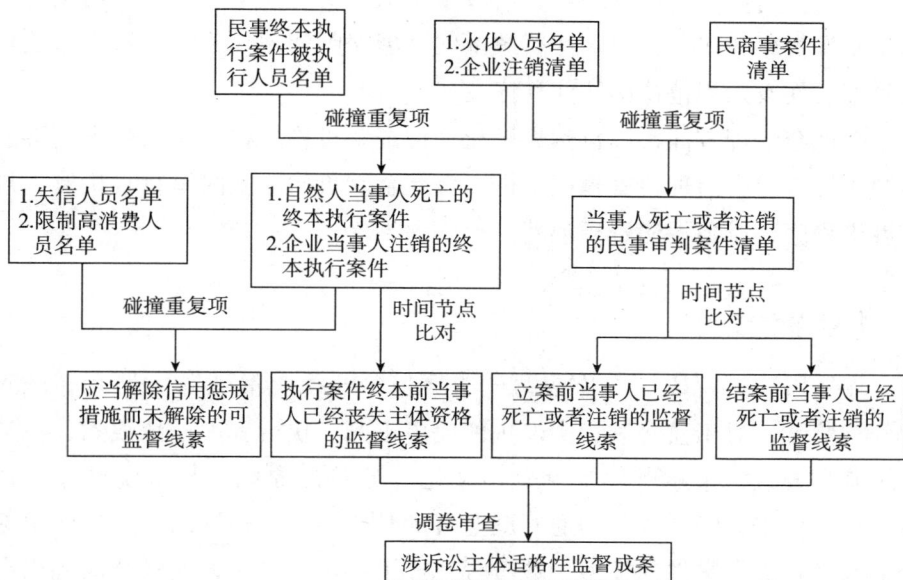

【监督方式】

瑞安市检察院民事检察部门从个别、偶发、被动的监督，转为全面、系统、主动的监督，实现了由传统民事检察监督向智慧民事检察监督的转型升级。通过涉诉讼主体适格性数字监督模型，构建以大数据监督手段为核心的检察监督模式，以类案监督为治理场景、精准监督为实现目标，深入挖掘个案中审判、执行的程序违法线索。

在执行监督方面，瑞安市检察院以民事执行案件为数据源，筛查执行监督数据数万条，就民事执行案件制发个案检察建议3件和类案检察建议1件。

在生效裁判监督方面，瑞安市检察院以民事生效裁判案件为数据源，筛查民事审判案件线索数万条，就自然人主体适格性问题向法院发出再审检察建议11件；就企业主体适格性问题向法院发出再审检察建议17件。

在延伸监督方面，通过向行政检察部门移送关于律师代理已死亡自然人当事人参与诉讼的案件线索，行政检察部门对此立案审查并向司法行政部门制发检察建议，督促司法行政部门开展律师违规代理专项检查，从行政管理层面有效规范律师执业秩序。

在社会治理方面，以自然人已死亡但金融机构仍将其作为被告起诉的问题，发送社会治理检察建议1份，督促金融机构建立内审自查机制、规范诉讼程序，避免司法资源浪费。

【社会治理】

瑞安市检察院以"个案办理—类案监督—系统治理"为路径，一方面分类监督，对于监督过程中发现的民事审判、执行程序违法线索，灵活运用监督方式，秉承既解决问题，又化解分歧的原则，与法院通过座谈会、参与审委会的形式，沟通开展监督的必要性、可行性以及问题解决途径，最终就监督案件的类型、数量等达成了共识。另一方面联合法院出台《关于健全民事诉讼中自然人民事权利能力审查机制的细则》，推动法院引起重视并自查，严肃司法，严格完善对户籍信息的审查机制、对律师代理的当事人资格审查，以及法院与公安部门的信息互通，助推法院编发《关于核实立审执各环节当事人生存状态的提示》，规范对诉讼主体资格的审查机制，努力做好民事检察监督的"后半篇文章"。针对银行在多起案件起诉过程中存在的对主体资格审查疏漏，向浙江瑞安农村商业银行制发社会治理检察建议，从案件源头处减少错误起诉的发生。

【法律法规依据】

1.《中华人民共和国民法典》第十三条　自然人从出生时起到死亡时止，具有民事权利能力，依法享有民事权利，承担民事义务。

第五十九条　法人的民事权利能力和民事行为能力，从法人成立时产生，到法人终止时消灭。

第六十八条　有下列原因之一并依法完成清算、注销登记的，法人终止：

（一）法人解散；

（二）法人被宣告破产；

（三）法律规定的其他原因。

法人终止，法律、行政法规规定须经有关机关批准的，依照其规定。

2.《中华人民共和国民事诉讼法》第一百二十二条　起诉必须符合下列条件：

（一）原告是与本案有直接利害关系的公民、法人和其他组织；

（二）起诉必须有明确的被告；

（三）有具体的诉讼请求和事实、理由；

（四）属于人民法院受理民事诉讼的范围和受诉人民法院管辖。

第一百五十三条第一款第一项　有下列情形之一的，中止诉讼：

（一）一方当事人死亡，需要等待继承人表明是否参加诉讼的。

3.《人民法院办理执行案件规范（第二版）》　59. 作为被执行人的公民死亡或被宣告死亡，申请执行人申请变更、追加该公民的遗嘱执行人、继承人、受遗赠人或其他因该公民死亡或被宣告死亡取得遗产的主体为被执行人，在遗产范围内承担责任的，人民法院应予支持。

继承人放弃继承或受遗赠人放弃受遗赠，又无遗嘱执行人的，人民法院可以直接执行遗产。

【经验传真】

（一）数字检察理念，彰显全面监督的示范作用

瑞安市检察院在构建诉讼主体适格性类案监督模型的过程中，在数据获取、信息筛选和模型应用方面，充分激发数字检察理念的核心动力，延伸数字模型带来的动力触角，推动全域性和全局性的理念更新。一是拓展监督模型的数据筛查范围，同步开展对法院对该类案件作出错误限制高消费令、超范围执行夫妻共同财产等情况的监督，对民事执行层面信用惩戒措施的适用进行有效的规制，对该领域财产控制违法行为进行排查；二是

助力法院对过往终本执行案件的清理，通过模型发现的自然人被执行人死亡后留有遗产的，督促法院及时开展执行措施，有效清理长期未结的积案；三是拓展监督成果，由温州市检察院统一部署，在全市开展涉诉讼主体适格性专项监督，梳理比对全市数据，2022 年下发线索近 2000 条，推动 9 个基层院成案，就生效裁判监督制发检察建议 30 份，就执行违法监督制发检察建议 16 份。专项监督工作中提炼的问题信息获最高检、浙江省检察院主要领导批示肯定，涉诉讼主体适格性系列监督案件入选浙江省数字检察第六批案例指引，并被列为 2023 年浙江省检察院数字检察一本账 S3 的主要项目。

（二）融合监督理念，践行"四大检察"的协同前进

瑞安市检察院一直以来着力于加强刑事、民事、行政、公益检察之间的良性互动，通过建立案件线索移送机制，畅通案件线索移送渠道，同步办案资源共享路径，促成"四大检察"有序协作。该系列案件的办理过程中，以下几点完整体现了"四大检察"的协作效能：一是检察长带头办案，以实际行动提升系列案件的重视度，检察长和副检察长直接参与首批主体适格性生效裁判监督的办案过程，发挥了优秀案件对其他检察官的引领作用和示范作用，实现了带头案件对后续监督的辐射效果，将专项检察监督从办案走向治理。二是机制先行，提供融合监督的制度保障，2022年初瑞安市检察院制发《瑞安市人民检察院关于建立"三查"融合办案机制的实施办法》，确定了以侦查调查的思维和方法贯通"四大检察"，实现相互融合，互为支撑的总体思路，在制度上确定了各业务部门之间在线索移送、证据研判、专班办案、工作协同上的互相配合，践行了"人人都是侦查员""人人都是数字办案员"的"三查"融合思路。三是打通"四大检察"之间的信息壁垒，深入挖掘案件审理过程中存在的审执人员违法线索和行政监督线索，对于立案前已注销公司或已死亡自然人仍被作为诉讼当事人作出生效判决的案件，民事检察部门通过调卷审查法官是否尽责履职，如法官未送达当事人即适用简易程序快速结案等情况，将相关线索统一移送刑事执行部门处理。

（三）检法协作理念，推进司法实践的堵漏建制

　　瑞安市法院以监督理念作为行动先导，立足监督的职能定位，做实做优"监督—治理"的工作模式。实现以检察监督办案为"小切口"，撬动社会治理上的"大效能"。在实现主体适格性个案整改的同时推动法院自查整改，通过与法院召开座谈会、列席审委会的形式，就同类问题案件的整改方向等达成共识；通过对问题发生原因的分析，推动法院开展全面自查，专项检察监督在立案阶段已审查出多起律师代理的原告已死亡情况。同时，瑞安市检察院协助瑞安市法院推动完善自然人民事权利能力审查机制，推动法院编发《关于核实立审执各环节当事人生存状态的提示》，瑞安市法院亦出台《关于健全民事诉讼中自然人民事权利能力审查机制的细则》，通过法检协力，完善了户籍信息审查机制。同时，对代理律师在案件进程中存在的违规行为，由行政检察部门监督司法局依法处理律师违规代理行为，并在后续开展专项监督活动加强对律师执业活动的监管，有效推动法院裁判环节和司法局监管环节对诉讼主体资格的多重审查，以监督促公平公正。

（朱捷，浙江省瑞安市人民检察院检察长）

第九章 执行措施类民事数字
检察监督模型

1. 民事财产保全案件执行活动监督模型

【建模单位】

湖北省武汉市青山区人民检察院

【监督要旨】

针对因财产保全制度运行不规范等情形致使生效判决难以执行到位的问题，提取与民事财产保全案件执行活动相关联的执保、执行、执恢、执异四类案件信息，通过碰撞不同案件关键词信息，比对金额、结案方式、办案期限、裁判结果和执行结果等数据，运用大数据分析、筛选、提示异常案件线索，重点监督超标的、超范围保全问题，持续监督保全措施转入执行查扣冻措施后的违法问题，对怠于履行协助执行义务、拒不执行判决、裁定等线索，加强内部线索移送审查，推进民事、行政、刑事检察融合监督，同步办理类案监督线索，为促进特定领域、环节的系统治理、争议化解提供方向，为破解"司法白条"的执行难题，协助打通法院执行工作"最后一公里"贡献检察智慧。

【模型概要】

2022 年 11 月，武汉市青山区检察院在法律监督工作室摸排线索中发现，朱某文、桂某明财产保全执行案的诉前保全金额远大于生效判决认定金额，青山区法院在判决执行中存在未及时纠正超标的保全和消极执行的情形，且协助执行义务单位违规发放冻结资金。经过检察监督，督促协助执行义务单位追回资金 106 万余元，协助青山区法院执行判决确定债权 416 万余元，解决了财产保全申请人的烦心事。通过"个案办理—类案监督—社会治理"的办案思路，武汉市青山区检察院调取区法院同时间段财产保全执行案件 100 余件后，又发现区法院还存在保全结案方式不规范的普遍问题，结合湖北省优化营商环境专项活动开展法律监督模型研发工作。

经检察长与院长沟通，在报请武汉市中级法院同意后，青山区检察院商请区法院获取近四年民事财产保全案件及其执行活动相关联案件 1.5 万余件，通过法律监督模型构建数据管理、线索分析、异常提示、类案分布、精准监督的智能化平台，对当事人已申请财产保全，因财产保全案件执行不规范、消极执行、选择性执行、乱执行等违法问题致使生效判决得不到完全履行的，筛选出超标的执行、消极执行、保全结案异常等监督线索 672 条，有类案监督、融合监督的必要，并可以通过开展专项治理规范财产保全案件执行活动，促进检法司法协作纵深发展，提升法律监督和执行活动的办案质效，实现双赢共赢的良好效果。

【模型设计】

数据来源：保全执行案件数据、民事执行案件数据、恢复执行案件数据、执行异议案件数据（源于青山区法院）。

数据分析关键词：通过获取执保案件"申请执行标的"金额与"执行到位金额"，对比二者关系，将法定结案方式与实际结案方式进行比对，进而提示结案方式是否存在异常；并将执保案件"执行到位金额"

与后续执行案件的"申请执行标的"金额及"执行到位金额"进行碰撞分析；获取保全转执行案件、执恢案件中"自然执行天数"及"实际执行天数"，与法定执行期限对比、碰撞。

数据分析步骤：

1. 提取要素，获取数据。登录法院审判及执行综合信息平台，以"执保""执行""执恢""执异"为关键词，获取法院上述四类案件数据。

2. 确定纽带，关联案件。以执保类案件为基础，通过执保案件中的"执行依据文号"或者案件名称中的当事人信息关联执行案件、执恢案件以及执异案件。

3. 数据碰撞，锁定异常。比对各类案件"申请执行标的""执行到位金额"等案卡数据，锁定保全结案异常、超标的执行、消极执行等监督点。

4. 深入调查，一体办案。通过个案办理—类案监督—社会治理的办案思路，在调查核实中制发检察建议，促进争议化解，并移送行政违法行为、刑事犯罪线索，推进检察内部一体化办案。

思维导图:

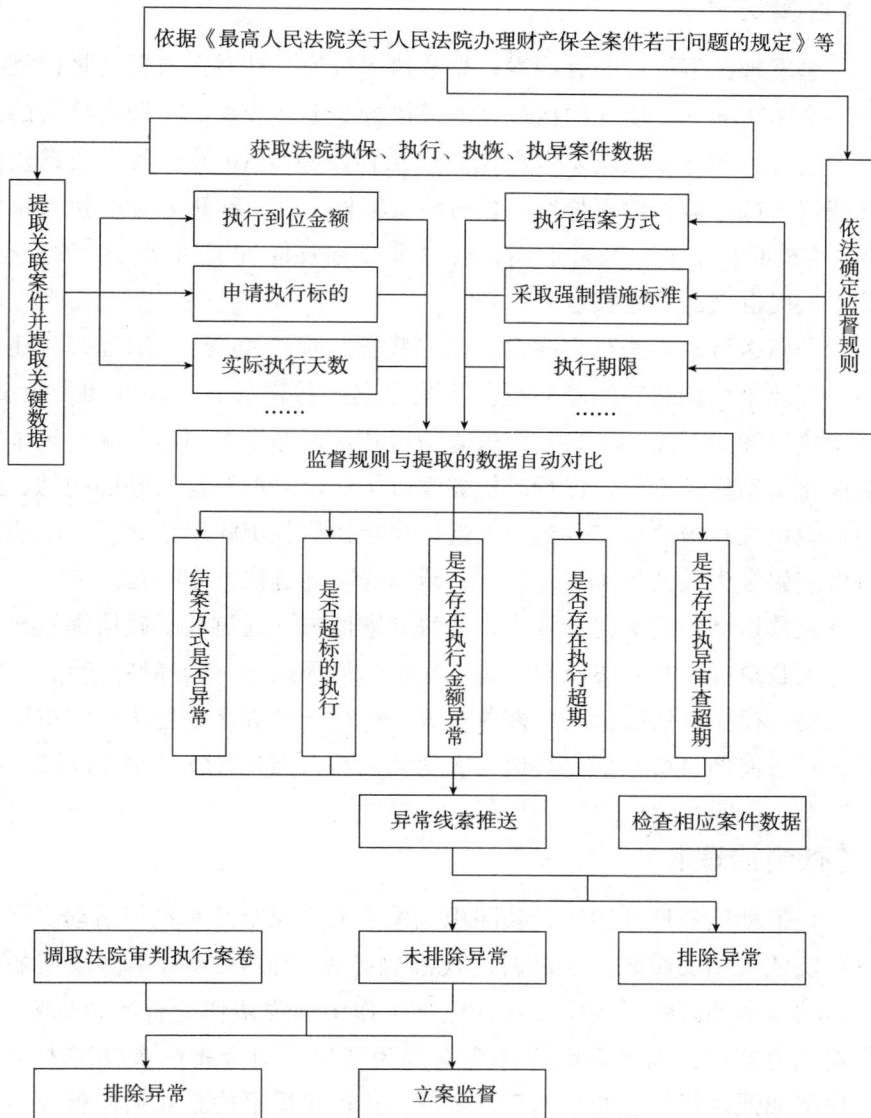

【监督方式】

一是发现民事执行监督线索，规范执保行为。针对大数据监督模型提示的保全结案异常、超标的执行、消极执行等案件线索，对调查核实的案件分类监督。向青山区法院发出纠正违法检察建议 10 件，其中类案监督检察建议 3 件，监督纠正长期未执行结案案件 1 件，纠正超标的执行案件 1 件，均被回复采纳。通过上述案件办理，有效促进了执保行为的规范，维护了人民群众的合法权益。

二是移送行政违法行为线索，以"我管"促"都管"。围绕行政违法行为、行政争议化解等问题向行政检察办案组移送线索。在办理朱某文、桂某明执行案中，民事检察办案组邀请行政检察办案组同步开展行政争议实质性化解工作，不仅督促行政机关整改了违反协助执行义务的问题，还引导行政机关积极协调案件当事人追回保全执行款 106 万余元，协助法院执行诉前保全生效债权 416 万余元，帮助法院化解执行难问题。

三是移送刑民交叉犯罪线索，依法立案监督。通过数字碰撞提示异常案件，关联执行法官办案质效，围绕拒执、消极执行、选择性执行、乱执行等问题，摸排申请执行人、被执行人、执行人员等涉嫌违法违纪犯罪的线索，积极向刑事检察部门移送，实现"对案"到"对人"的监督延伸。

【社会治理】

一是推动检法良性协作，共同规范民事财产保全及其执行活动。青山区检察院依法切实履职，立足新时代准确把握"监督"和"协作"的关系，借助检法签订的《关于在法律监督工作中加强协作配合的意见》，以数字建模为契机，以民事财产保全案件为切口，结合违法查扣冻专项监督，检法加强执行信息共享 1.5 万余件，实现了民事检察对财产保全、保全转执行的全过程监督，促进青山区法院建立并完善执行案件超期预警提示制度，严格落实《武汉市青山区人民法院执行局关于执行案件办理期限管理的规定》，并将严格规范审限管理、规范民事财产保全纳入优化法治化营商环境"青法十条"。青山区检察院与青山区法院会签了民事法律监督协作机制4项，促进法律监督协作走深走实。

二是提升线索发现能力，不断创新检察监督智能化路径。青山区检察院主动作为，从数以万计的执行案件中初步筛查出四大类型的类案监督线索，并强化数据管理和分析能力，不断延伸监督视角和深度，对模型推送的672件异常线索，核实532件，制发检察建议11件，其中类案检察建议3件，社会治理检察建议1件，推动行政争议化解1件，促进案涉行政机关强化拆迁补偿工作指导，完善资金发放审批审核流程，增强依法行政、依法办事的法律意识和责任意识，严格依照法律规定履行协助执行义务，主动防范诉讼风险，全面提升基层社会治理水平。通过个案办理—类案监督—社会治理的办案思路，促进争议化解，并移送行政违法行为、刑事犯罪线索，推进检察内部一体化办案。当前该法律监督模型已入选2023年湖北省检察机关优化法治化营商环境先行区改革试点，赋予了检察监督现代化发展的生机与活力。

【法律法规依据】

1.《中华人民共和国民事诉讼法》第一百零三条　人民法院对于可能因当事人一方的行为或者其他原因，使判决难以执行或者造成当事人其他损害的案件，根据对方当事人的申请，可以裁定对其财产进行保全、责令其作出一定行为或者禁止其作出一定行为；当事人没有提出申请的，人民法院在必要时也可以裁定采取保全措施。

人民法院采取保全措施，可以责令申请人提供担保，申请人不提供担保的，裁定驳回申请。

人民法院接受申请后，对情况紧急的，必须在四十八小时内作出裁定；裁定采取保全措施的，应当立即开始执行。

第二百三十六条　当事人、利害关系人认为执行行为违反法律规定的，可以向负责执行的人民法院提出书面异议。当事人、利害关系人提出书面异议的，人民法院应当自收到书面异议之日起十五日内审查，理由成立的，裁定撤销或者改正；理由不成立的，裁定驳回。当事人、利害关系人对裁定不服的，可以自裁定送达之日起十日内向上一级人民法院申请复议。

第二百三十八条 执行过程中，案外人对执行标的提出书面异议的，人民法院应当自收到书面异议之日起十五日内审查，理由成立的，裁定中止对该标的的执行；理由不成立的，裁定驳回。案外人、当事人对裁定不服，认为原判决、裁定错误的，依照审判监督程序办理；与原判决、裁定无关的，可以自裁定送达之日起十五日内向人民法院提起诉讼。

第二百五十三条 被执行人未按执行通知履行法律文书确定的义务，人民法院有权向有关单位查询被执行人的存款、债券、股票、基金份额等财产情况。人民法院有权根据不同情形扣押、冻结、划拨、变价被执行人的财产。人民法院查询、扣押、冻结、划拨、变价的财产不得超出被执行人应当履行义务的范围。

人民法院决定扣押、冻结、划拨、变价财产，应当作出裁定，并发出协助执行通知书，有关单位必须办理。

2.《最高人民法院关于人民法院办理财产保全案件若干问题的规定》第二条 人民法院进行财产保全，由立案、审判机构作出裁定，一般应当移送执行机构实施。

3.《最高人民法院关于执行案件立案、结案若干问题的意见》第二十一条 执行财产保全裁定案件的结案方式包括：

（一）保全完毕，即保全事项全部实施完毕；

（二）部分保全，即因未查询到足额财产，致使保全事项未能全部实施完毕；

（三）无标的物可实施保全，即未查询到财产可供保全。

4.《最高人民法院关于人民法院民事执行中查封、扣押、冻结财产的规定》第十九条 查封、扣押、冻结被执行人的财产，以其价额足以清偿法律文书确定的债权额及执行费用为限，不得明显超标的额查封、扣押、冻结。

发现超标的额查封、扣押、冻结的，人民法院应当根据被执行人的申请或者依职权，及时解除对超标的额部分财产的查封、扣押、冻结，但该财产为不可分物且被执行人无其他可供执行的财产或者其他财产不足以清偿债务的除外。

5.《最高人民法院关于在执行工作中进一步强化善意文明执行理念的意见》　7.严禁超标的冻结。冻结上市公司股票，应当以其价值足以清偿生效法律文书确定的债权额为限。股票价值应当以冻结前一交易日收盘价为基准，结合股票市场行情，一般在不超过20%的幅度内合理确定。股票冻结后，其价值发生重大变化的，经当事人申请，人民法院可以追加冻结或者解除部分冻结。

6.《最高人民法院关于人民法院执行工作若干问题的规定（试行）》
63.人民法院执行生效法律文书，一般应当在立案之日起六个月内执行结案，但中止执行的期间应当扣除。确有特殊情况需要延长的，由本院院长批准。

【经验传真】

（一）与时俱进，紧盯数字检察赋能智能化监督路径

数字检察推动检察工作现代化是顺应时代发展的必然之路，青山区检察院在运用数字检察助推法律监督工作提质增效中，一是坚持党组与干警同频共振、群策群力。成立数字检察工作领导小组，以业务需求为主导，以技术支撑为保障，为研发模型提供充分的组织保障和人才支持。为解决研发模型所需数据来源问题，与青山区法院打通数据共享通道，为法律监督模型的应用研发、功能拓展、技术实现奠定了基础。二是坚持业务与技术通力合作、深度融合。数字检察是检察业务与信息技术深度融合的产物。为弥补业务与技术双精通人才的欠缺，成立数据建模小组，由业务部门负责人和技术部门负责人任正副组长，建立线上工作群并邀请技术开发公司人员入群，方便协调业务人才与技术人才全力合作研发。遇到研发瓶颈，业务部门、技术部门与开发公司保持及时、充分、深入沟通，互相弥补不足，提升了工作效率。三是坚持理论与实践反复检验、互相促进。开发法律监督模型不仅需要技术人员书写运算代码进行反复求证，也要要办

案检察官对办案经验的反复总结，结合新的办案实践，不断提炼和修改模型研判规则，以研判规则的精准助推监督模型提示线索的精准，从而达到理论与实践的互相促进，提升检察监督的精准性。青山区检察院立足新时代准确把握"监督"和"协作"的关系，以财产保全领域的法律监督为切口，深入推动检法协作参与民事执行活动的社会治理，创新了智能化监督路径，为持续深化司法良性互动，共同促进中国社会法治化进程达成了统一的思想和行动。

（二）高质效履职，践行双赢多赢共赢的监督理念

突出检察监督不是你错我对的零和博弈，而是与被监督机关一道发现业已存在的问题，共同促进问题解决，共同服务于司法统一、司法公正、司法公信的法治建设。青山区检察院依托法律监督工作室，在发现朱某文、桂某明财产保全执行监督案中存在超标的保全以及消极执行等违法行为后，并未就此止步，而是从个案办理中挖掘类案线索，继续调取同时间段财产保全执行案件 100 余件，进一步发现财产保全案件结案方式异常的新的类案监督违法点，通过制发类案监督检察建议，引起法院对超标的保全问题的重视，促进法院对规范保全结案方式、明确协助执行期限以及协助执行义务等问题的系统整治，有效地规范了财产保全案件的执行活动。同时，针对案涉行政机关未依法履行人民法院要求协助执行义务，违规发放冻结拆迁补偿款，致使申请保全人合法权益得不到维护的问题，向案涉行政机关发出社会治理检察建议，促进案涉行政机关依法规范履行协助执行义务，完善冻结资金发放审批审核流程，强化协助执行义务单位与法院执行工作协同配合的责任意识，发挥保全制度在保证民事诉讼顺利进行、保护当事人合法权益、缓解执行难、维护司法权威方面的重要作用，有效践行了双赢多赢共赢的监督理念。

（三）追求质效，突出以点带面的社会治理效能

检察机关不能成为浅表性问题的盯梢人，而是应该成为深层次治理的推动者。民事财产保全是保障生效判决得以顺利执行的诉讼制度，关乎当事人胜诉权益和合法财产保护，有利于体现公正高效、善意文明的执法理

念，有利于营造良好的法治化营商环境。青山区检察院坚持以提升法律监督质效为导向，积极响应湖北省检察机关开展"涉市场主体民事执行活动监督专项活动"的要求，一方面对法院执行过程中存在的同类问题持续开展类案监督，实现"监督一案，治理一片"的办案效果；另一方面考虑到财产保全案件执行过程中存在的多种违法情形，具备运用法律监督模型构建数据管理、线索分析、异常提示、类案监督的可行性，在认真总结类案监督经验中，青山区检察院与青山区法院通过法律监督协作机制，畅通民事财产保全案件及其关联执行案件数据共享渠道，以数字建模为契机，围绕保全结案异常、超标的执行、消极执行等违法监督点，展开智能化线索分析、精准化法律监督、法治化系统治理，积极构建民事检察监督模型，促进青山区法院建立并完善执行案件超期预警提示制度，将严格规范审限管理、规范民事财产保全纳入优化法治化营商环境"青法十条"。该模型也入选2023年湖北省检察机关优化法治化营商环境先行区改革试点，下步将结合试点契机，深入推广模型在检察监督办案、法院执行管理的应用，从凝聚共识迈向共享共治，走向协作共赢，实现由个案向类案、由被动向主动、由办理向治理的转变，产生数字化、应用化、智能化法律监督协作的新动能，把智慧办案作为推动检法协作走深走实的亮点名片。

（张莉，湖北省武汉市青山区人民检察院检察长）

2. 网络司法拍卖监督模型

【建模单位】

浙江省松阳县人民检察院

【监督要旨】

针对网络司法拍卖（以下称司法网拍）违法违规问题，以及部分被执行人利用拍卖规则漏洞，实施拒不履行生效裁判行为，检察机关通过计算机智能提取司法网拍页面租赁、评估报告、执行依据、税费承担、成交金额等信息，自动进行大数据碰撞比对，可批量发掘拍卖案件异常信息。将异常信息与民事裁判文书、执行裁定等资料进行比对，开展线下调查核实，发现违法违规拍卖案件，进行民事检察监督，督促法院纠正违法违规行为；深挖虚构租赁关系等深层次问题，查办被执行人拒不执行判决裁定案件；将多个关联案件并案审查，找出其共同特征及规律性，查办审执人员职务犯罪案件，促进司法网拍规范、公正。

【模型概要】

2020 年 3 月，浙江省松阳县检察院在监督民事执行工作中发现，因人民法院未在拍卖公告中详尽披露标的物瑕疵，某竞拍人通过阿里司法拍卖平台所拍得房产因违法建设未处理，实际占地面积比证载面积少近百平方米，导致不动产登记过户存在障碍，买受人利益受到损害，引发买受人与拍卖法院之间长达 4 年的司法拍卖纠纷。类似这样的问题，仅仅是个案，还是多发常发的类案？松阳县检察院在丽水市检察院指导下，对阿里司法拍卖平台上的相关数据进行综合分析研判，梳理出税费负担异常、拍卖财产瑕疵不明等 4 大类 34 项违法违规问题，以问题为导向成功研发"网络司

法拍卖检察监督模型"（以下称"网拍监督模型"）。通过模型设定的程序性
"计算"规则，从全量拍卖案件中，自动筛查出同类拍卖异常信息，协助检
察机关办案，实现了对司法网拍程序性违法违规行为的高效监督。

　　2021 年初，浙江省丽水市某被执行人在司法网拍中通过伪造合同，
虚构"拍卖房产带长期租赁，且租金已付清"的事实，实现阻却他人参
与拍卖的目的，最终仅其近亲属一人参拍，以评估价 56% 的价格竞拍成
交。检察机关调查发现，上述被执行人出于在强制执行中实现"挽损"
心理，虚构房屋长期租赁合同，利用"买卖不破租赁"原则，最终目的
是低价拍回拍卖财产，逃避执行。经进一步调查发现，该被执行人涉多个
被强制执行的司法网拍案件，且都存在带长租拍卖情形。检察机关继续关
联调查这些房产买受人，通过与户籍信息、社保信息关联碰撞，最终串联
形成关系图谱。该图谱清晰显示被执行人及其关联企业的 4 处执行房产，均
由被执行人的近亲属或其公司员工竞拍成交。检察机关经摸排，发现带长
租拍卖并非个别现象。丽水市检察机关在充分运用司法网拍监督模型程序
性监督规则的基础上，从上述个案办理中梳理经验规则，又开发并运行了
拒不执行判决、裁定犯罪监督规则和自定义监督规则，实现了对司法网拍
领域拒不执行判决、裁定犯罪案件和执行人员职务犯罪案件的高效监督。

　　模型开发期间，丽水市检察院全力支持，在人力物力上给予充分保障，
抽调全市精兵强将组成工作专班，为项目成功建设奠定了坚实基础。浙江省
委政法委、省检察院主动协调有关单位，打通阿里司法拍卖平台数据库，实
现拍卖数据实时共享，为全省各级检察机关共享网拍监督模型创造了条件。

【模型设计】

　　模型的总体设计思路为，将《最高人民法院关于人民法院网络司法
拍卖若干问题的规定》（以下简称《拍卖规定》）、《浙江省高级人民法院
执行局关于规范不动产网络司法拍卖、变卖工作指引》（以下简称《拍卖
指引》）等，与司法网拍公开信息对照研判，筛选出各种违法违规拍卖场
景，针对这些场景，分别设置对应的关键词组合，以关键词组合检索为核
心，编制数据筛选规则并转化为计算机语言，通过计算机自动检索司法拍
卖案件数据库，对数据库中全量拍卖案件进行筛查，批量发现拍卖异常信

息，提示办案人员作出处置。

数据来源： 1. 司法网拍平台公开数据。当前本模型拍卖数据来源于阿里司法拍卖平台：通过互联网对接阿里拍卖平台服务器，交换全省所有司法拍卖数据，依据每天交换更新数据机制，持续更新数据库。

2. 民事裁判文书（源于中国裁判文书网等）。通过该网站获取与拍卖异常案件相关的法律文书。

3. 企业工商登记信息（源于企查查、天眼查等信息平台）。

4. 人民法院司法档案，即调取人民法院审判、执行卷宗。

5. 本院司法档案。

类案特征要素： 将梳理出的司法网拍违法违规问题划分为 4 大类 34 个小项。针对各项违法违规拍卖场景，逐项梳理其类案特征，形成违法违规类案特征集。如拍卖保证金过高问题，其特征为拍卖保证金超过起拍价的 20%；再如税费承担不合法问题，其特征往往表现为税费承担与税法规定不一致，如拍卖公告规定"由买受人承担标的物过户的一切税费"等。

数据分析关键词： 根据上述特征逐项筛选关键词，建立"算法"，即针对每一项场景设计特定"法律语言"——关键词或关键词组合，如监督拍卖起拍价过低问题，则设置拍卖标的"评估价"和"起拍价"两个关键词组合，以两者之比率作为判断依据。

逻辑规则： 该模型通过归纳整理各种司法网拍违法违规行为类型特征，由计算机对反映该特征的关键词在拍卖数据库中自动检索，形成异常数据库。具体而言，以前述"法律语言"作为"算法"底层规则，再将"法律语言"转换成计算机语言后，用于数据库检索，检验其命中成功率，对成功率不合格的"算法"进行优化，直到符合设计要求。再由办案人员将异常数据通过线下比对碰撞裁判文书、执行文书以及不动产登记信息等，筛选出拍卖违法违规案件。

数据分析步骤：

第一步：提取拍卖信息要素——数据结构化。这些要素隐含在"拍卖公告""执行依据""评估报告"等拍卖网页公开文件中，通过计算机自动提取每个司法网拍案件标的物起拍价、保证金、租赁期限、优先购买权人、买受人等各种信息，保存在数据库中。

第二步：筛查异常信息——数据碰撞。通过"算法"，对提取的要素信息进行检索即"数据碰撞"，从中筛选出存在拍卖公告发布异常、标的物瑕疵说明异常、租赁信息异常等可能存在违法违规拍卖行为的案件。

第三步：建立线索沉淀池——异常信息库。数据碰撞后，自动形成每个异常案件对应的一个或几个违法违规项，汇集后建立拍卖异常案件数据库。

第四步：异常信息处置——审查与调查核实。针对筛查出的数据异常案件，比对中国裁判文书网法律文书，对有监督价值的案件调取相关案卷材料，人工比对核实，视情开展实地勘察、检验检测、询问当事人等必要调查，综合分析研判，跟进案件处理。

第五步：结合调查绘制出关系图谱。针对筛查出的异常数据，模型可推送同一被执行人（或竞买人）的所有网拍案件，以及上述案件的买受人（被执行人），还可自定义关联其他当事人。通过与户籍信息、社保信息的关联碰撞，最终串联形成关系图谱，锁定买受人、承租人与被执行人及申请执行人之间的真实关系。在初步明晰关系后，重点查明是否系利益共同体。如买受人与被执行人为夫妻或近亲属关系，购买房产的资金来源于夫妻共同财产或被执行人的财产等。

第六步：发掘拒不执行判决、裁定犯罪线索。对照关系图谱并结合调查情况，发现相关人员利用"买卖不破租赁"规则逃避执行的违法犯罪线索。

第七步：发掘审执人员职务犯罪线索。跟进调查、侦查，主要查明审执人员与被执行人拒不执行判决、裁定犯罪等违法犯罪之间的关联关系，从而发现审执人员职务犯罪线索。如审执人员与被执行人存在密切关联的社会关系，以及存在利益输送的线索，或者执行人员对明显违反常理的长期租赁合同不予调查核实，以及调查核实不充分，就在拍卖公告中予以公示等线索。

上述数据分析步骤中，第一步至第四步系对案件进行程序性违法违规监督的步骤（对事监督），第五步至第七步系对案件进行深层次监督的步骤（对人监督）。

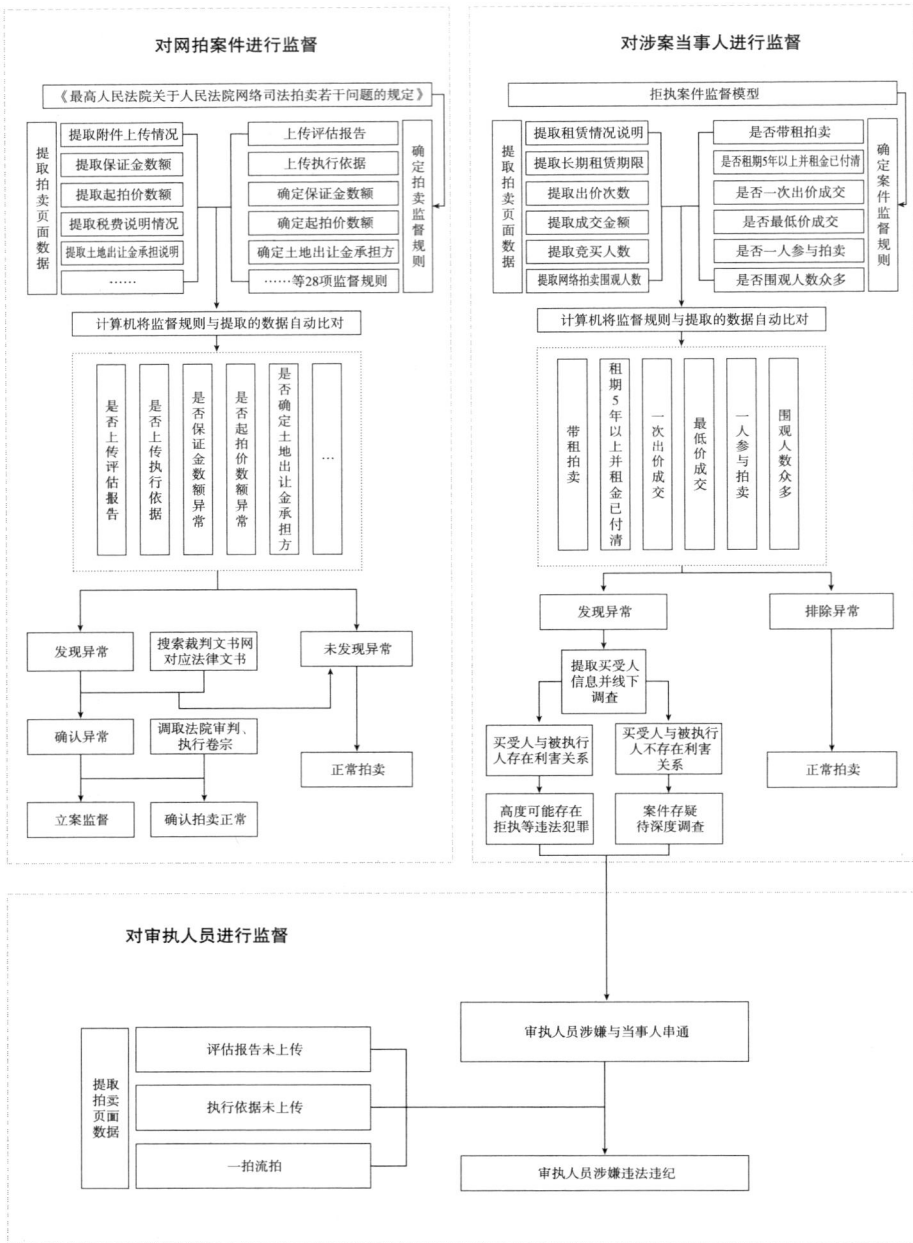

思维导图：

对网拍案件进行监督

《最高人民法院关于人民法院网络司法拍卖若干问题的规定》

提取拍卖页面数据
- 提取附件上传情况
- 提取保证金数额
- 提取起拍价数额
- 提取税费说明情况
- 提取土地出让金承担说明
- ……

- 上传评估报告
- 上传执行依据
- 确定保证金数额
- 确定起拍价数额
- 确定土地出让金承担方
- ……等28项监督规则

确定拍卖监督规则

↓

计算机将监督规则与提取的数据自动比对

- 是否上传评估报告
- 是否上传执行依据
- 是否保证金数额异常
- 是否起拍价数额异常
- 是否确定土地出让金承担方
- ……

发现异常 → 搜索裁判文书网对应法律文书 → 未发现异常

确认异常 → 调取法院审判、执行卷宗 → 正常拍卖

立案监督 → 确认拍卖正常

对涉案当事人进行监督

拒执案件监督模型

提取拍卖页面数据
- 提取租赁情况说明
- 提取长期租赁期限
- 提取出价次数
- 提取成交金额
- 提取竞买人数
- 提取网络拍卖围观人数

- 是否带租拍卖
- 是否租期5年以上并租金已付清
- 是否一次出价成交
- 是否最低价成交
- 是否一人参与拍卖
- 是否围观人数众多

确定案件监督规则

↓

计算机将监督规则与提取的数据自动比对

- 带租拍卖
- 租期5年以上并租金已付清
- 一次出价成交
- 最低价成交
- 一人参与拍卖
- 围观人数众多

发现异常 / 排除异常

发现异常 → 提取买受人信息并线下调查

买受人与被执行人存在利害关系 / 买受人与被执行人不存在利害关系

高度可能存在拒执等违法犯罪 / 案件存疑待深度调查

排除异常 → 正常拍卖

对审执人员进行监督

提取拍卖页面数据
- 评估报告未上传
- 执行依据未上传
- 一拍流拍

审执人员涉嫌与当事人串通

审执人员涉嫌违法违纪

【监督方式】

民事执行类案监督： 松阳县检察院通过大数据计算方式，对丽水市全量网拍案件进行整体性筛查，发现了司法网拍存在拍卖公告发布异常、确定税费负担不合理、拍卖标的瑕疵说明不完整等诸多问题。经进一步分析研判，丽水市至少有上千起民事执行案件在对标的物进行司法网拍过程中，存在不符合司法拍卖规定的情形。针对司法网拍存在的问题，全市各基层检察院依法向各基层法院发出类案监督检察建议，要求各法院在司法网拍过程中按照法律、司法解释及上级人民法院有关规定，加强审查拍卖公告内容，依法确定税费负担主体，规范公告发布、财产评估、瑕疵公示等拍卖行为。有关法院对检察建议均予以采纳，对部分尚未完成拍卖的案件信息进行补充公告，严格公告发布手续，细化公告内容审核，进一步强化了执行活动内部监督管理，切实维护司法网拍秩序，保护当事人合法权益。

民事生效裁判监督： 丽水市检察机关通过网拍监督模型排查出带长租拍卖房产买受人系被执行人近亲属后，通过梳理民事案件当事人之间的关系和资金流转脉络，发现当事人之间通过循环转账制造虚假流水证据，实施虚假诉讼的事实。通过刑民联动办案，及时突破口供，进一步夯实虚假诉讼证据根基，民事检察部门接续监督，依法就相关民事生效裁判启动抗诉程序予以纠正。如莲都区检察院民事检察部门就涉虚假诉讼的（2019）浙 1102 民初 934 号民事调解案，提请市检察院向市中院提出抗诉，市中院作出（2021）浙 11 民抗 6 号民事裁定书指令该案由莲都区法院再审，后该案被改判。

刑事检察监督： 将打击拒执犯罪与监督网拍违法违规行为相融合，用数据引导拒执犯罪侦查方向。如上文的思维导图中，"对涉案当事人进行监督"模型，网拍监督模型自动筛查出的严重影响正常拍卖的异常信息，如集中指向特定案件，或者集中指向特定被执行人，或者集中指向特定竞买人，则案件背后可能存在拒执犯罪行为。假设某房产带长期租赁拍卖，剩余十多年租期租金已付清，第一次拍卖流拍，第二次拍卖仅有一人或者极少数人参与竞拍，以起拍价或者接近起拍价竞得，则很可能存在竞买人与被执行人恶意串通，以虚假租赁关系阻却其他潜在竞争者参与竞买，以低成交价实现部分转移被执行财产目的。针对此类拒执行为，根据松阳县检察院移送的全省带长期租赁房产拍卖案件信息，浙江省检察机关在开展司法网拍专项监督中，将其作为重点打击对象，目前浙江省丽水市、绍兴市、金华市、宁波市、杭州市、温州市均有查获案件或发现线索。其中，丽水市莲都区已查实并提起公诉的拒执犯罪案，6 名涉案被告人伪造莲都区某小区被强制执行的 4 处房产长期租赁合同，并伪造合同租金全部付清情节，根据"买卖不破租赁"合同原则，该行为致使人民法院对该批房产进行带租拍卖时，买受人将处于"长期对房产没有实际使用权，也没有收益权"的尴尬境地，潜在竞买人因此被恶意阻却在拍卖之外，最终被告人亲属以起拍价拍回房产，造成债权人损失 369 万余元，该 6 名被告人均被法院以拒不执行判决、裁定罪判处刑罚。

查处执行人员职务犯罪：执行人员在司法网拍中违法违纪或失职行为，可以从网拍监督模型中发现部分端倪。将监督司法网拍违法行为与查处执行人员违法违纪或失职行为相融合，可以为办理司法人员职务犯罪提供线索、指引侦查方向。仍以前述拒执犯罪情形为例，如租金已付清的带长期租赁房产拍卖时，房产评估报告、执行依据未上传拍卖平台，则很可能存在执行人员与被执行人、竞买人恶意串通，通过尽量不公开标的物信息，造成信息不对称，阻止潜在竞争者参与竞买，甚至有意促使一拍乃至二拍流拍，让知情竞买人以最低价拍得标的物。即使没有恶意串通行为，该案执行人员也存在对标的物审查不严、遗漏应上传至拍卖平台的关键拍卖文件等失职行为，如果此类行为反复发生，情节严重，可能构成执行判决、裁定失职罪或执行判决、裁定滥用职权罪等职务犯罪。

【社会治理】

一是撬动全省监督。全省检察机关协调一致，开展全域性专项监督，以规模化办案形成攻坚态势，极大提升了监督效率。2021 年 8 月，浙江省人民检察院印发了《浙江省检察机关开展数字监督集中专项行动工作方案》，部署了包括司法网拍在内的四个专项监督行动。据不完全统计，该模型共推送拍卖异常信息 27900 多条，全省检察机关同步开展监督，从中发现案件线索 7833 条，以类案监督理念立案 293 件，制发检察建议 824 件，立案查办法院工作人员渎职犯罪 16 人，向公安机关移送线索并督促立案查办拒不执行判决、裁定等犯罪 45 人。

二是促进执行规范。司法网拍是民事执行财产处置的核心措施之一，涉及面广，涉及财产金额大，且在第三方平台上操作，直接面向社会公众，其规范性直接影响司法机关形象，进而影响司法公信力。检察机关作为法律监督机关，通过监督司法网拍，有力提升司法拍卖规范性，有效降低司法拍卖纠纷发生率，促进实现"司法网拍标准化、审查监督智能化、矛盾纠纷最少化"目标，为社会治理能力提升贡献检察智慧。通过网拍监督模型数据比对发现，自 2020 年 8 月以来，丽水市乃至浙江省各级法院司法网拍违法违规数量呈现断崖式下降，拍卖规范化水平显著提高。

【法律法规依据】

1.《中华人民共和国民事诉讼法》第二百五十八条　财产被查封、扣押后，执行员应当责令被执行人在指定期间履行法律文书确定的义务。被执行人逾期不履行的，人民法院应当拍卖被查封、扣押的财产；不适于拍卖或者当事人双方同意不进行拍卖的，人民法院可以委托有关单位变卖或者自行变卖。国家禁止自由买卖的物品，交有关单位按照国家规定的价格收购。

2.《最高人民法院关于适用〈中华人民共和国民事诉讼法〉的解释》第三百七十条　人民法院审查后,按下列情形分别处理：

（一）当事人对实现担保物权无实质性争议且实现担保物权条件成就的，裁定准许拍卖、变卖担保财产；

（二）当事人对实现担保物权有部分实质性争议的，可以就无争议部分裁定准许拍卖、变卖担保财产；

（三）当事人对实现担保物权有实质性争议的，裁定驳回申请，并告知申请人向人民法院提起诉讼。

3.《最高人民法院关于人民法院网络司法拍卖若干问题的规定》

4.《最高人民法院关于人民法院民事执行中拍卖、变卖财产的规定》

5.《最高人民法院关于冻结、拍卖上市公司国有股和社会法人股若干问题的规定》

6.《最高人民法院关于人民法院确定财产处置参考价若干问题的规定》

7.《浙江省高级人民法院执行局关于规范不动产网络司法拍卖、变卖工作指引》

【经验传真】

（一）从个案办理转向类案监督、系统治理

零敲碎打的个案监督，成效有限。如司法网拍中，程序类监督案件由于拍卖财产已经处置完毕，违法违规行为一般不具有可整改性，监督效果不佳。通过数字化手段，对程序性违法违规拍卖行为进行类案检索，可以全量统计出违法违规数据，从宏观上反映司法网拍质量问题，更具有说服力和影响力，尤其是对处于公告期内或正在拍卖的程序性违法违规行为进行监督，可以实时督促法院改正错误，使"一般不具有可整改性"案件，变为需要立即整改，提高整改刚性，有利于最终实现拍卖规范化、标准化。

（二）从被动监督转向主动监督

传统的民事法律监督基本停留于被动个案监督模式，即依当事人申请并立案初查后再作出监督决定。民事检察办案整体处于信息不对称，被动实施监督的状况。利用数字化手段，可以大批量发掘出监督线索，解决信息不对称困境，主动监督就能成为新常态。而且，类案监督的目标指向并不是具体案件的少数当事人权益，而是指向执行法院的同类不规范执行行为，具有维护国家利益和社会公共利益的属性。

（三）监督经验集成化、工具化，使监督效率呈几何级提升

以传统的人工办案手段对海量网拍数据进行核查，不仅工作量大、效率低、容易出错，还对有限司法资源造成挤占和浪费。传统的案件调查、审查依赖检察人员的能力水平和办案经验，而运用数字化手段，着力将所有办案经验集为一体，并将办案逻辑、程序规定转化为计算机语言，可实现公式化，使之成为使用方便的办案工具。于是，开展网拍监督，对办案人员的能力依赖和精力需求大为减少。通过数字赋能，以计算机自动筛查替代大量人工审查，不仅可以极大地节约司法资源，还能高效获取优质监督信息，对同一类或同一领域的监督信息，实现瞬时全量"审查"，改变案件审查绩效低的局面。像松阳这样的基层小院，在使用极少人力资源的情况下，就可以实现大面积的系统监督。

（汪兴，浙江省松阳县人民检察院检察长）

3. 实现担保物权案件执行活动类案监督模型

【建模单位】

浙江省临海市人民检察院

【监督要旨】

实现担保物权特别程序设置目的在于使债权人更为快速、便捷地通过担保物权的行使实现债权的清偿，但实践中执行法官往往以普通执行案件程序办理该类案件，背离了实现担保物权特别程序设立的初衷。检察机关利用数字检察监督模型，精准锁定法院错误执行实现担保物权案件的线索。经调查核实，通过向法院提出检察建议的方式，分类监督其撤销错误采取的执行措施和惩戒措施，推动法院开展内部专项整治，规范实现担保物权案件的执行，保障当事人合法权益。

【模型概要】

2019 年 7 月 12 日，临海市法院针对某金融公司与万某某申请实现担保物权纠纷一案作出（2019）浙 1082 民特 330 号民事裁定，裁定准许拍卖、变卖万某某所有的坐落于浙江省临海市某小区的不动产，某金融公司对变价后所得款项在本息范围内优先受偿。该案立案执行后，临海市法院向万某某发出执行通知书、财产报告令，对万某某名下的车辆进行查封。因万某某拒不履行又未报告财产，该院对其采取了纳入失信被执行人名单、限制高消费等惩戒措施，并作出罚款 1000 元和司法拘留 15 天的决定。同时，临海市法院将万某某所持出入境证件作废并限制其出入境。

临海市检察院根据上述异常案件线索，总结个案特性，提炼关键要素，依托浙江检察数据应用平台，建立实现担保物权案件民事执行大数据法律监督模型，筛选出辖区内所有实现担保物权案件形成案件信息库，与"失信人员信息""限制高消费人员信息""车辆查封信息""不动产查封信息"等数据分类比对，发现法院错误执行实现担保物权案件的线索。经调卷核查并分析研判，向法院发出个案检察建议、类案检察建议，法院均予以采纳。

【模型设计】

数据来源：民事裁判案件信息（源于浙江检察数据应用平台）；被执行人情况信息（源于浙江检察数据应用平台）；失信人员信息（源于浙江检察数据应用平台）；限制高消费人员信息（源于浙江检察数据应用平台）；车辆查封信息（源于车辆管理所）；不动产查封信息（源于自然资源与规划管理局）。

类案特征要素：法院对实现担保物权案件错误采取执行和惩戒措施。

数据分析关键词：实现担保物权、失信、限制高消费、查封、拘留、罚款。

逻辑规则：以裁判文书基本信息与"被执行人情况信息"进行比对得出实现担保物权执行案件信息，将该信息与"失信人员信息""限制高消费人员信息""车辆查封信息""不动产查封信息"等数据分别进行碰撞比对，逐步筛选出法院错误执行实现担保物权案件信息。

数据分析步骤：

第一步：数据汇集。（1）在浙江检察数据应用平台申请所需的"法院裁判文书信息""被执行人情况信息""失信人员信息""限制高消费人员信息"；（2）向车辆管理所、自然资源与规划管理局等部门调取"车辆查封信息""不动产查封信息"。

第二步：过滤筛查。依托浙江检察数据应用平台中的过滤算子，以"实现担保物权"为案由筛选出辖区内所有实现担保物权的裁判案件。

第三步：交集比对。将实现担保物权案件中的"案号"与"被执行人情况信息"中的"执行依据文号"使用交集算子比对，得出"实现担保物权案件执行情况信息"。

第四步：数据碰撞。将"实现担保物权案件执行情况信息"中的

"当事人身份号码"分别与"失信人员信息""限制高消费人员信息"中的"被执行人身份号码",以及"车辆查封信息""不动产查封信息"中的"被查封人身份号码"进行碰撞比对,筛选出被执行人被错误纳入失信、限制高消费,以及车辆或不动产被错误查封的案件线索。

第五步:调卷核查。依据碰撞比对出的案件线索向法院调阅相关执行案卷并逐案核查。

第六步:分类监督。(1)针对被错误纳入失信、限制高消费、罚款、拘留,以及除担保财产以外的不动产或车辆仍处于被查封状态等影响当事人实体权益的六类情形,进行个案监督;(2)针对执行通知书内容错误、错误强制被执行人申报财产,以及曾被错误采取执行或惩戒措施但现已解除等情形,进行类案监督。

思维导图:

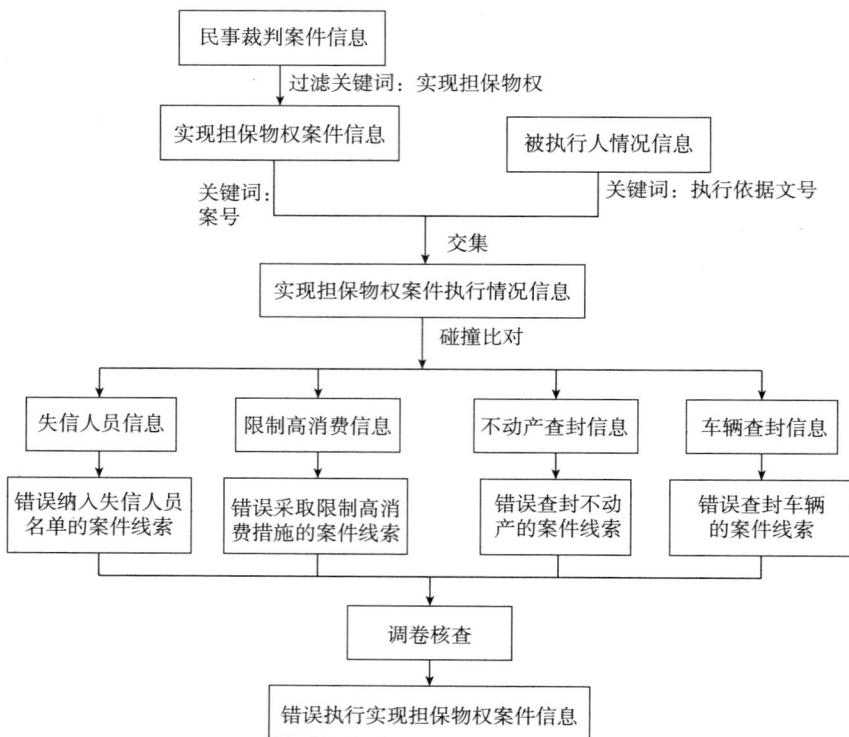

【监督方式】

临海市检察院秉持精准监督理念，借助浙江检察数据应用平台建立大数据法律监督模型，对临海市法院错误执行实现担保物权案件开展专项监督，努力推动该领域案件执行理念转变，实现个案监督与类案监督相结合并向社会治理延伸，全面提升民事检察监督质效。

【社会治理】

专项整治： 检察建议制发后，临海市检察院联合临海市法院召开实现担保物权案件执行专题研讨会，就该领域案件执行活动的理念、方式及程序达成共识。后临海市法院在个案整改的基础上出台《临海市人民法院关于开展实现担保物权案件执行程序专项整治活动的方案》（临法〔2023〕25号），通过学习教育、问题排查、集中整治、总结提升，进一步规范该领域案件执行程序，有效维护了被执行人的合法权益；同时提高了担保物权实现的效率，减少债权司法清偿的周期，助力优化营商环境。

复制推广： 司法实践中，法院错误以普通执行程序执行实现担保物权案件的情形普遍存在，不仅延长了申请人债权实现的周期，而且侵犯了被执行人的财产权益，甚至可能导致被执行人被采取信用惩戒等措施。实现担保物权大数据法律监督模型具有所需数据获取难度小、算子简便、线索核查容易等优点，具有较强的可推广性。目前台州市内各县市区院均依据该模型获得监督线索，实现了"一域突破，全市共享"。

【法律法规依据】

1.《最高人民法院关于限制被执行人高消费及有关消费的若干规定》第一条第一款 被执行人未按执行通知书指定的期间履行生效法律文书确定的给付义务的，人民法院可以采取限制消费措施，限制其高消费及非生活或经营必需的有关消费。

2.《最高人民法院关于公布失信被执行人名单信息的若干规定》第一条 被执行人未履行生效法律文书确定的义务，并具有下列情形之一的，人民法院应当将其纳入失信被执行人名单，依法对其进行信用惩戒：

（一）有履行能力而拒不履行生效法律文书确定义务的；

（二）以伪造证据、暴力、威胁等方法妨碍、抗拒执行的；

（三）以虚假诉讼、虚假仲裁或者以隐匿、转移财产等方法规避执行的；

（四）违反财产报告制度的；

（五）违反限制消费令的；

（六）无正当理由拒不履行执行和解协议的。

3.《最高人民法院关于人民法院民事执行中查封、扣押、冻结财产的规定》第十九条第一款 查封、扣押、冻结被执行人的财产，以其价额足以清偿法律文书确定的债权额及执行费用为限，不得明显超标的额查封、扣押、冻结。

4.《浙江省高级人民法院执行局关于规范实现担保物权案件执行程序的通知》 五、实现担保物权的案件，执行中不应对被执行人采取强制申报财产、限制出境、限制高消费、在征信系统记录或通过媒体公布其不履行义务的信息等执行措施；不得执行担保财产以外的财产。

被执行人有故意隐藏、转移、变卖、毁损担保财产或其他妨碍处置担保财产行为的，执行法院可以根据情节轻重予以罚款、拘留；涉嫌构成犯罪的，移送公安机关立案侦查。

【经验传真】

（一）以落实"一把手"工程的姿态深入实施数字检察战略

数字化建设已成为推动国家治理体系和治理能力现代化的重要支撑。临海市检察院坚持把数字检察战略作为"一把手"工程谋划推进，以"等不起"的紧迫感、"慢不得"的危机感、"坐不住"的责任感加快推进和实施。一是建立一体化履职机制。成立了由检察长为组长的数字检察工作专班，建立数字检察工作党组会年初部署、年中检视、年末综评工作制度，定期召开数字检察周例会（部门级）、月调度（专班级）等检视会商制度，实时把握各办案单元在案件审查及模型进展等环节推进情况，及时发现和解决工作中存在的问题，共同会商发现的案件线索，推动数字检察力量横向纵向双融合。二是强化责任和动力建设。以检察官办案组为基础网格，清单式布置网格任务，坚持每案必审强化检察官监督线索发现工作责任，定期开展监督案件交叉复评，对在数字监督工作上疏于履职、怠于履职的办案组给予负面评价，以压力激活动力。本案中，民事检察部门主动在普通监督案件中发现异常情形，形成工作方案，有效保障数字检察工作顺利推进。三是有效疏通数"流"通道。推进数字检察工作最大的难题是办案人员对数据获取的畏难情绪。对此，临海市检察院依托上级院构建形成的资源优势，以"主""辅"结合形式畅通数据流通渠道，消除办案人员对数字检察的畏惧乃至抵触心理。"主"的方面是依托浙江检察数据应用平台，把握数字检察工作主动权，如本案中的 6 类核心数据中有 4 类来自该平台；"辅"的方面是指对浙江检察数据应用平台暂时无法提供的信息，由院领导沟通执法司法部门快速形成数据共享，如本案涉及的车辆查封信息和不动产查封信息两组数据，减轻办案组信息获取压力。

（二）精准高效监督"为法治担当"，切实维护法律权威

在传统的法律监督模式下，监督线索的发掘、证据的获取、治理的效果等方面都缺乏系统性全面性，且往往囿于与被监督单位的信息共享意愿等问题，导致法律监督缺乏刚性，法律的权威得不到全面的保障。本案办案人员在发现个案的基础上，通过总结个案特性、提炼关键要素等，构建数字检察监督模型，以浙江检察数据应用平台及外来数据为依托，借力算子层层筛选、碰撞，得到较为精确的案件线索并办成一批案件，较好解决掣肘法律监督成效的系列问题。本案中，检察院向法院发出个案检察建议 10 件、类案检察建议 1 件，法院均予以采纳，充分保障了实现担保物权特别程序的制度价值和功能，其司法效果得以实现。

（三）以法律监督形成问题整改合力，系统性推进社会治理

实现担保物权特别程序设置的主要目的，在于使债权人更为高效、便捷、公平地通过行使担保物权实现债权的清偿。本案中，临海市法院错误以普通执行程序执行实现担保物权案件，不仅延长了申请人债权实现的周期，而且侵犯了被执行人的财产权益，甚至可能导致被执行人被采取信用惩戒等措施。这一现象并非个例，而是较为多发的共性问题。临海市检察院在向法院制发建议之后，持续跟进监督实现担保物权案件执行活动，联合临海市法院召开实现担保物权案件执行专题研讨会，经过反复沟通交流，与临海市法院就该领域案件的执行理念、方式及程序等达成共识。之后，临海市法院在对照检察建议开展个案全面整改的基础上，出台《关于开展实现担保物权案件执行程序专项整治活动的方案》，通过学习教育、问题排查、集中整治、总结提升，进一步规范该领域案件执行程序，切实维护被执行人的合法权益。通过检法综合治理，充分提高担保物权实现的效率，缩短债权司法清偿的周期，为助力优化营商环境提供了司法样板。

（庞威，浙江省临海市人民检察院检察长）

4. 民事执行回转专项监督模型

【建模单位】

浙江省杭州市上城区人民检察院

【监督要旨】

针对据以执行的裁判文书确有错误，已被人民法院撤销的，但被执行的财产未及时返还等问题，提取相同当事人再审判决书中撤销、已执行回转等数据要素特征，依托公开的生效民事裁判文书、被执行人数据，发现涉法院改判民事案件未裁定执行回转案件线索。经行使调查核实权，通过向法院提出检察建议、制发社会治理检察建议等方式，监督法院及时启动执行回转程序，撤销针对原被执行人的财产查控、信用惩戒等执行措施，推动法院建立内审自查机制，填补审判—执行流程漏洞，尤其是建立健全再审改判案件与执行回转程序衔接机制，保障当事人的合法权益，维护司法公信力。

【模型概要】

2021 年 10 月 26 日，某保险股份有限公司杭州市分公司依据生效的（2020）浙 0102 民初 × 号民事判决向杭州市上城区法院申请强制执行，该院以（2021）浙 0102 执 × 号立案执行，该案因被执行人王某某于 2022 年 1 月 10 日全部履行完毕而结案。2022 年 8 月 24 日，杭州市中级法院作出（2022）浙 01 民再 × 号民事裁定书，裁定撤销杭州市上城区法院（2020）浙 0102 民初 × 号民事判决，准许某保险股份有限公司杭州市分公司撤回起诉。2022 年 11 月 14 日，王某某向杭州市上城区检察院申请监督。上城区检察院于 2022 年 12 月 3 日向上城区法院发出上检民执监〔2022〕× 号检察建议书，该院予以采纳并于 2022 年 12 月 20 日对原案进行执行回转，该案现已执行回转到位，王某某已收到相应回转款项。

上城区检察院在审查中发现法院再审改判案件中可能存在执行回转的监督线索，遂依职权对历年发出的再审检察建议案件进行回头看，总结个案特性，提炼关键要素，利用大数据研发"民事执行回转专项监督模型"。通过导入上城区法院公开裁判文书，以"再审"为关键词，以"撤销"为数据要素，筛选出法院依法改判案件，以原审案件被执行人身份信息导入执行案件数据库，筛选出法院未采取执行回转措施的执行案件，发现涉法院改判案件未裁定执行回转案件线索100余件，经查实后，向法院发出检察建议7件，法院均予以采纳并及时立案执行回转。

同时，在梳理线索的过程中，发现部分案件虽因无可供执行的财产而无需执行回转，但法院仍对原被执行人违法适用信用惩戒、限制高消费等措施。针对上述问题，上城区检察院高质效履职，向法院制发检察建议，督促法院立即撤销原被执行人的失信、限制高消费措施，及时帮助原被执行人恢复正常生活，维护当事人合法权益。

【模型设计】

数据来源：民事判决书（源于中国裁判文书网）；民事执行文书（源于中国裁判文书网）；被执行人执行情况数据信息（源于中国执行信息公开网）。

类案特征要素：据以执行的判决、裁定和其他法律文书确有错误，已经再审被人民法院撤销；原被执行人财产已执行到位或部分执行；对已被执行的财产，人民法院未作出裁定，责令取得财产的人返还，造成原被执行人的权益受到损害。

数据分析关键词：再审、撤销、执行回转。

逻辑规则：该模型通过对法院公开裁判文书进行归纳整理分析，以再审、撤销关键词提取再审改判的生效案件，与执行裁定数据信息比对碰撞，形成线索数据，经过二次人工数据分析，准确筛选出再审改判案件未执行回转的案件线索。

数据分析步骤：

第一步：数据汇集。收集上城区法院近年来公开的民事裁判文书、执行文书。

第二步：数据筛选。（1）以再审、撤销为检索条件对民事裁判文书进行筛选，得到再审改判的生效案件数据；（2）以回转为检索条件对执行文书进行筛选，得到已执行回转案件数据；（3）对（1）中筛选出的再审改判案件提取被告身份信息；（4）对（2）中筛选出的执行文书数据提取被执行人身份信息。

第三步：比对身份信息，形成存疑线索数据。将第二步中被告身份信息与被执行人信息数据库碰撞比对，剔除重合数据，筛查出未执行回转的可疑案件线索。

第四步：调查研判核实。调取可疑案件法院执行卷宗，进行人工审查，缩小存疑案件范围，锁定未执行回转的案件。

思维导图：

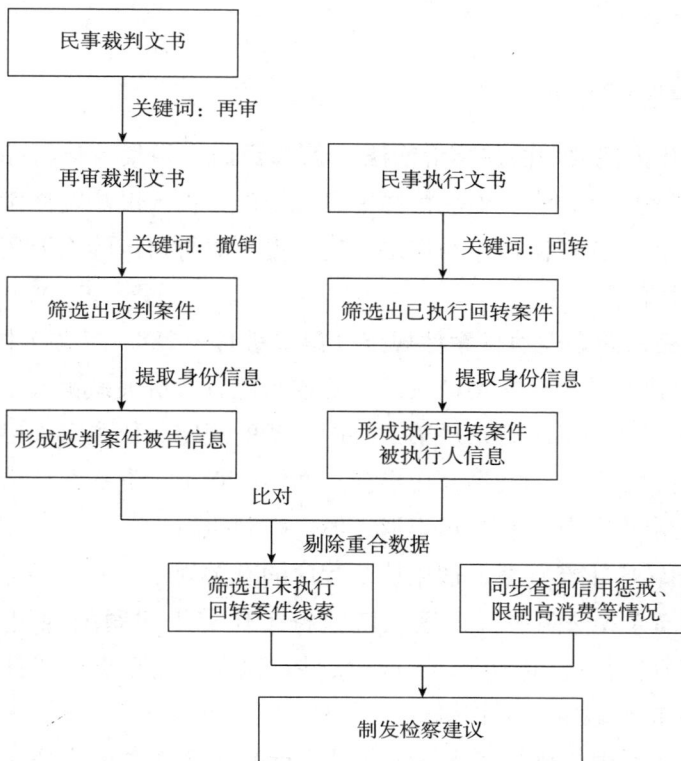

【监督方式】

民事检察部门从个案线索出发，总结案件特征，形成监督规则，实现类案监督的大数据筛查模式，获取大量监督线索。通过对"民事执行回转专项监督模型"筛选出的未执行回转案件线索进行梳理研判，办案检察官分析汇总存疑线索，调取、审查法院卷宗，采取登录执行信息公开网站查询、向当事人询问等方式核实情况，确定可监督案件后，制发检察建议7件，法院均予以采纳并及时采取执行回转措施，引导法院对该类案件系统整治。同时，针对该类案件延伸监督触角，监督法院违法对原被执行人适用失信、限制高消费措施的行为，制发检察建议，法院均予以采纳并及时纠正。

【法律法规依据】

1.《中华人民共和国民事诉讼法》第二百四十四条 执行完毕后，据以执行的判决、裁定和其他法律文书确有错误，被人民法院撤销的，对已被执行的财产，人民法院应当作出裁定，责令取得财产的人返还；拒不返还的，强制执行。

2.《人民法院办理执行案件规范（第二版）》 288.在执行中或执行完毕后，据以执行的法律文书被人民法院或其他有关机关撤销或变更的，原执行机构应当依照民事诉讼法第二百四十条的规定，依当事人申请或依职权，按照新的生效法律文书，作出执行回转的裁定，责令原申请执行人返还已取得的财产及其孳息。拒不返还的，强制执行。

执行回转应重新立案，适用执行程序的有关规定。

3.《最高人民法院关于人民法院执行工作若干问题的规定（试行）》 59.按照审判监督程序提审或再审的案件，执行机构根据上级法院或本院作出的中止执行裁定书中止执行。

65.在执行中或执行完毕后，据以执行的法律文书被人民法院或其他有关机关撤销或变更的，原执行机构应当依照民事诉讼法第二百三十三条的规定，依当事人申请或依职权，按照新的生效法律文书，作出执行回转的裁定，责令原申请执行人返还已取得的财产及其孳息。拒不返还的，强制执行。

执行回转应重新立案，适用执行程序的有关规定。

【经验传真】

（一）着力发挥数字检察一点多面式效应，打造可复制、可推广的精准监督模型

上城区检察院坚持把数字检察作为头雁工程谋划推进，构建各类数字监督模型，打造上检数字名片。成立数字检察项目专班，定期开展数字检察月例会，"四大检察"一体推进，统筹案件审查及模型进展情况。其中，针对在民事检察个案中发现的民事执行案件漏洞，探索建立"民事执行回转专项监督模型"，利用中国裁判文书网公开数据，将批量类案进行智能搜索比对，对大批涉法院改判民事案件未裁定执行回转案件进行精准监督，努力实现从个案、被动、人工监督转变为类案、主动、智能监督，形成民事检察可复制可推广的数字检察监督经验。

（二）强化再审改判案件的执行监督，以增强检察建议刚性切实维护胜诉权益

依托数字监督模型，通过对大量案件信息进行快速筛选和分析，摸排发现民事执行监督案件线索，制发检察建议，全面提升破解民事执行难题的实战实效水平。如办理的滕某某与毕某某民间借贷纠纷执行监督案，成功为当事人毕某某执行回转到位2.6万余元，切实保障当事人的合法权益；办理的中国某某银行股份有限公司杭州分行与杨某等金融借款合同纠纷执行监督案，民事检察部门主动联系当事人确认其因该案仍被采取限制高消费措施，遂依法立案受理杨某监督申请，及时督促法院解除上述信用惩戒措施，通过高质效履职解决了长期困扰杨某的实际难题，该案办理效果获得群众肯定。

（三）积极把握民事监督中的"蝴蝶效应"，多角度多维度延伸监督触角

民事检察部门突破传统监督思维，创新履职方式，通过依申请执行监督案件的"小切口"，发现再审改判案件中存在违法执行行为的"大路径"，并立即对历年来发出再审检察建议后改判案件开展"回头看"，形成对生效裁判监督到执行回转监督的监督闭环，有利于拓展民事检察监督的广度和深度。如依托本模型办理的军人高某某（化名）申请监督一案，系基于上城区检察院已进行生效裁判监督后改判案件的相应执行回转案件，该案再审改判后未对军人高某某名下房产、银行账户等及时解除执行措施，经上城区检察院与杭州市军事检察院协作配合，上城区检察院依法向区法院发出检察建议，为现役军人高某成功回转被划扣的款项8万余元，针对高某采取的其他执行措施均被解除，为现役军人合法权益维护提供有力保障。

（四）有效助力优化营商环境，服务保障中心大局工作

上城区院响应营商环境"一号改革工程"和打造营商环境最优省决策部署，加强对企业执行回转案件线索排查，最大限度减少对企业不利影响，为企业发展打造良好的法治环境。办理的王某某与浙江某某科技公司执行监督案中，被执行企业浙江某某科技公司已进入破产程序，却对次债务人进行个别清偿，进而损害破产企业其他债权人利益，上城区院通过向法院发送检察建议，督促法院依法执行回转该款项交付破产企业管理人，保障了该企业其他债权人的合法权益，为市场经济健康发展提供有力司法保障。

（五）抓住推进系统治理，深化执行监督效果

上城区检察院认真落实"两高"《关于建立全国执行与法律监督工作平台进一步完善协作配合工作机制的意见》，做好与法院的衔接配合，实现双赢多赢共赢。加强法检协作，探索建立相关执行信息共享平台，注重

运用类案检察建议，共同破解制约民事执行工作难题，提升整体监督效果。同时，积极推动构建区检察院和法院关于完善再审改判案件执行回转工作的机制，确保法院在作出再审改判后及时流转案件信息至执行部门，从源头上防止未及时进行执行回转案件的发生，堵塞制度漏洞，推进执法精准化，提升执法公信力，最终实现"办理一案、监督一批、治理一片"的社会治理效能。

（江波均，浙江省杭州市上城区人民检察院检察长）

5. 惩戒失信被执行人及限制高消费人员参与赌博监督模型

【建模单位】

浙江省湖州市南浔区人民检察院

【监督要旨】

针对已经被法院裁定终结本次执行程序的失信被执行人、限制高消费人员参与赌博等不当处置财产情形，提取执行文书和行政处罚文书中同一人员终本结案后参与赌博被行政处罚等数据要素特征，依托公开的执行文书、行政处罚文书、执行数据和行政处罚数据，发现恶意逃避、妨害法院执行的类案监督批量线索。通过调查核实、公开听证审查同类型案件，向法院制发执行监督检察建议、向公安机关移交涉嫌拒不执行犯罪线索，监督法院堵塞执行漏洞，惩戒妨害执行行为，对个案恢复执行。联合法院、公安机关出台治理机制，封堵信用惩戒执行漏洞，共同维护法律尊严和司法权威，积极营造诚信守法的社会环境。

【模型概要】

2017年9月至12月，沈某某因欠他人10万余元未还，被起诉至湖州市南浔区法院，后未能履行判决被申请强制执行，在执行阶段沈某某仍未按执行通知书指定的期间履行生效法律文书确定的给付义务，被法院采取限制高消费措施。2018年10月，经法院查询，沈某某名下无可供执行的财产，裁定终结本次执行。2023年3月，沈某某用大额现金聚众赌博被湖州市公安局南浔区分局查获，被当场收缴赌资8350元并予以行政处罚。沈某某明知自己被法院限制高消费期间，仍用大额现金聚众赌博，明显违反了法院的"限高令"，相比较违规乘坐飞机、入住星级酒店等违反限制消费令行为更为恶劣，但法院未予惩处，影响了司法公信力，需要予以纠正。

南浔区检察院针对个案中法院遗漏被执行人可供执行或妨害执行的线索情况，开展大数据摸排，归集法院终本执行数据和公安机关赌博行政处罚数据，提取被执行人姓名及公民身份号码、终本结案时间、赌博行政处罚对象姓名及公民身份号码、处罚时间等数据要素特征，依托浙江检察数据应用平台进行数据碰撞，筛选出终本结案后参与赌博被公安机关行政处罚的被执行人61人，涉及未执行标的额达千万元。经调取行政处罚卷宗及民事执行卷宗人工核查，排除恢复执行的案件，根据案件执行标的及涉案赌资金额大小、赌博次数，其中10人涉嫌恶意逃避、妨害法院执行，南浔区检察院据此向法院发出执行监督检察建议，均被法院采纳并对涉案人员处以司法拘留或罚款。其余案件作为线索移送法院处理。

同时，南浔区检察院将办案职能向社会治理领域延伸，联合区法院、区公安分局、人大代表召开联席会议，针对部门间信息互通不及时等问题出台《关于打击限制高消费人员参与赌博等违法行为的工作纪要》，推进失信被执行人信息共享、联合惩戒和舆论宣传等执行联动机制，有效封堵失信惩戒执行漏洞，强化"执行难"综合治理。

【模型设计】

数据来源：终本执行案件清单（源于法院）；行政处罚人员清单（源于公安机关）；中国执行信息公开网。

类案特征要素：被执行人和处罚对象均为自然人，失信被执行人信息和限制高消费信息均为发布状态，处罚时间晚于终本执行案件结案时间。

数据分析关键词：执行案号、被执行人姓名及公民身份号码、立案时间、结案时间、未履行标的、失信和限制高消费信息发布状态、处罚决定书文号、处罚对象及公民身份号码、处罚时间、处罚内容。

逻辑规则：该模型通过归集整合执行信息和行政处罚信息，以被执行人与处罚对象系同一人提取类案，形成线索数据，对比终本执行结案时间与行政处罚时间，准确筛选出失信被执行人及限制高消费人员参与赌博案件线索。

数据分析步骤：

第一步：数据汇集。（1）收集南浔区法院近年来终本执行案件清单，已发布的失信被执行人清单和限制高消费人员清单；（2）收集公安机关近年来行政处罚人员信息。

第二步：数据清洗。（1）对终本执行案件清单进行梳理，保留执行案号、被执行人姓名及公民身份号码、立案时间、结案时间、未履行标的、失信和限制高消费信息发布状态关键字段，形成 Excel 表，运用"过滤"算子筛选出被执行人为自然人的线索数据；（2）对行政处罚人员清单进行梳理，保留处罚决定书文号、处罚对象及公民身份号码、处罚时间、处罚内容关键字段，形成 Excel 表，运用"过滤"算子进一步筛选出因赌博被行政处罚的线索数据。

第三步：数据碰撞。（1）运用"交集"算子，将终本执行案件清单、赌博行政处罚人员清单进行碰撞，以被执行人与处罚对象为关键词进行公民身份号码匹配，得到被裁定终本且因赌博被行政处罚人员信息；（2）运用"时间处理"算子，增加一列法院裁定终本执行和公安行政处罚时间差数据，再运用"过滤"算子，筛选出被裁定终本执行后因赌博被行政处罚人员信息，形成存疑线索数据；（3）运用"分组统计"算子，以 5 万元为节点统计得出未执行标的金额大于或等于 5 万元的被行政处罚人员名单和未执行标的金额小于 5 万元的被行政处罚人员名单。

第四步：调查研判核实。调取上述筛选出的被执行人执行案件卷宗，运用侦查思维进行人工审查，通过中国执行信息公开网核实确认被执行人失信和限制高消费状态，同时向公安机关调取行政处罚案件卷宗，深入调查其参与赌博情况，确定失信被执行人和限制高消费人员参与赌博案件线索。

思维导图：

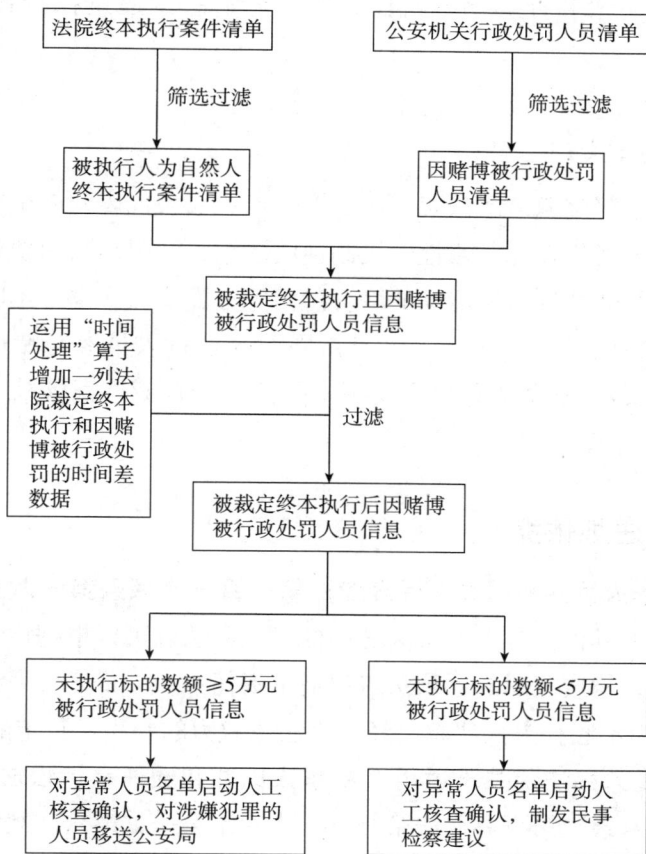

【监督方式】

南浔区检察院遵循"个案办理—类案监督—系统治理"的大数据法律监督路径，通过对终本执行案件被执行人参与赌博挥霍财产的个案分析，被执行人可以逃避社会信用体系监管，其违法行为具有一定的隐蔽性，成为执行监管的难点。南浔区检察院进一步梳理发现赌博挥霍财产人员同时系失信被执行人、限制高消费人员的共性特征，建立数字监督模型，用算法从海量数据中挖掘出批量类案监督线索，依职权主动监督办理个案的同时，以大数据思维深挖类案滋生社会治理层面的原因，使类案能够同时进入司法和社会治理视野，实现惩治恶意逃避执行违法行为的目的。

【社会治理】

南浔区检察院邀请区法院、区公安分局、人大代表开展检察听证，针对执行信用惩戒仍存在普遍性、机制性的漏洞，被限制高消费人员、失信被执行人参与赌博等违法活动的联合惩治等方面交流磋商，不断健全完善失信惩戒预警机制，会签《关于打击限制高消费人员参与赌博等违法行为的工作纪要》，有效填补监管漏洞，维护司法权威，完善社会信用惩戒体系。

【法律法规依据】

1.《中华人民共和国民事诉讼法》第一百一十四条第一款第六项 诉讼参与人或者其他人有下列行为之一的，人民法院可以根据情节轻重予以罚款、拘留；构成犯罪的，依法追究刑事责任：

（六）拒不履行人民法院已经发生法律效力的判决、裁定的。

2.《最高人民法院关于适用〈中华人民共和国民事诉讼法〉的解释》第一百八十八条 民事诉讼法第一百一十四条第一款第六项规定的拒不履行人民法院已经发生法律效力的判决、裁定的行为，包括：

（一）在法律文书发生法律效力后隐藏、转移、变卖、毁损财产或者无偿转让财产、以明显不合理的价格交易财产、放弃到期债权、无偿为他人提供担保等，致使人民法院无法执行的；

（二）隐藏、转移、毁损或者未经人民法院允许处分已向人民法院提供担保的财产的；

（三）违反人民法院限制高消费令进行消费的；

（四）有履行能力而拒不按照人民法院执行通知履行生效法律文书确定的义务的；

（五）有义务协助执行的个人接到人民法院协助执行通知书后，拒不协助执行的。

3.《最高人民法院关于限制被执行人高消费及有关消费的若干规定》第十一条第一款　被执行人违反限制高消费令进行消费的行为属于拒不履行人民法院已经发生法律效力的判决、裁定的行为，经查证属实的，依照《中华人民共和国民事诉讼法》第一百一十一条的规定，予以拘留、罚款；情节严重，构成犯罪的，追究其刑事责任。

【经验传真】

（一）构建大数据应用场景，提升法律监督质效

检察大数据思维有其特殊性，具有重视数据挖掘利用、注重关联分析和融合应用、聚焦法律监督业务场景、依赖数据共享和业务协同、深层促进社会治理等特点。南浔区检察院充分运用检察大数据思维，通过类案特征分析积极构建新的失信被执行人及限制高消费人员违法参与赌博监督模型，归集整合执行信息和行政处罚信息，对海量数据进行碰撞研判，排查出涉案线索，揪出一批将大额资金用于赌博违法行为的被限制高消费人员、失信被执行人，进一步延伸、扩大监督效果，并联合区法院、区公安分局开展联合惩治，突出数字检察实战实效，防止信用惩戒"纸面化"。

（二）形成多部门联动合力，封堵信用惩戒执行漏洞

通过调查核实，南浔区检察院发现针对执行信用惩戒仍存在普遍性机制性的漏洞缺失。例如由于当前信用信息的归集共享和使用机制仍不完善，对于被限制高消费人员、失信被执行人参与赌博等恶意逃避执行的情形，无论是法院还是公安机关，尚无法实现动态拦截，且实际事后因违反"限高令"被追究责任的也只是少数，导致虽然有政策法规的约束但难以真正限制"老赖"参与赌博等违法活动。为此，南浔区检察院邀请区法院、区公安分局、人大代表开展检察听证，针对执行信用惩戒仍存在普遍性、机制性的漏洞，被限制高消费人员、失信被执行人参与赌博等违法活

动的联合惩治等方面交流磋商，联合制定《关于打击限制高消费人员参与赌博等违法行为的工作纪要》，有效填补监管漏洞，维护司法权威，完善社会信用惩戒体系。

（三）关注群众急难愁盼，精准督促执行

"老赖"问题一直是人民群众关注的社会焦点，民事执行工作的好坏直接关系到当事人诉讼利益能否实现，然而《最高人民法院关于限制被执行人高消费的若干规定》并没有具体规定被执行人被采取限制高消费措施后，不得进行赌博、嫖娼、吸毒等违法活动。由于缺乏有效的限制措施，现实中，失信被执行人一边赖账不还、规避执行，一边用大额现金聚众赌博的情形屡见不鲜，无视法院的"限高令"。其行为系消极履行生效判决、裁定，且相比较违规乘坐飞机、违规入住星级酒店、违规旅游度假等违反限制高消费令行为，违规赌博情节更为恶劣，不仅损害了申请执行人的利益和司法公信力，也不利于完善社会信用体系建设。南浔区检察院紧扣群众关注焦点，针对执行领域突出问题开展系列专项监督，精准锁定失信被执行人及限制高消费人员，通过司法处罚、查控财产线索等方式促进个案执行，提升检察建议刚性。

（杨言军，浙江省湖州市南浔区人民检察院检察长）

6. 限制出境人员脱漏管类案监督模型

【建模单位】

浙江省兰溪市人民检察院

【监督要旨】

针对失信被执行人、涉国（边）境犯罪人员、社区矫正人员等群体违规出入境的问题，提取纳入失信被执行人时间、社区矫正时间、限制出境记录、出入境记录等数据要素特征，依托公开的失信被执行人数据、检察办案系统数据、出入境数据和港澳台通行证、护照数据，发现应当被采取限制出境措施人员未被采取限制出境措施、已被采取限制出境措施人员违规出境、采取限制出境部门超期限制出境等案件线索。经行使调查核实权，通过向法院提出执行程序监督检察建议、相关行政机关制发行政违法检察建议等多元方式，监督法院完善告知、撤销、采取限制出境措施流程、打击失信被执行人违法出入境现象；督促出入境部门做好限制出境人员管理工作；推动法院、公安、司法、税务、人武部联合出台长效机制，从根源完善限制出境人员管理制度。

【模型概要】

2022 年 3 月，兰溪市检察院在办理兰溪某公司与徐某某借款合同纠纷监督一案时发现，该执行案件中失信被执行人徐某某于 2017 年 8 月 9 日被法院纳入限制出境管理人员名单并移送市公安局。经查询出入境管理信息，发现徐某某于 2017 年 12 月 20 日从浦东机场出境至厄瓜多尔，并于 2017 年 12 月 31 日从浦东机场入境，市公安局未将该人员纳入出入境管控范围，违反了相关规定。

兰溪市检察院根据上述异常案件线索，总结个案特性，经深入分析研判，发现限制出境人员脱漏管问题普遍存在，除已纳入限制出境管控人员脱漏管外，还存在应当纳入未纳入、应当告知未告知、应当解除未解除等问题。据此，兰溪市检察院以民事执行案件办理为基础，检索整理限制出境措施的法律依据，进行系统分析研判，构建"法定不准出境人员脱漏管数字检察监督模型"，批量发现监督线索 20 条，及时核查跟进，依法向法院制发执行程序监督检察建议书 14 件，法院均采纳并补办、撤销、解除一批失信被执行人限制出境手续。利用该模型，通过导入社区矫正人员数据、取保候审人员数据、妨害国（边）境判刑人员数据、危害国家安全和利益判刑人员数据，与出入境部门数据进行碰撞。发现 6 名被判处刑罚尚未执行完毕、因妨害国（边）境管理受到刑事处罚的公民自其刑罚执行完毕之日起未被纳入限期限制出境管控范围，并多次出入境的情形。经查实后，向兰溪市公安局发出行政违法监督检察建议书，兰溪市公安局予以采纳并全面开展自查。

此外，兰溪市检察院还联合市法院、市公安局、市人武部、市司法局、市税务局出台《法定不准出境人员报备管理工作规范（试行）》，建立执法与司法衔接机制，促进执法司法更加规范公正，实现限制出境人员脱漏管监督全覆盖。

【模型设计】

数据来源： 失信被执行人信息（源于浙江检察数据应用平台）；护照、港澳通行证、出入境数据（源于市公安局出入境管理部门）；社区矫正数据（源于浙江检察数据应用平台）；刑事案件数据（源于浙江检察数据应用平台）；法院申报限制出境人员数据（源于市法院执行局）。

类案特征要素： 通过浙江检察数据应用平台获取失信被执行人信息、取保候审案件人员信息、妨害国（边）境判刑人员信息、危害国家安全和利益判刑人员信息、社区矫正人员信息，并将上述数据分别与办理护照、港澳通行证、出入境数据进行对照研判。将失信被执行人被终结本次执行时间与办理护照、港澳通行证时间比对，再与出入境数据比对；将取保候审案件人员、妨害国（边）境判刑人员、危害国家安全和利益人员判刑人员、社区矫正人员与出入境数据比对，发现应限未限、错限漏限异常信息。

　　数据分析关键词： 护照及港澳台通行证有效期时间、列为失信被执行人时间、出入境时间、取保候审时间、社区矫正时间、国家安全犯罪释放时间、涉国（边）境犯罪释放时间。

　　逻辑规则： 该模型通过对各类需要被限制出境人员数据进行归纳整理分析，以是否规范采取限制出境措施为标准形成线索数据，经过与出入境、失信被执行人数据比对碰撞，准确筛选出法院、行政机关未依法采取限制出境措施及限制出境人员脱漏管的监督线索。

　　数据分析步骤：

　　（一）针对法院失信被执行人

　　第一步：从浙江检察数据应用平台获取失信被执行人数据，与从市公安局出入境管理部门获取的护照、港澳通行证（以下简称通行证）数据进行碰撞，筛选出拥有通行证的失信被执行人员。

　　第二步：将通行证申领时间（有效期 10 年）与失信被执行人被终结本次执行时间字段进行碰撞对比，获取通行证处于有效期内的失信被执行人名单。

　　第三步：将通行证处于有效期内的失信被执行人信息与出入境数据进行比对，获取失信被执行人出境监督线索。

　　（二）针对社区矫正人员、取保候审人员、妨害国（边）境判刑人员、危害国家安全和利益判刑人员

　　第一步：从浙江检察数据应用平台获取社区矫正人员数据、刑事案件数据，再从刑事案件数据中筛选出取保候审人员、妨害国（边）境判刑人员、危害国家安全和利益判刑人员数据。

　　第二步：将社区矫正人员、取保候审人员、妨害国（边）境判刑人员、危害国家安全和利益判刑人员数据中的人员姓名、公民身份号码与公安出入境数据中限制出境信息进行比对，筛查出未采取过限制出境措施人员名单。

第三步：对未采取过限制出境措施人员名单进行调卷核实、分析研判，确定是办案机关未移送名单至公安局出入境大队，还是公安局出入境大队收到名单后未办理限制出境措施，进而进行监督。

思维导图：

1. 针对法院失信被执行人

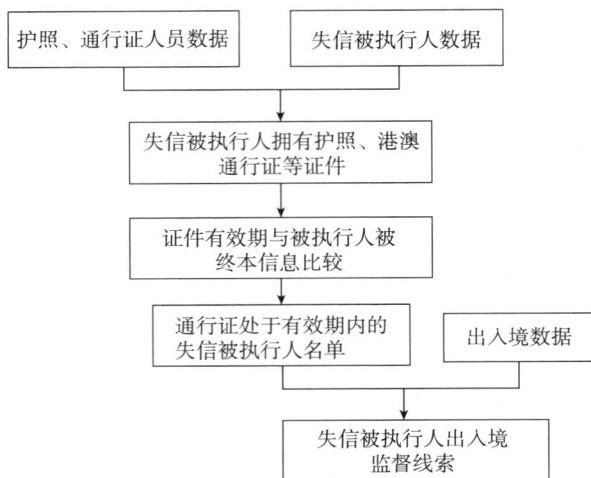

2. 针对社区矫正人员、取保候审人员、妨害国（边）境判刑人员、危害国家安全和利益判刑人员

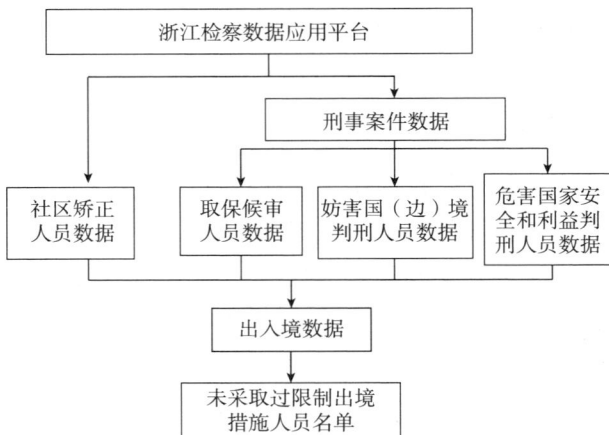

【监督方式】

兰溪市检察院深入践行"业务主导、数据整合、技术支持、重在应用"的数字检察工作机制，充分发挥数字化改革牵引作用，进一步补齐监督短板，提升监督效能，实现了由传统民事检察监督向民事数字检察监督的转型升级。

民事检察部门通过失信人员出境脱漏管数字监督模型进行数据碰撞，对兰溪市法院失信案件进行整体筛查，发现涉限制出境强制措施实行存在已纳入限制出境管控人员未告知、超法定期限限制相关人员出境、已履行完毕债务未解除限制出境措施三种情形，向兰溪市法院发出检察建议，要求兰溪市法院依法及时开展限制出境措施工作，法院收到检察建议后予以充分采纳并落实。

民事检察部门通过妨害国（边）境犯罪人员、危害国家安全和利益犯罪人员、取保候审人员、社区矫正人员与出入境数据进行大数据碰撞，排查出如社区矫正人员、取保候审人员未被限制出境、涉国（边）境人员犯罪人员在刑罚执行完毕后未被限制出境六个月至三年等应限未限、错限漏限线索，移送行政检察部门。后行政检察部门向兰溪市公安局制发行政违法检察建议书，从系统治理角度出发，建议其规范出入境管理，全面开展自查，确保相关人员纳入限制出境管控工作及时、准确、规范。

【社会治理】

建章立制：兰溪市检察院以"个案办理—类案监督—系统治理"为路径，在案件办理过程中，除法院、公安局、司法局需要在案件办理过程中对相关人员采取限制出境措施外，对于税务局在日常工作中发现欠缴应纳税款、滞纳金且没有提供纳税担保的纳税人、法定代表人、公司实际控制人和股东，以及人武部在发现有服兵役义务的公民拒绝、逃避征集并经人武部责令限期整改后仍拒不改正等情况，应当对上述人员采取限制出境措施。为此，兰溪市检察院联合市法院、市公安局、市司法局、市税务局、市人武部于 2022 年 5 月 12 日出台《法定不准出境人员报备管理工作规范（试行）》，有效弥补这一领域制度漏洞，实现社会治理质效提升。

复制推广：一是市内推广。2023 年 9 月，金华市检察院依据该模型开展限制出境人员脱漏管民事检察监督专项活动。武义、婺城等院向兰溪市检察院学习，共享数字检察成果。

二是全省推广。该模型具有普遍推广可行性。浙江检察数字应用平台上线该模型介绍后，台州、温州等地多次联系兰溪市院学习监督方式。兰溪市检察院就模型构建、应用、拓展等具体做法，分享从个案办理到类案监督，进而系统治理的监督经验。

【法律法规依据】

1.《中华人民共和国兵役法》第五十七条 有服兵役义务的公民有下列行为之一的，由县级人民政府责令限期改正；逾期不改正的，由县级人民政府强制其履行兵役义务，并处以罚款：

（一）拒绝、逃避兵役登记的；

（二）应征公民拒绝、逃避征集服现役的；

（三）预备役人员拒绝、逃避参加军事训练、担负战备勤务、执行非战争军事行动任务和征召的。

有前款第二项行为，拒不改正的，不得录用为公务员或者参照《中华人民共和国公务员法》管理的工作人员，不得招录、聘用为国有企业和事业单位工作人员，两年内不准出境或者升学复学，纳入履行国防义务严重失信主体名单实施联合惩戒。

2.《中华人民共和国税收征收管理法》第四十四条 欠缴税款的纳税人或者他的法定代表人需要出境的，应当在出境前向税务机关结清应纳税款、滞纳金或者提供担保。未结清税款、滞纳金，又不提供担保的，税务机关可以通知出境管理机关阻止其出境。

3.《中华人民共和国出境入境管理法》第十二条第三项 中国公民有下列情形之一的，不准出境：

（三）有未了结的民事案件，人民法院决定不准出境的。

4.《中华人民共和国护照法》第十四条　申请人有下列情形之一的，护照签发机关自其刑罚执行完毕或者被遣返回国之日起六个月至三年以内不予签发护照：

（一）因妨害国（边）境管理受到刑事处罚的；

（二）因非法出境、非法居留、非法就业被遣返回国的。

5.《中华人民共和国民事诉讼法》第二百六十六条　对被执行人不履行法律文书确定的义务，法院可以对其采取或通知有关单位协助采取限制出境措施。

6.《最高人民法院关于适用〈中华人民共和国民事诉讼法〉执行程序若干问题的解释》第二十三条　依照民事诉讼法第二百五十五条规定对被执行人限制出境的，应当由申请执行人向执行法院提出书面申请；必要时，执行法院可以依职权决定。

7.《最高人民法院关于人民法院办理执行异议和复议案件若干问题的规定》第九条　被限制出境的人认为其对限制出境错误的，可以自收到限制出境决定之日起十日内向上一级人民法院申请复议。上一级人民法院应当自收到复议申请之日起十五日那日作出决定。复议期间，不停止原决定的执行。

8.《最高人民法院关于人民法院执行流程公开的若干意见》第三条第四项　下列执行案件信息应当向当事人及委托代理人公开：

（四）采取强制措施信息，包括司法拘留、罚款、拘传、搜查以及限制出境、限制高消费、纳入失信被执行人名单库等信息。

9.《法定不准出境人员报备管理工作规范》第七条　对于有未了结的民事案件，人民法院决定不准出境的人员可以报备为法定不准出境人员。

第十一条　对可能危害国家安全和利益，经国务院有关主管部门批准决定不准出境的，每次报备期限不得超过三年。其他没有明确期限的，报备期限应当截止到不准出境情形消失后，但每次报备的期限不得超过一年。

第十二条　报备期限届满后仍需采取不准出境措施的，报备单位应当在报备期满三日前再次办理法定不准出境人员报备手续。

【经验传真】

（一）融合监督多元联动，实现全方位数字监督

一是深入挖掘监督线索。民事检察部门从涉国（边）境犯罪人员在刑罚执行完毕后未被追加限制出境措施问题中延伸监督，从而发现众多"老赖"在采取限制高消费措施后仍正常办理出入境证件等问题，极易产生为逃避债务执行脱逃境外的风险，影响胜诉当事人合法权益，损害司法公信力。在走访公安机关时发现，兰溪市法院自 2018 年以后未向公安机关报备过需限制出境人员名单，可能存在怠于履职的情形。经分析研判，除法院民事案件未了结涉案人员外，刑事案件被告人、取保候审人员、缓刑假释人员同样存在违规出境风险。二是内联外合，多渠道多手段获取监督数据。以协助公安机关解决"老赖"出境管控问题为契机，民事检察部门联合刑事检察部门，获取现已被限制出境人员数据、办理护照签证人员数据、出入境人员数据、刑事案件采取强制措施人员数据；切实履行监督职能，从法院获取终本执行人员数据；借力刑事执行部门缓刑假释人员管理检察专项行动，从司法局获取缓刑假释、人员数据，归集形成全市不准出境人员监督"大数据库"。三是依托数字建模平台，充分运用算子算法，打造 4 类关键人员出入境数字监督模型并实现系统整合，成功构建一体化、全方位的"法定不准出境人员数字监督模型"。

（二）检察建议驱动整改，实现全领域深度治理

一是内外协同，以个案促类案治理。为实现"办理一案、监督一批、治理一片"的社会治理效能，兰溪市检察院对检察建议并非一发了之，而是积极协同内外部门填堵漏洞、根治问题。在该系列案中，针对市法院未解除已履行债务被执行人限制出境措施、违规超期采取限制出境措施、未将限制出境措施告知被执行人等执行程序违法问题，向法院制发民事执行监督检察建议均被采纳。同时，主动与法院开展磋商，共同分析原因，提出意见建议和整改措施，加强跟踪督促落实。针对刑事检察部门办案人

员在办理职务犯罪嫌疑人取保候审后未向公安机关报备限制出境名单的办案不规范情形，通过制发工作联系函，督导其及时办理报备手续。刑事检察部门已及时对相关案件进行核实整改，并指定专人负责报送限制出境人员名单。二是加强民行衔接，以融合监督促进精准管控。针对被限制出境人员违法出境、涉国（边）境犯罪罪犯刑罚执行完毕后未被追加六个月到三年不予签发护照处罚的问题线索，积极打通内部线索移送渠道，将线索移送至行政检察部门，行政检察部门接收线索后立即核实出入境情况及事由，后向公安局制发检察建议。同时，民事检察部门与行政检察部门共同调查出入境证件办理流程，督促出入境管理部门做好审核关、办案部门做好报备关，切实防止人员脱漏管情况的发生。

（三）建章立制常态长效，实现全领域深度治理

兰溪市检察院专注做好该系列案的"后半篇文章"，着眼党委政府中心工作，着力打造优质的、具有辨识度的检察产品。一是积极沟通衔接，共商破题之法。会同法院、公安局、司法局等单位召开联席会议，把沟通衔接不畅、名单移送不及时等问题摆到台面上，面对面疏通难点和堵点，共同促进法定不准出境人员监管。二是大力推进信息共享，破除数据壁垒。协助公安与法院加强沟通配合，了解到法院因未联网导致报备程序烦琐的实际难题，即刻反馈至公安机关，共同研究系统互通工作。经协商，未联网前法院及时审查失信被执行人财产状况及出国可能性，每月向公安机关报送限制出境人员名单，公安机关则定期推送意图办理护照、港澳通行证的失信被执行人数据至法院和检察院，破除数据壁垒，扫除监管盲区。三是推动建章立制，补齐监管漏洞。联合市法院、市公安局、市司法局、市税务局、市人武部出台《法定不准出境人员报备管理工作规范（试行）》，根据本地实际明确各自职责、报备规范，特别规定纳税人、法定代表人、公司实际控制人和股东需报备为法定不准出境人员的具体情形，进一步完善报备工作，备案率达100%，实现限制出境人员脱漏管的源头治理。

（张洪峰，浙江省兰溪市人民检察院检察长）

7. 涉被执行人死亡遗产处置民事执行监督模型

【建模单位】

浙江省海宁市人民检察院

【监督要旨】

海宁市检察院通过大数据建模排查发现案件监督线索，运用技术手段对被执行人数据和死亡人员数据进行分析比对，与海宁市司法局群众"身后一件事"联办平台进行多跨场景合作，切实解决因被执行人死亡导致执行案件无法程序终结的执行不能问题，推动法检司的信息共享和制度完善。

【模型概要】

法院在执行过程中存在两大难题：一是"执行难"，二是"执行不能"。近年来，法院出台多项措施解决"执行难"的问题，但是缺乏有力措施解决在执行案件中占比 30% 以上的"执行不能"案件；尤其是因被执行人死亡造成执行主体缺失的"执行不能"案件往往无奈搁置，既影响了申请执行人合法权益，又造成了法院执行积案有增无减，终结本次执行程序的案件"案结"但"事不了"。海宁市检察院通过对被执行人数据和死亡人员数据进行分析比对，再将比对结果接通海宁市司法局群众"身后一件事"联办平台，一次性全面获取已经死亡的被执行人遗产信息，从海量数据中筛查出有遗产的被执行人案件线索，监督法院及时对被执行人已经死亡的执行案件及时恢复执行按照法定程序进行处置。

【模型设计】

数据来源：法院被执行人数据（源于海宁市法院、浙江检察数据应用平台）；死亡人员信息（源于浙江省一体化数字资源系统）；死亡人员遗产及继承情况数据（源于海宁市司法局群众"身后一件事"联办平台）；被纳入失信被执行人的执行案件信息（源于中国执行信息公开网）。

数据分析关键词：被执行人、死亡信息、遗产、终结本次执行程序。

数据分析步骤：

第一步：向法院调取近三年来被执行人信息，同时通过浙江检察数据应用平台调取海宁市法院失信人信息。

第二步：通过浙江省一体化数字资源系统 IRS 平台调取嘉兴市死亡人员历史信息。

第三步：利用海宁市检察院"公益通"和浙江检察数据应用平台进行数据自动比对，筛选出已经死亡的被执行人员信息。

第四步：将已经死亡的被执行人身份信息接入海宁市司法局群众"身后一件事"联办平台进行查询比对，查明遗产情况。

第五步：将查明有遗产的被执行人信息通过中国执行信息公开网进行查询，筛选出该被执行人名下全部终结本次执行程序的执行案件。

思维导图：

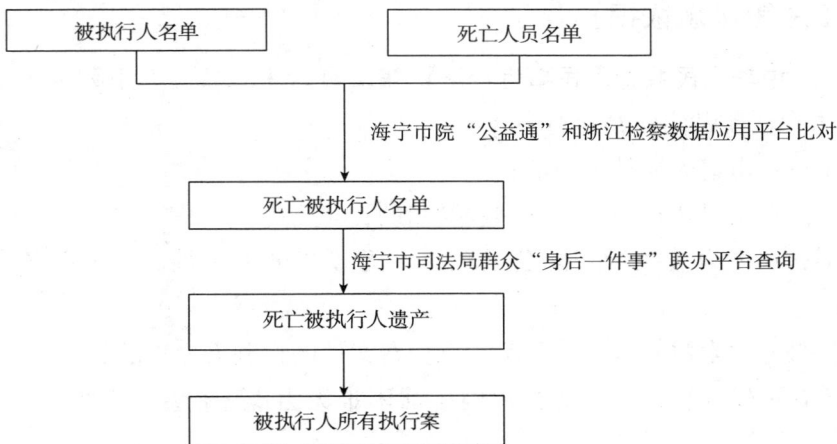

【监督方式】

民事诉讼检察监督：通过对近年来海宁市法院被执行人数据与死亡人员数据进行碰撞，再将碰撞结果接入群众"身后一件事"联办平台进行多跨场景合作，批量筛查出执行违法监督线索，向海宁市法院发出执行监督检察建议。

行政诉讼检察监督：通过海宁市司法局群众"身后一件事"联办平台，发现部分被执行人死后仍领取残疾补助金等情形，将案件线索移送行政、公益诉讼检察部门进行办理。

【社会治理】

建章立制：海宁市检察院向海宁市法院制发执行监督检察建议，督促法院纠正违法行为。积极推进检察、法院、民政及司法共同参与的多跨场景合作，联合多部门会签《海宁市遗产执行"一件事"改革实施细则》，建立死亡人员信息及涉案人员遗产继承信息的交互反馈的长效协作机制，协同开展好失信人死亡执行案件的办理工作。

复制推广：海宁市检察院通过在浙江检察数据应用平台对嘉兴市的数据进行碰撞，比对出案件线索后将线索移送，并在全市推广该模型。

【法律法规依据】

1.《中华人民共和国民事诉讼法》第二百六十八条 有下列情形之一的，人民法院裁定终结执行：

（一）申请人撤销申请的；

（二）据以执行的法律文书被撤销的；

（三）作为被执行人的公民死亡，无遗产可供执行，又无义务承担人的；

（四）追索赡养费、扶养费、抚养费案件的权利人死亡的；

（五）作为被执行人的公民因生活困难无力偿还借款，无收入来源，又丧失劳动能力的；

（六）人民法院认为应当终结执行的其他情形。

2.《最高人民法院关于适用〈中华人民共和国民事诉讼法〉的解释》第四百七十三条　作为被执行人的公民死亡，其遗产继承人没有放弃继承的，人民法院可以裁定变更被执行人，由该继承人在遗产的范围内偿还债务。继承人放弃继承的，人民法院可以直接执行被执行人的遗产。

【经验传真】

（一）聚焦监督重点，类案办理激活法条适用，破解执行堵点

执行工作作为人民法院民事诉讼的重要组成部分，是人民群众合法权益得以实现的重要途径，破解"执行难"依然是执行工作的重心和主线。案件执行过程中存在"盲点"，承办法官往往更关注被执行人活着且有财产，而忽视被执行人可能死亡且有遗产。1982 年中国第一部《民事诉讼法》试行以来，经历多次修订，被执行人死亡后执行程序应作出相应处理的立法目的和精神一直未变。海宁市检察院坚持以问题为导向，对标上级检察院数字检察工作新部署新要求，通过被执行人死亡遗产处置民事执行监督类案的办理，成功推动法院对近十年来同类案件的排摸和梳理。通过监督案件的办理，成功激活沉睡已久的法条。

（二）突破信息关键，协同共享激发"数据"赋能，放大监督质效

海宁市检察院在办案过程中，经梳理分析发现突破被执行人死亡遗产执行案件的关键在于失信被执行人死亡后房产、车辆、银行存款以及保险、证券等多项遗产信息的查询和协同共享。针对该问题，海宁市检察院提炼出"被执行人""死亡信息""遗产""终结本次执行程序"等关键词，依托浙江检察数据应用平台进行信息比对，取得已死亡失信人员数据。随后积极与海宁市司法局沟通对接，根据海宁市公民遗产联办服务平台纵向贯通省至村五级平台，横向协同银行、证券公司等 14 个部门和 75 家涉财单位的特点，将死亡人员名单与其对接，通过大数据多点碰撞对死

亡人员名下的遗产及继承情况进行集成查询。如就一起民事监督案件中被执行人徐某华死亡后遗产处置情况，申请公民遗产联办服务平台查询，发现其继承人已通过公证继承遗产 7 万余元。以此为契机锁定公民遗产未被及时用于民事案件执行的问题，建立关键信息协同共享，从单一财产维度迭代升级为聚合监督，实现数字办案推动基层"智治"。

（三）打通部门壁垒，促进多部门协同共治，实现双赢多赢共赢

涉被执行人死亡遗产处置民事执行监督案件的办理切实推动了人民法院该类执行问题的全面系统治理，有力彰显了民事检察制约执行权力行使、防止权力不用、滥用的监督作用。数字法院改革的过程中，建立了"共享法庭""跨省域执行一件事"等数字项目，主要是打通了各地区、各层级法院之间存在的壁垒，便利了法院的审理和执行工作，但是与其他行政单位之间共享数据较少。针对监督中发现的社会治理监管漏洞，海宁市检察院积极开展民事执行监督，助推法院进行遗产执行"一件事"改革。同时积极作为，通过座谈会等形式听取多方意见，推进检察、法院、民政及司法共同参与的多跨场景合作，联合多部门会签《海宁市遗产执行"一件事"改革实施细则》，建立死亡人员信息及涉案人员遗产继承信息的交互反馈的长效协作机制，由法院每季度向市公民遗产服务中心移送本辖区失信被执行人名单，依托公民遗产联办服务平台，精准查找、全面掌握涉被执行人死亡遗产情况，比对结果同步反馈法检两院，检察机关对上述工作开展同步监督，彻底破解涉被执行人死亡案件执行难的问题，促成多部门形成治理合力、增强治理效能，破解治理难题，达到检、法、当事人之间双赢多赢共赢的效果。

（曹国华，浙江省海宁市人民检察院检察长）

8. 涉征迁被执行人专项执行监督模型

【建模单位】

浙江省衢州市衢江区人民检察院

【监督要旨】

针对法院未掌握被执行人同时系征迁对象，不能及时对征迁补偿财产采取执行措施的问题，从相关部门调取征迁对象名单，与被执行人信息建模碰撞，发现涉征迁被执行人执行案件监督线索。经落地调查核实，通过向法院提出执行监督检察建议，监督法院恢复执行，并向公安机关移送被执行人拒执犯罪的线索。针对监督中发现的法院与行政机关因征迁对象、被执行人信息不畅不能及时执行，行政机关不依法履行法定协助执行义务，导致犯罪率增高、引起涉法涉诉信访等潜在平安隐患问题，向党委政府、法院提出社会治理检察建议，推动建立"7＋N"联动协调机制，统一协调处置涉征迁被执行人案件，明确行政机关对协助执行事项文书签收、办理、监督、反馈的闭环管理，实现数据实时共享及隐患问题排查解决，助推征迁工作依法有序进行。

【模型概要】

衢州市衢江区检察院充分发挥拒不执行判决、裁定罪归口民事检察部门办理的制度优势，注重挖掘该类案件中民事检察监督线索。在办理李某、方某拒执案件中，发现行政机关收到人民法院请求协助执行征迁补偿款的法律文书，却未协助法院查扣该款项，导致法院无法执行。在办理余某拒执案件中，又发现因法院不掌握征迁财产信息，导致对余某的征迁财产查封、冻结不及时，进而引发犯罪。

经分析研判，征迁对象系被执行人的执行案件可能存在共性违法，存在类案监督可能。该院对近五年办理的拒执案件开展统计分析，发现该问题在拒执案件中占比高达 14%。同时，对周边区县（衢州市下辖的常山县、龙游县）调查发现也存在同类问题，且还曾引发涉法涉诉信访。该院遂从各征迁实施单位调取征迁对象名单，与浙江检察数据应用平台上的被执行人员数据建模碰撞对比，筛选出涉征迁被执行人线索 30 余条，经落地核实后，查明 7 名被执行人涉及的 27 件执行案件可恢复执行，向法院发出个案及类案执行监督检察建议共 3 份，帮助实现债权 200 万余元，移送拒执犯罪线索 7 条。

此外，针对监督中发现的法院与行政机关在征迁财产信息、被执行人身份方面存在信息壁垒等深层次问题，发出社会治理检察建议，建议法院与行政机关加快数据互联互通，进一步完善协助执行机制，推动该类问题的深挖根治；同步向党委政府上报问题背后潜在的犯罪率增高、涉法涉诉信访等平安隐患，推动完善治理漏洞。

【模型设计】

数据来源： 涉及征迁人员信息（源于街道乡镇、征迁事务中心、拆迁公司）；被执行人员情况信息（源于浙江检察数据应用平台）。

类案特征要素： 被执行人同时系征迁对象。

数据分析关键词： 被执行人、征迁对象。

逻辑规则： 将征迁对象信息与被执行人员信息建模碰撞，对比出征迁对象同时系被执行人，输入中国执行信息公开网核查终结本次执行、失信被执行人、限制高消费人员，进一步核实其执行案件是否执行完毕，落地核实征迁对象身份、征迁补偿财产情况，准确筛选出可恢复执行的民事执行监督案件线索，并移送涉嫌拒执犯罪的线索。

数据分析步骤：

第一步：数据归集。（1）从街道乡镇、征迁事务中心、拆迁公司调取征迁对象信息；（2）因数据信息完整度不同，存在有公民身份号码、无公民身份号码两种情形，以是否有公民身份号码进行分类归集。

　　第二步：交集碰撞，筛查出涉征迁被执行人执行案件线索。（1）针对有公民身份号码的征迁对象数据，以公民身份号码为交集点，与浙江检察数据应用平台上的被执行人信息碰撞，精准筛选出涉征迁被执行人执行案件；（2）针对无公民身份号码的征迁对象数据，以姓名为交集点，与浙江检察数据应用平台上的被执行人信息碰撞，因可能存在同姓名不同人的情况，故先筛选出疑似涉征迁被执行人执行案件线索。

　　第三步：核实中国执行信息公开网，剔除执行完毕的线索。将姓名、公民身份号码输入中国执行信息公开网被执行人栏进行查询，核实是否存在终结本次执行、失信被执行人、限制高消费人员信息，对经查询均无信息的被执行人，判断已执行完毕，剔除该类线索。

　　第四步：调查研判核实，确定征迁对象身份、征迁补偿财产情况。（1）落地调查核实，将疑似涉征迁被执行人信息发回到乡镇街道落地调查核实，排除同姓名不同人的情况，确定征迁对象身份，同时调取其征迁补偿协议、汇款凭证等证据查明征迁补偿财产信息；（2）调取涉征迁被执行人执行案件法院卷宗，运用侦查思维进行人工审查，确定是否存在行政人员违法、拒执犯罪监督线索等问题。

思维导图：

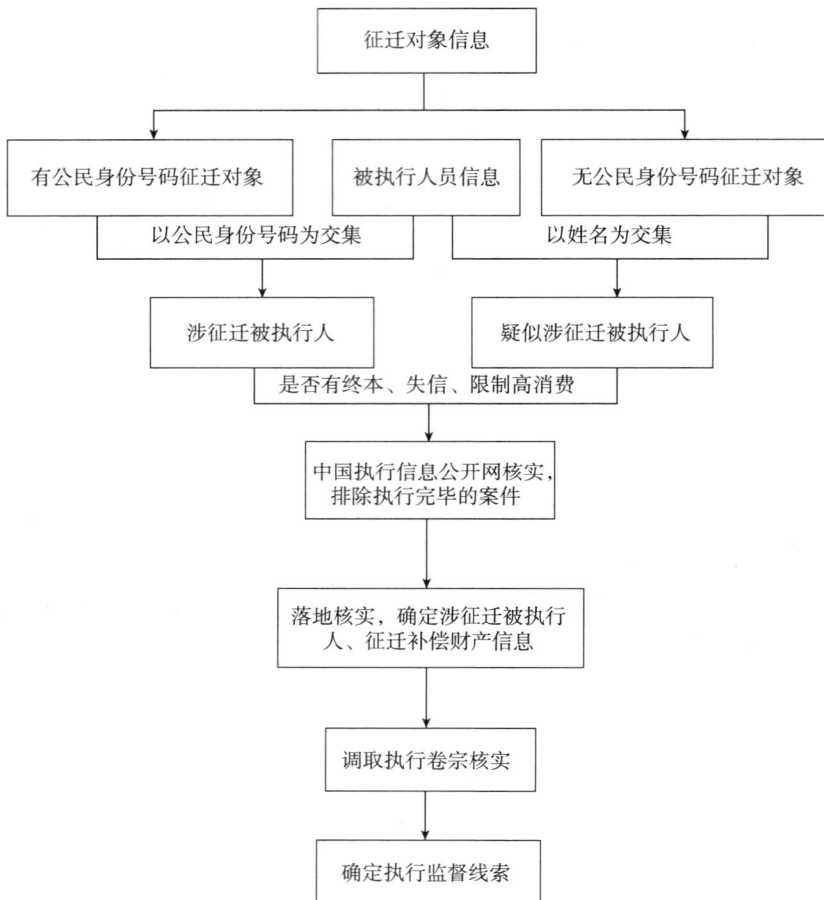

【监督方式】

民事检察监督：依托数据赋能，重视深层次违法，精准监督个案、类案。针对发现的行政机关未履行法定协助义务等性质严重问题，深入调查核实行政机关工作人员主观过错、法院的送达行为，向法院发出个案检察建议，监督法院对相关单位及责任人员进行处罚；针对法院对征迁财产查封、冻结不及时等共性违法，向辖区内各乡镇、街道调取征迁对象信息，通过在浙江检察数据应用平台上建模，与法院被执行人员数据碰撞对比，发现涉征迁执行案件线索，通过制发个案检察建议、类案检察建议，建议法院恢复执行，及时对征迁财产查封、冻结。

刑事检察监督： 高质效履职，加强调查核实，强化刑民融合监督。因征迁款往往数额较大，被执行人逃避执行极易涉嫌拒执犯罪，针对发现的涉征迁被执行人，将案件调查取证范围拓展到征迁协议、征迁款走向流水等，至行政机关及银行机构调取相关征迁协议、汇款记录，核实被执行人的拆迁补偿财产数额、走向，并通过查询中国执行信息公开网、联系申请执行人等核实案件未履行完毕金额，发现涉嫌拒执犯罪线索，移送公安机关侦查。法院针对上述检察建议均已采纳，并及时对征迁补偿财产采取执行措施，通过检察监督既为当事人挽回了经济损失，又进一步堵塞了被执行人逃避债务的漏洞。同时，向公安机关移交拒执犯罪线索，严厉打击了该类犯罪。

【社会治理】

建章立制： 衢江区检察院坚持"个案办理—类案监督—系统治理"的监督路径，一方面聚焦关键节点，在对法院执行监督的同时，向法院制发社会治理检察建议，建议法院与相关部门加快征迁对象、被执行人数据互通互联，堵塞财产查控漏洞，帮助破解执行难，树立司法权威。另一方面深入分析了犯罪率增高、引发涉法涉诉信访等潜在风险隐患，推动衢江区委多次召开专题会议，研究出台了《关于征迁工作中涉被执行人相关事宜跨部门协调处置的工作机制》，成立由衢江区委政法委、区土地综合服务中心（区征迁事务中心）、区公安分局、区检察院、区法院、区司法局、相关乡镇（街道办事处）构成的"净地行动"征迁资金执行协作工作专班，推动建立"7＋N"协调联动机制，统一协调处置涉征迁被执行人情况，明确征迁实施单位对协助执行事项文书签收、办理、监督、反馈的闭环管理，实现数据实时共享及隐患问题排查解决，助推征迁工作依法有序进行。

复制推广： 该专项监督开展后，衢江区检察院主动向衢州市检察院汇报特色案件办理情况，获得衢州市检察院的支持，在衢州市检察院的指导下，该专项监督取得一定成效，后衢州市检察院在全市推广涉征迁被执行人专项执行监督的创新经验做法，在全市范围内形成了"风景效应"。

【法律法规依据】

1.《中华人民共和国民事诉讼法》第一百一十七条 有义务协助调查、执行的单位有下列行为之一的，人民法院除责令其履行协助义务外，并可以予以罚款：

（一）有关单位拒绝或者妨碍人民法院调查取证的；

（二）有关单位接到人民法院协助执行通知书后，拒不协助查询、扣押、冻结、划拨、变价财产的；

（三）有关单位接到人民法院协助执行通知书后，拒不协助扣留被执行人的收入、办理有关财产权证照转移手续、转交有关票证、证照或者其他财产的；

（四）其他拒绝协助执行的。

人民法院对有前款规定的行为之一的单位，可以对其主要负责人或者直接责任人员予以罚款；对仍不履行协助义务的，可以予以拘留；并可以向监察机关或者有关机关提出予以纪律处分的司法建议。

2.《最高人民法院关于严格规范终结本次执行程序的规定（试行）》第九条 终结本次执行程序后，申请执行人发现被执行人有可供执行财产的，可以向执行法院申请恢复执行。申请恢复执行不受申请执行时效期间的限制。执行法院核查属实的，应当恢复执行。

终结本次执行程序后的五年内，执行法院应当每六个月通过网络执行查控系统查询一次被执行人的财产，并将查询结果告知申请执行人。符合恢复执行条件的，执行法院应当及时恢复执行。

第十条 终结本次执行程序后，发现被执行人有可供执行财产，不立即采取执行措施可能导致财产被转移、隐匿、出卖或者毁损的，执行法院可以依申请执行人申请或依职权立即采取查封、扣押、冻结等控制性措施。

【经验传真】

（一）数字赋能，提升民事监督质效

衢江区检察院坚持贯彻落实"高质效办好每一个案件"要求，充分发挥拒执犯罪刑事案件归口民事条线办理的制度优势，注重挖掘该类案件中的民事检察监督线索。跳出就案办案的思维定式，立足数字检察战略，在全国率先开展涉征迁被执行人专项执行监督工作，通过调取数据建模碰撞的方式，发现一批类案监督线索。依法切实履职，强化审查、调查、侦查"一案三查"，既通过民事检察监督法院对可恢复执行的案件恢复执行，又实现刑民融合监督，深挖彻查背后的违法犯罪行为，实现了对拒执犯罪及法官渎职等犯罪的有力打击。

（二）联合联动，全力破解"执行难题"

《中共中央关于加强新时代检察机关法律监督工作的意见》对民事执行监督提出"推动依法解决执行难问题"的要求。新时代做好民事检察监督工作，应当坚持双赢多赢共赢的监督新理念，从构建监督者与被监督者良性互动关系出发，赢得被监督者的支持与配合，在保证司法公正、维护法律权威的前提下实现监督双方的互利共赢。具言之，不仅仅是作为监督者的检察机关的法律监督职能得以顺利履行，还必须让被监督的一方也能从这种法律监督中受益。因征迁款现款发放、易控制、可立即执行的特征，通过该专项监督，一批"久执难结"的案件得以恢复执行，如被执行人饶某某等4件执行案件历经14年执行未果，现已实现债权。衢江区法院同步完善了涉征迁被执行人案件的执行制度，提升了执行质效，获得浙江省高级人民法院领导的肯定。以此为契机，双方共同搭建了法检线索移送平台，由法院向检察院定期通报可能涉民事虚假诉讼的案件线索。

（姚俊宏，浙江省衢州市衢江区人民检察院检察长）

第十章 终结本次执行类民事数字检察监督模型

1. 未满三个月终结本次执行程序监督模型

【建模单位】

北京市人民检察院

【监督要旨】

终结本次执行程序与当事人切身利益密切相关，司法实践中不规范问题多发，法院将未满三个月终结本次执行程序案件作为监督重点。北京市检察院深入研判司法权运行规律建构此模型，通过设定两个层面检索规则，实现案件数量降级及问题案件聚焦。一是对终结本次执行裁定书载明的立案时间与结案时间进行提取、计算，筛选出终结本次执行程序不满三个月的案件。二是通过研判"终本"的程序要件和实质要件，即检索结案日期为年底、具有批量性特征的案件以及执行立案、结案时间间隔过短的案件，发现和监督未穷尽财产调查处置措施等滥用"终本"程序的情形；将被执行人信息与失信被执行人、限制高消费名单信息进行数据碰撞，发现和监督失信惩戒违法的情形。通过该模型的应用，全市检察机关共制发检察建议 614 件，全部获得法院采纳。该模型以"小切口"撬动"大数据"，以"小思路"解决"大问题"，模型设计思路被其他地区检察院借鉴，相关数据被有关法院纳入内部自查范围。

【模型概要】

终结本次执行程序，是法院对暂无财产可供执行的案件暂时终结执行程序并做结案处理，待发现财产后恢复执行的一项制度，其本意是为解决执行结案难问题而设定的技术性结案标准。案件被"终本"，意味着申请执行人"赢了官司却拿不到钱"，也意味着要对被执行人采取限制高消费、纳入失信人名单等惩戒措施，因此，终结本次执行程序对当事人切身权益影响巨大。"终本"不规范问题也一直是人民群众反映的热点。近年来，北京市检察机关持续加大民事执行监督力度，对终本执行程序的监督案件始终占有一定的比例。北京市检察院认真落实上级部署要求，主动回应人民群众司法需求，针对执行领域突出问题加大监督力度，建立未满三个月终结本次执行程序大数据法律监督模型。

【模型设计】

数据来源：民事裁判文书（源于中国裁判文书网、威科先行等法律信息库）；终结本次执行案件信息（源于中国执行信息公开网）；失信被执行人信息（源于中国执行信息公开网）；限制高消费人员信息（源于中国执行信息公开网）；企业工商信息（源于天眼查、企查查等企业信息查询平台）；民事审判卷宗（源于法院）。

类案特征要素：终结本次执行程序裁定书中立案时间、结案时间不满三个月。

数据分析关键词：终结本次执行程序、立案执行、结案时间（终结本次执行程序尾部落款时间）、纳入失信被执行人名单、限制高消费、恢复执行。

逻辑规则：

（一）规则一：自执行立案至终结本次执行程序不满三个月

面对海量的裁判文书，以实现文书的数量降级和高效聚焦问题案件为目标导向设定规则，主要考虑两方面：一是寻找数字特征最明显且在数字检索中最具可行性的规则。"终本"的要件是该项制度的核心内容。通过对《最高人民法院关于严格规范终结本次执行程序的规定（试行）》第1条第5项要件的分析发现，第4项"自执行案件立案之日起已超过三个月"最符合数字化的要求。二是探寻数字背后的司法权运行规律。最高法之所以规定立案超过三个月才能"终本"，是因为终结本次执行需要法院穷尽财产调查措施、采取相应的强制执行措施，而这一过程势必需要必要的时间。为防止适用标准过宽、程序过于简化的问题，最高法设置了三个月的最短期限，既体现了对"终本"程序的严格要求，也体现了对胜诉当事人的权益保障。

基于上述两点，设定第一个层面的数据规则，即"自执行立案至终结本次执行程序不满三个月"。通过对法律文书的结构化分析以及执行立案、结案日期的提取与计算，锁定未满三个月即终结本次执行程序的法律文书。

（二）规则二：终结本次执行程序是否符合程序标准和实质标准

2018年5月，最高法发布《关于进一步规范近期执行工作相关问题的通知》规定，"在严格按照《终本规定》的程序标准和实质标准完成必要的执行措施后，人民法院终结本次执行程序，可不受《终本规定》第一条第四项三个月期限的限制。同时要严格杜绝随立随结、违规报结等滥用终结本次执行程序的行为。立案后不满三个月即终结本次执行程序的案件，将作为日常考核和本次巡查、评估工作中重点抽查的案件"。此通知两点重要信息值得关注：首先，"终本"案件可不受三个月期限的限制，但应严格遵守程序标准和实质标准；第二，最高法将未满三个月"终本"的案件作为监督的重点。基于此，就如何严格掌握程序标准和实质标准设定了第二个层面的数据规则。主要包括两个方面：一是从程序标准出发，将被执行人信息与失信被执行人、限制高消费名单信息进行数据碰撞；二是从实质标准出发，检索结案日期为年底、具有批量性特征的案件以及执行立案、结案时间间隔过短的案件。

数据分析步骤：

第一步：检索终结本次执行程序裁定书，提取终结本次执行程序裁定书中的立案日期和结案日期，筛查出自执行案件立案之日起未满三个月但已作出终结本次执行裁定的案件线索。

第二步：通过以下四种方式发现问题案件：

1. 通过对终结本次执行裁定书中"应当纳入失信被执行人""拒不履行生效法律文书义务"等要素的筛查，与失信被执行人名单信息进行比对，筛选出"应当纳入失信人名单而未纳入"情形的案件。

2. 通过对终结本次执行裁定书中被执行人为单位的筛查，将单位法定代表人信息与限制高消费信息进行比对，筛选出可能存在"应当对法定代表人等采取限制高消费措施而未采取"情形的案件。

3. 筛查在 12 月终结本次执行程序的案件，与第二年恢复执行的案件信息进行比对，发现可能存在为年底突击结案滥用"终本"程序的案件。

4. 筛查执行立案、结案时间间隔过短（不足 15 天或 1 个月）的案件，通过调卷审查，发现可能存在的未穷尽财产调查措施或者有财产可供处置而未处置等违规终结本次执行程序的案件。

思维导图：

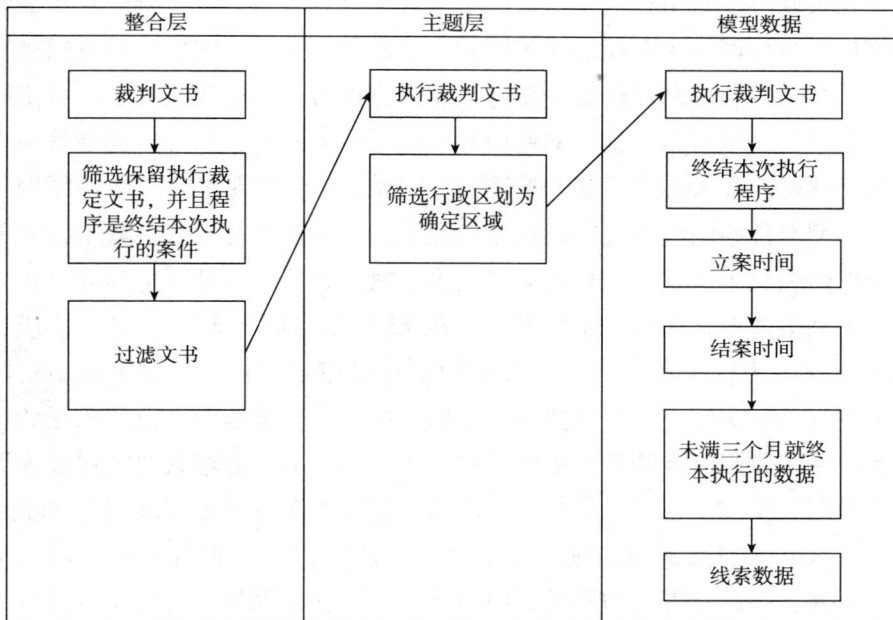

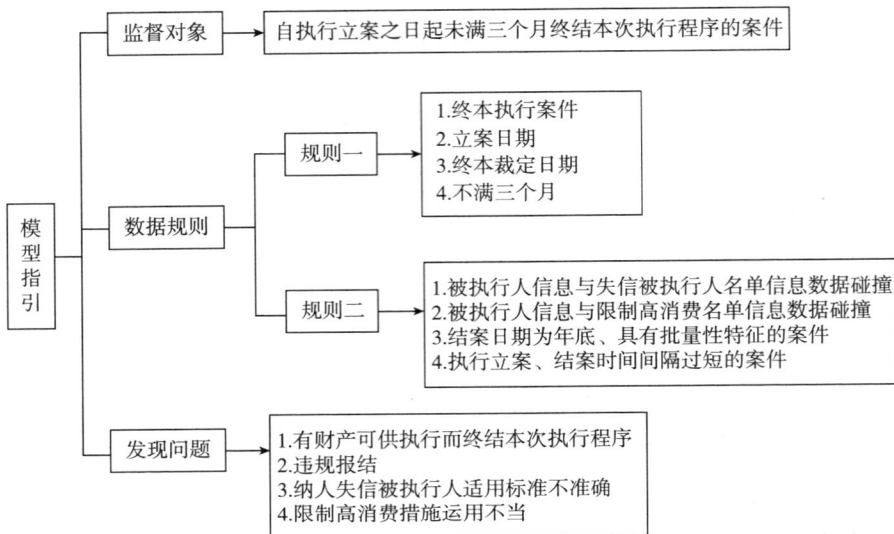

```
                    ┌─ 监督对象 ──→ 自执行立案之日起未满三个月终结本次执行程序的案件

                    │                              ┌─ 1.终本执行案件
                    │                              │  2.立案日期
                    │              ┌─ 规则一 ──→   │  3.终本裁定日期
                    │              │               └─ 4.不满三个月
   模型    ┌─ 数据规则
   指引    │              │
                    │              │               ┌─ 1.被执行人信息与失信被执行人名单信息数据碰撞
                    │              └─ 规则二 ──→   │  2.被执行人信息与限制高消费名单信息数据碰撞
                    │                              │  3.结案日期为年底、具有批量性特征的案件
                    │                              └─ 4.执行立案、结案时间间隔过短的案件

                    └─ 发现问题 ──→  ┌─ 1.有财产可供执行而终结本次执行程序
                                     │  2.违规报结
                                     │  3.纳入失信被执行人适用标准不准确
                                     └─ 4.限制高消费措施运用不当
```

【监督方式】

相关基层院对市检察院通过模型筛选的重点线索开展核查，并按照数据模型思维导图自主开展进一步检索，确定重点案件线索后，与失信被执行人名单信息、限制高消费信息等数据进行比对，调取法院卷宗进一步核查，发现终结执行本次程序案件中存在的一系列问题：如某区检察院审查发现，法院存在未对发现的财产线索进行核查即终结本次执行程序的情形，典型案件中法院通过网络执行查控系统发现被执行人名下数十万元的商业保险信息未予进一步核查即终结本次执行程序。如某区检察院审查发现，个别案件存在违规报结情形，如在 12 月立案后 8 天即"终本"或在 12 月底出现先行作出"终本"裁定而后报送审批的情形。如某区检察院经审查发现，法院存在对被执行人采取限制高消费措施不规范的问题，包括：一是采取限制高消费措施的被执行人为单位的，未对其法定代表人等采取限制高消费措施。二是终结本次执行程序的执行裁定书载明已对法定代表人采取限制高消费措施，但实际未对法定代表人采取限制高消费措施。各基层院结合发现的问题，向同级法院制发检察建议，均获得采纳。

【社会治理】

执行程序是民事诉讼程序的最后阶段，是保证生效裁判顺利实现的重要环节，直接关系当事人能否兑现胜诉权益。终结本次执行程序，意味着生效裁判所确定的内容将在较长一段时期内得不到有效履行，申请执行人的合法权益难以实现。终结本次执行程序不规范问题一直是人民群众反映的热点难点问题。北京市检察院聚焦"执行难"问题，关注"终本"案件的程序标准和实质标准，通过市院研发模型，在基层院推广运用的模式，实现了从外部监督提高法院对适用终结本次执行程序规范性、重要性的认识，从而进一步规范司法行为。相关法院对检察建议涉及的案件逐案开展评查，并在全院范围内通报，制定相应整改举措。通过模型的建用，推进法院进一步规范适用终结本次执行程序，依法维护胜诉当事人的合法权益，切实提升司法公信力，提高人民群众对司法工作的满意度。

【法律法规依据】

1.《最高人民法院关于严格规范终结本次执行程序的规定（试行）》

第一条　人民法院终结本次执行程序，应当同时符合下列条件：

（一）已向被执行人发出执行通知、责令被执行人报告财产；

（二）已向被执行人发出限制消费令，并将符合条件的被执行人纳入失信被执行人名单；

（三）已穷尽财产调查措施，未发现被执行人有可供执行的财产或者发现的财产不能处置；

（四）自执行案件立案之日起已超过三个月；

（五）被执行人下落不明的，已依法予以查找；被执行人或者其他人妨害执行的，已依法采取罚款、拘留等强制措施，构成犯罪的，已依法启动刑事责任追究程序。

第六条第三款　终结本次执行程序裁定书应当依法在互联网上公开。

第十二条　终结本次执行程序裁定书送达申请执行人以后，执行法院应当在七日内将相关案件信息录入最高人民法院建立的终结本次执行程序案件信息库，并通过该信息库统一向社会公布。

第十三条 终结本次执行程序案件信息库记载的信息应当包括下列内容：

（一）作为被执行人的法人或者其他组织的名称、住所地、组织机构代码及其法定代表人或者负责人的姓名，作为被执行人的自然人的姓名、性别、年龄、身份证件号码和住址；

（二）生效法律文书的制作单位和文号，执行案号、立案时间、执行法院；

（三）生效法律文书确定的义务和被执行人的履行情况；

（四）人民法院认为应当记载的其他事项。

2.《最高人民法院关于进一步规范近期执行工作相关问题的通知》
二、关于终结本次执行程序相关问题：

（二）在严格按照《终本规定》的程序标准和实质标准完成必要的执行措施后，人民法院终结本次执行程序，可不受《终本规定》第一条第四项三个月期限的限制。同时，要严格杜绝随立随结、违规报结等滥用终结本次程序的行为。立案后不满三个月即终结本次执行程序的案件，将作为日常考核和本次巡查、评估工作中重点抽查的案件。

【经验传真】

（一）立足检察职能，以人民群众司法需求、执法司法领域突出问题为导向

数字检察工作是"数字"与"检察"的结合，因此检察机关数字检察工作应当紧紧围绕检察职能展开。对民事执行活动施行法律监督，是民事诉讼法赋予检察机关的基本职能。"未满三个月终结本次执行程序"监督模型立足于检察机关的民事执行监督职能，聚焦终结本次执行程序不规范这一执行领域的突出问题和"执行难"这一人民群众反映的热点问题，充分体现了从检察职能出发强化数据应用的数字检察工作思路。

（二）探寻司法权运行背后的规律制定数据规则

数据规则是建用大数据法律监督模型的核心问题。有效的数据规则并不必然以复杂的技术为前提，而是要充分反映司法权运行背后的逻辑规律。"未满三个月终结本次执行程序"监督模型设定的"自执行立案至终结本次执行程序不满三个月"的数据规则，就是从最高法设定三个月最短"终本"期限的初衷出发，一方面实现案件数量的降级，另一方面高效聚焦不满三个月"终本"案件可能存在的不符合"实质标准"和"程序标准"的问题，从而实现了模型的可行性和有效性。

（三）以法律规定变化、法院内部监督重点为切入点发现问题

与依当事人申请不同，依职权开展法律监督需要检察机关主动发现执法司法领域的突出问题。在基于个案研判规律的同时，了解掌握法律规定的调整变化、法院内部的监督重点亦是有效的路径。"未满三个月终结本次执行程序"监督模型有关终结本次执行程序最短期限的问题，前后的规定有所调整变化，并且最高法亦将不满三个月终结本次执行程序的案件作为考核、巡查、评估工作的重点。这种以法律规定变化、法院内部监督重点为切入点的思路，进一步拓展了构建数字检察监督模型的视野。

（四）切实发挥省（市）级检察院在数字检察工作中的作用

数据模型的建立既可以是基于个案规律的延伸，也可以是基于整体案件规律的分析。省（市）级检察院在对所辖地区整体案件规律的把握上更具优势，可以通过对问题案件多发领域的梳理和研究，自上而下地建用法律监督模型。这种数字检察工作模式有利于发挥省（市）级检察院在数字检察工作中的领导作用，引领下级检察机关树立大数据思维，同时模型的普遍适用性、实效性也会更高。

（李欣宇，北京市密云区人民检察院检察长）

2. 已申请保全案件终结本次
执行程序监督模型

【建模单位】

吉林省德惠市人民检察院

【监督要旨】

利用中国裁判文书网数据、地方公安局交通警察大队数据、地方房屋交易中心数据，发现民事执行案件中已经申请诉讼保全案件滥用终结本次执行程序类案线索。针对人民法院以终结本次执行程序作为"蓄水池"滥用终本程序结案的实践问题，采用大数据检索加人工复查开展民事执行活动违法、民事审判程序违法监督，深挖民事执行难根本问题，以双赢的监督理念维护司法权威，实现司法公正，实现社会公平正义。

【模型概要】

2022年，德惠市检察院在办理于某申请民事执行监督案件过程中发现原案原告于某（申请执行人）在民事诉讼过程中已经提出诉讼保全申请，且德惠市法院亦作出民事保全裁定，被告一处房产被查封，但该案件进入执行程序后，德惠市法院仍以"已穷尽财产调查措施，未发现被执行人有可供执行的财产"为由，终结本次执行。在案件审查过程中我们还发现存在任意适用终本执行程序不征求申请执行人意见等问题，为厘清此案仅仅是个案，还是多发的类案，德惠市检察院组织专人对德惠市法院此类问题进行了专题调研。调研发现增加终结本次执行程序本是为了解决无财产可供执行案件的退出机制，是法院在"执行难"大背景下作出的制度安排，但在实际应用中，因为法院执行案件结案压力大，终结本次执行程序被滥用的问题普遍存在。

德惠市检察院利用模型规则针对德惠市法院筛查出线索案件 12 件，调取卷 8 件（法院存在执行卷宗归档不及时问题，无法调取全部卷宗），发现违法适用终结本次程序、超范围适用终结本次程序、适用终结本次程序不规范等问题向德惠市法院发送个案检察建议 4 份，并结合 2020 年以来德惠市法院在终结本次执行适用上的共性问题发出类案检察建议 1 份，德惠市法院对检察建议提出的问题全部予以认可。

此后，此模型经长春市检察院统一安排，在长春市外六县区院试行，共排查出案件线索 24 件，取得了较好的应用效果。

【模型设计】

数据来源：民事保全裁判文书、民事执行裁定书（源于中国裁判文书网）；依据司法机关查封车辆名单（源于德惠市公安局交通警察大队车辆信息数据库）；依据司法机关查封房屋信息（源于德惠市房屋交易中心数据库）。

数据分析关键词：诉讼保全、民事执行、终本执行程序。

逻辑规则：通过查询已申请保全案件的执行信息，筛查出执行过程中终结本次执行程序的线索案件。

数据分析步骤：

第一步：查找保全数据。利用中国裁判文书网中高级检索功能，设置检索条件为民事案件，目标地德惠市法院，法律依据《民事诉讼法》第100 条、第 102 条、第 103 条（可以按照民诉法修改法条变化修改筛选法条），得到申请财产保全的民事裁定书文号，采用表格逐条记录。

第二步：检索执行信息。以民事保全裁定文号为关键字，查找案件信息，如果有执行信息就代表此案进入了执行阶段。

第三步：审查执行裁定。对执行裁定分析审查，注意是否为终本结案，结案认定的事实是否为无财产可供执行，同时对被执行人信息整理记录。

第四步：数据碰撞。如果有需要再将上述数据与交警部门、房屋交易部门查封信息进行碰撞比对，进一步缩小案件范围，提高成案率。

第五步：调取线索案件，人工复查。

思维导图：

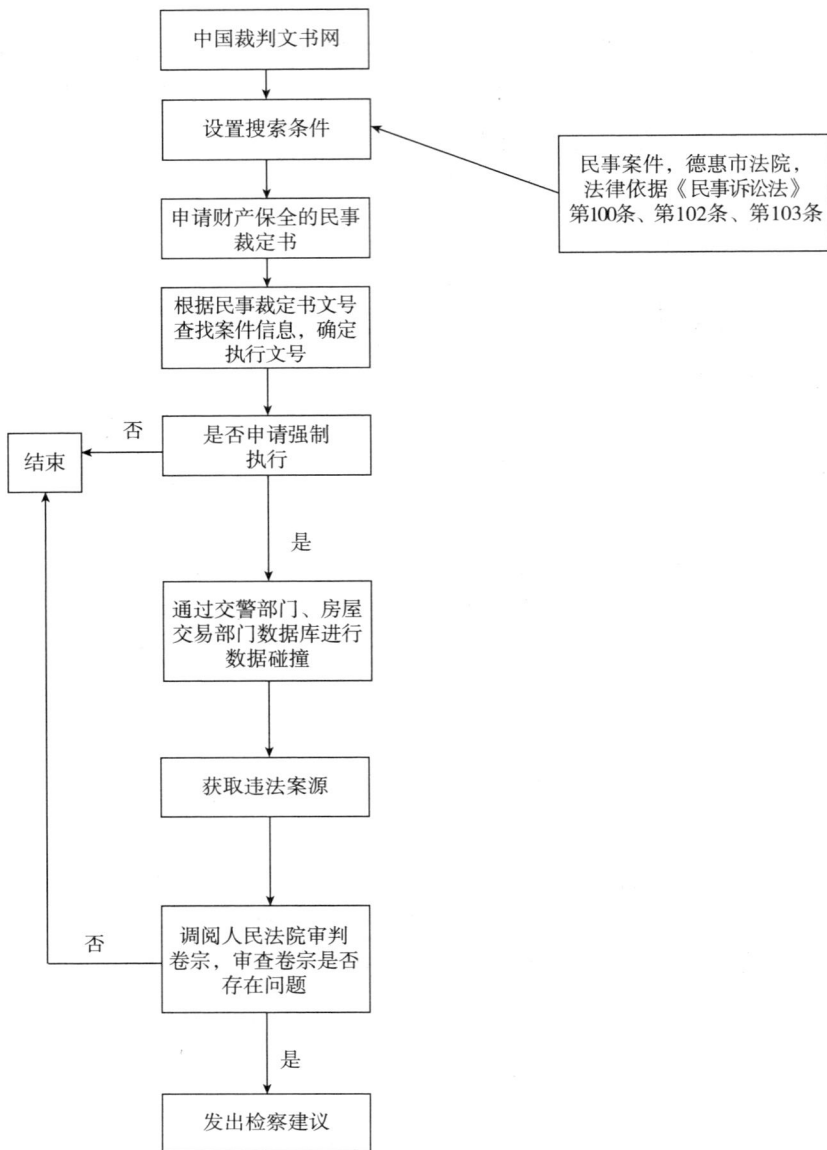

【监督方式】

一是对于人民法院已作出诉讼保全裁定，且已经确定有保全财产的情况下，人民法院执行部门以"无财产可供执行"为由滥用终结本次程序的问题重点关注。

二是全面审查案件在适用终结本次程序中诸如对查询不符合时间规定、失信被执行人名单未上网、超范围适用终本程序、终本程序结案虚假填录等违法适用终本问题。

三是对执行案件的审判程序卷宗亦进行审查，结合执行案件卷宗注意发现保全措施不规范、保全不明确具体、保全错误与未足额保全、保全物保管不当、保全不及时等问题。对审判程序违法等相关问题进行同步审查。

四是深挖类案发生原因，除对人民法院终结本次执行程序案件的管理提出检察建议外，民事执行难有一部分原因在于协助配合难，单是执行工作中涉及的财产就需要多部门的协助，检察机关可以充分发挥检察监督一体化职能，对于相关协助执行主体不履行协助义务的行为可以通过发送行政公益诉讼检察建议等手段以保障执行工作顺利进行。检察监督是监督也是服务，与法院形成合力，为解决执行难问题贡献检察力量。

【社会治理】

针对案件中发现违法适用终结本次程序、超范围适用终结本次程序、适用终结本次程序不规范等问题向德惠市法院发送个案检察建议，并结合2020年以来德惠市法院在终结本次执行适用上的共性问题发出类案检察建议，德惠市法院对检察建议提出的问题全部予以认可。

在审判监督方面，通过对保全裁定的全面审查，我们也发现法院在办理诉讼保全案件中存在保全不及时、保全措施不规范、保全内容不明确具体等问题，向德惠市法院发出类案检察建议。同时，在办理个案过程中注意发现案件背后执行人员渎职行为线索。

【法律法规依据】

1.《中华人民共和国民事诉讼法》第一百零三条 人民法院对于可能因当事人一方的行为或者其他原因，使判决难以执行或者造成当事人其他损害的案件，根据对方当事人的申请，可以裁定对其财产进行保全、责令其作出一定行为或者禁止其作出一定行为；当事人没有提出申请的，人民法院在必要时也可以裁定采取保全措施。

人民法院采取保全措施，可以责令申请人提供担保，申请人不提供担保的，裁定驳回申请。

人民法院接受申请后，对情况紧急的，必须在四十八小时内作出裁定；裁定采取保全措施的，应当立即开始执行。

第一百零四条 利害关系人因情况紧急，不立即申请保全将会使其合法权益受到难以弥补的损害的，可以在提起诉讼或者申请仲裁前向被保全财产所在地、被申请人住所地或者对案件有管辖权的人民法院申请采取保全措施。申请人应当提供担保，不提供担保的，裁定驳回申请。

人民法院接受申请后，必须在四十八小时内作出裁定；裁定采取保全措施的，应当立即开始执行。

申请人在人民法院采取保全措施后三十日内不依法提起诉讼或者申请仲裁的，人民法院应当解除保全。

2.《最高人民法院关于严格规范终结本次执行程序的规定（试行）》
第一条 人民法院终结本次执行程序，应当同时符合下列条件：

（一）已向被执行人发出执行通知、责令被执行人报告财产；

（二）已向被执行人发出限制消费令，并将符合条件的被执行人纳入失信被执行人名单；

（三）已穷尽财产调查措施，未发现被执行人有可供执行的财产或者发现的财产不能处置；

（四）自执行案件立案之日起已超过三个月；

（五）被执行人下落不明的，已依法予以查找；被执行人或者其他人妨害执行的，已依法采取罚款、拘留等强制措施，构成犯罪的，已依法启动刑事责任追究程序。

第四条 本规定第一条第三项中的"发现的财产不能处置",包括下列情形:

(一)被执行人的财产经法定程序拍卖、变卖未成交,申请执行人不接受抵债或者依法不能交付其抵债,又不能对该财产采取强制管理等其他执行措施的;

(二)人民法院在登记机关查封的被执行人车辆、船舶等财产,未能实际扣押的。

第五条 终结本次执行程序前,人民法院应当将案件执行情况、采取的财产调查措施、被执行人的财产情况、终结本次执行程序的依据及法律后果等信息告知申请执行人,并听取其对终结本次执行程序的意见。

人民法院应当将申请执行人的意见记录入卷。

【经验传真】

(一)树立数字检察思维

推进检察工作现代化,应当在传统监督模式的基础上,更加重视大数据运用。对于基层检察院的全体干警要强化数字检察思维的建立。要运用多种手段将数字检察思维根植进每一位办案干警的头脑当中,使数字检察成为干警日常工作的基本遵循。

(二)抓好"数字检察"要素

最高检提出"业务主导、数据整合、技术支撑、重在应用"的数字检察工作模式。业务主导要求各业务条线在深研传统办案方式的基础上,找出传统办案模型之下的问题是否有运用数字检察可以解决的可能性。数据整合涉及数据集纳管理,主要是对数据源的获取和管理,这是数字检察工作的前提、监督模型建设的基础,在这方面检察机关应有效利用内部数据、积极协调公共数据,确保数字检察不在数据搜集的第一步出现问题,并同时注意数据安全工作。技术支撑是基层检察院面临的难题,因其不但涉及技术还涉及资金与专业人员配备等问题。基层检察院数字检察工作的开展过程中，尤其要注意模型的原创性，避免无序开发、重复建设，确保务实管用，在技术实现上要结合基层院实际情况在能力范围内借助外脑解决问题。重在应用要求在开展数字检察工作的过程中以检察监督工作为主线，以高质效办理检察监督案件为目的，数字检察是手段而不能成为目的。

（三）要有"数字检察"评估机制

开展数字检察工作，构建大数据法律监督模型，根本目标是提升法律监督质效。案件办理效果如何，虽然可以通过案件管理数据有所体现，但是一定时间内对于某一领域的问题的整体解决也应是监督工作成效的体现，在大数据监督模型的运用效果上也应注意事后的评估工作，进行一个系统性、一定时间内的评估机制，如在民事执行检察领域的某一执行环节，在一定的时间内，是否取得了一定的监督效果。

（史大琦，吉林省德惠市人民检察院检察长）

3. 涉社保终本执行类案监督模型

【建模单位】

浙江省建德市人民检察院

【监督要旨】

长期以来"执行难"成为人民群众反映强烈、社会各界极为关注的热点问题，现实中"执行难"的一个最重要原因就是被执行人财产线索难以查找。以退休金破题，利用数字赋能开展终本案件执行监督，可以为法院民事执行时查控被执行人财产探索出新的方向，也为退休金外可供执行领域提供了新思路，在助力解决"执行难"问题上贡献检察力量。通过检察监督办案打通部门之间的信息壁垒，提高运用大数据的能力，充分运用数字技术推进跨部门大数据协调办案，探索"解析个案、梳理要素、构建模型、类案治理、融合监督"数字检察监督路径，参与和服务市域社会治理现代化。

【模型概要】

2021 年 4 月以来，有当事人向浙江省建德市检察院反映，其申请执行的案件被执行人每月领取 5000 余元退休金，法院却以无可供执行的财产终结执行程序，要求检察机关予以监督。建德市检察院核查后发现其反映的情况属实，根据《最高人民法院关于适用〈中华人民共和国民事诉讼法〉的解释》第 517 条规定，当事人可向法院申请恢复执行。建德市检察院就该案向法院提出检察建议，建议法院将被执行人退休金扣除法定生活保障费用外的金额后予以恢复执行。

在个案办理过程中，建德市检察院发现被执行人的退休金财产线索发现机制存在疏漏。一是被执行人，尤其是失信被执行人不如实申报退休金线索的概率比较大；二是申请人往往容易忽视退休金线索，同时还存在申请执行时被执行人未达到退休年龄的情况；三是目前法院并未与社保部门建立有效的信息共享机制，往往都是申请人提供线索后，法院才去查控，行动较为被动。

在案件成功办理后，建德市检察院经综合分析研判，认为该案反映出的问题具有普遍性，可能还存在许多类似案件。一般而言，退休金发放至被执行人银行账户，法院可以通过最高法"总对总"执行查询系统或省高级法院"点对点"执行查控系统，查询冻结被执行人的银行存款。但可能存在法院冻结银行账户时，被执行人未退休，或者退休时新办理的银行账户未被冻结，以及银行账户虽被冻结，但被执行人又新开账户等情形。实际上，法院并未穷尽一切有效手段调查被执行人享受的社保待遇包括退休金、养老金等，这些社保资金在保留被执行人基本生活保障以外仍有可供执行的空间，因此有必要对被执行人享受社保情况进行大数据比对分析，确有恢复执行条件的建议法院恢复执行，这有助于扩大被执行人可供执行财产范围，增强财产查找能力，提升执行效率。建德市检察院遂决定创新运用大数据碰撞比对开展类案监督，破解终本执行类案件监督难题。

【模型设计】

数据来源：已发布的失信人员、限制高消费人员名单（源于法院）、缴纳社保及社保领取信息（源于"清廉建德"数字资源服务中心）；被执行人领取退休金名单（源于人社局）；已在划扣退休金的被执行人员名单、终本执行人员名单及执行案号（源于法院）。

数据分析关键词：经大数据分析，全市有众多被执行人领取社保记录，但社保发放存在多种情况，其中一部分人的社保发放金额除最低生活保障金外不足以用于执行。因此，需要以退休金发放金额为排查重点。该案数据研判的关键词：一是人员，失信人员、限制高消费人员缴纳社保情况；二是金额，符合执行标准、社保发放金额在 2000 元以上；三是年龄，确认被执行人缴纳社保年龄是否达到退休年龄，对于暂未达到退休年龄的需要纳入后续的监管跟踪中。

数据分析步骤：

第一步：将法院公布的失信人员名单数据与"清廉建德"系统中社保缴纳、发放数据库的缴纳社保人员名单进行比对，得出失信人员缴纳社保名单及各类社保发放数据。

第二步：筛选缴纳社保失信人员达到退休年龄和未达到退休年龄人员名单，与社保局数据确认比对，确认退休的失信人员退休金领取状态、未退休失信人员缴纳养老金状态。

第三步：筛选达到退休年龄且开始领取退休金的失信人员，达到可执行标准的纳入可执行线索。

第四步：筛选未达到退休年龄且在缴纳养老金的失信人员纳入后期跟踪执行预警管理。

思维导图：

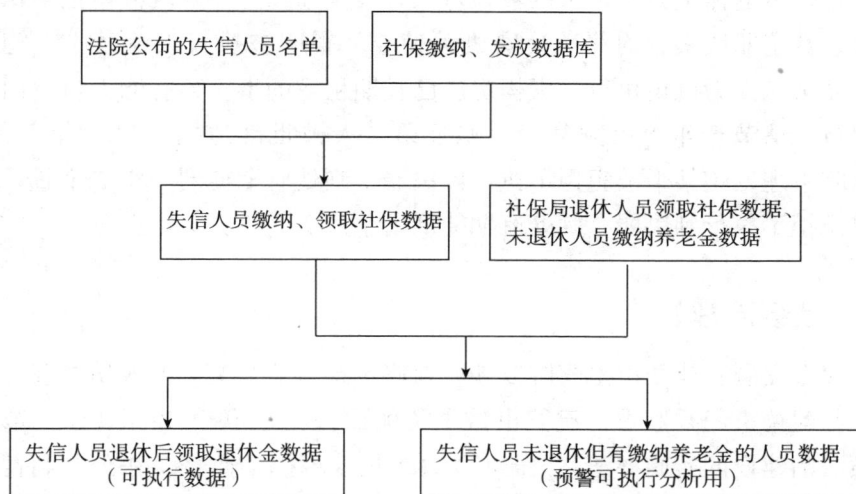

【监督方式】

建德市检察院成立由民事检察、刑事检察、检察技术等部门业务骨干组成的涉社保终本执行监督办案团队，办案团队通过数据比对，筛查出终本执行案件被执行人领取退休金线索 1000 余条。同时会同公安、法院等部门建立线索移送反馈、联合打击拒执犯罪等工作机制，"刑民融合"高效利用发现的线索。

民事检察监督：在对数据全面审查的基础上，重点将退休金额在 2000 元以上的失信人员纳入可执行的案件线索范围。建德市检察院办案团队通过全覆盖阅卷审查、分类梳理、精准研判可执行人员名单，确定可建议法院恢复执行的案件后，向建德市法院制发检察建议，建议法院及时恢复执行。建德市法院回函对检察建议均予以采纳。

行政检察监督：建德市检察院在数据比对过程中还发现行政非诉执行终本案件被执行人领取退休金线索，阅卷审查核实后向建德市法院提出行政执行活动监督检察建议后，均执行到位。

刑事检察监督：建德市检察院在数据比对和相关案件审查调查过程中，针对有退休金拒不申报的被执行人开展全面核查，发现涉嫌拒不执行判决、裁定罪线索，均移送公安机关侦查。查明被执行人鲍某平、鲍某弟、叶某三人为抗拒执行，虚构房产已长期租赁的事实，有能力执行而拒不执行，情节严重，后鲍某平、鲍某弟二人被批准逮捕。2021 年 7 月，经法院审理，鲍某平被犯拒不执行判决罪，判处有期徒刑一年二个月；鲍某弟犯拒不执行判决罪，判处有期徒刑十个月。

【社会治理】

建章立制：建德市检察院以涉社保终本执行监督类案的成功办理为契机，与建德市纪委监委、建德市数据资源服务中心联合出台《强化数字清廉法治建设的实施办法》，推动以数字化改革撬动监督，在公共利益保护、法律监督等领域加强配合协作，形成监督合力，在政法一体化、大数据检察监督体系等"整体智治"上实现新突破。同时主动融入杭州市级数字赋能辅助办案一体化机制，参与"数智魔方监督平台"建设，由民事执行监督扩展至民事生效裁判监督、民事审判程序监督等领域，推动实现数据资源在民事检察监督履职中的高效配置与运用。

复制推广：2021 年 7 月，浙江省检察院举行涉社保终本执行监督推进会，建德市检察院向参会的地区院介绍办案经验，后浙江省检察院决定向全省推广涉社保终本执行监督。截至 2023 年 2 月底，全省涉社保终本执行专项监督活动排查线索 27508 件，立案 158 件，已发出检察建议 91 件，法院采纳 72 件，涉社保终本执行监督取得显著成效，全省各地检察机关也在此基础上探索开展了涉公积金终本执行监督等数字检察监督模型。

从社会治理的角度来看，建德市检察院探索打造的民事执行数字化监督平台，集合财产、信用、司法案件信息等多方面、多部门数据，有助于营造各方广泛参与和支持执行工作的社会环境，减轻每一位有可能成为申请执行人的社会成员所承担的商业风险或法律风险，成为社会诚信体系建设重要的资源平台，也必将对整个经济运行和社会治理都产生深刻影响。该院开展的涉社保终本执行类案监督实现了对失信人员形成强烈震慑，为诉讼参与人树立正确司法价值取向的预期目的，有助于逐渐形成包括诉讼参与人在内的社会各方广泛参与，助力案件执行的共识。

【法律法规依据】

1.《中华人民共和国民事诉讼法》第二百四十六条　人民检察院有权对民事执行活动实行法律监督。

2.《最高人民法院关于适用〈中华人民共和国民事诉讼法〉的解释》第五百一十七条　经过财产调查未发现可供执行的财产，在申请执行人签字确认或者执行法院组成合议庭审查核实并经院长批准后，可以裁定终结本次执行程序。

依照前款规定终结执行后，申请执行人发现被执行人有可供执行财产的，可以再次申请执行。再次申请不受申请执行时效期间的限制。

3.《人民检察院民事诉讼监督规则》第一百零六条第二项　人民检察院发现人民法院在执行活动中有下列情形之一的，应当向同级人民法院提出检察建议：

（二）实施财产调查、控制、处分、交付和分配以及罚款、拘留、信用惩戒措施等执行实施活动存在违法、错误情形的。

4.《最高人民法院关于严格规范终结本次执行程序的规定（试行）》第九条 终结本次执行程序后，申请执行人发现被执行人有可供执行财产的，可以向执行法院申请恢复执行。申请恢复执行不受申请执行时效期间的限制。执行法院核查属实的，应当恢复执行。

终结本次执行程序后的五年内，执行法院应当每六个月通过网络执行查控系统查询一次被执行人的财产，并将查询结果告知申请执行人。符合恢复执行条件的，执行法院应当及时恢复执行。

5.《人民法院办理执行案件规范（第二版）》 780. 对于离休金、退休金、养老金，在留出必要的生活费用外，人民法院可以作为被执行人的财产予以执行。

6.《最高人民法院关于能否要求社保机构协助冻结、扣划被执行人的养老金问题的复函》 一、被执行人应得的养老金应当视为被执行人在第三人处的固定收入，属于其财产的范围，依照《中华人民共和国民事诉讼法》第二百四十三条之规定，人民法院有权冻结、扣划。但是，在冻结、扣划前，应当预留被执行人及其所抚养家属必须的生活费用。

【经验传真】

（一）打通数据壁垒，数字赋能深挖线索

建德市检察院创新思维，突破原先固有的"拿数据进来"线索思维，使线索研判工作"向外跑"。基于建德市纪委监委构建的"清廉建德"数据平台具备全市相对完整的数据支撑，由院一把手带队积极沟通，与其建立合作机制，申请数据资源，打通数据壁垒。通过不断探索数字化监督手段，搭建多维度研判模型。针对失信人员（限制高消费人员）财产状况进行多维度分析，形成重点人员人物画像。通过研判模型定期开展人物信息多系统数据碰撞比对分析，将符合条件的自动填入人物画像，形成可供使用的执行线索。

（二）注重内部融合，高效利用案件线索

在内部，建德市检察院充分运用浙江检察数据应用平台、杭州市检察院"数智魔方监督平台"等应用场景，坚持数字监督一体化办案理念，建立数据研判协调机制，开展"四大检察"立体化监督。业务部门和技术部门联合以个案推导类案，搭建数据研判模型，本院数字化法律监督专班根据研判模型的数据需求，组织协调数源单位提供必要的数据，实现高效精准摸排类案线索。该院各部门之间及时移送案件线索，融合运用审查、调查、侦查"三查"融合手段，在监督线索融合研判、监督案件融合查办上整合力量，部门间密切合作、共同发力，形成融合监督合力。

（三）强化外部协同，凝聚各方工作合力

在外部，建德市检察院与建德市纪委监委、建德市数据资源中心等部门加强沟通，联合出台《强化数字清廉法治建设的实施办法》，推动以数字化改革撬动法律监督，检察法律监督线索同步移送市纪委监委，以检察法律监督和纪检监察监督共同促进整改落到实处，形成强化检察监督工作合力。同时该院立足"检察大数据"战略，跳出就案办案固有局限，联合建德市人社局、法院建立执行工作联席会议机制，提高退休金查控效率，将终本案件执行线索拓展到房产、车辆等领域，强化执行实效。借助各部门工作合力，有力打击了拒执犯罪，净化了执行环境，检察监督效能得到充分释放。

（四）坚持高质效履职，实现双赢多赢共赢

建德市检察院推动与市法院达成合力破解"执行难"的共识，进一步深化法检执行工作联席会议机制，助推法院健全恢复执行案件管理办法，细化终本执行案件监督步骤。向法院提出检察建议后，该院对检察建议办理情况实时跟进，释放大数据法律监督功效，形成落实整改反馈的监督闭环。

（邱生权，浙江省建德市人民检察院检察长）

4. 终本执行案件涉商业保险、公司企业股权、夫妻共同财产等可执行财产执行监督模型

【建模单位】

浙江省绍兴市柯桥区人民检察院

【监督要旨】

在法院强制执行过程中，商业保险保单的现金价值、公司企业的股权以及夫妻共同财产等属于可以采取强制执行措施的财产性权利。绍兴市柯桥区检察院在工作中发现，绍兴市柯桥区法院在强制执行过程中，存在对最高人民法院"总对总"查询系统、浙江省高级人民法院"点对点"查询系统反馈的被执行人拥有商业保险、公司企业、夫妻共同财产等财产线索怠于核查与执行，径行以无财产可供执行为由终结本次执行程序的问题。柯桥区检察院通过批量调取"终本"案件电子卷宗，运用 OCR 自动识别系统，将柯桥区法院查询被执行人名下财产情况的电子图片卷宗转化成可供检索的文字文本，依托商业保险机构保险信息、国家企业信用信息公示系统和企查查平台公司企业注册登记信息、民政部门婚姻登记信息等，有效筛查出被执行人拥有商业保险、公司企业股权、夫妻共同财产等可执行财产线索的终本案件。经行使调查核实权，通过向柯桥区法院制发执行监督检察建议、召开相关职能部门联席会议等，监督法院恢复执行、规范终本执行案件财产调查程序，推动该院将商业保险、公司企业股权等财产线索查询工作纳入绍兴地区法院"执行一件事"查询系统，并与相关职能部门建立友好协作关系，有力保障申请执行人的胜诉权益，切实提升执行工作质效和司法公信力。

【模型概要】

2020年8月，徐某因与马某、王某等民间借贷纠纷案向柯桥区检察院申请监督，认为被执行人马某、王某采取以他人名义收取租金、让他人代持公司股权等方式规避执行，柯桥区法院对其提供的财产线索未认真核查致使案件无法恢复执行，存在怠于履职问题。柯桥区检察院受理监督申请后，经调查发现马某配偶在其他执行案件中亦系被执行人，其二人在中国平安、新华人寿等多家保险机构投保商业保险，但绍兴地区多个法院在马某及其配偶作为被执行人的多起执行案件中均未对相关商业保险保单采取强制执行措施。同时，被执行人王某存在作为公司实际控制人让他人代持股权的可能。

柯桥区检察院根据上述异常情况，认为该问题可能并非个案，有必要总结个案特性，提炼关键要素，利用大数据建模进行类案监督线索筛查。以专项法律监督、政法委执法监督的名义向柯桥区法院调取终本执行案件电子卷宗400余件，运用OCR自动识别系统，将电子卷宗中法院查询被执行人名下财产的相关电子扫描图片进行文本转化处理，以被执行人姓名、保险机构反馈、累计缴纳保费、工商部门反馈、公司企业名称为关键词进行检索。此外，柯桥区检察院注意到法院"总对总""点对点"系统仅能查询被执行人名下的财产，无法查询被执行人配偶名下的财产，存在被执行人为规避执行恶意将财产转移、登记在配偶名下的执行盲区，遂将监督视角延伸至夫妻共同财产领域，以法院查询被执行人婚姻情况时民政部门反馈的婚姻登记信息为关键词进行检索。对前述检索得出的与被执行人关联的商业保险信息、公司企业信息、配偶信息进行分析处理，发现100余条被执行人可供执行财产监督线索。经进一步调查核实，向柯桥区法院发出执行监督检察建议55件，法院全部予以采纳，助力法院恢复执行到位商业保险保单现金价值140万余元，冻结保单金额120万余元，查封可变现股权250万余元，查封夫妻共同财产性质房产3套，2件案件被执行人自动履行完毕。

【模型设计】

数据来源：终本执行裁定书（源于中国裁判文书网等）；终本执行案件电子卷宗（源于法院调卷）；被执行人名下商业保险信息（源于各大保险机构）；被执行人名下公司企业工商股权信息、纳税信息（源于国家企业信用信息公示系统、企查查等企业信息查询平台及税务部门）；被执行人配偶信息（源于民政部门）。

数据分析关键词：终结本次执行程序、终本执行案件案号、被执行人姓名、保险反馈结果、工商反馈结果、民政反馈结果。

逻辑规则：该模型运用 OCR 自动识别系统，将法院终本执行案件电子卷宗中有关被执行人名下财产查询情况的电子图片，转化成文字文本进行检索、整理，以保险反馈情况、工商反馈情况、民政反馈情况为主要数值形成线索数据，经过与保险机构信息、企查查等查询平台工商登记信息、民政部门婚姻登记信息等数据碰撞比对，准确筛选出被执行人有可执行财产的执行监督案件线索。

数据分析步骤：

第一步：终本案件信息归集。（1）以案件类型——执行案件、文书类型——裁定书、全文检索关键词——终结本次执行程序、法院名称——柯桥区法院为检索条件筛选出近年来柯桥区法院的终本案件；（2）将前述终本案件以执行案件案号、申请执行人姓名、被执行人姓名为数值进行归集整理，形成终本案件清单并分批向柯桥区法院调取相应执行案件电子卷宗。

第二步：筛查异常信息，形成存疑线索数据。（1）将从法院调取的终本案件电子卷宗中涉及被执行人名下财产查询情况的电子图片，通过 OCR 自动识别系统转化成文字文本；（2）以"保险反馈结果""工商反馈结果""民政反馈结果"为关键词，筛选出保险机构、工商部门、民政部门在柯桥区法院强制执行过程中，通过"总对总""点对点"查询系统向法院反馈被执行人名下有商业保险信息、公司企业信息及配偶信息的终本案件信息；（3）对筛选出的前述终本执行案件进行人工审查，剔除法院已对被执行人相关商业保险保单、公司企业股权及配偶名下财产进行司法处置的案件，进一步筛选出未对前述财产性权利进行司法处置的终本案件信息，得出可疑线索数据。

第三步：将可疑线索数据分为商业保险信息、公司企业工商股权信息及配偶信息三大类，按类型进行数据碰撞比对。（1）商业保险类可疑线索，以保险机构向柯桥区法院反馈的被执行人名下商业保险信息为依据，以保险机构名称为单位，分别梳理出被执行人在各大保险机构的商业保险情况，形成商业保险线索核查清单；（2）公司企业股权信息类可疑线索，以工商部门向柯桥区法院反馈的被执行人名下公司企业的名称为依据，通过国家企业信用信息公示系统、企查查等平台查询相关公司企业的工商登记状态和被执行人持股情况、出资情况，并反向以被执行人姓名为关键词查询其名下公司企业开设情况，筛除已注销、注销中、已吊销的公司企业，形成公司企业股权线索核查清单；（3）被执行人配偶信息类可疑线索，以民政部门向柯桥区法院反馈的被执行人婚姻登记信息为依据，梳理被执行人的结婚、离婚信息，结合被执行人涉及诉讼和执行案件的情况，排除正常婚姻关系变更，并查询被执行人最新婚姻状态，形成配偶信息线索核查清单。

第四步：调查研判核实。（1）围绕第三步中得出的商业保险、公司企业股权及配偶信息三张线索核查清单，积极开展调查核实。通过向案涉保险机构调取被执行人名下全部商业保险信息、核查保单现金价值，评估现金价值占终本案件执行标的的百分比，确认执行监督必要性。通过向市场监督管理部门调取被执行人持有股份的公司企业工商登记信息，向税务部门核查纳税信息，评估相关公司企业股权的变现价值。通过查询被执行人配偶名下的房产、车辆等情况，核查被执行人是否有可供执行的夫妻共同财产。最终得出具有执行监督空间的前述三类终本执行案件。（2）向柯桥区法院复核该三类终本执行案件的最新执行情况，排除已恢复执行、已执行完毕、已执行和解的情形，确定可制发执行监督检察建议的案件。

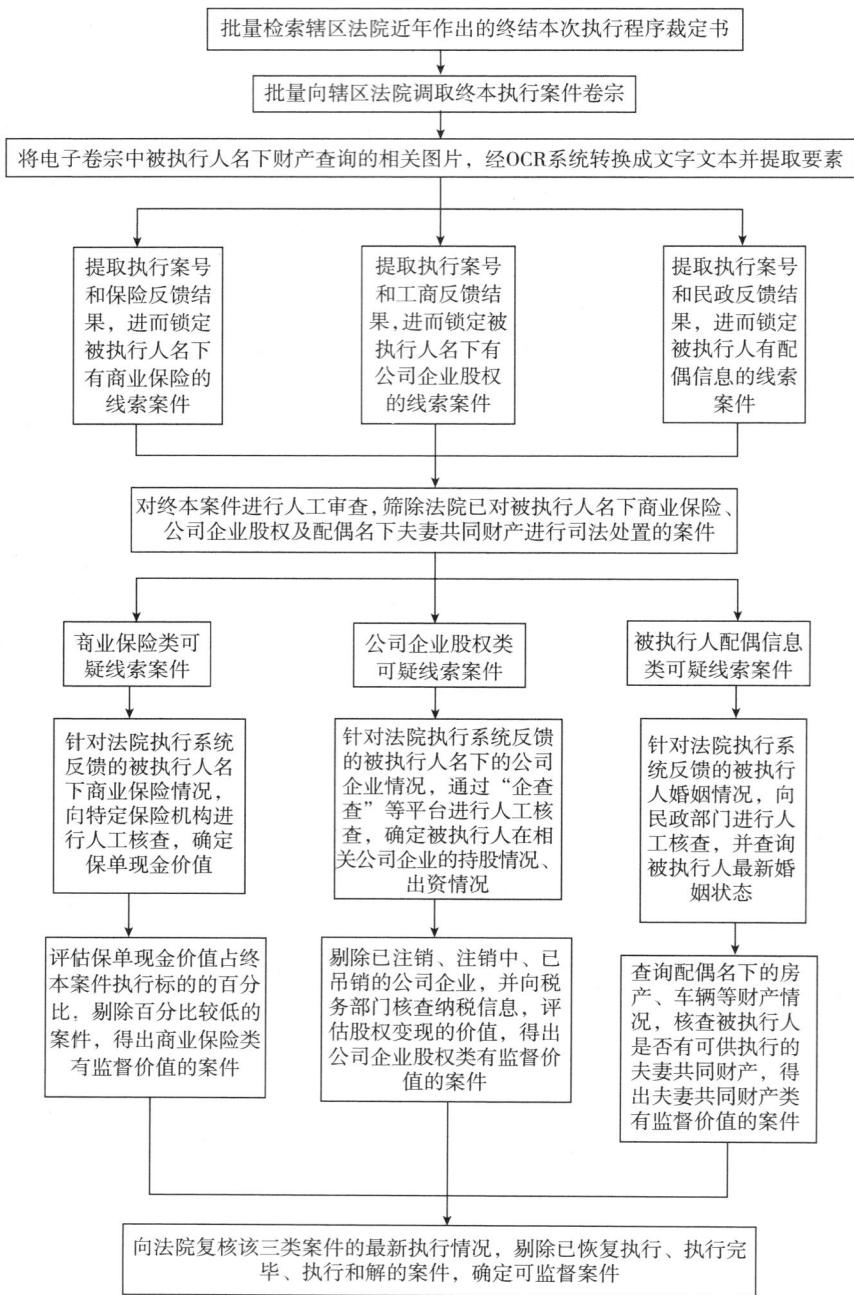

思维导图：

批量检索辖区法院近年作出的终结本次执行程序裁定书

批量向辖区法院调取终本执行案件卷宗

将电子卷宗中被执行人名下财产查询的相关图片，经OCR系统转换成文字文本并提取要素

提取执行案号和保险反馈结果，进而锁定被执行人名下有商业保险的线索案件

提取执行案号和工商反馈结果，进而锁定被执行人名下有公司企业股权的线索案件

提取执行案号和民政反馈结果，进而锁定被执行人有配偶信息的线索案件

对终本案件进行人工审查，筛除法院已对被执行人名下商业保险、公司企业股权及配偶名下夫妻共同财产进行司法处置的案件

商业保险类可疑线索案件

公司企业股权类可疑线索案件

被执行人配偶信息类可疑线索案件

针对法院执行系统反馈的被执行人名下商业保险情况，向特定保险机构进行人工核查，确定保单现金价值

针对法院执行系统反馈的被执行人名下的公司企业情况，通过"企查查"等平台进行人工核查，确定被执行人在相关公司企业的持股情况、出资情况

针对法院执行系统反馈的被执行人婚姻情况，向民政部门进行人工核查，并查询被执行人最新婚姻状态

评估保单现金价值占终本案件执行标的的百分比，剔除百分比较低的案件，得出商业保险类有监督价值的案件

剔除已注销、注销中、已吊销的公司企业，并向税务部门核查纳税信息，评估股权变现的价值，得出公司企业股权类有监督价值的案件

查询配偶名下的房产、车辆等财产情况，核查被执行人是否有可供执行的夫妻共同财产，得出夫妻共同财产类有监督价值的案件

向法院复核该三类案件的最新执行情况，剔除已恢复执行、执行完毕、执行和解的案件，确定可监督案件

【监督方式】

柯桥区检察院牢牢把握实现法律监督高质效这一根本出发点，将审查、调查、侦查"三查"融合机制运用于检察一体化办案大局，运用数字检察，实现从"个案为主、案卷审查、人工主导"的个案办理式监督，到"类案为重、数据排查、数字赋能"类案治理式的法律监督，推动柯桥区法院解决长期以来在商业保险、公司股权及夫妻共同财产执行领域存在的执法司法问题。

民事检察部门通过批量调取终本执行案件电子卷宗，针对性数字化筛查被执行人名下商业保险、公司股权及夫妻共同财产线索，并采取向相关职能部门核查等方式深入调查，以被执行人有可供执行的财产但法院怠于调查与执行径行终本为由，监督法院予以执行。同时，将调查发现的被执行人涉嫌拒执犯罪的线索移送公安机关。

刑事检察部门提前介入，引导侦查方向，并与民事检察部门、公安机关共同对涉嫌拒执犯罪的案件进行会商研判，提出办案思路、取证建议、追赃挽损方案，民刑合力、公检合力，确保案件能诉能判。

【社会治理】

建章立制：柯桥区检察院以"个案办理—类案监督—系统治理"为路径，一方面，通过召开法检圆桌会议，阐明检察机关监督的意义和价值，同时听取法院在商业保险、公司股权、夫妻共同财产执行领域的问题和困难，以检察监督的视角提出意见建议。另一方面，引导法院压实部门负责人、执行团队长和执行人员的岗位责任，避免执行盲区和执行真空地带。此外，柯桥区检察院联合柯桥区法院、区市场监督管理局、区民政部门及银保监会等职能部门召开联席会议，推动柯桥区法院将商业保险、公司企业股权等财产线索查询事宜纳入绍兴地区法院"执行一件事"查询系统，并与商业保险机构建立线上常态化协查机制，与其他职能部门建立友好协作关系，着力提升执法司法水平，切实维护公平正义。

复制推广：该模型具有普遍性、广泛性、可行性，不仅可直接推广运用，而且可类推适用于被执行人拥有公积金、证券股票等可执行财产线索的发现和监督。目前该模型已在绍兴市范围内推广，绍兴市越城区检察院已发出商业保险类检察建议近 20 件，嵊州市检察院仅针对公司企业法定代表人或实际控制人拥有商业保险已排查出监督线索 30 余条，已发出保单价值在 50000 元以上的检察建议 10 件，合计保单总值 200 万余元。新昌、上虞等地检察机关已陆续着手开展商业保险、公司股权等方面的类案监督工作，实现了"一区突破，全市共享"。

【法律法规依据】

1.《中华人民共和国民法典》第一千零六十二条第一款 夫妻在婚姻关系期间所得的下列财产，为夫妻共同财产，归夫妻共同所有：

（一）工资、奖金、劳务报酬；

（二）生产、经营、投资的收益；

（三）知识产权的收益；

（四）继承或者受赠的财产，但是本法第一千零六十三条第三项规定的除外；

（五）其他应当归共同所有的财产。

2.《中华人民共和国保险法》第四十七条 投保人解除合同的，保险人应当自收到解除合同通知之日起三十日内，按照合同约定退还保险单的现金价值。

3.《最高人民法院关于人民法院民事执行中查封、扣押、冻结财产的规定》第二条第一款 人民法院可以查封、扣押、冻结被执行人占有的动产、登记在被执行人名下的不动产、特定动产及其他财产权。

4.《最高人民法院关于人民法院执行工作若干问题的规定（试行）》
38. 对被执行人在有限责任公司、其他法人企业中的投资权益或股权，人民法院可以采取冻结措施。

冻结投资权益或股权的，应当通知有关企业不得办理被冻结投资权益或股权的转移手续，不得向被执行人支付股息或红利。被冻结的投资权益或股权，被执行人不得自行转让。

39. 被执行人在其独资开办的法人企业中拥有的投资权益被冻结后，人民法院可以直接裁定予以转让，以转让所得清偿其对申请执行人的债务。

对被执行人在有限责任公司中被冻结的投资权益或股权，人民法院可以依据《中华人民共和国公司法》第七十一条、第七十二条、第七十三条的规定，征得全体股东过半数同意后，予以拍卖、变卖或以其他方式转让。不同意转让的股东，应当购买该转让的投资权益或股权，不购买的，视为同意转让，不影响执行。

人民法院也可允许并监督被执行人自行转让其投资权益或股权，将转让所得收益用于清偿对申请执行人的债务。

5.《最高人民法院关于严格规范终结本次执行程序的规定（试行）》第九条第二款　终结本次执行程序后的五年内，执行法院应当每六个月通过网络执行查控系统查询一次被执行人的财产，并将查询结果告知申请执行人。符合恢复执行条件的，执行法院应当及时恢复执行。

6.《浙江省高级人民法院关于加强和规范对被执行人拥有的人身保险产品财产利益执行的通知》　一、投保人购买传统型、分红型、投资连接型、万能型人身保险产品、依保单约定可获得的生存保险金、或以现金方式支付的保单红利、或退保后保单的现金价值，均属于投保人、被保险人或受益人的财产权。当投保人、被保险人或受益人作为被执行人时，该财产权属于责任财产，人民法院可以执行。

【经验传真】

（一）数字检察是引领检察工作高质量发展，推进检察工作现代化的重要引擎，必须坚定不移推进

《中共中央关于加强新时代检察机关法律监督工作的意见》提出"加强检察机关信息化、智能化建设"，数字检察带给检察工作的是一种深层次、全域性的时空之变、格局之变，赋能检察监督办案实现从传统到

现代的高质量跨越。什么是数字化改革？检察数字化改革的内涵是什么？数字检察如何从开花到结果？数字监督其实就是系统抓、抓系统，走通"个案办理—类案监督—系统治理"这条大数据法律监督之路。近年来，柯桥区检察院办理的花样版权恶意维权案件、民事信用惩戒系列执行监督案件、法院怠于执行商业保险和公司股权案件，均是运用数字检察发现类案监督线索，进而开展深层次法律监督的成功范例。数字检察，责任主体是业务部门、部门负责人及检察官。从基层"短平快"的现实需求来说，基层检察院必须建立适应基层工作节奏的数字检察工作机制，通过数字检察工作专班、数字检察办公室、头脑风暴例会等形式，动员更多干警参与其中，跨部门组建由"科室负责人＋业务骨干＋技术人员"组成的项目团队，让数字办案持续焕发生机与活力。

（二）坚持精准监督、类案监督、融合监督，推进民事检察工作提质增效

做强民事检察、促进司法公正，是新时代检察工作创新发展的应有之义。面对新时代人民群众的新要求新期待，要提炼打磨"精准化"民事检察工作品牌，突出精品监督、类案监督、融合监督，推动办案质效不断提升。提质，就是通过类案监督精准开展民事监督，真正将存在的问题漏洞研究透彻，提出有质量的类案检察建议；增效，就是要从大量的数量中解放出来，重点放在纠正违法、规范实效上，让被监督单位举一反三、建章立制、彻底纠正。同时，要在检察业务工作中坚持融合监督，打破"门户之隔"，依托大数据把检察机关的审查、调查、侦查的手段集成运用好，为线索核查提供有力支撑。在本案办理过程中，柯桥区检察院民事检察部门敏锐捕捉到申请监督个案背后存在的普遍性问题，运用数字检察思维依职权开展监督并深入调查核实，精准监督柯桥区法院长期以来在商业保险、公司企业股权、夫妻共同财产三大领域存在的怠于执行问题，并坚持监督数量与监督质量的有机统一，选取财产线索价值较高的执行案件进行监督，避免唯数量论。监督过程中，民事检察部门发现部分被执行人涉嫌拒执犯罪问题，将犯罪线索移送公安机关的同时，运用内部线索移送机

制同步将线索移送刑事检察部门，刑事检察部门提前介入并引导侦查，固定拒执犯罪证据，通过刑民合力达到打击拒执犯罪、提升司法权威的良好社会效果。

（三）着眼系统治理、社会治理，做好民事监督"后半篇文章"

检察机关作为法律监督机关，应自觉融入社会治理大格局，以数字检察为牵引，以类案监督为核心，以促进社会治理为目标，推动新时代检察工作实现"由案到治"的新跨越。具体工作中，应聚焦社会和群众关注的热点、难点，聚焦执法司法的突出问题，坚持底线思维、系统思维，在案件办理中发现社会治理的"密码"，提升检察影响力。在本案办理过程中，柯桥区检察院经前期摸底调查，发现部分保险机构在宣传推销保险产品时，明示或暗示客户购买商业保险可逃避法院执行或债务履行，由此在核查被执行人名下商业保险保单情况的同时，向各大商业保险机构了解商业保险不同险种司法处置的可操作性和规范化流程，确认人民法院强制执行是否存在障碍。检察建议发出后，柯桥区检察院主动推进法检两家圆桌会议，在阐释强制执行依据和监督价值的同时，指出柯桥区法院在商业保险、公司企业股权及夫妻共同财产执行领域存在的疏于核查、怠于执行、就案办案等普遍性、倾向性问题，督促法院正视问题，依法依规采取强制执行措施，打击恶意或变相逃废债行为。为从源头上推进商业保险、公司企业股权等财产性权利的执行，柯桥区检察院联合柯桥区法院与区市场监管、民政、银保监等职能部门召开联席会议，会商建立友好协作关系，并推动法院将商业保险、公司企业股权等财产线索查询工作纳入绍兴地区法院"执行一件事"查询系统，有效堵塞执行漏洞，实现"办理一案、治理一片"的监督效果。

（钱昌夫，浙江省绍兴市柯桥区人民检察院检察长）

第十一章 刑民交叉类民事数字检察监督模型

1. 刑民一体虚假诉讼类案监督模型

【建模单位】

浙江省慈溪市人民检察院

【监督要旨】

针对刑事案件中涉及的虚假诉讼案件，慈溪市检察院开展刑民一体虚假诉讼类案监督。案件源于办理涉黑涉恶案件过程中发现虚假诉讼案件的个案线索，进而对该线索开展分析研判。在归纳文本要素特征的基础上，充分运用中国裁判文书网、政法一体化办案系统，开展虚假诉讼类案民事监督工作。通过信息化手段，对刑事判决书进行文本结构、关键词筛查、刑民裁判文书比对、人工分析研判，从而筛查分析本院近五年办理的涉民刑事案件，办案规模由点及面呈扇形扩展，精准高效地办理了一批虚假诉讼类案。

【模型概要】

2020 年，慈溪市检察院民事检察部门发现徐某某因组织、领导黑社会性质组织等罪被判处刑罚，该刑事判决书中反映徐某某从事"套路贷"业务存在多笔虚假诉讼，随后运用信息化手段对徐某某涉及的民事裁判文书进行筛查研判，办理相关虚假诉讼案件 19 件，均通过提请抗诉或提出再审检察建议的方式监督成案。

通过办理该案，民事检察部门发现以往民事检察、刑事检察部门信息不对称，刑事检察部门不了解民事检察业务，造成大多数有效线索被忽略。对此，慈溪市检察院运用数据分析技术，多措并举，最大限度挖掘本地刑事案件中的民事检察监督案件线索相关数据资源。

【模型设计】

数据来源：刑事裁判文书、民事裁判文书（源于浙江法院裁判文书网，浙江省检察院数据库同步提供数据支持）

数据分析关键词：存在民事虚假诉讼线索的刑事裁判文书具有以下模式特征，即刑事裁判文书的犯罪事实认定部分涉及民事纠纷，该纠纷经过法院审理，并作出生效民事判决书、裁定书或调解书，则前述刑事裁判文书的犯罪事实表述部分一般会存在"法院""判决""裁定""调解""虚假""诉讼"等关键词。若发现上述关键词，则该刑事裁判文书处理的民事纠纷涉嫌经济犯罪，根据相关法律规定，不应当作出实体处理，应当裁定驳回起诉，属于有效的虚假诉讼监督线索。

数据分析步骤：

第一步：选定时间区间的刑事裁判文书及民事裁判文书。

第二步：针对每份裁判文书，对文本数据进行标签化、结构化处理。

1. 提取刑事裁判文书被告人姓名、公民身份号码等身份信息，将这些信息与案号、案由等一并构成结构化的刑事多元组数据。

2. 提取民事裁判文书原告及被告人姓名、公民身份号码等身份信息，将这些信息与案号案由等一并构成结构化的民事多元组数据。

3. 根据刑事裁判文书犯罪事实认定部分前后特征来锁定并提取犯罪事实认定部分文本。5 组特征文本分别为："人民检察院指控"至"本院认为"，"公安机关指控"至"本院认为"，"起诉书指控"至"本院认为"，"经审理查明"至"本院认为"，"被告人"至"本院认为"。

4. 对提取的文本进行"法院""判决""裁定""调解""虚假""诉

讼"关键词检索，若检索到一个或多个关键词，将检索到的关键词加入刑事多元组数据，并标记为可疑分组。

第三步：将可疑分组的被告人身份信息与民事多元组数据中的原告身份信息进行匹配，将所有匹配成功分组的民事裁判文书与可疑分组的刑事裁判文书打包。

第四步：人工二次分析研判，核实是否符合虚假诉讼监督标准，调取案卷材料跟进处理。

思维导图：

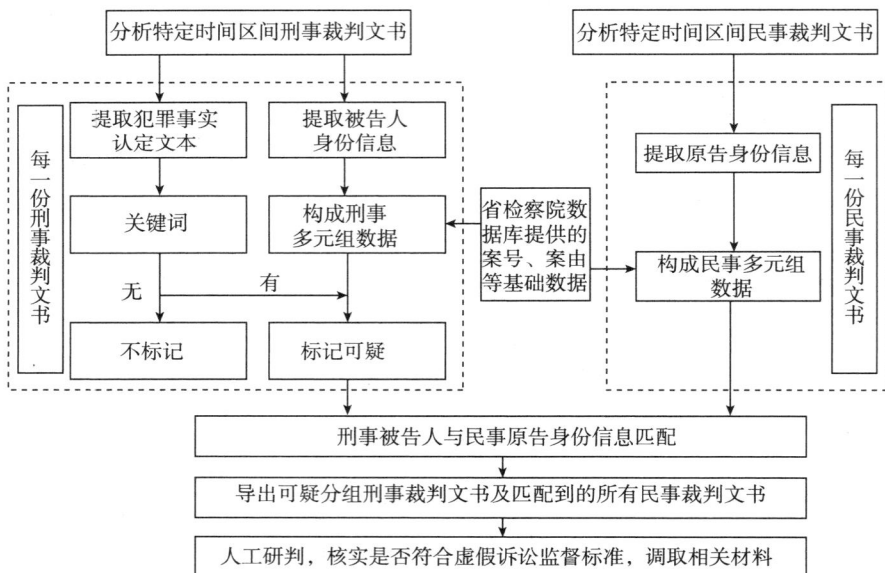

【监督方式】

慈溪市检察院创新建立刑民一体办案模式，以数据引导监督为契机，将虚假诉讼罪，拒不执行生效判决、裁定罪，非法处置查封、扣押、冻结的财产罪，妨害作证罪四类刑事案件的办理权限变更至民事检察部门，以刑事案件为切入口，强化刑民融合，排查民事检察监督线索，形成个案审查、智能筛查、类案排查、刑民一体的数字赋能检察监督办案模式。

民事检察部门通过办理部分刑事案件，发现隐藏民事监督线索的刑事案件特点，借助自行研发的"民事诉讼监督线索筛查平台"，整合近十年来法院生效刑事裁判文书和民事裁判文书形成基础数据库；通过分析汇总案件特征，确定筛查文本和筛查关键词，从海量刑事裁判文书中检索出具有高度虚假诉讼监督可能性的案件；再通过同步比对同一当事人的同时期民事裁判情况，确定排查的案件范围；结合向银行查询信息、向相关人员调查取证等方式深入调查，确定可监督的案件。

【社会治理】

建章立制： 进一步完善涉民刑事案件一体化办理机制，助力筛查、审查、调查刑民一体虚假诉讼类案，实现刑事案件办理与民事检察监督之间的良性互动，慈溪市检察院创新办案模式，出台《关于办理涉民事审判、执行活动刑事案件的若干规定（试行）》，落实同步审查，开展类案监督。即审查刑事案件时，要求法院、侦查机关提供与案件相关的民事审判、执行卷宗；讯问犯罪嫌疑人时，同时讯问相关民事审判、执行案件的具体审判、执行情况，实现刑事案件与民事监督的同步审查；同时办理涉嫌虚假诉讼案件过程中，对涉案犯罪嫌疑人进行类案检索，调查是否还存在其他虚假诉讼案件，实现民事诉讼类案检察监督。

为提升监督质效，慈溪市检察院积极争取公安、法院等部门的支持和配合，联合公安、法院出台《关于在办理涉民事诉讼刑事案件中加强协作配合的若干规定》，着力解决涉民刑事案件办理过程中线索移送不通畅、法律适用不统一、案件定性不准确等问题。通过加强协作配合，形成监督合力，提升监督质效。

复制推广： 该模型已在宁波市全市推广，宁波市鄞州区检察院、北仑区检察院运用刑民一体办案模式，筛查办理了一批虚假诉讼案件。该办案模式被最高检《民事检察工作情况转发》，所办理案件同时被《检察日报》刊发，慈溪市检察院检察长也在全省检察机关重点工作推进会上作经验交流，杭州、湖州等多地检察机关均借鉴试行该办案模式，实现"一域突破，全省共享"。

【法律法规依据】

1.《最高人民法院关于在审理经济纠纷案件中涉及经济犯罪嫌疑若干问题的规定》第十一条 人民法院作为经济纠纷受理的案件，经审理认为不属经济纠纷案件而有经济犯罪嫌疑的，应当裁定驳回起诉，将有关材料移送公安机关或检察机关。

2.《最高人民法院关于防范和制裁虚假诉讼的指导意见》

【经验传真】

（一）做好"统"字文章，变"各自为政"为"同向发力"

一是统一办案部门。传统模式下，检察机关刑事检察部门与民事检察部门分开设置，由刑事检察部门办理涉民刑事案件，对刑事到民事的整体性思维、系统性应对等思考相对不足，缺乏系统、全面审查案件的主动性。但刑事责任与民事责任却又存在明显的关联性，一并考量事实、证据、法律适用等问题，能使刑事诉讼和民事诉讼的协同效应更加彰显。慈溪市检察院于 2020 年将虚假诉讼罪、拒不执行判决、裁定罪等七类涉民刑事案件办理权限从刑事检察部门变更至民事检察部门，进一步统一办案力量、统一线索管理。二是统一证据采用。从证明标准来讲，刑事案件的要求高于民事案件，司法实践中刑事证据通常可以直接应用于民事案件中。为此，我们在涉民刑事案件办理过程中，注重以刑事案件的亲历性审查、实质性审查优势，补强民事检察书面审查、事后审查劣势。

（二）做好"融"字文章，变"等线索"为"找线索"

一是融合数据优势。民事检察监督业务的瓶颈在于监督线索发现难，为此慈溪市检察院自主研发"民事诉讼线索筛查平台"，直接锁定已被法院刑事判决推翻的民事裁判，进一步拓宽监督线索。此后，慈溪市检察院又将该系统升级应用到审判程序监督和执行活动监督上，以期实现对民事检察监督三大业务的全覆盖。二是融合技术优势。与刑事侦查相比，民事调查核实手段非常有限。慈溪市检察院高度重视以技术手段助力民事检察部门开展调查核实工作，在本类案件办理中，得到了技术部门的大力支持。

（三）做好"联"字文章，变"单兵作战"为"多方联动"

一是外部联动。运用刑民一体化工作机制打击治理虚假诉讼、促进解决执行难等问题，需要公安、法院等部门的大力支持和协作配合。慈溪市检察院联合公安、法院出台《关于在办理涉民事诉讼刑事案件中加强协作配合的若干规定》，着力解决涉民刑事案件办理过程中线索移送不通畅、法律适用不统一、案件定性不准确等问题。在具体办理过程中就案件定性、证据收集、刑事强制措施适用以及民事案件再审改判等问题与公安、法院进行了充分协商并达成了一致意见，公安机关刑事侦查与检察机关民事调查核实相互配合。二是上下联动。案件办理中积极寻求上级院的领导和支持。通过提请抗诉，上级院积极支持的方式，将再审检察建议受阻的案件从监督不能转变为顺利成案，努力构建上下级密切配合、同向发力的监督大合力。

（王焰明，浙江省慈溪市人民检察院检察长）

2. 跨省刑民融合监督模型

【建模单位】

云南省楚雄彝族自治州人民检察院

【监督要旨】

本模型应用于跨省虚假诉讼案件的刑民融合监督，针对在建筑租赁合同纠纷诉讼中约定异地管辖，伪造证据捏造事实进行虚假诉讼，从而利用民事裁判获取不正当利益的行为进行法律监督。根据此类案件的实际，数据来源以民事裁判文书、企业工商信息登记数据、全国检察业务应用系统内部数据为基础，通过基础数据研判提炼出建筑设备租赁、异地管辖、合同金额不确定、缺席判决等要素，通过数据汇聚、碰撞、自然语言处理等技术手段，从裁判文书数据库中检索出与待监督事项吻合的线索，锁定行为人。将所获取的线索与重庆检察机关进行互通，进一步核实确定待查民事诉讼案件。与重庆璧山区检察机关组成刑民融合办案小组开展深入调查，固定有关证据。经过大量工作，监督纠正错误民事判决 4 份，移交线索立办刑事案件 1 件，为被害企业挽回经济损失，维护了司法权威，治理了建筑设备租赁市场乱象，推动了建筑行业有序发展。

【模型概要】

楚雄州检察院在办案过程中发现，陈某某自 2018 年以来频繁就建筑设备租赁合同纠纷提起民事诉讼，被告均为楚雄州境内建筑企业，管辖法院则是重庆市璧山区法院，被诉的楚雄企业全部败诉。楚雄州检察院大数据研判中心进行案件初步分析研判后认为可能存在虚假诉讼情况，及时将线索同时移交刑事、民事检察业务部门开展核查。刑、民部门联合办案，通过分析研究，设计构建了本模型，·锁定了存在问题的民事诉讼案件。通过与重庆市璧山区检察院协作，前往当地法院调取相关案件卷宗材料，核实有关情况，固定了陈某某等人涉嫌犯罪的证据。目前，已依法纠正错误民事裁判 4 件，移送线索立办刑事案件 1 件，民事纠错和刑事追诉工作还在持续进行中。

1. 跨行政区域的原因。我国的司法行政组织结构设置主要以行政区划来规定管辖范围，跨行政区域的诉讼案件会增加诉讼一方的应诉成本，在民法典合同编的相关条款中，合同双方可约定被告住所地、合同履行地、合同签订地、原告住所地、标的物所在地等法院管辖，由此也产生不少违法行为通过在管辖上做文章，以增加对方应诉成本的情形。

2. 建筑设备租赁合同的特殊性。在工程建设过程中，工程承包方因工程建设需要，租用建筑设备租赁公司的钢管、扣件、各种脚手架配件等建筑器材，同时支付一定的租赁费用。由于建设工期和用量的不确定性，在合同中往往只约定暂估金额，最终结算金额以实际使用为准，实际使用的数量与建筑设备签收表的数量直接联系。

3. 个案特征。在楚雄州发现的个案中，合同条款中约定因合同发生纠纷由原告所在地法院管辖，符合民法意思自治原则，而原告为个体工商户，个体工商户以营业执照上登记的经营者为当事人，工商个体户的住所地、合同履行地、被告所在地均在楚雄州，和案件唯一相关的是原告经营者的户籍所在地（住所地）为重庆市璧山区，在合同履行的初始，原告就通过约定管辖的法律规定不明确性增加自身诉讼便利性，增大对方的应诉难度。

楚雄州检察院向重庆市璧山区法院调取查阅相关卷宗，通过进一步研判该原告的所涉案件发现，此类情形并非个案，因应诉难度高而败诉的受害企业不止一家，同时该原告向法院提交的证据中存在虚构建筑设备租赁表和假冒公章虚增合同金额的情形。

通过该起跨省刑民交叉融合监督案件办理，楚雄州检察机关发现约定跨省管辖异常的案件背后存在虚假诉讼可能性，且存在以下特点：一是虚假诉讼案件嫌疑人作案手段高度隐蔽，法院在审理民事诉讼案件时往往难以发现问题；二是虚假诉讼案件在检察机关初步核实调查过程中犯罪嫌疑人的犯罪行为往往涉及多个罪名。故以该类案特征建设跨省刑民融合监督模型，研判筛选跨行政区域民事案件中虚假诉讼和其他犯罪案件线索。通过模型研判出民事案件中的原告陈某某在 2014 年至 2021 年，涉及建筑设备租赁合同纠纷民事文书 24 份，楚雄 4 份，重庆市璧山区 20 份，其中判决书 9 份、撤诉裁定书 14 份、管辖异议裁定书 1 份。

【模型设计】

数据来源： 民事判决书（源于中国裁判文书网）；检察业务内部数据（源于全国检察业务应用系统）；工商登记数据（源于市场监督管理部门政府法定公开数据）。

类案特征要素：

第一，合同约定管辖不违法但异常。在楚雄州的个案线索中，合同当事人双方约定合同纠纷由原告所在地管辖，其中原被告的经营地址均在楚雄州，而因为原告为个体工商户，其住所地也可为自然人的住所地，因此原告可在其户籍所在地起诉。该管辖的约定是造成后续被告应诉困难，大部分受害者缺席审判的根本原因。

第二，合同类型较为特殊，合同中无固定金额。在建筑物租赁合同中，合同中无法确定金额，只能暂估金额，最终合同金额由使用方签收的建筑设备租赁表决定，该表作为合同的附属产品，很容易被造假。这也是在该类案中由民事纠纷涉及伪造公章和合同诈骗刑事案件的根本原因。

数据分析关键词： 跨省协同、刑民融合监督、建筑设备租赁、虚假诉讼、异地管辖。

逻辑规则： 第一，为达到获取非法利益的目的，需向法院发起诉讼以获得有执行力的裁判文书；第二，为最大化获利的金额，行为人的类似行为应不止一次；第三，在相关建筑合同租赁纠纷中，被告的辩称中会提及无授权、虚假证据等关键词；第四，设备租赁合同金额与合同签订时的暂估金额差距较大。

数据分析步骤：

第一步，提取中国裁判文书网中建筑设备租赁合同纠纷相关裁判文书。

第二步，提取原被告经营地址、合同履行地均在楚雄州，而起诉法院为外省市的案件。

第三步，通过自然语言处理技术，提取合同纠纷中原告、被告相关当事人信息。

第四步，计算合同纠纷中原告、被告的诉讼次数。

第五步，自然语言处理诉讼次数多次的相关民事裁判文书。

第六步，提取该类民事裁判文书中关于租赁金额的辩称意见部分，以"签收""无权代理""被告缺席""无辩称意见"等关键词筛选。

第七步，输出相关案件的民事判决书，初步锁定合同诈骗线索。

第八步，跨省调阅案卷，人工核实合同诈骗、伪造公章等刑事案件线索。

思维导图：

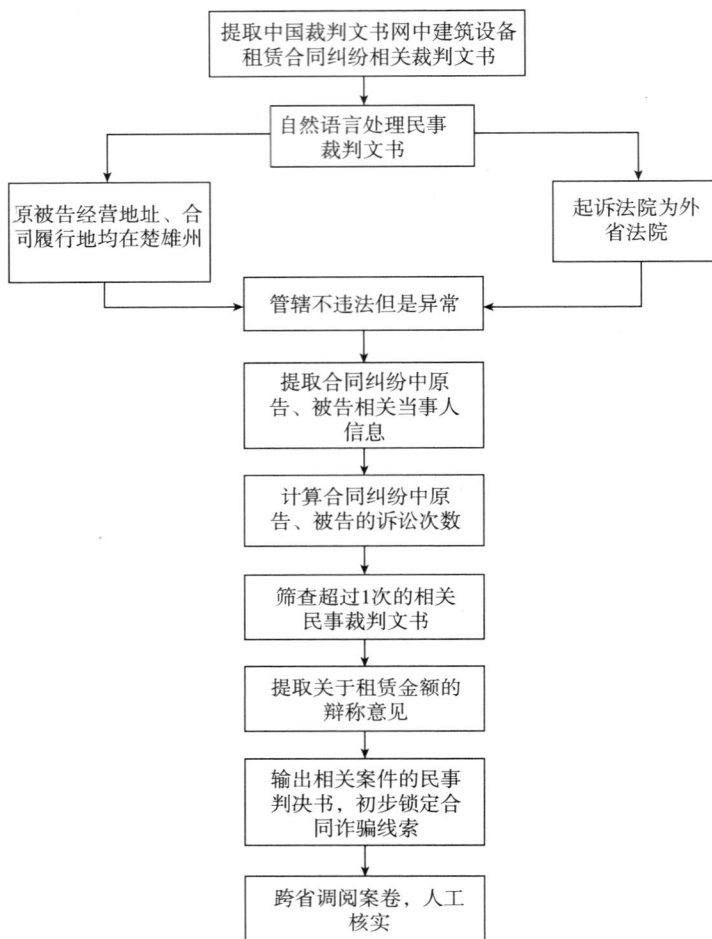

【监督方式】

民事生效裁判监督：通过模型梳理犯罪嫌疑人陈某某所涉建筑设备租赁合同纠纷民事文书24份，其中在楚雄州起诉的案件有4件，通过对陈某某的立案侦查，初步证实其虚假诉讼、伪造证据等行为，就刑事立案结果向法院申请民事裁判结果监督。

刑事立案线索移送：通过民事裁判文书中卷宗查阅、证据核实等过程，发现犯罪嫌疑人陈某某、卢某等涉嫌虚假诉讼、伪造公司印章、帮助伪造证据等犯罪，楚雄州检察机关将相关犯罪线索移送至楚雄州公安机关立案侦查。

跨省协作共享办案机制：楚雄州检察机关通过模型建设，建立两省市检察机关数据资源协作共享办案机制，把检察机关大数据成果充分用到法律监督的整个过程。核查组对调取的民事审判卷宗进行全面审查，在充分掌握案情的基础上，深入涉案企业开展调查了解，经检察机关初步调查核实，将案件线索移送公安机关调查后，检察机关积极主动与公安机关的法制部门和业务侦查部门及时召开案情通报会。

实现法律监督"四个融合"：本次模型构建的类案监督中实现了"四个融合"：一是刑事监督和民事监督相融合，在民事虚假诉讼中发现刑事犯罪线索，刑民双查让监督效果加倍。二是滇、渝两地检察机关办案相融合，实现线索互转、信息和数据互通、办案力量共用、监督履职协同开展，扩展了大数据监督的地域范围，打破了行政区域的划分。三是审查、调查、侦查手段融合。检察机关对原有问题案件进行审查，获取模型监督的特征要素和建模思路。通过模型得到线索后，前往外省调取民事审判材料，询问相关人员进行调查核实。确认存在犯罪线索后，移交公安机关立案侦查，并积极介入引导侦查。四是监督和服务相融合。在履行法律监督职能的同时，还服务了企业和法治化营商环境。

【社会治理】

建筑领域涉及面广，工程项目多，企业风险和隐患大量存在。随着全国建筑业蓬勃发展，企业各类问题凸显，加强对建筑领域的监管和风险防范，对依法维护企业合法权益、提升经济发展质量具有重要意义。楚雄州检察院运用该模型针对发现的类案问题，向相关单位移送案件线索，充分发挥检察一体化优势，推动跨省、跨部门政法机关同步监督、一体部署，促进建筑领域突出问题整治，为云南、重庆两地乃至全国经济社会高质量发展贡献了检察智慧和力量。同时，通过监督和服务相融合的方式，不仅为企业挽回了经济损失，还提示和阻塞了企业管理的风险和漏洞，助推了建筑行业合规发展，营造了法治化营商环境。

该模型在全省乃至全国范围内具有可复制、可推广性，楚雄州检察院将模型中地域的要素从"楚雄"变为"全国"，通过数据比对筛查后，发现全国范围内仅建筑设备租赁合同纠纷中就有疑似问题案件 1279 件，涉及市场主体 378 个。不难想象，只要更换其他要素，将会发现更多优质的法律监督线索。

【法律法规依据】

1.《中华人民共和国民法典》第七百零三条 租赁合同是出租人将租赁物交付承租人使用、收益，承租人支付租金的合同。

第七百零四条 租赁合同的内容一般包括租赁物的名称、数量、用途、租赁期限、租金及其支付期限和方式、租赁物维修等条款。

2.《中华人民共和国刑法》第二百八十条第二款 伪造公司、企业、事业单位、人民团体的印章的，处三年以下有期徒刑、拘役、管制或者剥夺政治权利，并处罚金。

第三百零七条第二款 帮助当事人毁灭、伪造证据罪，情节严重的，处三年以下有期徒刑或者拘役。

第三百零七条之一 以捏造的事实提起民事诉讼，妨害司法秩序或者严重侵害他人合法权益的，处三年以下有期徒刑、拘役或者管制，并处或者单处罚金；情节严重的，处三年以上七年以下有期徒刑，并处罚金。

单位犯前款罪的，对单位判处罚金，并对其直接负责的主管人员和其他直接责任人员，依照前款的规定处罚。

有第一款行为，非法占有他人财产或者逃避合法债务，又构成其他犯罪的，依照处罚较重的规定定罪从重处罚。

司法工作人员利用职权，与他人共同实施前三款行为的，从重处罚；同时构成其他犯罪的，依照处罚较重的规定定罪从重处罚。

3.《中华人民共和国民事诉讼法》第二十二条 对公民提起的民事诉讼，由被告住所地人民法院管辖；被告住所地与经常居住地不一致的，由经常居住地人民法院管辖。

对法人或者其他组织提起的民事诉讼，由被告住所地人民法院管辖。

同一诉讼的几个被告住所地、经常居住地在两个以上人民法院辖区的，各该人民法院都有管辖权。

第二十四条　因合同纠纷提起的诉讼，由被告住所地或者合同履行地人民法院管辖。

第三十五条　合同或者其他财产权益纠纷的当事人可以书面协议选择被告住所地、合同履行地、合同签订地、原告住所地、标的物所在地等与争议有实际联系的地点的人民法院管辖，但不得违反本法对级别管辖和专属管辖的规定。

第一百一十四条第一款第一项　诉讼参与人或者其他人有下列行为之一的，人民法院可以根据情节轻重予以罚款、拘留；构成犯罪的，依法追究刑事责任：

（一）伪造、毁灭重要证据，妨碍人民法院审理案件的。

【经验传真】

（一）借力大数据手段，破解监督难题

随着经济的快速发展，新经济业态不断涌现，行政区域间的流动和合作越来越频繁，与之相对应的刑事犯罪形态、手段也不断发生变化，这些新出现的犯罪往往涉及地域广、人员牵涉多，发现难、取证难、认定难，查处的司法成本很高。比如个人信息保护类犯罪、电信诈骗等信息网络犯罪，职业放贷人、高利转贷、非法集资、非法吸收公众存款、金融洗钱等金融犯罪，通过民事诉讼执行程序转移国有财产、走私贵金属骗取出口退税、新型毒品等犯罪，痕迹往往产生和存留于"数字"世界，传统侦查方法难以短时间内找到案件线索和进一步侦破案件。检察机关应加强"数字侦查"能力，以融合式的数字运用方式和审查、侦查、调查手段，挖掘新领域、新方式犯罪线索，以大数据手段创新性地破解跨地域、跨部门、跨行业、跨职能等监督困境，高质效办好每一件案件，推进检察工作现代化发展。

（二）深化数据思维，促进量变到质变的监督飞跃

该模型所发现的监督线索和犯罪问题，如果以传统方式办案，在单个案件中的特征并不明显。通过对案件进行全系统、全流程分析，将案件牵涉人员和作案细节、关键证据"数字化"，运用模型分析计算后就能发现蛛丝马迹，即引发量变到质变的监督，体现了现代化检察监督的时代特性。同时，该监督模型所需的数据调取容易，无数据壁垒，通用性、推广性较强；模型的数据监督思路，亦可在建筑行业以外的多个领域运用，衍生性较强，能够在多项检察监督职能中复制，触发新时代检察工作的质变和飞跃。

（肖洁，云南省楚雄彝族自治州人民检察院检察长）

3. 涉刑金融纠纷不当处置监督模型

【建模单位】

江苏省常州市天宁区人民检察院

【监督要旨】

针对涉刑金融纠纷案件处置中存在的法院和公安机关"都管""都不管"，影响司法权威、损害当事人合法权益等问题，依托检察机关办案数据、法院民事裁判和执行数据、公安机关立撤案数据及信访投诉举报数据，以民事纠纷和刑事案件是否属于同一事实为基础，结合案件处理情况等关键信息，发现不当受理、挂案等民事监督、刑事监督线索及金融领域虚假诉讼等融合监督线索。强化"三查"融合，内部一体履职、外部协同履职，通过向法院提出抗诉和再审检察建议，纠正错误生效裁判，通过开展刑事立案、撤案监督，有效清理挂案，稳定社会关系，保障市场主体合法权益，统一裁判尺度，维护司法权威。

【模型概要】

2020 年以来，常州市天宁区检察院受理了多起涉及金融领域民事、刑事案件不当处置的民事监督案件、刑事监督案件。在这些案件中，对于是刑事犯罪还是民事纠纷，处理上应当先刑后民、先民后刑，还是刑民并行，法院和公安机关存在较大分歧，经常发生"都管""都不管"等情形，导致当事人的权利长期处于不确定状态，容易引发社会矛盾，影响司法权威和司法、执法公信力。

天宁区检察院进行分析研判认为，法院和公安机关因其职能定位不同，在民事和刑事案件的事实认定、证据标准等方面认识分歧较大，加之存在信息壁垒，一些办案人员也抱有所涉纠纷可以由其他职能机关"兜底"的错误认识，进而形成处置不当等情形。天宁区检察院以此为切入点研发"涉刑金融纠纷不当处置监督模型"，将刑事、民事属于同一事实、非属同一事实时，案件应当采取的不同处理方式提炼为监督规则，针对法院不应当受理、公安机关立案后长期未开展实质侦查，以及违法金融等问题，推送各类监督线索200余条，通过抗诉、再审检察建议、监督立案等方式，开展类案监督，督促法院和公安机关依法妥善处置涉刑金融纠纷，推动公检法凝聚共识、形成合力，共同维护当事人合法权益，维护司法权威，护航法治化营商环境建设。

【模型设计】

数据来源：检察机关案件数据（源于全国检察机关业务应用系统、信访系统）；法院审判、执行案件数据（源于法院、中国裁判文书网）；刑事案件立案、撤案数据及接处警记录（源于公安机关）；信访投诉举报数据（源于12345平台、信访局、地方金融监管局等）；企业登记信息（源于企查查等）。

数据分析步骤：

第一步：将民事案件数据和刑事案件数据、信访举报数据进行比对，筛选出人员、单位存在重合的案件，形成涉刑金融纠纷案件数据集。

第二步：结合事实关联要素对民事纠纷、刑事案件是否属于同一事实进行初步识别，区分为同一事实、非属同一事实两类。

第三步：根据法院对民事案件的不同处理情形，对同一事实、非属同一事实数据集进行细分，分别形成法院判决、调解结案（即"已处理"）和法院未予接收、裁定不予受理和驳回起诉（即"未处理"）两类。

第四步：将经过前述筛选的法院"未处理"数据，和检察机关案件数据、公安机关案件数据、公安接警数据等进行对比，结合刑事案件处理情况，区分为决定不立案、立案后未追究刑事责任、立案后已追究刑事责任、立案后正常办理中、立案后形成挂案，以及未作为刑事案件受理六类情形。

第五步：针对前述细分情形，分别就民事纠纷和刑事案件属于同一事实、非属同一事实，推送法院应当受理但未立案受理、仅以涉嫌犯罪为由裁定驳回起诉等民事监督线索，以及公安机无正当理由长期挂案、未依法立案等刑事监督线索。

第六步：将基础数据集中法院以判决、调解方式结案的数据，与信访数据、刑事案件数据进行比对，筛查出存在违法金融等信访关键词且公安机关未立案侦查的案件，推送融合监督线索。

第七步：对模型推送的各类监督线索进行研判，"三查"融合强化调查核实。民事检察部门经调查核实后，取得相应证据的，及时开展民事检察监督，涉嫌犯罪的，同步移送刑事犯罪线索。发现涉嫌犯罪初步证据但不符合民事检察监督启动条件的，及时向刑事检察部门移送线索，并根据刑事案件办理进展，适时开展民事检察监督。

思维导图：

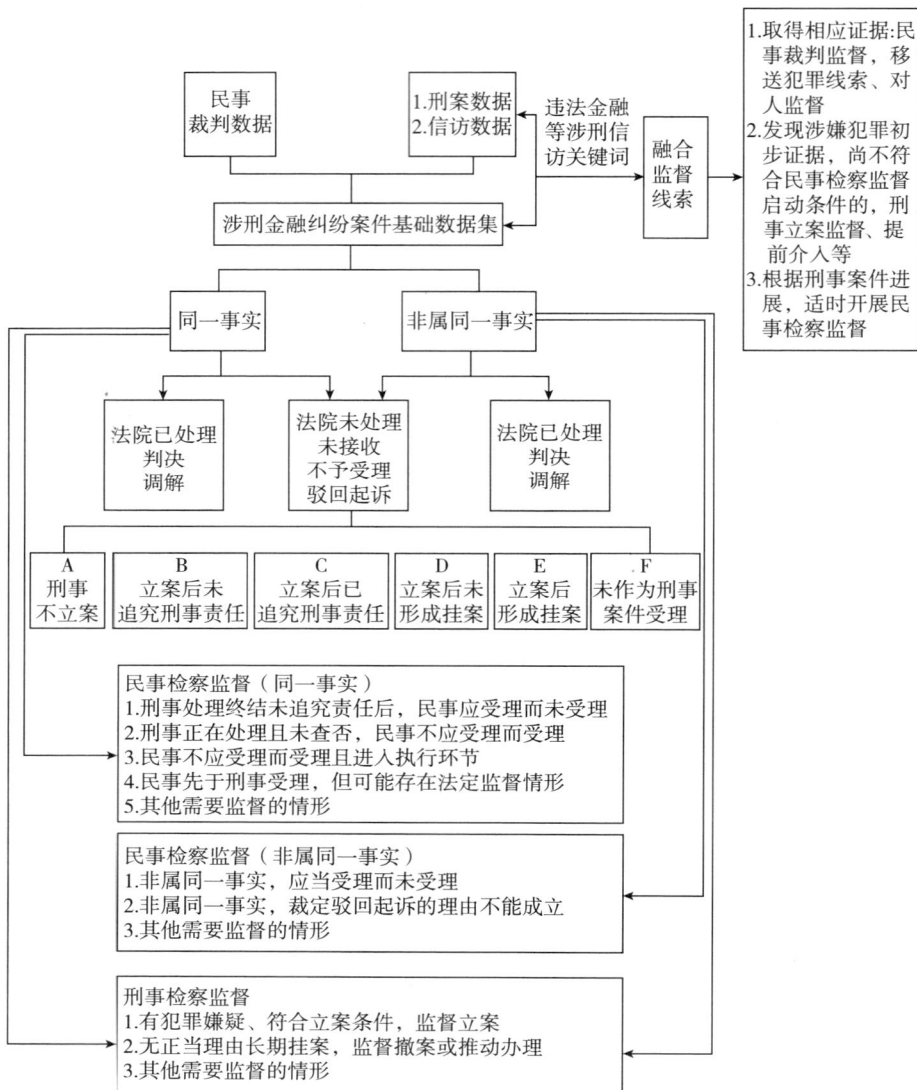

【监督方式】

涉刑金融纠纷处置中，刑民交叉问题疑难复杂情形多、司法实践争议较大，单纯通过民事检察监督、刑事检察监督难以达到最佳效果。天宁区检察院注重内部融合履职，强化民事检察部门、刑事检察部门配合协作，由"单打独斗"向融合监督转型。

民事检察部门强化调查核实，根据已取得的证据，认为案件符合监督条件的即开展民事检察监督，认为涉嫌犯罪的，同步移送犯罪线索，不因"等待"而错失监督时机。对于经审查和调查核实后，取得涉嫌犯罪初步证据，但尚不满足民事监督启动条件的，民事检察部门、刑事检察部门综合运用案件会商、联席会议、监督立案、提前介入等方式，督促公安机关对犯罪线索依法处理；并依据公安机关的侦查情况，取得相应证据后，在刑事案件办理阶段即启动民事检察监督程序，在尽快纠正错误裁判的同时，坚持"穿透式"思维，对模型推送的监督线索进行二次研判，深挖拓展价值。

【社会治理】

建章立制：针对"都管""都不管"背后的深层次社会问题，与公安机关会签《关于深入开展涉民营企业刑事案件"挂案"专项清理工作的意见》，推动涉经济犯罪"挂案"清理工作长效推进，防止新增"挂案"。与公安机关、金融监管部门多次召开非法集资积案处理专题会议，启动非法集资陈年积案的专项清理，共同推进化解攻坚工作，切实维护当事人合法权益，稳妥处置非法集资类积案，投资人合法诉求的解决渠道再度畅通，有效化解了矛盾纠纷。着力推动解决党委政府关注问题、群众反映强烈问题、司法实践痛点问题，针对违法金融、涉企犯罪等纠纷集中领域，开展多项专题调研，出台《优化法治营商环境十项举措》，就矛盾化解、协同履职等方面向地方党委政府建言献策；以案件办理为契机，深入研判涉企犯罪背后的社会因素。以模型化监督为契机，与法院、公安机关会签打击逃废债等多项协作机制，组建专班密切协作，共同推动解决"执行难"问题。针对刑民交叉案件多发的保险领域，与公安机关、大型保险公司多次专题研讨保险诈骗领域数字化侦防工作，就进一步加强检公企联动，畅通案件受理渠道，安全数据共享，助力保险行业健康发展等方面形成初步共识。

复制推广：本模型 2022 年 5 月启动研发，2023 年 1 月上线试运行，已迭代三版，在全市推广。模型上线以来，已推送各类监督线索两百多条。针对群众反映强烈的违法金融、虚假诉讼问题，经线索研判后，通过抗诉、检察建议、监督立案等方式，分别开展民事检察监督、刑事检察监督。

【法律法规依据】

1.《中华人民共和国刑法》第三百零七条之一第一款 以捏造的事实提起民事诉讼，妨害司法秩序或者严重侵害他人合法权益的，处三年以下有期徒刑、拘役或者管制，并处或者单处罚金；情节严重的，处三年以上七年以下有期徒刑，并处罚金。

2.《中华人民共和国银行业监督管理法》第十九条 未经国务院银行业监督管理机构批准，任何单位或者个人不得设立银行业金融机构或者从事银行业金融机构的业务活动。

3.《中华人民共和国民事诉讼法》第一百一十五条 当事人之间恶意串通，企图通过诉讼、调解等方式侵害国家利益、社会公共利益或者他人合法权益的，人民法院应当驳回其请求，并根据情节轻重予以罚款、拘留；构成犯罪的，依法追究刑事责任。

当事人单方捏造民事案件基本事实，向人民法院提起诉讼，企图侵害国家利益、社会公共利益或者他人合法权益的，适用前款规定。

第一百一十六条 被执行人与他人恶意串通，通过诉讼、仲裁、调解等方式逃避履行法律文书确定的义务的，人民法院应当根据情节轻重予以罚款、拘留；构成犯罪的，依法追究刑事责任。

第二百一十一条第二项 当事人的申请符合下列情形之一的，人民法院应当再审：

（二）原判决、裁定认定的基本事实缺乏证据证明的。

第二百一十九条　最高人民检察院对各级人民法院已经发生法律效力的判决、裁定，上级人民检察院对下级人民法院已经发生法律效力的判决、裁定，发现有本法第二百一十一条规定情形之一的，或者发现调解书损害国家利益、社会公共利益的，应当提出抗诉。

地方各级人民检察院对同级人民法院已经发生法律效力的判决、裁定，发现有本法第二百一十一条规定情形之一的，或者发现调解书损害国家利益、社会公共利益的，可以向同级人民法院提出检察建议，并报上级人民检察院备案；也可以提请上级人民检察院向同级人民法院提出抗诉。

各级人民检察院对审判监督程序以外的其他审判程序中审判人员的违法行为，有权向同级人民法院提出检察建议。

第二百二十一条　人民检察院因履行法律监督职责提出检察建议或者抗诉的需要，可以向当事人或者案外人调查核实有关情况。

4.《全国法院民商事审判工作会议纪要》　128.【分别审理】同一当事人因不同事实分别发生民商事纠纷和涉嫌刑事犯罪，民商事案件与刑事案件应当分别审理，主要有下列情形：

（1）主合同的债务人涉嫌刑事犯罪或者刑事裁判认定其构成犯罪，债权人请求担保人承担民事责任的；

（2）行为人以法人、非法人组织或者他人名义订立合同的行为涉嫌刑事犯罪或者刑事裁判认定其构成犯罪，合同相对人请求该法人、非法人组织或者他人承担民事责任的；

（3）法人或者非法人组织的法定代表人、负责人或者其他工作人员的职务行为涉嫌刑事犯罪或者刑事裁判认定其构成犯罪，受害人请求该法人或者非法人组织承担民事责任的；

（4）侵权行为人涉嫌刑事犯罪或者刑事裁判认定其构成犯罪，被保险人、受益人或者其他赔偿权利人请求保险人支付保险金的；

（5）受害人请求涉嫌刑事犯罪的行为人之外的其他主体承担民事责任的。

审判实践中出现的问题是，在上述情形下，有的人民法院仍然以民商事案件涉嫌刑事犯罪为由不予受理，已经受理的，裁定驳回起诉。对此，应予纠正。

129.【涉众型经济犯罪与民商事案件的程序处理】 2014 年颁布实施的《最高人民法院最高人民检察院公安部关于办理非法集资刑事案件适用法律若干问题的意见》和 2019 年 1 月颁布实施的《最高人民法院最高人民检察院公安部关于办理非法集资刑事案件若干问题的意见》规定的涉嫌集资诈骗、非法吸收公众存款等涉众型经济犯罪，所涉人数众多、当事人分布地域广、标的额特别巨大、影响范围广，严重影响社会稳定，对于受害人就同一事实提起的以犯罪嫌疑人或者刑事被告人为被告的民事诉讼，人民法院应当裁定不予受理，并将有关材料移送侦查机关、检察机关或者正在审理该刑事案件的人民法院。受害人的民事权利保护应当通过刑事追赃、退赔的方式解决。正在审理民商事案件的人民法院发现有上述涉众型经济犯罪线索的，应当及时将犯罪线索和有关材料移送侦查机关。侦查机关作出立案决定前，人民法院应当中止审理；作出立案决定后，应当裁定驳回起诉；侦查机关未及时立案的，人民法院必要时可以将案件报请党委政法委协调处理。除上述情形人民法院不予受理外，要防止通过刑事手段干预民商事审判，搞地方保护，影响营商环境。

当事人因租赁、买卖、金融借款等与上述涉众型经济犯罪无关的民事纠纷，请求上述主体承担民事责任的，人民法院应予受理。

130.【民刑交叉案件中民商事案件中止审理的条件】 人民法院在审理民商事案件时，如果民商事案件必须以相关刑事案件的审理结果为依据，而刑事案件尚未审结的，应当根据《民事诉讼法》第 150 条第 5 项的规定裁定中止诉讼。待刑事案件审结后，再恢复民商事案件的审理。如果民商事案件不是必须以相关的刑事案件的审理结果为依据，则民商事案件应当继续审理。

5.《最高人民法院关于在审理经济纠纷案件中涉及经济犯罪嫌疑若干问题的规定》第一条 同一自然人、法人或非法人组织因不同的法律事实，分别涉及经济纠纷和经济犯罪嫌疑的，经济纠纷案件和经济犯罪嫌疑案件应当分开审理。

第十条　人民法院在审理经济纠纷案件中，发现与本案有牵连，但与本案不是同一法律关系的经济犯罪嫌疑线索、材料，应将犯罪嫌疑线索、材料移送有关公安机关或检察机关查处，经济纠纷案件继续审理。

第十一条　人民法院作为经济纠纷受理的案件，经审理认为不属经济纠纷案件而有经济犯罪嫌疑的，应当裁定驳回起诉，将有关材料移送公安机关或检察机关。

第十二条　人民法院已立案审理的经济纠纷案件，公安机关或检察机关认为有经济犯罪嫌疑，并说明理由附有关材料函告受理该案的人民法院的，有关人民法院应当认真审查。经过审查，认为确有经济犯罪嫌疑的，应当将案件移送公安机关或检察机关，并书面通知当事人，退还案件受理费；如认为确属经济纠纷案件的，应当依法继续审理，并将结果函告有关公安机关或检察机关。

6.《最高人民法院关于审理民间借贷案件适用法律若干问题的规定》
第五条　人民法院立案后，发现民间借贷行为本身涉嫌非法集资等犯罪的，应当裁定驳回起诉，并将涉嫌非法集资等犯罪的线索、材料移送公安或者检察机关。

公安或者检察机关不予立案，或者立案侦查后撤销案件，或者检察机关作出不起诉决定，或者经人民法院生效判决认定不构成非法集资等犯罪，当事人又以同一事实向人民法院提起诉讼的，人民法院应予受理。

第六条　人民法院立案后，发现与民间借贷纠纷案件虽有关联但不是同一事实的涉嫌非法集资等犯罪的线索、材料的，人民法院应当继续审理民间借贷纠纷案件，并将涉嫌非法集资等犯罪的线索、材料移送公安或者检察机关。

第十二条　借款人或者出借人的借贷行为涉嫌犯罪，或者已经生效的裁判认定构成犯罪，当事人提起民事诉讼的，民间借贷合同并不当然无效。人民法院应当依据民法典第一百四十四条、第一百四十六条、第一百五十三条、第一百五十四条以及本规定第十三条之规定，认定民间借贷合同的效力。

担保人以借款人或者出借人的借贷行为涉嫌犯罪或者已经生效的裁判认定构成犯罪为由，主张不承担民事责任的，人民法院应当依据民间借贷合同与担保合同的效力、当事人的过错程度，依法确定担保人的民事责任。

7.《最高人民法院关于审理存单纠纷案件的若干规定》第三条第二款
人民法院在受理存单纠纷案件后，如发现犯罪线索，应将犯罪线索及时书面告知公安或检察机关。如案件当事人因伪造、变造、虚开存单或涉嫌诈骗，有关国家机关已立案侦查，存单纠纷案件确须待刑事案件结案后才能审理的，人民法院应当中止审理。对于追究有关当事人的刑事责任不影响对存单纠纷案件审理的，人民法院应对存单纠纷案件有关当事人是否承担民事责任以及承担民事责任的大小依法及时进行认定和处理。

8.《最高人民法院、最高人民检察院、公安部关于办理非法集资刑事案件适用法律若干问题的意见》 七、关于涉及民事案件的处理问题

对于公安机关、人民检察院、人民法院正在侦查、起诉、审理的非法集资刑事案件，有关单位或者个人就同一事实向人民法院提起民事诉讼或者申请执行涉案财物的，人民法院应当不予受理，并将有关材料移送公安机关或者检察机关。

人民法院在审理民事案件或者执行过程中，发现有非法集资犯罪嫌疑的，应当裁定驳回起诉或者中止执行，并及时将有关材料移送公安机关或者检察机关。

公安机关、人民检察院、人民法院在侦查、起诉、审理非法集资刑事案件中，发现与人民法院正在审理的民事案件属同一事实，或者被申请执行的财物属于涉案财物的，应当及时通报相关人民法院。人民法院经审查认为确属涉嫌犯罪的，依照前款规定处理。

9.《最高人民法院、最高人民检察院、公安部、司法部关于进一步加强虚假诉讼犯罪惩治工作的意见》

【经验传真】

（一）坚持问题导向，聚焦重点、难点、痛点

本模型的研发，缘起于天宁区检察院短期内处置了两起信访案件，当事人面临的情形高度类似，但职能机关的处理结果截然不同。民事和控告申诉检察部门抱着"同案不同判"的困惑进行联合调研，发现"都不管"的问题并非个例，从而启动模型研发。"都管""都不管"不仅仅是法律适用、事实认定、刑民思维碰撞等问题，还是司法实践存在已久的痛点问题。天宁区检察院坚持问题导向，将解决涉刑金融纠纷处理中的痛点问题作为基本定位，目的是推动解决事实认定不准确、裁判标准不统一、线索移送不规范、反馈结果不及时、侦查活动不给力、案件信息不互通、违法犯罪难发现等重点、难点、痛点问题。聚焦突出问题，确保了模型研发方向不偏；同时，正因为聚焦突出问题，为模型应用阶段推动解决问题，进而为做好法律监督"后半篇文章"打下了坚实基础。

（二）坚持内外齐抓，整合稳定数据来源

2022年以来，天宁区检察院和区法院会签了多项协同履职机制，与区公安分局建立了侦查监督与协作配合机制，建立起信息互通、线索互移、便捷互动的协作机制。本模型开展数据比对、碰撞，最重要的数据支撑就是法院系统的审判、执行案件数据，以及公安机关的立案、撤案数据。天宁区检察院以双赢多赢共赢为目标，以协作机制为契机，以共同打击虚假诉讼、共同推动解决"执行难""逃废债"等问题为抓手，以"够用""可用"为标准，实现了对关键数据的分批次推送和有效使用，创造了对外部数据可持续利用的有效路径。同时，天宁区检察院深挖检察机关自身的办案数据、信访数据价值，并针对违法金融、虚假诉讼领域存在多头举报等特点，积极对接常州市大数据平台，实现了对12345平台投诉举报数据的利用，为内部信访数据提供有益补充，进一步提升了线索推送的全面性。

（三）打破固有分工，跨业务团队主导模型研发

天宁区检察院着眼于发现涉刑金融纠纷处理中的法律适用错误、事实认定错误、怠于履行职责等问题，采取了检察长统筹指挥，民事、刑事检察部门选派具有自侦业务经历的办案骨干组成研发团队的模式，通过跨业务的思维碰撞，"三查"融合发现阅卷审查难以关注的监督点，最终形成了以"都管"和"都不管"为主，下设多子项具体情形的监督线索规则模块。同时，模型研发注重案件"基础"，以个案为基础准确发掘既有的监督点，以个案为基础提炼数据碰撞规则，进而结合法律规定，探索全新的监督点并开展理论分析，确保监督规则设置的科学性，提升模型的精准度。

（四）一体融合，协同履职，确保最优办案质效

在对涉刑金融纠纷案件开展法律监督工作中，民事检察监督和刑事检察监督虽然相对独立，但不能完全割裂，应当相互补充、互为助力。天宁区检察院针对模型推送的监督线索，检察长、副检察长带头办理重大案件，民事、刑事检察部门抽调专人联合研判，重点针对是否属于同一事实、是否存在犯罪嫌疑、如何确定调查核实方向开展研判，进而确定先民后刑、刑民并行等办案方式，确保及时获取关键证据，及时启动监督程序，以最高效率纠正错误裁判。涉刑金融纠纷不是单纯的民事纠纷或刑事案件，天宁区检察院深挖成案线索的拓展价值，主动审查案涉人员在其他领域、其他地区是否存在类似案件，由个案至类案，循序渐进突破其他监督点。

（五）融入矛盾纠纷多元化解格局，持续深化社会治理

模型推广期间，常州市检察院针对模型推送的"都不管"类线索，同步开展法院以涉嫌犯罪为由裁定驳回起诉专项监督活动，对公安机关是否依法受理、依法立案或决定不立案、依法反馈办理结果，法院是否移送线索、移送是否及时、移送理由是否充分等进行"回头看"。同时，针对违法金融、涉企犯罪等纠纷集中领域，开展多项专题调研，就矛盾化解、

协同履职等方面向地方党委政府建言献策。以模型化监督为契机，与法院、公安机关会签打击逃废债等多项协作机制，共同推动解决执行难等司法实践痛点问题。通过模型研发，推送监督线索；通过案件办理，推动问题解决；通过问题解决，实现多赢共赢。模型运行以来，天宁区检察院和法院、公安机关的协作渠道更加畅通，并且争取到了党委政府的肯定和支持，也为今后模型迭代升级打下了坚实基础，为数字检察工作的进一步开展创造了更加优质的条件。

（赵鑫，江苏省常州市天宁区人民检察院检察长）

第十二章　其他民事数字检察监督模型

1. 涉赌博民事生效裁判类案监督模型

【建模单位】

浙江省建德市人民检察院

【监督要旨】

近年来，虚假诉讼呈高发之势，一方面严重损害司法权威和司法公信力，另一方面也"助推"了社会失信和道德滑坡，破坏社会公序良俗。整治虚假诉讼，尤其是将非法赌债包装成合法民间借贷的虚假诉讼行为，对于建设诚信社会、保护当事人合法权利、维护司法权威、建设法治国家具有重要意义。检察机关拓宽虚假诉讼监督广度、加大对虚假诉讼的打击力度，压缩虚假诉讼的生存空间，铲除虚假诉讼滋生的土壤，对于构建公正、权威、诚信的司法环境具有重要作用。检察机关在打击虚假诉讼过程中应当充分发挥数字检察的撬动作用，推动民事检察个案监督线索向类案监督延伸，就涉赌博虚假诉讼类案向法院依法提出监督意见，纠正法院不当裁判。同时坚持融合监督理念，对发现的刑事、行政等监督线索及时移送其他部门，实现数据线索高效运用。

【模型概要】

2022 年 4 月以来，建德市检察院刑事检察部门在办理邱某某涉嫌赌博罪一案中发现，2018 年 6 月，邱某某提供资金在中国澳门"太阳城赌厅"开设账户，然后招揽赌博人员赴澳门赌场进行"百家乐"赌博，其间在赌场出借赌资给彭某某等人。后彭某某未能按期还款，邱某某隐瞒真实借款用途，以民间借贷为由向法院提起民事诉讼，并获法院判决结果支持。针对该异常民间借贷纠纷个案，建德市检察院对邱某某赌博案特性进行分析，发现邱某某经常在赌场出借赌资给赌客并从中获利，借贷双方所出具的借条很难反映出是赌资，因此该类民间借贷纠纷诉至法院往往容易获得支持。建德市检察院认为这种将赌资虚构为借款的虚假诉讼行为，严重扰乱了司法审判秩序。在分析该类案件特性的基础上，建德市检察院全面摸排了近年来办理的涉赌博罪、开设赌场罪刑事案件，发现大量异常民间借贷纠纷案件监督线索，在一些已办结的其他涉赌博刑事案件中也存在出借赌资给赌客的职业放贷人员，表明这一问题具有普遍性，有必要开展类案监督。该院成立由检察长任组长的涉赌博民事生效裁判类案监督领导小组，成员涵盖民事、刑事、技术等部门。在杭州市检察院的指导帮助下，该院搭建民事生效裁判类案监督模型，借助数据比对，精准研判线索成案监督。通过制发再审检察建议，依法打击虚假诉讼，维护司法秩序和权威。

【模型设计】

数据来源： 民事裁判文书（源于中国裁判文书网、浙江裁判文书检索系统）；刑事裁判文书（源于中国裁判文书网、浙江裁判文书检索系统）。

数据分析关键词： 民间借贷、赌博罪、开设赌场罪、组织参与国（境）外赌博罪

数据分析步骤：

第一步：研判文书获取。通过中国裁判文书网或浙江检察裁判文书检索应用获取民间借贷纠纷裁判文书和赌博罪、开设赌场罪、组织参与国（境）外赌博罪刑事裁判文书。

第二步：民事裁判文书、刑事裁判文书结构化处理。提取民事裁判文书中原告、被告姓名及公民身份号码，裁判文书文号、审判法院、裁判文书生效时间等与案件相关数据。提取刑事裁判文书中证人、犯罪嫌疑人姓名和公民身份号码，裁判文书文号、审判法院、判决文书生效时间等与案件相关数据。

第三步：数据研判比对。将民事案件原告数据与刑事案件犯罪嫌疑人数据进行比对、将民事案件被告数据与刑事案件证人数据进行比对，提取核对一致、匹配成功的数据，并将相应案件信息统一输出至疑似线索一览表。

思维导图：

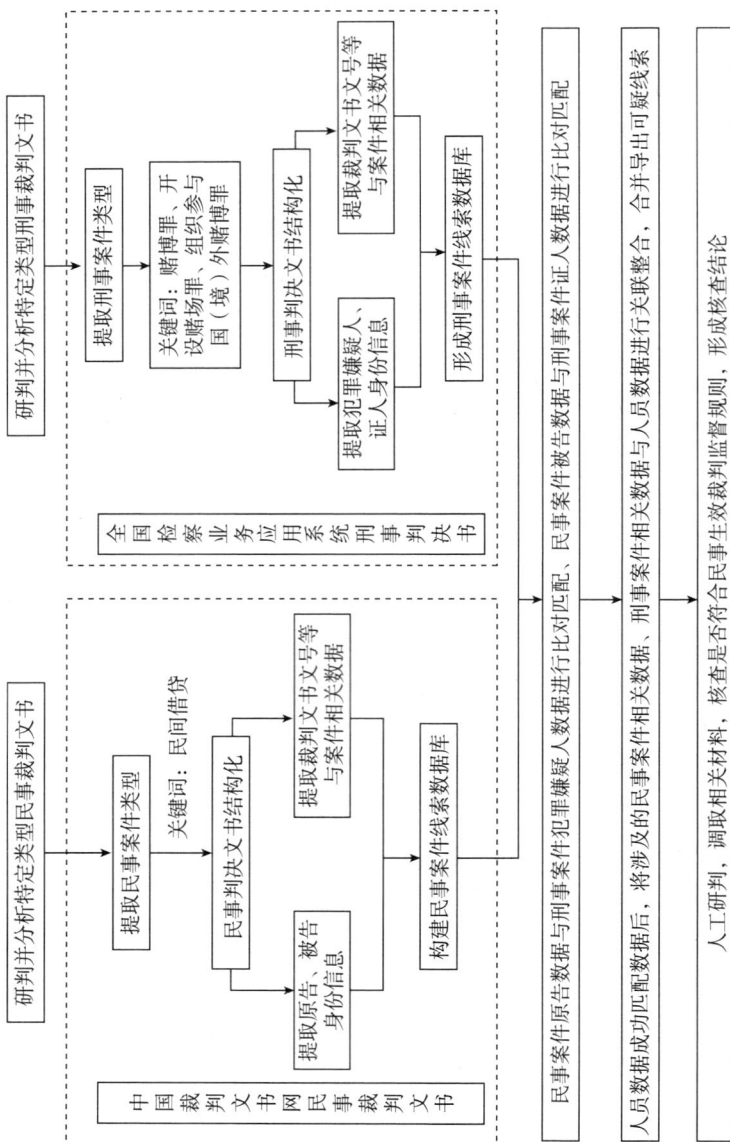

【监督方式】

民事检察监督：通过数据比对，建德市检察院发现 2020 年以来存在的异常民间借贷纠纷案件线索。对这些线索，建德市检察院选配精干力量组建工作专班，调取相关案件卷宗，通过全覆盖阅卷审查、精准研判，确定林某某等人民间借贷纠纷等可依职权监督案件。

拒执犯罪线索和行政检察监督：因涉赌博人员资金往来情况复杂，建德市检察院办理民事监督案件后，发现涉赌博类民间借贷案件中部分出借人是法院民事执行案件被执行人，故除摸排生效裁判监督线索外，建德市检察院将失信（限制高消费）被执行人员信息与赌博行政处罚人员信息进行比对，发现被执行人不履行判决确定支付钱款义务将钱款用于赌博的拒执犯罪线索。

【社会治理】

建章立制：建德市检察院以该系列案的成功办理为契机，会同建德市纪委监委、市数据资源服务中心，形成强化数字清廉法治建设的实施办法，在政法一体化、大数据检察监督体系等"整体智治"上实现新突破。杭州市检察院同时与法院、公安、司法等部门共同出台《关于进一步完善打击虚假诉讼联动机制的纪要》，强化协作配合，畅通数据流通、共享渠道，形成虚假诉讼联防共治工作格局，进一步健全虚假诉讼监督体系。

复制推广：建德市检察院在本院开展专项监督活动的同时，还积极向其他兄弟院移送有效监督线索 100 余条。2022 年 8 月，杭州市院印发《杭州市检察机关开展涉赌博民事生效裁判监督专项活动实施方案》，决定在建德市院办案经验基础上开展全市专项监督活动。2022 年底，杭州市两级检察机关共 9 个基层检察院就发现的另外 17 件涉赌资虚假诉讼案件亦向法院发出再审检察建议。截至 2023 年 6 月，杭州市两级检察机关提出的另外 17 份再审检察建议全部被法院采纳，涉及金额 2000 万余元，均已执行到位，实现了"一域突破，全域共享"的规模效应。

【法律法规依据】

1.《中华人民共和国民事诉讼法》第二百一十九条第二款 地方各级人民检察院对同级人民法院已经发生法律效力的判决、裁定，发现有本法第二百一十一条规定情形之一的，或者发现调解书损害国家利益、社会公共利益的，可以向同级人民法院提出检察建议，并报上级人民检察院备案；也可以提请上级人民检察院向同级人民法院提出抗诉。

2.《最高人民法院关于审理民间借贷案件适用法律若干问题的规定》第十三条第四项 具有下列情形之一的，人民法院应当认定民间借贷合同无效：

（四）出借人事先知道或者应当知道借款人借款用于违法犯罪活动仍然提供借款的。

【经验传真】

（一）数字赋能监督，拓展民事生效裁判监督领域

当前，民事生效裁判监督面临线索发现难的困境，建德市检察院探索利用数字检察引领、撬动、重塑作用，积极拓展民事生效裁判监督领域。该院以大数据思维为牵引，在个案办理基础上搭建数字监督模型，精准发现涉赌博生效裁判类案监督线索，对查实成案的虚假诉讼案件依法向法院提出再审检察建议，监督法院纠正不当裁判，打击赌博违法行为，维护司法秩序和权威，保护当事人合法权益。

（二）部门协同联动，高效运用线索实现融合监督

建德市检察院在开展民事生效裁判监督的同时，坚持"三查融合、四检一体"工作格局，同步梳理、挖掘"四大检察"监督线索，对在大数据比对中发现的被执行人拒执犯罪线索及时移送本院刑事检察部门、公安机关，部分线索公安已查实立案。对数据比对中发现的行政违法行为线索，移送本院行政检察部门开展行政违法行为监督。通过部门协同联动，

探索形成从民事检察类案到"四大检察"融合式监督的履职模式。

（三）高质效履职，构建虚假诉讼共同防范体系

虚假诉讼行为人借助诉讼形式牟取不正当利益，扰乱正常的司法秩序，破坏社会诚信体系，严重损害他人合法权益和国家利益、社会公共利益。虚假诉讼的防范惩治是一个社会系统治理问题，检察机关作为法律监督机关，是防范、惩治虚假诉讼的重要力量。建德市检察院在参与社会治理中，推动虚假诉讼问题的综合治理，在民事检察监督的同时依法打击赌博违法行为、拒执犯罪，实现从个案到类案、从类案到治理、从监督到预防，与法院、公安机关协同推动构建全社会对虚假诉讼的共同防范体系。

（邱生权，浙江省建德市人民检察院检察长）

2. 医疗费重复赔偿社会治理类检察监督模型

【建模单位】

浙江省宁海县人民检察院

【监督要旨】

针对人身损害赔偿纠纷案件中，当事人通过医保和侵权赔偿双重受偿问题，提取判决书中案由及医疗费、伤残等级等关键词，依托公开的生效裁判文书及社保数据，发现涉医疗费重复赔偿类案监督线索。通过"检察建议＋机制建设"的方式，推动公检法及医保机构共同构建医保机构作为第三人参加诉讼制度，通过诉的合并，保障医保机构及时行使权利，并实现系统治理目标。同时发挥民事、刑事、行政检察一体化办案优势，推动问题得以制度性解决。

【模型概要】

2020 年 5 月，董某受雇于赖某，为其房子装修，翻新过程中，董某不慎从二楼摔落。治疗期间，董某在明知不符合医保报销条件的情况下，隐瞒雇佣过程中摔伤的事实，谎称是在家中翻修房屋时摔伤住院治疗，共计花费医疗费 4.8 万元，其中通过医保账户支付 2.5 万元。后又向宁海县法院提起诉讼，向赖某主张赔偿并获得判决支持。经他人举报后，宁海县医疗保障局对董某上述报销行为进行调查，并于 2021 年 10 月 21 日以董某涉嫌诈骗罪移送宁海县公安局。公安机关侦查终结后，于 2021 年 11 月 29 日将案件移送宁海县检察院审查起诉。承办检察官认为，董某隐瞒受伤事实将部分医疗费通过社会医疗保险机构予以报销，后又通过诉讼方式向侵权第三人主张赔偿并获得法院判决支持，构成诈骗罪。2022 年 4 月

27 日，宁海县法院以诈骗罪判处董某有期徒刑 7 个月，缓刑 1 年 2 个月，并处罚金 3000 元。

　　宁海县检察院根据上述案件线索，总结个案特性，提炼关键要素。通过大数据进行初步筛查，设置人身损害赔偿纠纷案由及"医疗费""伤残等级"等关键词，初步筛选人身损害赔偿纠纷案件生效裁判文书。走访宁海县医保局，了解医保报销制度，并调取医保报销相关数据。利用浙江检察数据应用平台进行建模，创建法律监督场景，导入上述数据。经排查发现当事人重复受偿线索 65 件，其中金额较大的线索 11 件。经核查，宁海县医保局对上述情况并不知情，没有行使追偿权，导致国家基本医疗保险基金流失 30 万余元。另有 3 件案件重复受偿金额达到诈骗罪定罪标准，移送公安机关处理。后向宁海县法院提出社会治理检察建议，联合构建医保基金监督协作机制，联合建立医保机构追偿制度，从源头上堵住"一案双赔"的漏洞。

【模型设计】

　　数据来源：人身损害赔偿纠纷案件裁判文书（源于中国裁判文书网、浙江裁判文书检索系统）；医保报销数据（源于医保局）；民事案件卷宗数据（源于法院档案系统）

　　类案特征要素：主要存在于机动车交通事故责任纠纷、身体权、健康权、生命权、提供劳务者受害责任纠纷等人身损害赔偿纠纷案件中；原告在遭受侵权事故后，多数有构成伤残的情况；原告部分医疗费用通过社会医疗保险予以报销。

　　数据分析关键词：人身损害赔偿纠纷相关案由、医疗费、伤残等级。

　　逻辑规则：该模型通过对法院公开裁判文书进行归纳整理分析，以人身损害赔偿纠纷案由提取类案，形成线索数据，与社保报销数据比对碰撞，筛选出医疗费重复赔偿类案监督线索。

　　数据分析步骤：

　　第一步：数据归集。（1）收集宁海县法院近年来公开的民事裁判文书；（2）以民事案由—人身损害赔偿纠纷为检索条件进行筛选。

　　第二步：筛查异常信息，形成存疑线索数据。（1）对第一步筛选出的裁判文书继续检索，以"医疗费"为关键词，筛查出原告诉求中主张赔付医疗费的案件；（2）以"伤残等级"为关键词，进一步筛选上述一审裁判案件。

第三步：比对医保报销数据。（1）整理第二步的筛选结果，将文本内容中原告信息（姓名、公民身份号码）、案由、诉讼立案日期、原告就诊日期、医疗费金额等关键要素结合文书编号形成结构化数据表；（2）利用浙江检察数据应用平台，将表中原告信息（姓名、公民身份号码）、就诊日期与社会医疗保险机构掌握的医保报销数据进行匹配，筛选出原告在就诊日期及诉讼立案日期这两个时间点之间的医保报销数据，确定可疑涉医疗费重复报销案件。

第四步：调查研判核实。（1）调取可疑涉医疗费重复报销案件法院卷宗，获取医疗费报销发票等凭证；（2）向相关人员调查取证等方式深入调查，确定存在医疗费重复报销案件。

思维导图：

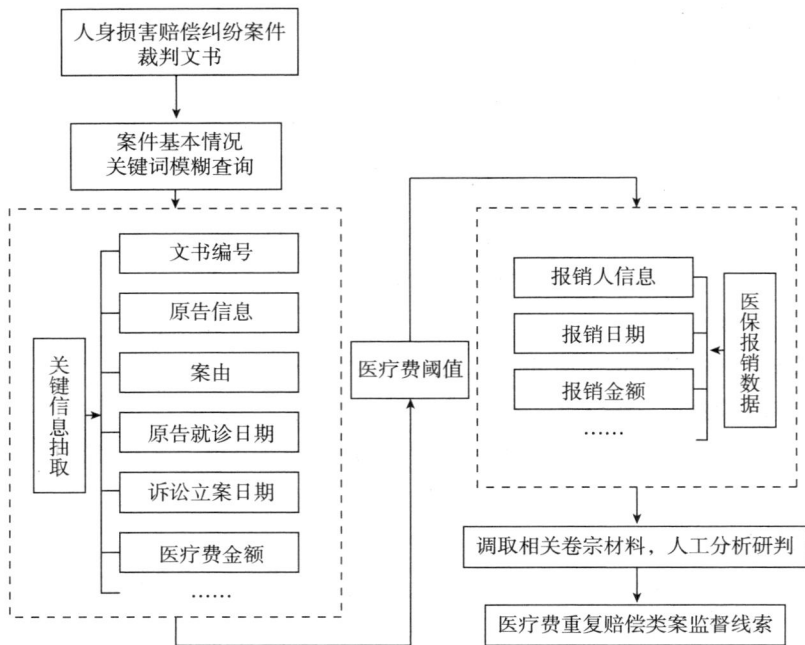

【监督方式】

宁海县检察院落实调查、审查、侦查"三查"融合监督机制。刑事检察部门在办理刑事案件过程中发现线索，后宁海县检察院成立以分管检察长为组长的数字检察办案专班，抽调刑事、民事、公益诉讼、技术部门的骨干人员。办案专班通过在浙江检察数据应用平台进行建模，智能筛选出医疗费重复受偿类案线索进行梳理研判；办案检察官分析汇总异常线索，调取、审查法院卷宗；采取向法院、社保部门查询信息，向相关人员调查取证等方式深入调查，明确导致医保基金流失的关键在于制度的缺失，从而确定监督方向。向法院发出社会治理检察建议。同时，将犯罪线索及时移交公安机关。通过融合履职，相互协作，提升监督质效。

通过向法院制发社会治理检察建议，督促法院、医保机构开展专项排查，追回医保基金 20 万余元；向公安机关移交医保诈骗犯罪线索，严厉打击此类犯罪；联合构建医保机构作为第三人参加诉讼制度，从源头上防止医保基金流失；建立民事审判、行政审查、刑事侦查衔接机制，共同筑牢医保基金防线。

【社会治理】

建章立制： 宁海县检察院通过"个案办理—类案监督—系统治理"的数字检察之路，聚焦从源头上维护医保基金安全，向法院制发社会治理检察建议，建议开展专项排查，完善相关协作机制，堵塞制度漏洞，防止医保基金流失，并抄送医保局；召开磋商会，联合法院、公安机关、医保局构建医保局作为诉讼第三人参加诉讼制度，完善行政执行、民事审判、刑事侦查衔接机制，筑牢医保基金守护防线，会签《关于建立医疗保障基金监督协作机制的实施意见》。

复制推广： 该监督模型被宁波市检察院在全市推广应用，并被列入浙江省委数字化改革重大应用"一本账"。浙江温州、杭州、丽水及北京、江西、新疆等院参与学习交流。

【法律法规依据】

1.《中华人民共和国社会保险法》第三十条 下列医疗费用不纳入基本医疗保险基金支付范围：

（一）应当从工伤保险基金中支付的；

（二）应当由第三人负担的；

（三）应当由公共卫生负担的；

（四）在境外就医的。

医疗费用依法应当由第三人负担，第三人不支付或者无法确定第三人的，由基本医疗保险基金先行支付。基本医疗保险基金先行支付后，有权向第三人追偿。

2.《中华人民共和国民事诉讼法》第五十九条第一款、第二款 对当事人双方的诉讼标的，第三人认为有独立请求权的，有权提起诉讼。

对当事人双方的诉讼标的，第三人虽然没有独立请求权，但案件处理结果同他有法律上的利害关系的，可以申请参加诉讼，或者由人民法院通知他参加诉讼。人民法院判决承担民事责任的第三人，有当事人的诉讼权利义务。

【经验传真】

（一）坚持融合监督，发挥一体化办案优势

宁海县检察院把数字检察作为重点项目谋划推进，成立了检察长为组长的数字检察工作专班，每月召开数字检察例会，由各部门汇报数字检察项目进展情况。刑事检察部门在办理诈骗时，通过启动自行补充侦查，采取向医疗机构、社保部门调查取证等方式深入调查，发现存在医疗费重复赔偿情况，将线索及时移交民事检察部门。民事部门在发现可能存在类案情况下，经汇报领导后，宁海县检察院成立由检察长为组长的数字办案专班，抽调由民事、刑事、公益诉讼、技术部门等骨干力量，通过各部门联动履职，精准找出机制漏洞和关键问题，明确监督重点为医保机构与法院之间机制的缺失而非医保机构履职不到位，为后续问题的解决打下坚实的基础。

（二）高质效履职，查找机制漏洞

检察机关在履职中要注意发现案件背后的深层次原因，从源头上堵塞漏洞。本案的生效民事裁判符合法律规定，医保先行支付医药费也合乎规定，但是合理合法的结果却造成了医保资金流失。医保基金关系民生，"一案双赔"下医保资金的流失直接影响到人民群众的治病钱、救命钱。宁海县检察院坚守维护公共利益的职责使命，积极探求案件背后的缘由。在该案中，之所以当事人可以获得"医保报销资金"和"第三人赔偿金"双重赔偿，是因为医保机构追偿权缺位、机制不健全，为寻求系统解决方案打下了基础。

（三）加强系统治理，推动"第三人"民事诉讼制度改革

在第三人侵权、机动车交通事故责任等人身损害赔偿案件中，受害人将已医保报销的医疗费向第三人索赔，医保机构因不能及时了解该情况，无法向受害人追偿。即使医保机构了解到该信息后，以先行支付医疗费为由向受害人提起追偿之诉，亦会导致法院针对同一事实重复受理，增加当事人讼累。为贯彻"纠纷一次性解决"的民事诉讼理念，避免程序上的反复，宁海县检察院通过"检察建议＋机制建设"的方式，以司法领域"当事人一件事"集成改革为契机，力推民事诉讼制度改革，协调构建医保机构作为诉讼案件"第三人"制度，通过诉的合并，保障医保机构能及时行使权利，实现系统治理目标。

（四）加强民事审判、刑事侦查与行政执法协作，合力维护医保资金安全

为了保障检察建议的落实，宁海县检察院在建议发出后，多次联合法院、公安机关、医保机构召开医保基金监管协作磋商会议，研究治理方案，形成合作共识。督促开展专项排查整治，积极促使医保机构追回

流失的医保基金。联合建立医疗保障基金监管协作机制，建立法院、公安机关、医保机构线索移送、案件通报、信息共享机制，明确法院可以视情况通知医保局作为第三人参与诉讼，从源头上堵塞医保基金监管漏洞。同时，建立民事与行、刑衔接机制，综合运用行政处罚、刑事处罚等手段，加大对骗取医疗保障基金违法犯罪行为的打击力度，确保医疗保障基金安全规范使用，推动问题得以制度性解决，实现监督效能最大化。

（张飞忠，浙江省宁海县人民检察院检察长）

3. 虚假调解司法确认类案监督模型

【建模单位】

浙江省云和县人民检察院

【监督要旨】

解析司法确认民事裁定个案，提取纠纷标的额较小、债务人扎堆履行义务、劳动报酬畸高且为整数等数据要素特征，筛查出一批调解员造假型和虚构劳动报酬型虚假司法确认线索。通过统筹市县两级检察院力量开展调查核实，在监督个案纠正、依法追究刑事责任的同时，推动人民法院、司法行政部门完善司法确认、人民调解员聘用管理工作机制，构建联防共治新格局。

【模型概要】

2018 年，丽水市某建筑公司因未能偿还巨额债务被多名债权人起诉至法院，判决生效进入强制执行程序后，该公司上千万元资金被法院冻结。为套取上述冻结款项，该公司虚构拖欠民工工资的事实，指使他人冒充民工与公司达成系列虚假调解协议，向法院申请司法确认案件 60 起，并依据相关裁定文书从法院骗领执行款 130 万余元，严重损害真实债权人受偿权益。

2021 年初，丽水市某基层调解员为骗领调解案件补贴，虚构物业费纠纷调解案件，采取伪造人民调解协议、司法确认申请书、冒充当事人签名等手段向人民法院申请司法确认。基层法院未严格审核当事人身份及调解协议的真伪，径直裁定确认调解协议有效，导致系列案件当事人在不知情的情况下"被司法确认"。

浙江省云和县检察院分析总结上述两类案件的规律，按照不同行为人的造假动机分类画像、分类建模，依托自主研发的"智汇引擎"应用平台进行线索筛查，推动丽水市检察机关开展专项监督活动，启动一体化办案机制进行调查核实，陆续查明一批调解员造假、虚构劳动报酬案件和审执人员违法案件。

【模型设计】

数据来源：民事裁判文书（源于浙江裁判文书检索系统）；人民调解数据（源于司法行政部门）。

类案特征要素：根据不同造假动机，虚假司法确认案件数据特征也各有不同。

1. 虚构劳动报酬类案件。（1）涉案所称"拖欠工资"金额经常达到数万元，远高于一般劳务方忍耐限度，且往往是整数，明显不符合同行业正常的民工个人计酬标准。（2）造假人为尽快实现非法目的，往往在短时间内密集提出司法确认申请，其调解日期、申请司法确认日期、司法确认裁定日期、裁定文书送达日期都是同一天，不符合常理。

2. 人民调解员造假类案件。（1）案件标的额往往较小且均已履行完毕，不具备申请强制执行的可能性，也就没有申请司法确认的必要性。（2）案件往往是批量"造假"，一方申请人为同一人，批量案件中的调解日期、申请司法确认日期、司法确认裁定日期均为同一日。（3）往往属于"一告多"情形，即债权方为一人（如物业公司），债务方为多人乃至几十人（如诸多业主）。根据生活常识判断，债务方扎堆集中在同一日前往法院履行债务、签署调解协议并申请司法确认的可能性不大。

数据分析步骤：

第一步：数据汇集和清洗。（1）将收集到的15万份民事裁判文书及2.7万份司法确定裁定书、人民调解数据全部汇集到"智汇引擎"应用后台。（2）精准抓取申请人（原被告）信息、起诉日期、受理日期、判决（裁定）日期、是否出庭应诉、涉及调解委员会信息、涉案案由、涉案标的金额、履行情况（如"即时履行""履行到位"）等信息，为后续数据比对打好基础。

第二步：分类建模。（1）虚构劳动报酬类案件建模顺序为：一是在"追索劳动报酬""劳动合同纠纷"等关联案由下，聚合相关的调解文书、民事判决书（民初号）、司法确认裁定书（民特号）。二是梳理出相同当事人涉及的全部案件数据，根据案件密集程度聚合案件组形成待筛查单元。三是测算出同一批案件每位民工工资的平均值，将其中金额特别高，尤其是高额且为整数的个案予以重点标记。（2）人民调解员造假类案件建模顺序为：一是密集程度排名。筛查同一申请人、同一人民调解委员会涉及的涉众司法确认案件，选取集中爆发系列案件形成待筛查单元，根据案件数量进行倒序排列，提高筛查效率。二是开展案由筛查。由"智汇引擎"平台自动解析出司法确认案由，选取物业服务合同纠纷、泊车费纠纷等众多"一告多"类案由，筛查出造假可能性较高的批量线索。

第三步：风险评级。在分类建模的基础上对聚合形成的待查单元，即案件组进行得分计算。根据不同模型特征、检索方式及抓取关键信息点，如密集程度、涉案金额大小、工资是否为高额整数、是否存在关联破产案件、是否为相同调解员、涉众案件案由真实性（是否属于"一告多"）等信息，匹配每个案件组与模型的契合度，进行案件组与模型相似度打分计算，根据计分结果划分风险等级，完成对案件组（线索）的五星分类，提高后续线索利用率和调查核实工作效率。

思维导图:

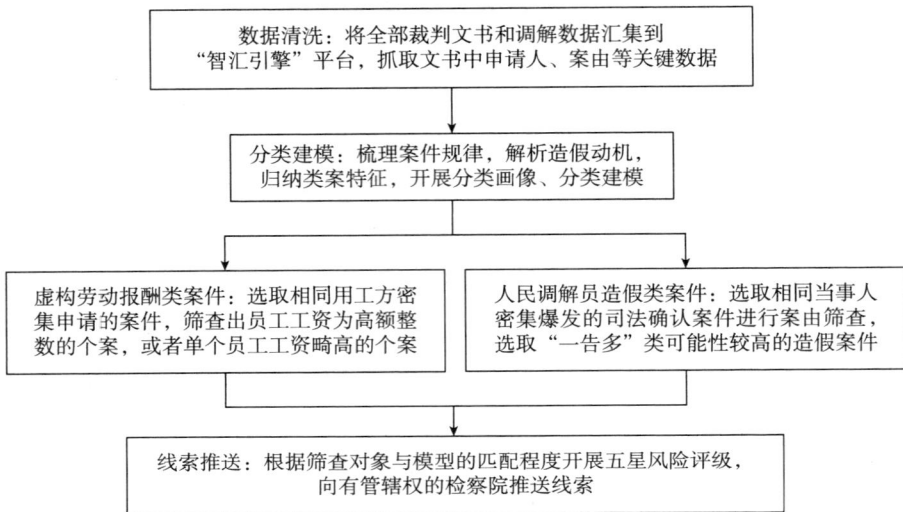

数据清洗:将全部裁判文书和调解数据汇集到"智汇引擎"平台,抓取文书中申请人、案由等关键数据

分类建模:梳理案件规律,解析造假动机,归纳类案特征,开展分类画像、分类建模

虚构劳动报酬类案件:选取相同用工方密集申请的案件,筛查出员工工资为高额整数的个案,或者单个员工工资畸高的个案

人民调解员造假类案件:选取相同当事人密集爆发的司法确认案件进行案由筛查,选取"一告多"类可能性较高的造假案件

线索推送:根据筛查对象与模型的匹配程度开展五星风险评级,向有管辖权的检察院推送线索

【监督方式】

针对虚假司法确认存在刑民交叉、隐蔽性强、查纠难的特点,丽水市检察机关及时启动专项监督活动,充分融合审查、调查、侦查职能,释放融合监督效能。一方面,推进办案力量的整合,如办理的物业费纠纷系列专案中,由检察长牵头组建办案组,解析案件人物关系后分头出击,在三天内完成阅卷审查、当事人走访调查、调解员口供突破,查实一批履行完毕类虚假司法确认案件,并构筑好扎实的证据体系。另一方面,推进监督职能的融合,在查明事实真相后各条线围绕证据体系全面履行检察职能。如办理的虚构劳动报酬专案中,检察机关在查实丽水市某建筑公司虚构劳动报酬骗领执行款的事实后,由民事检察部门发出检察建议,监督法院撤销虚假司法确认裁定、追回错误发放的执行款;与此同时,梳理背后的刑民交叉法律关系,由刑事检察部门监督公安机关开展刑事侦查,最终相关当事人因犯虚假诉讼罪被判处刑罚。

【社会治理】

司法确认程序作为人民调解工作的司法保障，在减少群众诉累、深化"枫桥经验"方面起着重要作用。丽水市检察机关以"个案办理—类案监督—系统治理"为路径，一方面分类整治，监督法院撤销损害群众实体权益的司法确认裁定，监督司法行政机关解聘造假的人民调解员，严惩构成刑事犯罪的虚假诉讼行为人。另一方面联合法院、司法行政等部门查找虚假司法确认现象滋生的漏洞，推动法院完善诉前调解管理机制和绩效考评规则，助推司法行政部门规范人民调解员的聘用和管理，助力形成虚假司法确认问题联防共治的新格局，不断提升人民群众对司法办案的信任感、满意度。

【法律法规依据】

1.《中华人民共和国人民调解法》第三十三条　经人民调解委员会调解达成调解协议后，双方当事人认为有必要的，可以自调解协议生效之日起三十日内共同向人民法院申请司法确认，人民法院应当及时对调解协议进行审查，依法确认调解协议的效力。

人民法院依法确认调解协议有效，一方当事人拒绝履行或者未全部履行的，对方当事人可以向人民法院申请强制执行。

人民法院依法确认调解协议无效的，当事人可以通过人民调解方式变更原调解协议或者达成新的调解协议，也可以向人民法院提起诉讼。

2.《中华人民共和国民事诉讼法》第二百零六条　人民法院受理申请后，经审查，符合法律规定的，裁定调解协议有效，一方当事人拒绝履行或者未全部履行的，对方当事人可以向人民法院申请执行；不符合法律规定的，裁定驳回申请，当事人可以通过调解方式变更原调解协议或者达成新的调解协议，也可以向人民法院提起诉讼。

3.《最高人民法院关于适用〈中华人民共和国民事诉讼法〉的解释》第三百五十八条　经审查，调解协议有下列情形之一的，人民法院应当裁定驳回申请：

（一）违反法律强制性规定的；

（二）损害国家利益、社会公共利益、他人合法权益的；

（三）违背公序良俗的；

（四）违反自愿原则的；

（五）内容不明确的；

（六）其他不能进行司法确认的情形。

4.《人民检察院民事诉讼监督规则》第一百条 人民检察院发现同级人民法院民事审判程序中有下列情形之一的，应当向同级人民法院提出检察建议：

（一）判决、裁定确有错误，但不适用再审程序纠正的；

（二）调解违反自愿原则或者调解协议的内容违反法律的；

（三）符合法律规定的起诉和受理条件，应当立案而不立案的；

（四）审理案件适用审判程序错误的；

（五）保全和先予执行违反法律规定的；

（六）支付令违反法律规定的；

（七）诉讼中止或者诉讼终结违反法律规定的；

（八）违反法定审理期限的；

（九）对当事人采取罚款、拘留等妨害民事诉讼的强制措施违反法律规定的；

（十）违反法律规定送达的；

（十一）其他违反法律规定的情形。

5.《最高人民法院关于人民调解协议司法确认程序的若干规定》第六条 人民法院受理司法确认申请后，应当指定一名审判人员对调解协议进行审查。人民法院在必要时可以通知双方当事人同时到场，当面询问当事人。当事人应当向人民法院如实陈述申请确认的调解协议的有关情况，保证提交的证明材料真实、合法。人民法院在审查中，认为当事人的陈述或者提供的证明材料不充分、不完备或者有疑义的，可以要求当事人补充陈述或者补充证明材料。当事人无正当理由未按时补充或者拒不接受询问的，可以按撤回司法确认申请处理。

【经验传真】

（一）探求个案"底层逻辑"，解构类案监督路径

司法确认程序是中国特殊的创新性程序，立法本意在于通过调解减少诉讼，节约司法资源。在多元纠纷化解的大背景下，具有非常重要的现实意义。然而，近年来随着检察机关打击虚假诉讼力度不断加强，行为人的手段越加隐蔽。检察官在办案中发现，虚假司法确认案件逐渐成为民事虚假诉讼的易发、多发地带，既侵害社会公共利益或他人合法权益，更严重扰乱司法秩序、社会秩序，损害司法公信。云和县检察院结合已办理的个案，运用侦查思维、心理分析探求个案背后的底层逻辑，从成案经验出发逆向推导"假案"的制造动机，以侦查思维数字化解开表象背后"黑盒子"，寻找发生规律和数据特征，如文书连号、当事人户籍地异常、调解地异常、金额规整等，并以此建立监督模型开展专项监督，为维护司法公正以及调解协议司法确认程序的健康发展作出了积极贡献。

（二）强力推进"一体融合"，专项部署实战实效

线上线索筛查和线下监督实战的一体推进模式有效地提高了案件办理质效。一是通过系统的精准筛查，解析出关键线索信息，迅速厘清案件脉络，抽丝剥茧初步锁定"造假"当事人，为后期案件的顺利侦破奠定了扎实基础。二是以刑事案件的侦查思维和证明标准开展监督，构建完整证据体系，实现对原审民事案件"谁主张、谁举证"证据体系的高质量补充，同时对可能涉及的虚假诉讼罪、调解员违规、审执人员违法问题，组合调查，同步推进监督，凸显监督刚性。三是整合民事、刑事、侦查部门力量成立调查专班，在丽水市检察院的统筹协调下开展专项行动，由全市具有自侦办案经验的业务骨干组成"机动调查队"，云和县检察院派出专人负责线索摸排、经验共享、线索异常解析，调查专班在一个月内快速查实 100 余起虚构劳动报酬司法确认案件。

（三）凝聚共识"全面铺开"，深远谋划迭代更新

一是深刻践行"一域突破，全省共享"理念，借力全省数据优势，不断提升数字监督更高层级的应用价值。充分发挥检察一体化的优势，在一定范围内达成理念共识，共用项目节约人力提高产出。实现建模联动汇通，通过共享案例突破小院案件体量小、监督样本少的"瓶颈"。凝聚共识，上下目标一致，借助上级院宽广视野，在开发论证、专业指导、数源对接获取方面提供助力，并通过数据验证、域内推广等方面推动应用提档升级、取得实效。二是持续迭代系统，结合虚假诉讼呈现多类型组合出现的实际，深化虚假诉讼监督的广度和深度，在织密虚假诉讼筛查网的同时，架构新模型，更精准锁定虚假诉讼系列案，既减少人工跨系统核对的工作量，又推动深层次监督领域案件办理。

（陈乐，浙江省云和县人民检察院检察长）

4. 债权转让虚假诉讼逃避执行监督模型

【建模单位】

江苏省苏州市人民检察院、常熟市人民检察院

【监督要旨】

运用民事裁判文书、执行信息数据，通过债权转让人与被执行人、债权转让时间与执行时间的关联碰撞，发现被执行人与他人恶意串通进行虚假债权转让，借受让人名义提起虚假诉讼、逃避执行的情况，同步锁定虚假诉讼与拒执犯罪线索。通过内部民刑一体化履职，外部公检法联合办案，精准监督虚假诉讼，纠正民事错误裁判，联动打击拒执犯罪，延伸发现律师帮助犯罪问题。以深层次类案监督推动司法标准统一和法院内部审判模式治理，助力解决执行难，切实维护法律权威和司法秩序。

【模型概要】

为解决虚假诉讼检察监督无线索、不会办、办不成的难题。常熟市检察院民事检察部门立足主责主业，深入研判司法审判和执行实践，坚持监督与支持并重，以民法典债权转让制度为法律监督突破口，找准共赢点，提出了构建债权转让虚假诉讼逃避执行大数据法律监督模型的思路与要旨：被执行人与他人恶意串通，采取虚假债权转让的方式将其债权名义上转让他人，由受让人提起诉讼、申请执行，受让人要到款项后再私下返还给被执行人，从而实现逃避执行的目的。

按照传统办案模式，孤立审查民事诉讼这一环节很难发现异常，如果运用大数据将这个链条上的信息点串联起来，就能让虚假诉讼无处藏身，让"老赖"现出原形。

【模型设计】

数据来源： 裁判文书（源于苏州政法平台、中国裁判文书网）；执行信息（源于企查查、中国执行信息公开网等）。

类案特征要素： "一行为"，指债权转让行为；"二时间"，指债权转让时间和执行时间；"三人物"，指债权转让人、债权受让人和被执行人。

逻辑规则与数据分析步骤： 一是提取"行为"，判断案件中是否存在"债权转让行为"。检索"债权转让"案由和关键词，在民事裁判文书中，筛选出涉及"债权转让"的文书，形成数据合集。

二是关联"人物"，判断"债权转让人"是否系"被执行人"。"债权转让人"在诉讼中通常不以当事人身份出现，运用人工智能"开放式信息抽取"技术，将隐藏在裁判文书主文中的"债权转让人"信息提取出来，与"被执行人"信息关联，找到债权转让人同时是被执行人的信息。

三是碰撞"时间"，判断"债权转让时间"是否在"被执行时间"之后。为了区分正常处分财产与恶意转移财产，模型内置了5个"被执行相关时间节点"，分别与"债权转让时间"碰撞，推出债权转让时间在"被执行相关时间节点"之后的线索，赋予不同的风险等级。

思维导图：

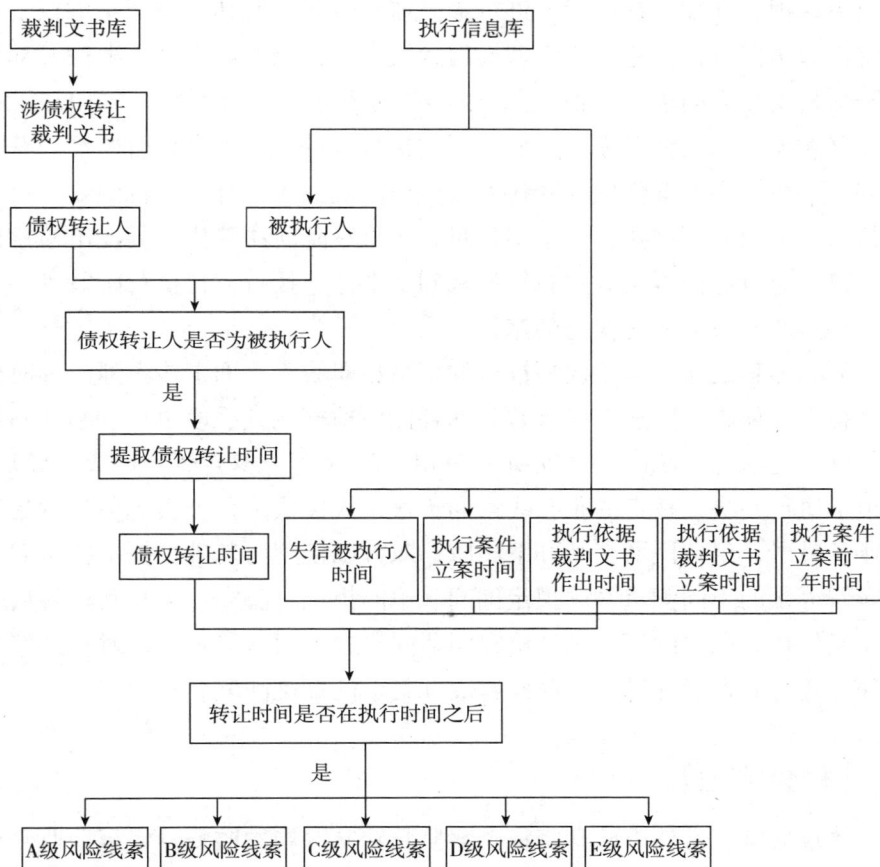

【监督方式】

为了精准指引调查核实与监督履职，对于推出的线索，办案人员可以充分运用现有文书数据资源，检索发现、挖掘转让人和受让人之间可能存在的"四大异常"，进一步进行线索分类与风险赋值，分别是：基础债权债务关系异常、对价异常、身份关系异常、代理人异常。异常情况越多，风险度就越高。具体办案中可以根据时间、人力、精力情况按照顺序依次办理。

民事检察监督：一是针对债权受让人提起的虚假诉讼开展民事生效裁

判监督。债权受让人本身与被执行人的债务人并无任何法律关系，甚至双方都不认识，其配合被执行人进行虚假债权转让，使其自身产生诉权，向法院提起虚假诉讼。通过对模型推出的线索进行调查核实，民事检察部门揭开债权受让人的虚假"面具"，以再审检察建议、抗诉等方式向法院提出监督意见。二是针对虚假诉讼关联的执行案件开展民事执行监督。获得裁判文书后，多数案件债权受让人会申请法院强制执行，执行到款项后再将款项私下回流至被执行人手中。对此，检察院向法院执行局提出检察建议，建议对以虚假诉讼方式获得的裁判文书停止执行，在执行阶段进一步及时截断双方串通逃避执行的路径。

刑事检察监督：对于模型推送的拒执犯罪线索，刑事检察部门及时介入全程引导侦查，以刑事侦查有效弥补民事检察调查手段单一、刚性不足的困境。邀请人民法院、公安机关对相关问题进一步会商，达成一致后，以拒不执行判决、裁定的犯罪线索同步移送人民法院、公安机关。调集民刑业务骨干，组建民刑交叉办案团队，双方以模型为基础根据拒执犯罪以及虚假诉讼的不同侧重共同拟定询问、讯问提纲。公安机关收到材料后进行立案侦查，取证固证，民刑检察团队同步进行引导侦查，及时跟进案件办理，实时通报案件进展，共同解决办案中的疑难问题。

【社会治理】

建章立制：常熟市检察院将个案监督转向深层次监督，将事后监督推向事前预防，针对此类案件向常熟市法院提出检察建议，建议在债权转让案件审理中，加强审查、主动调查，慎重调解，建立强制检索、适时通知第三人参加诉讼制度，形成信息共享、线索移送、协调惩治机制，推进司法标准统一，和法院审判模式治理。常熟市检察院与常熟法院多次召开虚假诉讼座谈会、研讨会，针对虚假诉讼、虚假破产等情况，会签《关于防范和打击逃废债行为的实施意见》，苏州市检察院在常熟市检察院召开以"监督·合作·共赢"为主题的苏州市检法监督工作座谈交流会。针对律师知法犯法，帮助违法犯罪问题，拟与审判机关向司法行政机关、律师协会，联合制发社会治理检察建议与司法建议，促进律师行业作风纪律建设，共同规范律师执业行为。检察机关与审判机关协作配合，以实际行动，健全对虚假诉讼的防范、发现和追究机制。

复制推广：常熟市检察院民事检察部门先后四次应国家检察官学院、江苏省检察官学院邀请，分别在大数据法律监督培训班、数字检察业务骨干高级研修班、知识产权综合履职专题研修班、民事行政公益诉讼专项培训班上，就虚假诉讼及数字检察进行经验交流；参加了苏州市、江苏省、全国大数据法律监督模型比赛，债权转让虚假诉讼逃避执行大数据法律监督模型分别获 2023 年苏州市大数据法律监督优秀模型，2023 年江苏省数字检察比赛一等奖，2023 年全国大数据法律监督模型比赛一等奖。

【法律法规依据】

1.《中华人民共和国民法典》第一百四十六条第一款　行为人与相对人以虚假的意思表示实施的民事法律行为无效。

第一百五十三条第一款　违反法律、行政法规的强制性规定的民事法律行为无效。但是，该强制性规定不导致该民事法律行为无效的除外。

第一百五十四条　行为人与相对人恶意串通，损害他人合法权益的民事法律行为无效。

第五百四十五条第一款　债权人可以将债权的全部或者部分转让给第三人，但是有下列情形之一的除外：

（一）根据债权性质不得转让；

（二）按照当事人约定不得转让；

（三）依照法律规定不得转让。

2.《中华人民共和国刑法》第三百零七条之一　以捏造的事实提起民事诉讼，妨害司法秩序或者严重侵害他人合法权益的，处三年以下有期徒刑、拘役或者管制，并处或者单处罚金；情节严重的，处三年以上七年以下有期徒刑，并处罚金。

单位犯前款罪的，对单位判处罚金，并对其直接负责的主管人员和其他直接责任人员，依照前款的规定处罚。

有第一款行为，非法占有他人财产或者逃避合法债务，又构成其他犯罪的，依照处罚较重的规定定罪从重处罚。

司法工作人员利用职权，与他人共同实施前三款行为的，从重处罚；同时构成其他犯罪的，依照处罚较重的规定定罪从重处罚。

第三百一十三条 对人民法院的判决、裁定有能力执行而拒不执行，情节严重的，处三年以下有期徒刑、拘役或者罚金；情节特别严重的，处三年以上七年以下有期徒刑，并处罚金。

单位犯前款罪的，对单位判处罚金，并对其直接负责的主管人员和其他直接责任人员，依照前款的规定处罚。

3.《中华人民共和国民事诉讼法》第一百一十五条 当事人之间恶意串通，企图通过诉讼、调解等方式侵害他人合法权益的，人民法院应当驳回请求，并根据情节轻重予以罚款、拘留；构成犯罪的，依法追究刑事责任。

第一百一十六条 被执行人与他人恶意串通，通过诉讼、仲裁、调解等方式逃避履行法律文书确定的义务的，人民法院应当根据情节轻重予以罚款、拘留；构成犯罪的，依法追究刑事责任。

【经验传真】

（一）加强队伍建设，形成数据氛围

常熟市检察院成立大数据法律监督工作领导小组，以大数据赋能法律监督为理念引领，调动全体检察人员积极投入数字检察建设应用，让不会建模的会建模，让建模的建好模。深入学习，在全院围绕数字检察"为什么做""做什么""怎么做"开展主题大讨论，形成书面记录72份；对"四大检察"所有类型案件审查报告进行改版，嵌入"大数据法律监督应用"模块，要求案件承办人每案必填"大数据法律监督模型构建与运用工作情况"，由案管与检务督察部门每月督查落实情况；将大数据法律监督考核指标纳入干警考核评估体系，明确数字检察贡献度翻倍计数，激发全院干警在数字检察实践中奋勇争先。

（二）深化业务主导，引领数字建模

首先，建模既要聚焦人民群众关注的急难愁盼和社会治理难点问题，

又要紧紧立足检察机关主责主业。其次，业务主导，从业务中来，到业务中去，思路来源于业务实践。最后，就是专业的重要性，专业决定了模型的质量、线索的质量，也决定了开展法律监督的质量，要把法律规定弄懂、把法律制度吃透。

（三）落实一体办案，助推调查核实

民事检察调查核实权缺乏强制力，手段单一，刚性不足，严重制约了虚假诉讼案件的审查办理。模型紧紧抓住逃避执行的本质构建，推送线索涉及拒执罪的部分较为明确，符合相关法律司法解释的规定。因此，对于被执行人隐藏转移财产逃避执行的定性没有争议。为避免打草惊蛇，造成串供可能，民事检察部门不急于接触当事人，而是先行通过调取案卷、收集信息、调查身份、流水等方式获取外围客观证据，将其中的犯罪线索移送刑事检察部门。充分研讨达成共识后，组建民刑联合办案团队，民事检察将模型设计中的法律思维及法律依据进行详细讲解介绍，双方以此为基础，根据拒执犯罪以及虚假诉讼的不同侧重共同拟定讯问、讯问提纲。

（四）强化司法协同，加强联合治理

虚假诉讼及拒执犯罪案件隐蔽性强，涉及大量民事审判、执行法律规范，专业性强，相较于传统刑事案件办案难度大，需要检察机关与公安机关、审判机关加强协作配合，进行联合打击。对模型推送的线索，检察机关先行移送法院执行局，对涉及的执行信息、执行案件情况进行进一步核实梳理，形成案卷材料共同移送公安机关，检察机关以刑事案件提前介入为推手，增强公安机关对民事法律规范的理解与运用能力，引导公安机关从主观口供、客观证据两方面进行调查，突破口供，取得证据，形成完整证据锁链。公、检、法联合构建联动配合机制，及时对接案情、总结提炼事实、明确证据审查要点，在凝聚共识的基础上出台《拒不执行判决、裁定犯罪办案指引》，精准指导司法办案。

（明文建，江苏省常熟市人民检察院检察长）

5. 破产领域类案监督模型

【建模单位】

浙江省台州市路桥区人民检察院

【监督要旨】

聚焦破产程序全链条监督，针对已申请破产的被执行人信用惩戒违法适用、破产程序终结后企业未依法注销以及破产财产处置不规范问题，建立破产案件数据池，提取裁决文书中的当事人信息，与执行信息和工商数据进行大数据筛查、比对、碰撞，信息点交汇发现破产企业法定代表人限制高消费措施应解除未解除、破产终结后企业应注销未注销及破产裁定不当等违法情形的监督线索。经行使调查核实权，通过提出检察建议、移送线索和出台相关工作机制，监督法院解除法定代表人的限制高消费措施、注销破产企业和撤销个案，督促法院健全内部工作机制、完善破产案件处置流程，助推市场主体信用修复和退出机制；同时运用一体化办案手段查办法官职务犯罪，建立长效机制，助力市场经济高质量发展和法治化营商环境的优化。

【模型概要】

2021年，路桥区检察院履职过程中发现辖区内某车业公司存在被法院重复裁定破产终结的现象，经调查发现，该企业破产程序终结后未及时注销工商登记，仍作为法律主体存续，法院未审核主体身份就对其立案，导致该公司重复破产，另查明，该企业法定代表人陈某被限制高消费措施未被解除，社会活动受到限制，影响市场主体再创业积极性。通过倒查和梳理，发现问题症结在于法院推进破产程序时履职不充分、各部门之间存在信息壁垒、监督体系不完善。经进一步研判认为这样的"僵尸企业""失信人员"并非个例。

根据上述异常案件线索，分析案件特性，提炼关键要素，利用大数据建立破产案件数据池。通过导入路桥区法院公开裁判文书，以破产清算为案由，以限制高消费名单数据、企业登记注销等数据要素，以破产企业法定代表人限制高消费措施未解除、破产终结后企业未注销工商登记等类案要素特征进行碰撞对比，通过差集算子得出已破产终结应注销、企业法定代表人应解除而未解除措施案件线索。经查实后向法院发出检察建议，均被采纳。

此外，围绕"权力寻租空间大的案件"的监督点进行研判，以及重点针对资金 5000 万元以上、年化利率 15% 以上，社会矛盾较突出、利益争夺较大的破产重整和破产清算类案件筛选出自侦案件线索价值较高的有产可破的破产重整和破产清算案件，缩小案件范围，再将"募集资金"类破产案件作为目标重点，找出相关裁定文书，进行文本分析，对募集资金 5000 万元以上、年化利率 15% 以上案件进行重点审查，审查裁定内容是否违法、是否侵害债权人利益、是否通过债权人会议同意等事实，锁定可疑案件，最后人工分析，发现监督线索，由此查办了该法院一名破产法官渎职犯罪案件，移送法官违法违纪线索 2 件 5 人。

【模型设计】

数据来源：法院破产案件数据（源于浙江裁判文书检索系统、《浙江法制报》法院公告栏和全国企业破产信息重整网的汇集）；限制高消费名单数据（源于中国执行信息公开网）；企业登记注销数据（源于企查查、天眼查企业信息查询平台等网站数据库）

类案特征要素：破产企业法定代表人限制高消费措施未解除、破产终结后企业未注销工商登记等两类违法情形以及重点针对资金 5000 万元以上、年化利率 15% 以上，社会矛盾较突出、利益争夺较大的破产重整和破产清算类案件。

数据分析关键词：破产、限制高消费、注销、清算、解除、企业登记、募集资金、引入资金。

逻辑规则：该模型通过对法院的破产案件数据进行归纳整理分析，以企业破产程序终结后工商登记应注销未注销和其法定代表人限制高消费措施应解除未解除为监督点提取类案，形成线索数据，经过智能排序分析，与企查查、天眼查工商数据比对碰撞，准确筛选出破产类案件监督案件线索。

数据分析步骤：

第一步：数据汇集。（1）收集从浙江裁判文书检索系统、《浙江法制报》法院公告栏和全国企业破产信息重整网等的破产案件相关信息；（2）整理汇总形成较全面的破产案件信息数据表。

第二步：筛查异常信息，形成存疑线索数据。（1）从破产案件信息数据表中筛选出宣告破产的案件信息数据；（2）通过企查查平台收集企业注销登记信息数据；（3）将上述两类数据进行碰撞对比，分析出宣告破产但未注销登记的企业名单。

第三步：比对信息。（1）从破产案件信息数据表中筛选出法院受理的破产案件信息数据；（2）在中国执行信息公开网中收集限制高消费名单数据；（3）将上述两类数据进行碰撞对比，分析出进入破产程序企业但未解除其法定代表人限制高消费措施的名单。

第四步：调查研判核实。（1）从破产案件信息数据表中筛选出自侦案件线索价值较高的有产可破的破产重整和破产清算案件，缩小案件范围；（2）将"募集资金"类破产案件作为目标重点，找出相关裁定文书，进行文本分析；（3）对募集资金 5000 万元以上、年化利率 15% 以上案件作为重点审查，审查裁定内容是否违法、是否侵害债权人利益、是否通过债权人会议同意等事实；（4）锁定可疑案件，最后人工分析，确定监督线索。

思维导图：

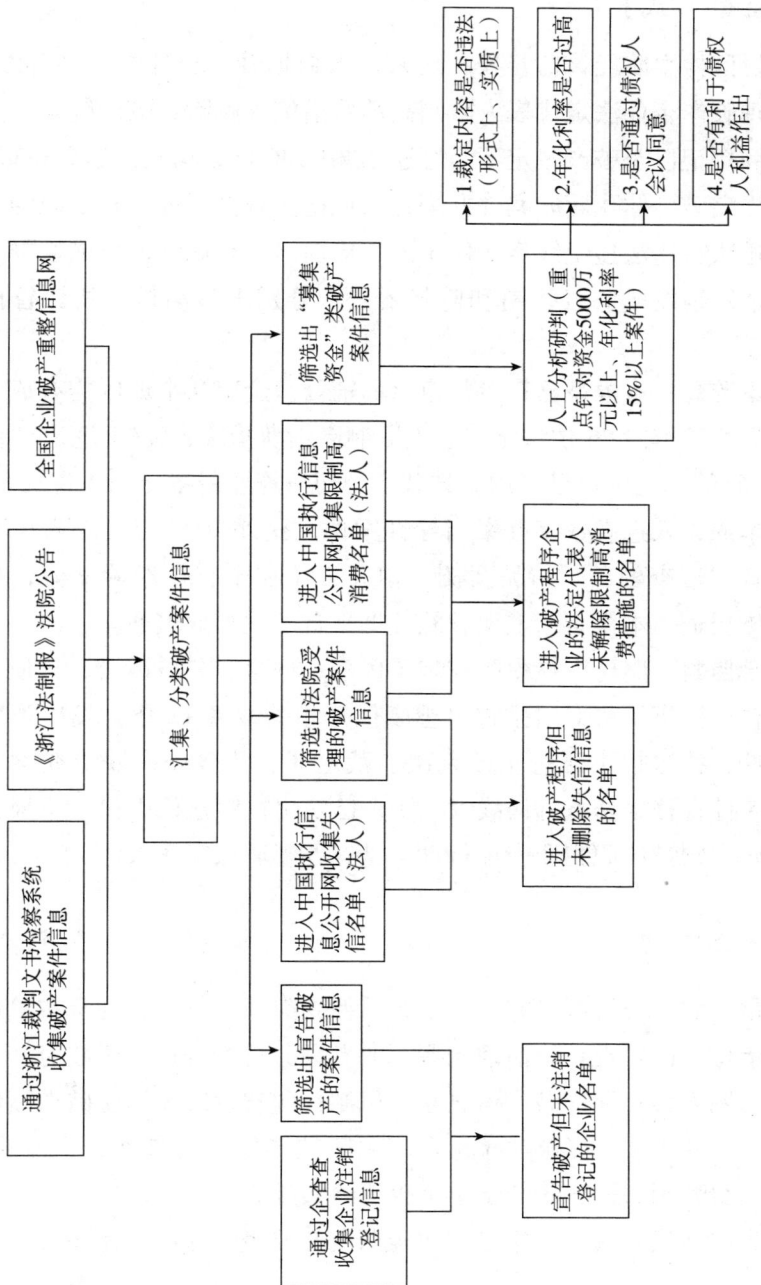

【监督方式】

路桥区检察院经该监督模型对破产大数据开展整体性、系统性筛查，成功办理破产企业法定代表人限制高消费措施未解除、破产终结后企业未注销工商登记以及破产裁定不当等违法案件36件，均获采纳并得以整改。同时率先突破一体化履职案件办理，敏锐挖掘查办承办法官渎职的犯罪案件，移送法官违法违纪线索2件5人。梳理出监督规则，形成监督要点共计128个，编发成监督指南和监督要点，分别被最高检、浙江省检察院推广。

类案监督：本模型已在台州市全面铺开，全市9个地区均有成案，全市共督促法院解除76位法定代表人限制高消费措施，注销53家"僵尸企业"，全省部分地区也已复用。某破产公司清算监督案已列入省院S1重点案件一本账，入选省数字办案指导性案例，获评2022年度全省民事精品案例、省"三查融合"精品案例。相关工作在全省作经验交流，被多家省级媒体报道。本模型已上架省院数据平台实现集成贯通。

融合监督：路桥区检察院实现了民事、刑事、公益诉讼、自侦检察的充分融合，民事检察部门排查出逃废债等相关线索12条，发出类案检察建议3件；移送拒不执行生效判决、裁定罪、职务侵占罪等线索14条，已立案5件；移送公益诉讼线索3条，已发出检察建议1份；市级自侦部门开展破产领域渎职犯罪专项行动，已查办渎职法官3人。

【社会治理】

建章立制：路桥区检察院从个案延伸到类案，从源头到末端，从治罪延伸到治理，已实现系统治理。撰写的专题分析报告报送区政府，并提出了解决问题方案，促进破产信息互通机制；向省发改委提交破产领域问题专题意见并获采纳；联合法院出台《关于破产程序法律监督的若干意见》《关于深化破产程序法律监督专项活动的实施方案》，推动市级院与市破产管理人协会建立《破产案件民事监督与破产管理协作工作机制》。联合法院对重点破产案件开展集中攻坚行动，盘活了路桥区某珠宝公司资产1.2亿元。

复制推广：一是问题现象的普遍性。破产企业退出、信用修复问题在全国普遍，有产可破产案件逐年增多，且破产所涉利益复杂，破产财产处置等破产乱象问题在全国较为常见，具有推广价值。二是专项监督的必要性。规范破产程序推进，促进完善退出机制、信用修复制度，能够让创业主体摆脱破产包袱，实现浴火重生，激发市场活力。三是数字路径的可复制性。该项监督模型数字检察路径清晰，数据可获取性和实操性强，具有较强的可复制性和易推广性。

【法律法规依据】

1.《中华人民共和国企业破产法》第一百二十一条　管理人应自破产程序终结之日起十日内，持人民法院终结破产程序的裁定，向破产人的原登记机关办理注销登记。

2.《最高人民法院关于适用〈中华人民共和国企业破产法〉若干问题的规定（二）》第三条第二款　对债务人的特定财产在担保物权消灭或者担保物权后的剩余部分，在破产程序中可用以清偿费用、共益债务和其他破产债权。

3.《最高人民法院关于适用〈中华人民共和国民事诉讼法〉的解释》第五百一十三条第一款　被执行人住所地人民法院裁定受理破产案件的，执行法院应当解除对被执行人财产的保全措施。被执行人住所地人民法院裁定宣告被执行人破产的，执行法院应当裁定终结对该被执行人的执行。

4.《最高人民法院关于公布失信被执行人名单信息的若干规定》第十条第一款第七项　具有下列情形之一的，人民法院应当在三个工作日内删除失信信息：

（七）人民法院依法裁定终结执行的。

【经验传真】

(一) 践行多赢共赢，打造数字检察优秀成果

路桥区检察院按照"解析个案、梳理要素、构建模型、类案治理、共享共融"的数字检察路径，找准改革需求，谋划多跨场景，驱动制度重塑，努力打造具有检察辨识度的数字化改革成果。在开展破产程序法律监督的过程中，通过多次上门走访、召开圆桌会议、共建制度等方式，与法院达成规范企业破产的思想共识，共同出台工作机制，助力优化营商环境。在谋划数字项目时，按照"个案发现问题—总结案件规律—发现类案突破"开发策略，稳步推进破产执行监督模块，实效化打造应用场景，有效发现破产类案件线索，实现数据管用、实用、好用。同时建立"业务＋技术＋统筹"的扁平化管理机制，成立由检察长为组长的数字检察工作专班，凝心聚力盘活资源，由案管部门抓总协调，跟进并提供技术牵引，集成化推进项目，高质量高标准落地各个数字化应用，努力保持路桥区院在省市数字化改革中的先发优势。

(二) 聚力融合监督，全面提升监督实战实效

路桥区检察院推动刑事、民事、自侦等检察业务的有机融合，激发法律监督的聚合效应，打开审判、执行人员违法监督工作新局面。一是做好程序性审查。从民事审判程序监督出发，发现法院存在违法裁定剥夺担保权人优先受偿权情形，通过制发检察建议，促使法院及时纠正，切实维护当事人的实体权益。二是开展违法性调查。深入分析案件背后法官的行为动机和逻辑，邀请自侦部门提前介入，共同参与分析研判，挖掘承办法官违法裁定无抵押权的债权优先受偿的犯罪线索，并移送市院及区监委。台州市检察院以该案入手开展破产领域法官渎职犯罪专项行动，成立由民刑侦技等精干力量的专案组，已查办民商事、执行领域法官涉嫌渎职犯罪多名。三是跟进深层次监督。以法官职务犯罪查处为契机，聚焦该法官办理的破产案件，进行系统梳理和摸排，发现某汽配公司破产案中，存在公司

股东等人拒不移交会计账册、非法占有公司财物的情形，相关犯罪线索已移送公安机关。

（三）坚持精准施策，促进社会治理长效长治

路桥区检察院聚焦社会治理的各类难点堵点，从检察办案出发，积极推进数字检察工作成果转化，着力推动地方数治体系、智治能力的完善和提高，实现"办理一案、监督一批、治理一片"的社会治理效能。一是统筹联动同向发力，强化社会智治。充分运用上下级联动一体化，深化执法多跨协同推进进程。借鉴路桥区检察院破产案件成功监督经验，台州市检察院在全市铺开，对内深化上下、部门联动的办案优势得以充分体现，成效明显。二是总结经验固化成果，建立长效机制。针对案件背后的治理漏洞，将办案中的成功经验转化为科学的制度规范和可操作性的监督路径，形成专题调研文章、专题分析报告和意见等，提出相应的解决问题方案被采纳或录用，为全国检察机关开展破产案件监督提供参考。积极促进市院层面与市破产管理人协会出台工作机制，有效防范处置破产案件中违法行为，共同维护破产案件审理秩序。

（四）拓展监督领域，稳步做实做深检察监督

路桥区检察院深入推进破产监督工作，同步开展涉劳动报酬虚假诉讼专项监督和护航法治化营商环境专项活动，完善对破产领域的系统化监督。一方面，重点对破产领域内虚假劳务申报以及拒执、虚假破产等违法犯罪行为进行打击。另一方面，积极探索对破产案件参与人妨害民事诉讼的行为依法追究责任，如对破产企业董监高违反忠实勤勉义务，导致企业破产、债务人拒不移交企业账簿等相关文书资料等情形的责任追究方式。通过检察监督让破产制度真正发挥应有的作用，助力营造稳定公平可预期的法治化营商环境。

（金耀华，浙江省台州市路桥区人民检察院代检察长）